主　编　梁景和
副主编　王歌雅　张志永

20世纪
中国婚姻史

第3卷

1950—1966

李慧波　著

中华书局

目　录

绪　论

一、问题的提出

婚姻作为人类社会的基本生活形式，其形态与制度深受文化、经济、政治等多重因素的交织影响。尽管如此，人类对自由、美好婚姻生活的追求却始终如一，成为跨越时代的永恒主题。1950 年颁布的《婚姻法》，被广泛称为"新婚姻法"，是中国迈向婚姻自由道路上的一个关键里程碑。这一法律的诞生与实施，不仅在中国法律史上占据重要地位，更是中国社会深刻变革的集中体现，与中国的革命历程和建设实践紧密相连，共同构成了一幅波澜壮阔的历史画卷。

从 1950 年至 1966 年，中国社会发展经历了两个重要的历史阶段：1950年至 1956 年的新民主主义社会阶段，以及随后的 1956 年至 1966 年的社会主义初级阶段十年探索时期。在第一阶段，中国社会完成了从新民主主义向社会主义的历史性过渡。国家采取了一系列深远的社会改革措施，不仅为社会主义制度的建立奠定了坚实基础，也极大地推动了社会文化的进步。其中，尤为显著的是国家通过法律手段确立了"男女平等的主流社会意识形态"。这一理念在土地改革、废除娼妓制度、颁布并实施1950年《婚姻法》、大规模扫除文盲以及推进基层民主选举等广泛的社会变革中得到了充分体现，极大地提升了女性的社会地位，赋予了她们与男性同等的权利与自由。随着男女平等观念的深入人心，婚姻观念与形式也随之发生了深刻变革。传统的婚姻观念，如包办婚姻、男尊女卑等，受到了前所未有的挑战。自由恋爱、自主婚姻逐渐成为社会新风尚，夫妻间的平等与尊重成为婚姻生活的核心价值。然而，值得注意的是，在这一变革过程中，并非所有群体都欣然接受新的婚姻观念，部分人群对1950年《婚姻法》及其所倡导的男女平等原则持抵触态度，甚至因此引发了自杀、被杀等极端事件，给社会和家庭稳定带来了一定的冲击。

第二个阶段，即1956年至1966年，这一时期充满了探索与挑战。国家权力的触角逐渐深入基层，导致基层社会的自治空间被压缩，自主性显著减弱。尤为关键的是，1958年《中共中央关于在农村建立人民公社问题的决议》的颁布，正式确立了"三级所有、队为基础、政社合一"的集体化劳动生产模式，这一变革深刻重塑了农村社会的结构与生活方式。农民的自由流动受到限制，城乡二元结构进一步固化，农村与城市在发展模式上呈现出明显的差异。在城市，党政单位、企业单位和事业单位构成了社会运行的主要框架，居民的街居制度强化了城市的组织化程度。这一时期，国家意志对个体生活的渗透达到了前所未有的程度，人们的思维方式、行为习惯乃至婚姻观念都发生了深刻变化。婚姻，这一原本属于私人领域的情感纽带，逐渐被纳入了国家政治生活的轨道，成为反映社会变迁的晴雨表。随着整风运动、反右派斗争、社会主义总路线的制定、"大跃进"和人民公社化运动等一系列政治运动的相继展开，婚姻生活也不可避免地受到了波及。每一次社会政治的重大变动，都在悄无声息中重塑着人们的婚姻观念与行为模式。特别是在后期，阶级斗争的观念开始渗透至婚姻领域，人们开始尝试用政治化的视角审视和处理婚姻问题，婚姻关系的建立与维系不再仅仅基于个人情感，而是更多地受到了阶级成分、政治立场等外部因素的影响。

在这一时期，虽然国家通过法律和政策手段努力推动婚姻观念的现代化，试图颠覆传统婚姻方式，但传统婚姻习俗的深厚文化根基并未完全消失。国家机构与法律制度等宏观政治力量与微观层面的社会习俗和个体选择并存，形成了一种复杂的社会现象。民众在适应新制度的同时，也在努力维护传统习俗和个人权益，这种多重权力关系的互动与博弈，使得婚姻领域成为了一个展示社会变迁和权力运作的生动舞台。正如福柯所揭示的，权力并非仅仅来源于固定的制度或结构，而是由众多力的关系相互作用而成。在婚姻领域，这种权力的体现尤为复杂，它既是国家强制力的展现，也是家庭、社区、个体等多种力量交织的结果。在这一交织着新旧交替、冲突与融合的社会转型期，不同主体在权力与交往中形成了错综复杂的关系网络，共同塑造了这一时期的婚姻形态和观念。

本书深入探讨了这一历史时期婚姻领域内的复杂态势，聚焦于不同主体在资源获取、利用与转换过程中的策略性行为。通过分析国家如何运用法律与政策手段改造传统婚姻习俗，以及这些努力的实际效果，揭示了官方意图与社会现实之间的张力。同时，本书也关注了民众如何应对国家推行的婚姻制度与文化变革，探讨了他们在多重权力关系中的生存智慧与应对策略。通过这些细致入微的分析，本书力图还原那个时代背景下婚姻领域的真实面貌，为我们理解历史、洞察当下提供一面独特的镜子。

从理论层面看，本书通过对1950年至1966年间中国婚姻状况的深入剖析，旨在揭示在特定历史时空背景下，不同社会主体（如政府、家庭、个体等）在面对婚姻领域制度与文化双重变迁时的应对策略与行为模式。通过细致考察这些主体如何利用各自掌握的资源来适应并影响婚姻制度的变革，力图勾勒婚姻文化生成的内在逻辑与机制。这不仅丰富了婚姻家庭研究的理论视角，也为理解社会变迁中文化适应与创新的复杂性提供了宝贵案例。此外，本书还有助于深化对婚姻文化与社会制度之间互动关系的认识，进一步拓展社会文化变迁理论的研究边界。从实践层面看，对1950年至1966年间婚姻领域制度变迁与文化变迁的详细探讨，具有显著的现实意义。随着新时代的到来，婚姻价值观正经历着新的转型与重塑。本书希望通过回顾历史，提炼出这一时期婚姻文化变迁的经验与教训，为当代社会正确树立符合时代精神的婚姻价值观提供参考。具体来说，本书有助于引导公众更加理性地看待婚姻与家庭，促进性别平等与家庭和谐；同时，也为新时代婚姻家庭政策的制定与实施提供科学依据。

二、学术史回顾

自 1950 年《婚姻法》颁布以来，中国的婚姻状况经历了前所未有的历史变革，关于这一领域的研究吸引了国内外众多学者的关注。学者们从法律、文化、社会、历史等多维度出发，对这一时期的中国婚姻进行了广泛而深入的探讨，形成了丰富的研究成果。本部分将聚焦于 1950 年至今国内外关于中国婚姻状况研究的主要研究成果。

1. 国内研究概况

1950 年《婚姻法》的颁布，标志着中国婚姻状况研究进入了一个新的历史时期，其研究进程大体可以划分为两个阶段。第一阶段自中华人民共和国成立延续至改革开放前夕。在这一时期内，婚姻领域的研究活动蓬勃开展，主要以婚姻著作为主（见表 0—1）。这些出版物不仅记录了新中国成立后该领域内深刻的思想变革、法律制定及社会实践，还从多个角度和层面反映了当时社会的历史背景、文化特征与时代精神。首先，从历史记录的角度来看，这些书籍是新中国成立后恋爱、婚姻、家庭领域变革的生动写照，涵盖了法典、理论著作、小说、戏剧、通信集等多种题材和形式，有助于我们深入理解这一时期社会历史、文化变迁和法律发展的脉络。其次，这些出版物的多样性和广泛性也体现了当时社会对恋爱、婚姻、家庭问题的广泛关注和深入探讨。此外，这些出版物还深受当时政治、经济、文化等因素的影响，反映了新中国成立后对婚姻制度的改革和推动，以及社会主义道德、共产主义道德等观念在恋爱、婚姻、家庭领域的渗透和体现，为我们研究这一时期社会价值观念的变化提供了有力的证据。综上所述，这一阶段的研究不仅丰富了我们对当时中国婚姻状况的理解，也为后续的研究奠定了坚实的基础。

表 0—1 1950—1978 年间出版的关于婚姻的部分著作

作者	书名	出版社	出版年代
王增润（译）	苏俄婚姻、家庭及监护法典	新华书店	1950
［苏联］斯维得洛夫	论人民民主国家婚姻、家庭法	新华书店	1950
［苏联］伏尔佛逊	唯物恋爱观	生活·读书·新知三联书店	1950
大众书店编辑委员会编选	新恋爱观	大众书店	1950
王亚平	春云离婚	群益出版社	1950
柳溪	刘寡妇结婚	东北新华书店	1950
雷克洛	恋爱	新生出版社	1950
大众书店编辑委员会	新恋爱观	大众书店	1950
刘向	我是这样恋爱的	青年学丛出版社	1950
张志民	刘寡妇的亲事	武汉通俗图书出版社	1951
李葳	安娜的婚礼	西南人民出版社	1951
丁玲	青年的恋爱与婚姻问题	青年出版社	1951
大众书店编辑委员会	新恋爱观	大众书店	1951
陈良桂	小英离婚	工人出版社	1951
王恺	群妮离婚记	华东人民出版社	1951
甘牛	闹离婚	百新书店	1951
丁一	谈谈恋爱婚姻问题	知识书店	1951
甘肃人民出版社编辑部	自由婚	甘肃人民出版社	1952
苏南人民出版社	结婚要结新式婚	苏南人民出版社	1952
张帆	恋爱·婚姻与夫妇生活	展望周刊社	1952
李榷	逼嫁	广益书局	1952
苗培时	李寡妇得自由（第四集）	宝文堂书店	1952

（续表）

作者	书名	出版社	出版年代
加罗威	恋爱与结婚	广协书局	1952
老舍	离婚	晨光出版公司	1952
王尊三	冯俊英离婚	宝文堂书店	1952
华南人民出版社	自梳女结了婚	华南人民出版社	1953
山东省贯彻婚姻法运动委员会办公室	自主的婚姻幸福的家庭	山东人民出版社	1953
重庆市中苏友好协会	苏联的妇女、婚姻和家庭	重庆市中苏友好协会	1953
王淡如	二巧离婚	长安书店	1953
张帆	恋爱·婚姻与夫妇生活	展望周刊社	1953
华北区妇女工作委员会	自由恋爱的故事	华北人民出版社	1953
中南通讯选集编委会辑	美满的婚姻幸福的家庭	中南人民文学艺术出版社	1953
建新	婚姻法改变了旧家庭	通俗文化出版社	1953
青年出版社	论社会主义社会的爱情、婚姻和家庭	青年出版社	1953
［苏联］斯维尔德洛夫	苏维埃婚姻与家庭的立法原则	人民出版社	1953
人民出版社	贯彻婚姻法工作指南	人民出版社	1953
人民出版社	婚姻案件处理经验	人民出版社	1953
人民出版社	婚姻法通俗讲解材料	人民出版社	1953
上海市民主妇女联合会宣传教育部	婚姻法帮助我们改造了家庭	新知识出版社	1954
斯维尔特洛夫	苏维埃婚姻—家庭法	作家书屋	1954
陈石	和女工谈谈恋爱与婚姻问题	上海人民出版社	1955
孙青	和农村青年谈谈恋爱婚姻问题	中国青年出版社	1955

（续表）

作者	书名	出版社	出版年代
宋廷章	怎样正确对待恋爱问	辽宁人民出版社	1955
中国新民主主义青年团广州市委员会广州青年社	正确地对待恋爱、婚姻问题	中国新民主主义青年团广州市委员会广州青年社	1955
河南省民主妇女联合会宣传部	如何正确对待恋爱、婚姻和家庭问题	河南人民出版社	1955
［俄］托尔斯泰	家庭的幸福	泥土社	1955
新中国妇女社	论社会主义社会的爱情、婚姻和家庭	新中国妇女社	1955
山西省民主妇女联合会	建立民主和睦团结生产的新家庭	山西省民主妇女联合会	1955
新中国妇女社	婚姻和家庭的故事	新中国妇女社	1955
中国人民大学刑法教研室	妨害婚姻家庭罪（中国刑法）	中国人民大学	1955
曲道骥	离婚记	辽宁人民出版社	1955
阿慧	漆匠嫁女	浙江人民出版社	1955
河南省民主妇女联合会宣传部	如何正确对待恋爱、婚姻和家庭问题	河南人民出版社	1955
［匈］卡·米克沙特	奇婚记	新文艺出版社	1956
全俄中央执行委员会	苏俄婚姻、家庭和监护法典	法律出版社	1956
上海市民主妇女联合会服务部	关于恋爱、婚姻、家庭问题的通信	上海人民出版社	1956
［苏联］泰·谢·叶罗希娜	苏联人民的爱情婚姻和家庭	陕西人民出版社	1956
［苏联］苏霍德列夫	保护妇女、儿童、家庭权利的苏维埃	法律出版社	1956
绿杨	和农村青年谈家庭婚姻恋爱问题	山东人民出版社	1956

（续表）

作者	书名	出版社	出版年代
孙青	怎样建立幸福的家庭	中国青年出版社	1956
［印度］查特吉	嫁不出去的女儿	作家出版社	1956
程喜发	鸳鸯嫁老雕	吉林人民出版社	1956
武汉市戏协汉剧分会	漆匠嫁女	群益堂	1956
鲁迅	离婚	通俗读物出版社	1956
熊长麟	和青年谈谈恋爱问题	云南人民出版社	1956
孙谦	奇异的离婚故事	长江文艺出版社	1956
陈寿庚	婚礼	湖南人民出版社	1956
［德］魏森波尔恩	西班牙的婚礼	新文艺出版社	1956
方璞德	谈青年的学习、生活和恋爱问题	中国青年出版社	1956
［苏联］诺索夫	快乐的小家庭	中国少年儿童出版社	1956
임원등	련애결혼가정에 대한（婚恋家庭故事）	민족출판사（民族出版社）	1957
马起	谈离婚的政策界限	辽宁人民出版社	1957
马起	中华人民共和国婚姻法概论	湖北人民出版社	1957
周详	冒婚案	四川人民出版社	1957
柯夫	双婚记	中国戏剧出版社	1957
齐东	赵云拒婚	宝文堂书店	1957
陕西人民出版社	恋爱和幸福的家庭生活	陕西人民出版社	1957
王成恩	恋爱狂想曲	黑龙江人民出版社	1957
劳动报社	恋爱问题	上海文化出版社	1957
莫之棪	一对会计员的恋爱故事	广西人民出版社	1957

（续表）

作者	书名	出版社	出版年代
陈静波	正确地处理婚姻恋爱问题	吉林人民出版社	1957
孙谦	奇异的离婚故事	山西人民出版社	1957
子音	女工恋爱、婚姻、家庭问题通信集	上海人民出版社	1957
吕品	爱情和家庭	辽宁人民出版社	1957
湖南群众艺术馆	伴嫁舞	湖南人民出版社	1957
刘兴祥	贾氏吵嫁	湖北人民出版社	1957
中国共产主义青年团陕西省委宣传部陕西青年社	以共产主义道德对待恋爱和家庭生活	陕西人民出版社	1957
方璞德	谈青年的学习、生活和恋爱问题	新疆青年出版社	1957
黄可风	婚礼之前	陕西人民出版社	1957
黄腾瑞	奇婚记	广东人民出版社	1958
［苏联］扎尔金德	健康的婚姻和健康的家庭	科学普及出版社	1958
法律出版社	离婚问题论文选集	法律出版社	1958
高延昌	离婚后	新文艺出版社	1958
杜静波	和青年谈谈恋爱婚姻问题	河北人民出版社	1958
［德］哈德尔	休假日里的恋爱	新文艺出版社	1958
文国栋	逼嫁	四川人民出版社	1958
马起	中国革命与婚姻家庭	辽宁人民出版社	1959
吉林省群众艺术馆	敬老院的婚礼	吉林人民出版社	1959
何飞	奇怪的婚礼	上海文艺出版社	1959

（续表）

作者	书名	出版社	出版年代
〔苏联〕奥里多罗加	离婚案件的审判实践	法律出版社	1959
〔德〕恩格斯	家庭、私有制和国家的起源	新疆人民出版社	1959
胡苏	双婚记	中国电影出版社	1959
刘文彤	争婚计	北方文艺出版社	1960
〔苏联〕哈尔切夫	马克思列宁主义论婚姻与家庭	生活·读书·新知三联书店	1960
姚北全	劳模嫁女	广东人民出版社	1961
山东省重点剧目研究会集体	姊妹易嫁	山东人民出版社	1962
上海民间文学调查组集体整理	哭出嫁	上海文艺出版社	1962
苏杰	待婚	广东人民出版社	1963
李德平	家庭急救常识	河北人民出版社	1963
中国曲艺工作者协会	要彩礼	农村读物出版社	1963
北方文艺出版社	抛彩礼	北方文艺出版社	1963
伊丹才让	婚礼歌	上海文艺出版社	1963
乌·白辛	赫哲人的婚礼	中国戏剧出版社	1963
路杨	正确对待恋爱婚姻家庭问题	山东人民出版社	1964
福建省高级人民法院	怎样对待婚姻家庭问题	福建人民出版社	1964
华洛桑	嫁女儿	青海文学出版社	1964
陈竹音	三张彩礼单	春风文艺出版社	1965
作家出版社编辑部	劳模嫁女	作家出版社	1965
谭喜亮	劳模嫁女	江西人民出版社	1965

（续表）

作者	书名	出版社	出版年代
浦城县文化馆	喜事新办	福建人民出版社	1965

第二阶段为改革开放至今，这一时期，随着研究队伍的不断壮大，大量具有深度和广度的专著与论文应运而生。这些研究作品不仅从宏观层面探讨了婚姻制度的演变、婚姻法律的修订等重大问题，还从微观角度深入剖析了婚姻关系中的个体行为、情感变化等细微的问题，为我们全面理解这一时期的婚姻现象提供了丰富的视角。具体而言，第二阶段的婚姻研究主要围绕以下五个方面展开：

第一，关于 1950 年《婚姻法》的诞生过程及其内容的研究。关于 1950 年《婚姻法》的诞生过程及其内容，学界展开了广泛而深入的研究。首先，针对 1950 年《婚姻法》的理论来源和产生条件，学者们进行了深入探讨。这些研究主要从思想基础和社会条件两方面入手，分析了该法产生的历史背景。例如，有研究指出，从清末开始，受西方思想的影响，婚姻制度逐渐向核心家庭结构和一夫一妻制靠拢，而 1950 年《婚姻法》的颁布则是这一目标实现的重要标志。[①] 同时，马克思主义婚姻自由思想也被认为是该法的重要思想来源。[②] 此外，还有学者考察了 1950 年《婚姻法》与苏联婚姻家庭法的关系，指出二者在原则上的密切联系，如自由、平等和一夫一妻等原则的体现。[③] 这些研究为我们理解 1950 年《婚姻法》的立法理念和历史背景提供了重要参考。其次，关于 1950 年《婚姻法》的重要开创者及其贡献，学界也进行了广泛讨论。其中，刘少奇、邓颖超和王明等人在该法的起草和宣传过程中发挥了重要作用。有研究评价了刘少奇在确定《婚姻法》出发点和原则，以及对少数民族地区和干部婚姻问题的指导方面的贡献。[④] 同时，邓颖超在主持起草《婚姻法》及坚持"一方坚持离婚

---

① 方砚：《近代以来中国婚姻立法的移植与本土化》，华东政法大学 2014 年博士学位论文。
② 黄灵：《中共党人婚姻自由思想实践研究——以 1950 婚姻法为中心的讨论》，电子科技大学 2013 年硕士学位论文。
③ 李秀清：《新中国婚姻法的成长与苏联模式的影响》，《法律科学》2002 年第 4 期。
④ 王为衡：《刘少奇与新中国第一部婚姻法》，《党的文献》2010 年第 3 期。

即可离婚"原则方面的贡献也得到了学界的广泛认可。① 关于王明是否参与该法的起草工作，学界存在不同观点。② 但无论其是否直接参与，他的法制委员会代表身份及在草案提交和报告过程中的作用都是不可忽视的。这些研究有助于我们了解 1950 年《婚姻法》制定过程中的关键人物和事件。再次，在 1950 年《婚姻法》的内容和意义评价方面，学界也进行了深入研究。有研究认为，该法体现了中国共产党"自主纯粹"的爱情观、"情责衡平"的婚姻离合观等婚姻理论，是国家政权利用法律进行破旧立新的重要体现。③ 同时，离婚完全自由的原则和对妇女合法权益的保障也被认为是该法的重要特点，具有划时代意义和国际前沿的开创意义。④ 此外，还有学者将该法与历史上的其他相关法律进行了比较研究，如与 1930 年颁布的《民法·亲属》以及苏联的婚姻家庭法的比较，指出了它们在立法技术和原则方面的异同。⑤ 这些研究为我们全面理解 1950 年《婚姻法》的内容和意义提供了重要视角。

第二，关于《婚姻法》贯彻执行过程的研究。学界对《婚姻法》贯彻执行的研究已取得丰富的成果，且主要聚焦于 1950 年至 1953 年间贯彻《婚姻法》运动的研究（见表 0—2）。这一领域的研究包括 1950 年《婚姻法》产生的历史背景、主要经过、阶段特点、问题与困难、经验与启示等。⑥ 这类研究大致分为两种。一是从宏观层面审视全国范围内贯彻《婚姻法》运动的总体情况，二是从微观层面探讨不同地域在贯彻《婚姻法》过程中的独特经历。这类研究多以档案、报刊、地方志、口述史等文献为

---

① 马荟：《刍议邓颖超妇女解放思想及其在 1950 年〈婚姻法〉中的部分体现》，《法制与经济》2015 年第 9 期。

② 这类文章有：王思梅：《新中国第一部〈婚姻法〉的颁布与实施》，《党的文献》2010 年第 3 期；黄传会：《新中国第一部婚姻法的诞生（下）》，《中国人大》2007 年第 4 期；何立波：《新中国第一部〈婚姻法〉诞生始末》，《检察风云》2011 年第 1 期；王彦红等：《新中国第一部〈婚姻法〉起草始末》，《党史文苑·纪实版》2008 年第 2 期；晓何：《新中国第一部法律〈婚姻法〉诞生始末》，《党史纵览》2010 年第 4 期；武雁萍：《新中国第一部〈婚姻法〉出台前后》，《党史文汇》2010 年第 7 期。

③ 敖天颖：《新中国成立初期中国共产党婚姻理论及其实践研究》，华东师范大学 2016 年博士学位论文。

④ 朴敬石：《"离婚完全自由"问题上的矛盾与妥协——以 1950 年〈中华人民共和国婚姻法〉的制定过程为中心》，《徐州工程学院学报（社会科学版）》2017 年第 1 期。

⑤ 许莉：《我国近代亲属法比较研究》，《学术交流》2009 年第 9 期。

⑥ 刘维芳：《中华人民共和国史小丛书：新中国第一部婚姻法》，人民出版社，2020 年。

主，不仅呈现了历史的细节，也深化了我们对这一时期历史的理解。主要表现如下：

表 0—2　《婚姻法》运动部分研究成果概览

范围	作者	题目	来源	发表日期
全国	苏宝俊、高海萍	观念的博弈——对 1950—1953 年我国《婚姻法》贯彻活动的历史考察	社会科学家	2007 年第 2 期
全国	张成洁、莫宏伟	新中国第一部《婚姻法》宣传与贯彻运动述论	河南师范大学学报（哲学社会科学版）	2008 年第 1 期
全国	马冀	新中国成立初期贯彻婚姻法运动述论	江西社会科学	2010 年第 4 期
全国	谭娜娜	建国初期我国婚姻立法及其实践研究（1949—1956）	天津商业大学硕士学位论文	2011 年
全国	郭俊	建国初期贯彻婚姻法运动研究	山东轻工业学院硕士学位论文	2012 年
华北地区	李洪河	新中国成立初期华北地区婚姻制度的嬗变	河南师范大学学报（哲学社会科学版）	2009 年第 4 期
华北地区	郭凯、薛长刚	新中国成立初期华北地区婚姻家庭变迁诸问题	历史教学	2011 年第 6 期
华北	张志永、李月玺	1950 年《婚姻法》与华北农村婚姻制度的鼎革	当代中国史研究	2015 年第 3 期
西南地区	范连生	新中国成立初期《婚姻法》的推行与基层干部动员和教育——以西南地区为中心的考察	当代中国史研究	2016 第 4 期
苏南地区	李方甜	对 1950 年《中华人民共和国婚姻法》贯彻与实施情况的再探讨	南京大学硕士学位论文	2015 年
中南地区	李洪河	新中国成立初期中南区婚姻制度	当代中国史研究	2009 年第 4 期
川北	马克敏	新中国成立初川北地区贯彻《婚姻法》运动考察	党史文苑	2014 年第 1 期

（续表）

范围	作者	题目	来源	发表日期
安徽	李琰容	建国初期安徽宣传贯彻《婚姻法》运动研究	安徽大学硕士学位论文	2017
北京	张浩	新中国建立初期北京市婚姻制度改革研究	社科纵横	2009 年第 11 期
北京	庄秋菊	新中国建立初期北京市普及新婚姻法史事考察	北京党史	2011 年第 5 期
重庆	岳艳斐	建国初期重庆地区贯彻婚姻法运动研究（1950—1953）	西南大学硕士学位论文	2014 年
福建惠安	王冬梅	新中国成立初期《婚姻法》的宣传和贯彻实施——以福建省惠安县惠东地区为例	妇女研究论丛	2017 年第 1 期
福建晋江	丁汀	1950 年代侨区的"妇女解放"——以晋江婚姻法宣传运动为中心历史考察	华东师范大学硕士学位论文	2016 年
福建	欧阳小松	新中国《婚姻法》在福建的宣传与贯彻（1950—1953年）	党史研究与教学	1995 年第 2 期
广州	房春丽	建国初期广州宣传贯彻婚姻法运动（1950—1953 年）	暨南大学硕士学位论文	2007 年
贵州省郎岱县	王雅丹	建国初期郎岱县婚姻制度（1950—1957 年）——以婚姻判决书为例	贵州民族大学硕士学位论文	2016 年
黔东南	范连生	构建与嬗变——新中国成立初期《婚姻法》在黔东南民族地区的推行	当代中国史研究	2012 年第 6 期
甘肃民族地区	崔江伟	1950—1959 年甘肃民族地区婚姻制度改革研究	西北师范大学硕士学位论文	2013 年
甘肃	朱玉社	建国初甘肃宣传贯彻婚姻法运动研究	西北师范大学硕士学位论文	2012 年
湖南	张海	新中国成立初期湖南省贯彻婚姻法运动考察	湖南师范大学社会科学学报	2019 年第 3 期

（续表）

范围	作者	题目	来源	发表日期
长沙	郭志远	建国初期长沙市宣传贯彻《婚姻法》运动研究	湘潭大学硕士学位论文	2018 年
河南	李洪河	新中国成立初期贯彻《婚姻法》运动中的社会问题及其解决——以河南省为中心的历史考察	中共党史研究	2009 年第 7 期
内蒙古	钱占元	砸碎锁链解放妇女——内蒙古贯彻新中国第一部《婚姻法》纪实	思想工作	2005 年第 3 期
内蒙古	王娜	建国初期《内蒙古日报》对我国婚姻法的宣传	内蒙古师范大学硕士学位论文	2011
内蒙古（绥远省）	李宇哲	中华人民共和国婚姻法在绥远省的宣传与贯彻（1950 年—1953 年）	内蒙古大学硕士学位论文	2014 年
上海	杨丽	新中国成立初期上海贯彻婚姻法运动	中共党史研究	2006 年第 1 期
上海	金璐	1953 年上海贯彻婚姻法运动月研究	华东师范大学硕士学位论文	2018 年
上海	赵永春	建国初期农村社会新婚姻制度建立——以 1950—1953 年上海龙华区为中心	上海师范大学硕士学位论文	2011 年
上海	袁凤鸣	建国初期上海新婚姻法运动历史考察	华东师范大学硕士学位论文	2010 年
陕西	白若楠	新中国成立初期贯彻婚姻法运动研究——以陕西省为中心	陕西师范大学博士学位论文	2018 年
陕西	闫丽云	变革中的冲突与较量——20 世纪 50 年代陕西婚姻制度改革研究	西北大学硕士学位论文	2015 年
山东	王群	建国初期山东省宣传贯彻婚姻法研究	山东师范大学硕士学位论文	2014 年

（续表）

范围	作者	题目	来源	发表日期
山西	李娟	建国初期山西省贯彻婚姻法运动研究	山西师范大学硕士学位论文	2014 年
山西	刘斐丽	送法下乡——建国初期山西省贯彻《婚姻法》运动研究	山西大学硕士学位论文	2011 年
河北	张志永	建国初期河北省婚姻制度改革研究（1950—1956）	复旦大学博士学位论文	2003 年

在探讨 1950 年代中国《婚姻法》贯彻运动的研究中，学界对其阶段划分、特点及经验进行了深入分析。关于运动的阶段划分，存在三阶段说[①]与四阶段说[②]两种主要观点。三阶段说将《婚姻法》的执行过程划分为学习宣传阶段、贯彻运动月阶段和经常性贯彻阶段，这一划分方式考虑到了《婚姻法》颁布初期的特殊背景，具有一定的合理性。而四阶段说则在此基础上增加了《婚姻法》执行情况大检查阶段，使得阶段划分更为细致。无论哪种划分方式，都强调了教育在推行《婚姻法》中的核心作用，并总结了成功的经验，如抓住民心、组织调控和顾及群众利益等。[③] 有研究指出，在 1950 年《婚姻法》贯彻执行过程中，基层组织尤其是妇联和工会在形塑民众新观念方面发挥了重要作用，体现了传统亲缘关怀与现代动员机制的有机结合。[④] 在《婚姻法》运动的效果研究方面，学界普遍肯定了其带来的积极影响。在婚姻结合途径上，研究指出，包办、买卖婚姻等陋俗逐渐消失，自主婚、自由婚成为主流。[⑤] 此外，妇女的平均婚龄也有所提高。婚姻制度上，研究认为，逐步建立的婚姻登记制度，实现了从传统事实婚制向法律婚制的转变。

---

① 张志永：《建国初期河北省婚姻制度改革研究（1950—1956）》，复旦大学 2003 年博士学位论文。

② 王冬梅：《新中国成立初期〈婚姻法〉的宣传和贯彻实施——以福建省惠安县惠东地区为例》，《妇女研究论丛》2017 年第 1 期。

③ 邓智旺：《新中国成立初期中国共产党在〈婚姻法〉运动中的社会动员》，《中共浙江省委党校学报》2012 年第 4 期。

④ 曾庆利：《生活世界的动员和改造——以 1950—1960 年代上海文艺中的妇女形象为中心兼及其它》，上海大学 2017 年博士学位论文。

⑤ 张志永：《建国初期河北省婚姻制度改革研究（1950—1956）》，复旦大学 2003 年博士学位论文；唐士梅：《1950 年〈婚姻法〉对汉中婚俗文化的影响》，《文化遗产》2015 年第 3 期。

同时，《婚姻法》运动还培养了民众新的政治认同，激活了其政治和生产活力。[①] 在促进妇女解放方面，显著提高了妇女的地位和身心健康，尤其是在农村地区。[②] 然而，学界也指出了运动的局限性，如地域不平衡、改革不彻底以及流于表面化等问题。[③] 这些问题导致传统习俗在运动过后可能再次"公开化"，同时出现了新的婚姻家庭问题。[④] 有学者认为，这与《婚姻法》的推行策略、文化习俗及妇女在经济关系中的劣势地位密切相关，反映了法律让位于政治的形式可能影响法律的执行效力。[⑤] 在《婚姻法》对人们思想意识的影响研究方面，有学者指出，《婚姻法》运动不仅塑造了新家庭，还完成了对社会资源的改造，使人们形成了对国家的依赖。国家的介入促成了民众的政治认同，进而促进了社会改革和民众的生产积极性，帮助国家实现了对社会的有效治理。[⑥] 同时，学界也探讨了国家与民众之间复杂的互动关系，指出《婚姻法》触及不同民众的利益，体现了不同利益主体的价值追求。这个过程并非简单的政令响应，而是一个互动的过程。[⑦] 在婚姻制度的改变中，民众通过援引传统和官方说辞以及套用法律条文等方式进行调适，发挥了综合性的功效。此外，还有研究分析了婚姻领域中男性的情感、行为

[①] 这类文章有：张志永：《建国初期河北省婚姻制度改革研究（1950—1956）》，复旦大学 2003 年博士学位论文；宋学勤：《制度变迁与社会生活新范式的生成——以 1949—1956 年婚姻与家庭变化为视点的考察》，《江海学刊》2009 年第 6 期；王冬梅：《新中国成立初期〈婚姻法〉的宣传和贯彻实施——以福建省惠安县惠东地区为例》，《妇女研究论丛》2017 年第 1 期；马冀：《新中国成立初期贯彻婚姻法运动述论》，《江西社会科学》2010 年第 4 期。

[②] 李洪河、王淑姣：《新中国成立初期农村妇女婚姻自由问题探微——以湖南省为中心》，《中国浦东干部学院学报》2012 年第 2 期。

[③] 张志永：《建国初期河北省婚姻制度改革研究（1950—1956）》，复旦大学 2003 年博士学位论文；王冬梅：《新中国成立初期〈婚姻法〉的宣传和贯彻实施——以福建省惠安县惠东地区为例》，《妇女研究论丛》2017 年第 1 期。

[④] 苏宝俊、高海萍：《观念的博弈——对 1950—1953 年我国〈婚姻法〉贯彻活动的历史考察》，《社会科学家》2007 年第 2 期；张志永：《建国初期河北省婚姻制度改革研究（1950—1956）》，复旦大学 2003 年博士学位论文。

[⑤] 王冬梅：《新中国成立初期〈婚姻法〉的宣传和贯彻实施——以福建省惠安县惠东地区为例》，《妇女研究论丛》2017 年第 1 期。

[⑥] 这类文章有：张海：《新中国成立初期湖南省贯彻婚姻法运动考察》，《湖南师范大学社会科学学报》2019 年第 3 期；马冀：《新中国成立初期贯彻婚姻法运动述论》，《江西社会科学》2010 年第 4 期；杨丽萍：《新中国成立初期上海贯彻婚姻法运动》，《中共党史研究》2006 年第 1 期。

[⑦] 常利兵：《塑造婚姻与农民国家观念的形成——以贯彻 1950 年〈婚姻法〉为考察对象》，《晋阳学刊》2013 年第 3 期。

与权力，揭示了男性如何利用特殊情感和行为获取暂时性权力。① 随着研究的深入，学者还关注了《婚姻法》执行过程中国家和地方关系的建构。研究认为，在此过程中，以血缘关系为基础的农村社会逐渐被解构，国家与地方之间存在一定的张力。② 然而，国家强调的民主和睦和团结生产原则解决了二者之间的矛盾。③ 研究认为，在少数民族地区，国家在贯彻《婚姻法》的过程中以保持民族地区稳定为原则，但随着基层组织的不断完善和文化间的相互交流融合，民族地区的婚姻传统也受到了影响。④ 这些研究不仅揭示了《婚姻法》运动的多重影响，还为我们理解国家与社会、法律与文化之间的复杂关系提供了重要视角。

第三，关于婚姻文化观念的探讨。在探讨婚姻文化观念的变迁时，学者们广泛关注了国家婚姻制度改革对婚姻观念及实践的深远影响。有研究指出，这一时期的婚姻文化观念显著表现为对情感自由婚姻的重视，同时受到政治因素的深刻影响，⑤ 且主要体现在保护军婚、倡导简约婚礼及晚婚行为等多个方面。⑥ 这种变化不仅反映了个人情感与社会责任的结合，也体现了个人利益与集体利益的紧密联系，从而在伦理层面上展现出新的婚姻观念形态。⑦ 此外，贞操观念亦随时代变迁而演变，从新中国成立初期寡妇婚姻自由的获得，到后来贞操观念被纳入公共权力范畴，这一过程揭示了婚姻观念与政治环境的复杂互动。⑧ 关于择偶问题，学界普遍认为这一时期的择偶观经历了从门当户对到异质互补，再到以爱情为基础的转变，后者被视为新婚

---

① 任耀星：《〈婚姻法〉实践中男性的情感与行为：以河南省为例（1950—1953）》，《二十一世纪》2019 年 8 月号第 174 期。

② 李飞龙：《社会变迁中的中国农村婚姻家庭研究（1950—1985）》，中共中央党校 2010 年博士学位论文。

③ 张福运、岑怡坤：《新中国初期中央—地方关系的张力与弹性——婚姻制度变革的视角》，《东南学术》2019 年第 5 期。

④ 李飞龙：《婚姻习俗与国家在场：新中国成立初期民族地区婚姻纠纷调解机制研究》，《思想战线》2016 年第 4 期。

⑤ 刘超：《青年婚恋观历史演变与发展趋势研究》，天津商业大学 2011 年硕士学位论文。

⑥ 姚迎迎：《新中国婚姻文化的变革（1949—1966）》，收入梁景和主编：《婚姻·家庭·性别研究》第一辑，社会科学文献出版社，2012 年。

⑦ 钟溢：《我国近现代婚恋伦理的历史研究——以〈围城〉、〈小二黑结婚〉、〈蜗居〉为例》，南京林业大学 2018 年硕士学位论文。

⑧ 廖熹晨、梁景和：《1949—1966 年新中国贞操观的变革——以北京地区为例》，《辽宁大学学报（哲学社会科学版）》2014 年第 3 期。

姻制度的象征。① 教育与婚姻匹配模式的关系研究表明，教育程度成为个体
社会经济地位的重要标志，相似教育背景的同类婚姻增多。② 择偶标准也从
单一的门当户对转变为包括政治、劳动、感情等在内的多元观念。③ 特别是
在农村地区，尽管法律赋予妇女自主择偶的权利，但受传统文化影响，她们
的实际选择仍受限于家庭意见。④ 同时，特定群体如驻疆官兵的婚姻问题也
引起了关注，国家从内地选派女性入疆，不仅解决了性别比例失衡问题，还
对边疆稳定做出了贡献。⑤ 还有研究指出，建设兵团的婚姻经历了组织安排、
道德婚姻和自主婚姻三个阶段。而妇女本人对其婚恋经历也有一套认知逻
辑。⑥ 在婚姻结合方式上，学者们注意到存在自主、半自主和包办买卖三种
形式，且城乡间比例各异。农村中半自主婚姻较为普遍，被视为适应当时农
村状况的"最佳选择"。⑦ 同时指出，这一时期体现出男女结识路径多样化，
学生的婚恋观呈现程序化、英雄化等特点，而工人群体的婚姻自主权则有所
增强。⑧ 为配合《婚姻法》宣传，一系列具有政治色彩的婚恋文学作品应运
而生，其中婚姻选择与当事人的阶级身份及革命态度紧密相关，反映了当时
社会对理想婚姻的界定。⑨ 婚姻礼俗方面，研究聚焦于彩礼、嫁妆和婚礼的
变化。尽管 20 世纪 50 年代彩礼数量不多，但仍反映出传统观念的存在，嫁
妆则相对随意。彩礼和嫁妆在维系农村社会关系中扮演重要角色，而婚礼尽
管在法律上已非必需，但仍受到民众重视，承担着社会承认、家庭实力展示
及婚姻约束等多重功能。⑩ 婚礼仪式的简化及政治意涵的融入，体现了时代

① 黄桂琴、张志永：《建国初期婚姻制度改革研究》，《政法论坛》2004 年第 2 期。
② 石磊：《新中国成立以来教育婚姻匹配的变迁》，《人口研究》2019 年第 6 期。
③ 贺军平：《新中国农村的婚姻与家庭考察》，《唐都学刊》1989 年第 4 期。
④ 孔海娥：《从沉默到有限自主：新中国 60 年农村女性择偶自主权研究——以湖北省浠水县两个村庄为例》，《湖北社会科学》2010 年第 4 期。
⑤ 郭宇奇：《建国初期湘女入疆问题初探》，湖南科技大学 2016 年硕士学位论文。
⑥ 王颖、石彤：《组织动员下新疆支边妇女的婚恋研究》，《妇女研究论丛》2016 年第 5 期。
⑦ 张志永、李月玺：《1950 年〈婚姻法〉与华北农村婚姻制度的鼎革》，《当代中国史研究》2015 年第 3 期。
⑧ 敖天颖、龚秀勇：《新中国成立前后工人群体的婚姻变迁——以成都裕华纱厂为样本的考察》，《四川师范大学学报（社会科学版）》2016 年第 4 期。
⑨ 谢燕红、李刚：《"规训"与爱情——五十年代婚恋题材小说研究》，《南京师范大学文学院学报》2006 年第 4 期。
⑩ 李飞龙：《社会变革与婚姻支付：20 世纪 50—80 年代中国农村的彩礼和嫁妆》，《古今农业》2017 年第 3 期。

变迁对婚姻习俗的影响。^① 学者们还从婚姻仪式的功能出发，探讨了其在促进新价值观念认同及社会建设中的作用以及婚姻伦理与社会诸因素的互动关系。^② 此外，对于婚姻关系成立的标志物，如结婚证书等，研究揭示了其作为"历史景观"的象征意义，不仅证明了婚姻关系的合法性，也反映了特定时期的政治意识形态。^③ 结婚登记申请书及离婚证书的样式和内容，进一步体现了国家对男女平等及和平分手价值观念的倡导。^④ 这些研究不仅丰富了我们对这一时期婚姻文化观念的理解，也为我们提供了深入洞察社会变迁与文化适应的宝贵视角。

第四，关于离婚问题的探讨。在离婚问题的探讨上，学界从多个维度进行了深入分析。有研究指出，尽管这一时期已基本实现离婚自由，但女性在离婚时涉及财产分割方面仍面临一定阻力，这反映了新旧观念交替时期法律实施与社会实践之间的张力。^⑤ 同时指出随着反右斗争的开展，离婚自由逐渐呈现出极端政治化的特征。^⑥ 关于离婚原因，学界普遍认为包办婚姻、贪图享受、见异思迁等传统因素仍是导致离婚的重要原因，^⑦ 而"婚姻自由"这一新观念的出现也加剧了离婚现象。特别值得注意的是，妇女起诉的离婚案件占比显著，这被视为国家推行的政策和理念对女性解放的积极成果，体现了社会变革对家庭关系的深刻影响。^⑧ 在离婚案件的审理机制及审判方式上，学界也进行了深入探讨。有研究总结了婚姻司法实践的主要措施，包括宣传《婚姻法》、鼓励妇女参与社会生产、注重司法审判效果等。在审判过程中，法院努力在法律与道德之间寻求平衡，这反映了当时司法实践面临的

---

① 贺军平：《新中国农村的婚姻与家庭考察》，《唐都学刊》1989年第4期。
② 宋学勤：《制度变迁与社会生活新范式的生成———以1949—1956年婚姻与家庭变化为视点的考察》，《江海学刊》2009年第6期。
③ 陈明强：《新中国结婚证书的图像研究》，中央美术学院2013年硕士学位论文。
④ 应芳舟：《五十年前的结婚登记书与离婚证》，《档案春秋》2007年第6期。
⑤ 李巧宁、陈海儒：《中国西部农村婚姻家庭观念与实践变迁———以1950—1953年陕西农村女性离婚潮为例》，《甘肃社会科学》2013年第3期。
⑥ 朱丽娟、钱大军：《从传统到现代的嬗变———新中国离婚自由规定的变迁》，《法制与社会发展》2011年第2期。
⑦ 黄桂琴、张志永：《建国初期婚姻制度改革研究》，《政法论坛》2004年第2期。
⑧ 梁文生：《社会变迁中的婚姻制度———基于1950—1954年新会司法档案的研究》，《山东社会科学》2018年第7期。

复杂性和挑战性。① 同时，有学者指出，这一时期的婚姻纠纷解决涉及旧俗、革命与感情三种话语体系，它们在实践中形成了自洽性机制，这进一步揭示了社会转型期婚姻司法实践的复杂性和多样性。② 在判定离婚理由方面，有学者对"正当理由"与"感情破裂"两种判决标准进行了对比分析，认为前者是一种有责主义的判决标准，而后者则较为随意，与真正的婚姻自由存在差异。③ 此外，还有研究分析了 1950—1966 年间离婚判决依据的转变，从强调婚姻作为国家政策组成部分的"正当原因"到更加注重夫妻相处事实的"情感是否破裂"，这一转变反映了社会对婚姻自由认识的深化和法律实践的进步。④ 干部离婚作为这一时期的特殊婚姻问题，也引起了学界的关注。有研究对干部婚姻问题的缘起、婚姻变动状况和集体记忆形成等问题进行了系统研究，认为这一时期干部离婚问题的凸显是多种因素共同作用的结果，既包括之前积聚的婚姻问题的补偿性爆发，也体现了传统向现代过渡的正常现象。同时，国家对干部婚姻问题的处理也体现了其重塑婚姻道德的决心。⑤ 华侨和军人的婚姻问题也是学界关注的焦点之一。有研究指出，侨区贯彻《婚姻法》面临特殊困境，即地方政府在解放妇女与满足侨汇需求之间难以平衡。而军人的婚姻则得到了国家的政策保障，这种特别保护并不意味着军人配偶的离婚权被剥夺，而是体现了当时社会对军人婚姻的特殊考虑和公允立场。此外，学界还对重婚问题进行了深入分析，涉及家庭财产分割、子女抚养、司法裁判等多个方面。研究肯定了这一时期禁止重婚的规定在提升人们法律素质、推动立法和社会进步方面所产生的积极意义。⑥ 同时，关于离婚的文学作品也引起了学界的关注，有学者认为创作者在婚姻自由和传统道德之间寻找平衡的过程，反映了当时社会对离婚问题的复杂态度和道德观念

---

① 郭凯：《新中国成立初期婚姻司法实践的挑战与应对》，《中州学刊》2013 第 10 期。

② 萨其荣桂：《旧俗、革命与感情——20 世纪 50 年代中国婚姻纠纷解决的话语实践》，《湖北民族学院学报（哲学社会科学版）》2019 年第 5 期。

③ 刘倩：《新中国成立后我国裁判离婚理由的价值分析》，《贵阳学院学报（社会科学版）》2011 年第 1 期。

④ 赵刘洋：《妇女、家庭与法律实践》，广西师范大学出版社，2021 年。

⑤ 廖熹晨：《新中国重塑婚姻道德——以 1955—1956 年一场读者大讨论为例》，《中国国家博物馆馆刊》2019 年第 10 期。

⑥ 伊卫风：《通过法律对女性的社会动员——中国共产党与 1949 年之前婚姻家庭法律在农村的实践》，《法学家》2021 年第 5 期；王梦奇：《新中国禁止重婚制度研究》，华东政法大学 2020 年博士学位论文。

的变化。①

第五，关于婚姻与家庭关系的研究。在探讨婚姻与家庭关系的变迁时，众多学者聚焦于 1950 年《婚姻法》的颁布及其深远影响。有学者指出，该法的实施对传统的夫权和父权观念构成了显著冲击，这一变革不仅挑战了旧有的家庭权力结构，而且为新型婚姻家庭关系的构建奠定了基础。② 有研究进一步证实，《婚姻法》的推行促进了民主和睦家庭氛围的形成，家庭成员间地位趋于平等，尤其是婆媳关系的改善，成为新家庭关系的重要特征，这对于维护社会稳定具有不可忽视的作用。③ 有研究亦强调了婚姻制度改革对社会秩序稳定的贡献，特别是在河北省的实践案例中，这一变革的深远影响得到了充分展现。④ 此外，有研究揭示了《婚姻法》实施对激发妇女内生动力的积极影响，指出新法赋予了妇女更多的自主性和积极性，促进了女性社会地位的提升。⑤ 还有学者从情感理念的角度出发，认为 1950 年《婚姻法》的宣传实施蕴含着家国一体的深刻内涵，这种理念不仅推动了家庭内部的和谐，也加强了个人与国家之间的联系。⑥ 关于《婚姻法》对家庭结构、功能及夫妻关系的影响，有研究指出，随着《婚姻法》的实施，家庭作为基本经济单位的功能逐渐削弱，生产活动趋于集中，而家庭的生产功能在一定程度上消失，这些变化伴随着夫妻关系的深刻调整。⑦

2. 国外研究概况

在探讨 1950—1966 年间中国婚姻状况的研究中，国外学者从多维度、多视角出发，提供了丰富而深入的见解。郭·玛格丽特（Kuo Margaret）指出，

---

① 李刚、谢燕红：《1950 年代小说的离婚叙事研究》，《北方论丛》2010 年第 5 期。

② 苏宝俊、高海萍：《观念的博弈——对 1950—1953 年我国〈婚姻法〉贯彻活动的历史考察》《社会科学家》2007 年第 2 期。

③ 邓红、王利娟：《1950 年新〈婚姻法〉的推行及其影响——基于天津市的考察》，《河北大学学报（哲学社会科学版）》2019 年第 4 期。

④ 张志永：《建国初期河北省婚姻制度改革研究（1950—1956）》，复旦大学 2003 年博士学位论文；张志永、李月玺：《1950 年〈婚姻法〉与华北农村婚姻制度的鼎革》，《当代中国史研究》2015 年第 3 期。

⑤ 马冀：《新中国成立初期贯彻婚姻法运动述论》，《江西社会科学》2010 年第 4 期。

⑥ 张华：《"民主和睦"：1950 年〈婚姻法〉的宣传实施与新家庭建设》，《开放时代》2018 年第 4 期。

⑦ 宋学勤：《制度变迁与社会生活新范式的生成——以 1949—1956 年婚姻与家庭变化为视点的考察》，《江海学刊》2009 年第 6 期；师吉金：《试析新中国成立初期家庭状况的变迁》，《当代中国研究所第三届国史学术年会论文集》，2003 年。

《婚姻法》运动的理念不仅停留在理论层面，更被有效转化到司法实践中，通过司法途径进一步贯彻落实了《婚姻法》的精神。[①]这一观点强调了司法实践在推动《婚姻法》实施中的核心作用。王政同样认可司法和行政机构在《婚姻法》宣传贯彻后承担的具体职责，体现了官方机构在婚姻改革中的重要作用。[②] Y·苏（Y. Sui）与郭超（Chao Guo）则进一步揭示了《婚姻法》在特定地区（如中国东北地区）实施过程中的复杂性与挑战。他们指出，由于地理、地缘政治以及经济建设的优先性，《婚姻法》的实施面临诸多困难，反映了现代性不同维度之间的冲突。[③]这种地域性的分析为理解《婚姻法》在不同背景下的实施差异提供了宝贵视角。另一方面，王娟（Juan Wang）通过对华中地区县法院介绍信的研究，揭示了基层干部在调解民事纠纷中的政治化倾向，这种倾向可能并不利于传统婚姻观念的革新。[④] 而戴蒙特·尼尔（Diamant Neil）则观察到，尽管村干部对违反《婚姻法》的行为直接干预有限，但他们通过向上级报告，有效维护了妇女等弱势群体的婚姻权益，体现了基层与上级机构间的互动与合作。[⑤] 黄宗智（Philip Huang）的研究则强调了司法机构在处理婚姻案件时的谨慎态度，这既是对法律精神的尊重，也反映了当时社会背景下法律实施的复杂性。在探讨普通民众对《婚姻法》的反应时，戴蒙特·尼尔进一步指出，农民对《婚姻法》的误解及其性行为的开放态度，反映了社会变迁中个体行为的复杂性与多样性。[⑥]他同时指出，贫苦男性在《婚姻法》实施中成为受害者，而农村妇女则通过利用多种资源展现

---

① Kuo，Margaret，*Intolerable Cruelty：Marriage，Law，and Society in Early Twentieth-Century China*，New York：Rowman & Littlefield Publishers，Inc.，2014.

② Wang Zheng，*State Feminism? Gender and Socialist Formation in MaoistChina*，Feminist Studies 31，No. 3，2005，pp. 519-551.

③ Y. Sui，Chao Guo，*Women as a pathway：dilemmas of the Marriage Law in Northeast China in the early 1950s*，Critical Asian Studies，2022.

④ Juan Wang，"It's Not Just About the Divorce"：*Law，Politics，and Mediation in Communist China*，JCL 15：2（2020）161.

⑤ Diamant，Neil，*Re-examining the Impact of the 1950 Marriage Law：State Improvisation，Local Initiative and Rural Family Change*，The China Quarterly 161（Mar，2000），pp. 171-198.

⑥ Diamant，Neil，*Re-examining the Impact of the 1950 Marriage Law：State Improvisation，Local Initiative and Rural Family Change*，The China Quarterly 161（Mar，2000），pp. 171-198.

了一定的主观能动性。① 同时，国外学者还通过具体案例和地域故事，如 L. 吉布斯（L. Gibbs）对兰花花故事的探讨，揭示了女性在传统与现代之间的挣扎与反抗，以及《婚姻法》在鼓励自由婚姻中所面临的传统阻力。②阎云翔的研究则强调了国家行政机构在推动包括婚姻在内的私人生活转型中的关键作用，这一视角有助于我们理解国家权力在婚姻变革中的渗透与影响。③

另外，对相关词汇及歌词的研究为理解社会文化变迁提供了独特的视角。从小平对"自主"一词变迁的探讨④和 L. Gibbs 对民歌歌词的分析⑤都展现了语言与文化在《婚姻法》实施过程中的重要作用以及它们如何反映和支持婚姻观念的变革。这些研究不仅丰富了我们对历史的理解，也为我们提供了观察社会文化变迁的新途径。

值得注意的是，一些学者如凯·安·约翰逊（Kay Ann Johnson）和白露等，从女性主义视角出发，批判性地审视了《婚姻法》实施中的性别不平等问题，指出尽管存在婚姻变革的努力，但女性的真正解放仍面临诸多障碍。⑥这些研究不仅揭示了《婚姻法》的实施成效，也引发了对性别平等与社会正义的深入思考。

综上所述，在梳理 1950—1966 年间中国婚姻问题的国内外研究现状时，不难发现，无论是国内还是国外学界，都已在研究的深度与广度上达到了相当的水准。具体而言，这一时期婚姻问题的研究呈现出以下几个显著特点：首先，从研究学科的角度来看，该领域的研究涉及范围极为广泛，跨越了社

---

① Diamant，Neil，J.，*Revolutionizing the Family：Politics，Love，and Divorce in Urban and Rural China，1949-1968*，California：University of California Press，2000.

② Levi S. Gibbs，*Retelling the Tale of Lan Huahua：Desire，Stigma，and Social Change in Modern China*，Chinoperl Journal of Chinese Oral & Performing Literature，2021.

③ ［美］阎云翔著，龚小夏译：《私人生活的变革：一个中国村庄里的爱情、家庭与亲密关系（1949—1999）》，上海书店出版社，2006 年。

④ 从小平：《自主：中国革命中的婚姻、法律与女性身份（1940—1960）》，社会科学文献出版社，2022 年。

⑤ L. Gibbs，*Forming Partnerships：Extramarital Songs and the Promotion of China's* 1950 *Marriage Law*，2017，The China Quarterly.

⑥ Kay Ann Johnson，*Women，the Family，and Peasant Revolution in China*，Chicago：University of Chicago Press，1983；［美］汤尼·白露著，沈齐齐译，李小江审校：《中国女性主义思想史中的妇女问题》，上海人民出版社，2012 年；Phyllis Andors，the *Unfinished Liberation of Chinese Women，1949-1980*，Bloomington：Indiana University Press，1983；Margery Wolf，*Revolution Postponed：Women in Contemporary China*，California：Stanford University Press，1985.

会学、政治学、经济学、哲学、历史学、文学、法学、伦理学、美术学以及新闻与传播学等多个学科。这种跨学科的研究趋势不仅丰富了研究视角，也为全面理解婚姻问题的复杂性提供了可能。其次，就研究所使用的文献资料而言，研究者充分利用了多元化的资源。除了传统的报刊、文件、政策、文学作品等文献资料外，许多学者还深入挖掘了档案资料，进行了深入的田野调查，并收集了丰富的口述访谈记录。部分学者还通过实物研究，进一步丰富了研究素材，使得研究结论更加立体和生动。再者，从研究范围和角度来看，这一时期婚姻问题的研究不仅覆盖了全国性的宏观层面，也深入到了具体的区域性研究之中。研究者们从多个新颖且富有洞察力的角度对婚姻问题进行了全面剖析，既包括婚姻制度的建立与实施、《婚姻法》与婚姻习俗的变迁等宏观层面的问题，也涉及婚姻观念的转变、性别角色在婚姻中的定位等微观层面的探讨。同时，研究者还注重从历史脉络、理论基础、现实问题及多维度解读等多个方面对婚姻问题进行了深入的分析，使得研究结论更加全面和深刻。这些研究成果不仅为我们深入理解这一时期的婚姻制度变革提供了宝贵的学术资源，还启发了对婚姻、家庭、性别以及社会变迁等议题的多元化和深层次探讨，为后续研究铺设了更广阔的探索路径。

三、资料、方法与思路

在探讨 1950 年至 1966 年间中国婚姻制度的深刻变革时，本书依托多元化的资料基础，主要包括档案资料、地方志与专志、书籍、报刊、内部参考资料、回忆录、传记、文学作品以及口述史料。档案资料主要来源于各地档案馆，特别是北京市及其各区档案馆，详细记录了民政局、宣传部、妇联等部门关于婚姻工作的文件，以及互联网上的婚姻档案，如离婚判决书、结婚证等，为研究提供了坚实的文献支撑。地方志与专志，如《哈尔滨市妇联志》《陕西省志·妇女志》等，详尽描述了当地婚姻状况及《婚姻法》执行成效。同时，通过系统梳理书籍、各类报刊和妇女杂志，本书掌握了大量关于《婚姻法》宣传、执行及社会反响的资料。此外，《新华社内参》等内部参考资料揭示了政策背后的决策逻辑，而回忆录、传记及文学作品则为研究提供了生动的个体经验和情感表达。另外，通过访谈及中华女子学院中国女性图书馆的口述史料，本书收集了来自不同社会群体的直接声音，丰富了历史场景的再现。

在方法论上，本书遵循科学严谨的社会研究方法论体系，以历史唯物主义和辩证唯物主义的观点、立场与方法为指导。研究方式以文献研究为主，通过系统梳理与分析各类资料，构建研究框架与理论视角。就具体方法而言，综合运用文献法与访谈法广泛搜集资料，并运用文献考据法还原《婚姻法》的起草、颁布及执行过程；通过比较研究法、案例分析法，深入探讨不同情境下的个体婚姻行为；同时，采用主体分析法剖析各主体的价值判断与行动能力。

研究思路方面，本书构建了一个"制度—情境—行动"的综合分析框架。首先，聚焦于国家如何通过一系列政策措施改造传统婚姻习俗，分析这些措施的设计逻辑、实施路径及实际成效。其次，关注不同个体与群体在特定历史情境下的婚姻选择与行为策略，探讨他们如何在制度约束与社会惯习之间寻求平衡。最后，运用阿玛蒂亚·森的可行能力理论与吉登斯的权力理论，分析婚姻领域各主体在资源获取、利用与转换过程中的行动策略，揭示其背后的动机、价值观及社会文化逻辑。通过这一框架，不仅记录了国家、基层组织及个体在婚姻变革中的互动与博弈，还深入剖析了他们如何通过各自掌握的"资源"影响婚姻政策的制定与文化变迁，为理解中国婚姻制度的现代化进程提供了丰富的历史与现实镜鉴。

前已述及，1950—1966 年间，随着社会制度与社会结构的深刻变革，人们的日常生活，包括婚姻生活，经历了前所未有的剧变。尽管国家通过一系列政策措施积极推动婚姻制度的现代化，力图打破传统束缚，但在民间，许多根深蒂固的婚姻惯习依然顽强地保留下来，形成了新旧交织的复杂图景。鉴于此，本书主要对 1950 年至 1966 年间婚姻领域内发生的显著变化进行剖析。具体而言，旨在探讨以下几个核心问题：这些新的变化是如何在特定的历史与社会背景下产生的？它们各自具备哪些鲜明的特征？与此同时，旧有的婚姻传统又经历了哪些实质性的转变？这些变化是如何具体展开的？其背后的驱动因素又是什么？

　　然而，值得注意的是，本书并未全面覆盖该时期婚姻生活的方方面面，而是有选择性地聚焦于那些变化显著或与传统迥异的领域。对于婚姻领域中相对稳定、变化不大或仍与旧俗保持一定相似性的方面，则不在本书的详细论述之列。这样的选择旨在通过集中探讨核心议题，为读者提供一个深入理解该时期婚姻制度变革及其社会影响的窗口。

第一章 1950 年《婚姻法》的颁布与执行

1950 年《婚姻法》的颁布与实施，不仅标志着中国婚姻制度的一次根本性转变，更是国家通过法律手段推动社会进步、保障妇女权益的重要举措。本章的研究问题包括：1950 年《中华人民共和国婚姻法》是如何在历史转折点上应运而生，成为推动中国婚姻制度现代化的关键法律文件？其背后蕴含着怎样的理论基础与实践逻辑？在国家权力的推动下，这部法律是如何通过构建联动机制实现广泛宣传与深入贯彻执行的？

第一节 1950 年《婚姻法》的颁布

婚姻与家庭作为社会的基本单元，其形态与变迁不仅映射出社会的风貌，更是时代进步的缩影。自近代以来，随着知识分子对国家、个体与家庭关系的深刻反思，婚姻变革与妇女解放逐渐成为社会变革的重要议题。特别是马克思主义婚姻理论的引入与发展，为中国婚姻制度的现代化奠定了坚实的理论基础。1950 年《中华人民共和国婚姻法》的颁布，正是这一理论逻辑与实践需求相结合的产物。本节主要探讨 1950 年《婚姻法》产生的历史逻辑、理论根基与实践背景，通过对其起草过程、主要内容及特点的详细剖析，揭示其在中国婚姻制度现代化进程中的里程碑意义。

一、1950年《婚姻法》产生的历史逻辑

近代以来，随着知识分子对国家、个体与家庭关系的深刻反思，他们逐渐意识到，要实现国家的独立与富强，必须从改变社会结构和思想观念入手。在这一背景下，妇女解放与婚姻变革逐渐浮现在知识分子的视野中，成为他们关注的重点。他们意识到，妇女作为社会的重要组成部分，其地位和权益的改善对于推动社会整体进步具有不可忽视的作用。同时，婚姻作为家庭的基础，其变革也是推动社会结构变化、促进个体自由发展的重要一环。

1. 带有先进民主气息的清末婚姻改革

清末以康有为和梁启超等人为代表的维新派以西方进化论和天赋人权学说为理论武器，强调妇女对于强国保种的重要性。他们认为，"三纲"已"不可救药"，是"蛊惑天下"的言论。[①] 进而提出各占人数之半的男女"匪有异矣"的平等思想。[②] 与此同时，他们提出了婚姻自主等主张，反对"强行伴合"。[③] 这些理念对传统婚姻观念是一种冲击，推动着传统婚姻文化向现代转变。

面对时代的剧烈变迁，清朝统治者被迫顺应历史潮流，举起了变法的旗帜。在宣统二年（1910），清政府颁布了《大清现行刑律》，其中婚姻方面的改革彰显了一定的进步性。具体而言，该律法对同姓为婚、娶乐人为妻妾、良贱为婚等传统禁忌进行了删减，同时增加了对娶娼妓为妻行为的规范，这标志着清政府开始尝试突破传统婚姻制度的束缚，向更为开放和包容的方向迈进。

---

① 伤心人：《说奴隶》，《清议报》，第 69 册，1901 年 1 月 11 日。
② 梁启超：《戒缠足会叙》，《中国近代史资料丛刊·戊戌变法》（四），上海人民出版社，1957 年，第 431 页。
③ 康有为：《大同书》，中华书局，1956 年，第 136 页。

随后，宣统三年（1911），由修订法律馆主持起草的《大清民律草案》顺利完成。这部《草案》在婚姻方面的规定尤为引人注目，它不仅参考了欧洲大陆法系和日本的立法体例，更在多个方面体现了先进性和民主气息。在改革传统的婚姻程序方面，《大清民律草案》明确规定了"男未满十八岁，女未满十六岁者，不得成婚"（第 1332 条）。这一条款的设立，旨在保护未成年人的权益，防止他们因过早婚姻而失去成长和发展的机会。同时，"夫妻不相和谐而两愿离婚者，得行离婚"（第 1359 条）的规定，则赋予了夫妻双方更多的自主权，使得离婚不再是一件难以启齿或难以实现的事情。此外，"有配偶者，不得重婚"（第 1335 条）的规定，则进一步强化了婚姻的一夫一妻制原则，维护了婚姻的纯洁性和稳定性。在反映男女两性人格与地位的平等方面，《大清民律草案》也做出了积极尝试。例如，"夫妻互负扶养义务"（第 1352 条）的规定，强调了夫妻双方在婚姻中的平等地位和责任。而"妻于成婚时，所有之财产及成婚后所得的财产，为其特有财产"（第 1358 条）以及"两愿离婚者于离婚后，妻之财产仍归妻"（第 1368 条）的规定，则进一步保障了女性在婚姻中的财产权益，使得她们在婚姻关系中拥有更多的自主权和独立性。在保护子女利益方面，《大清民律草案》也做出了相应规定。如"亲权，由父或母行之……"（第 1370 条等），这一条款虽然未完全摆脱传统家庭观念的影响，但至少明确了父母双方对子女都有抚养和教育的责任和义务，为子女的健康成长提供了法律保障。① 可见，《大清民律草案》在婚姻方面的规定体现了清政府在法律改革上的进步和民主气息。尽管由于历史原因，该《草案》并未得以实施，但其中所蕴含的先进理念和民主精神却对后来的法律改革产生了深远的影响。

2. 带有自由理念的民国婚姻改革

1912 年，中华民国的诞生标志着中国社会进入了一个新的历史时期，伴随着政治体制的变革，社会风气与思潮亦发生了显著的变化。婚姻问题，作为社会结构与个体生活的重要交集点，自然而然地成为了公众热议的焦点。在此背景下，法律政策，尤其是婚姻相关法律，开始逐步挣脱旧有传统的束

---

① 杨立新点校：《大清民律草案》，吉林人民出版社，2002 年。

缚，积极回应社会思潮的变迁，寻求革新之路。1912年4月3日，参议院对司法部提出的援引《大清民律草案》的请示进行了审慎的审议。然而，由于该《草案》并未遵循既定程序正式颁行，参议院最终做出了否决的决定。这一决策不仅体现了新政权对法律程序正当性的重视，也为后续的法律改革预留了空间。

为了填补因《大清民律草案》被否决而产生的法律空白，并适应新兴社会的实际需求，大理院开始着手对《现行律民事有效部分》进行灵活的解释与变通。同时，大理院积极借鉴并引入西方先进的婚姻制度与观念，试图通过司法实践推动婚姻法律的现代化进程。在这一过程中，大理院通过适用"条理"的方式，巧妙地将西方的婚姻法律理念融入司法判例中，为中国的婚姻法律改革提供了新的思路与尝试。例如，在民国四年（1915）的大理院上字第1937号判决中，明确规定了"父母对于孀守之媳，得其同意"的原则，这体现了对女性婚姻自主权的尊重与保护。同样，在民国五年（1916）的统字第454号判决中，强调了"定婚须得当事人之同意"的重要性，进一步巩固了婚姻自由的原则。而民国七年（1918）的大理院上字第1379号判决，则明确规定了"孀妇自愿改嫁，夫家祖父母父母或余亲如果故意抑勒不为主婚，改嫁者得由审判衙门以裁判代之"的条款，为寡妇的再婚权利提供了法律保障。[①] 这些判决不仅体现了大理院在法律改革上的积极探索与创新精神，更为后续婚姻法律的制定与完善提供了宝贵的经验与借鉴。

在新文化运动的浪潮中，婚姻问题成为了先进知识分子和进步青年关注的焦点。这一时期的《新青年》杂志，从第二卷起特别设立了《女子问题》专栏，深入探讨了妇女解放、恋爱、婚姻、家庭等多方面问题。沈雁冰、罗家伦、丰子恺等先驱者们积极介绍了瑞典妇女活动家 Ellen Key 的著作《恋爱与结婚》，将其中关于男女平等和一夫一妻的先进思想进行了宣传，为当时的婚姻观念注入了新的活力。与此同时，世界女权运动先驱、英国女作家 Mary Wollstonecraft 的《女权辩护》也被引入中国。她强调的女性婚后的独立人格思想，对人们树立现代婚姻观念产生了深远的影响。

---

① 郭卫编：《大理院判决例全书》，（台北）成文出版社有限公司印行，1972年。

1917 年，俄国十月革命的胜利极大地推动了马克思主义在中国的传播。在这一背景下，《新青年》《每周评论》《觉悟》《妇女周报》《晨报副刊》等刊物纷纷刊登了关于俄国妇女及婚姻状况的文章，为当时的中国社会带来了深刻的思想冲击。这些文章不仅揭示了俄国妇女在革命中的积极参与和重要地位，还深刻阐述了俄国婚姻制度的变革，为中国的妇女解放和婚姻观念变革提供了借鉴。

1919 年，五四运动爆发。在这场思想解放运动中，一批先进的知识分子开始运用马克思主义妇女理论来探讨婚姻及妇女问题。其中，李大钊作为马克思主义在中国的早期传播者，先后发表了《战后之妇人问题》《妇女解放与 Democracy》等文章，将妇女解放与民主运动紧密联系起来。他强调，妇女解放是社会进步的重要标志，而婚姻制度的改革则是妇女解放的重要一环。同年 10 月，中国共产党主要创始人之一李达发表了《女子解放论》，这篇文章运用唯物史观的分析方法，深入剖析了妇女受压迫的根源，并指出男女共同受教育、婚姻制度改革、女子经济和精神独立对妇女解放具有重要的意义。在此基础上，人们对传统婚姻伦理进行了进一步的深刻思考。社会学家麦惠庭系统地论证了婚姻对于国家和种族的重要性。茅盾在 1920—1925 年间翻译的关于婚姻的文章达 160 多篇。[1] 陈衡哲发表了《一个著名作家》《傍晚的来客》《旅行》等作品，这些文章与作品表达了女性对婚姻自由的追求。与此同时，一些知识女性开始勇敢地站出来，抨击传统婚姻陋俗，呼吁婚姻自主和自由恋爱的权利。她们的故事和行动，不仅激发了社会的广泛讨论，也推动了婚姻观念的深刻变革。张嗣婧的遭遇是这一时期一个令人痛心的案例。她因包办婚姻而饱受精神和疾病的双重折磨，最终含恨而逝。她的悲剧引起了社会的广泛关注。在邓颖超等人的组织下，天津各界妇女为她举办了隆重的追悼会，各界妇女团体和个人纷纷作诗、撰文、发表演说，抨击旧式婚姻制度，并对张嗣婧未与传统家庭决裂的软弱性进行了反思。这些讨论和反思，促使更多的女性开始挣脱传统礼教的束缚。有的女性因不满包办

---

[1] 刘文明、刘宇编著：《性生活与社会规范——社会变迁与多元文化视野中的性》，武汉大学出版社，2006 年，第 150 页。

婚姻而选择逃婚，有的则坚定地选择了独身主义。这些勇敢的行动，展现了女性对婚姻自由的渴望和追求。另外，随着社交公开、婚姻自主、自由恋爱等思潮的广泛传播，新式婚礼也开始在上海、北京、广东等大城市出现。这些婚礼摒弃了旧式的繁琐仪式，注重个性和自由，逐渐成为了年轻人追求的时尚。新式婚礼的兴起，不仅反映了社会的开放和进步，也进一步推动了婚姻观念的变革。此外，离婚问题也逐渐受到社会的关注。特别是五四运动后，女性主动提出离婚的比例逐渐升高。[①] 这表明女性对婚姻质量的要求在不断提高，她们不再情愿忍受不幸的婚姻生活，而是勇敢地追求自己的婚姻幸福。

知识分子与进步人士对婚姻自由的执着追求，在社会上激起了广泛的共鸣与反响。这一思想浪潮不仅直接挑战了根深蒂固的传统婚姻观念，更为婚姻制度的改革注入了新的活力。1924 年 4 月，国民党在第一次全国代表大会上明确提出了婚姻自由与男女平等的思想原则，为后续的法律修订奠定了坚实的理论基础。

在此背景下，1925 年修订法律馆完成了《民国民律草案》的起草工作。该《草案》在婚姻方面展现出了对婚姻自由的深刻理解和充分重视。具体而言，《草案》中的条文明确规定了夫妻之间应享有人格独立与相互尊重的权利，这一规定无疑是对传统夫权制度的有力挑战。例如，第 1128 条明确指出，"妻不经夫允许，得自立遗嘱"，这体现了妻子在财产处理上的自主权；第 1120 条则进一步规定，在特定情形下，妻子有权拒绝服从丈夫的不合理要求，这保护了妻子的人格尊严。此外，《草案》还赋予妻子一定的行动自决权。如第 1127 条所列情形，包括夫妇利益相反、夫弃其妻等，在这些情况下，妻子无须经夫允许即可自主行动，这进一步提升了妻子在家庭中的地位。在财产方面，《草案》也做出了重要改革。第 1135 条明确规定，"妻于成婚时所有之财产及成婚后所得之财产，为其特有财产"，这保障了妻子对个人财产的所有权；同时，第 1136 条和第 1138 条还对妻子的特有财产进行了具体界定，并规定了丈夫在管理妻子财产时的义务，这进一步巩固了妻子

---

① 顾秀莲：《20 世纪中国妇女运动史》（上卷），中国妇女出版社，2008 年，第 262 页。

的财产权益。《草案》还特别注重保护子女的利益。如第 1121 条、第 1160 条和第 1161 条等条文，均对子女的扶养、教育及监护等问题做出明确规定，确保了子女在家庭中的合法权益。最后，《草案》还设立了惩罚过错方、保护无过错方的原则。如第 1155 条和第 1156 条所规定，无责任的一方有权请求损害赔偿或抚慰金，并在因离婚而陷入贫困时，有权要求有责任的一方给予扶养费。这一规定体现了法律对婚姻中弱势一方的保护，有助于维护婚姻的公平与正义。[①] 可见，《民国民律草案》在婚姻方面所体现的进步思想，不仅体现了对个体权益的尊重与保护，更反映了对传统婚姻制度的深刻反思与改革。这些规定为后续的婚姻法律改革提供了有益的借鉴与参考，推动了中国婚姻制度的现代化进程。

《中华民国民法·亲属编》于 1930 年正式颁布，该法律以"三民主义"所强调的平等自由为核心价值，不仅借鉴了世界各国民法的精华，还吸收了清末和北洋政府时期的婚姻改革成果。在婚姻方面，它展现出了显著的进步性和民主性。

首先，该法律严格规范了订婚及结婚的成立与效力。例如，第 973 条明确规定，"男未满十七岁，女未满十岁者，不得订定婚约"，而第 980 条则进一步规定，"男未满十八岁，女未满十六岁，不得结婚"。这些条款旨在保护未成年人的权益，防止他们因年幼无知而被迫进入婚姻。其次，法律明确禁止了重婚行为。第 985 条严正声明，"有配偶者，不得重婚"，而第 1123 条则对同居关系进行了界定，规定"虽非亲属而以永久共同生活为目的之同居一家者视为家属"。这些规定体现了法律对一夫一妻制的坚定维护以及对婚姻忠诚度的重视。在夫妻关系上，《中华民国民法·亲属编》倡导了双方平等处理婚姻事务的观念。第 1003 条指出，"夫妻于日常家务，互为代理人。夫妻之一方滥用前项代理权时，他方得限制之。但不得对抗善意第三人"，而第 1058 条则规定了离婚时夫妻财产的分割原则。这些条款旨在保障夫妻双方在婚姻中的平等地位，防止一方对另一方进行不公平的财产剥夺。同时，法律还给妻子的财产权以适当保护。第 1004 条至第 1044 条等条款详细规定

---

① 杨立新点校：《民国民律草案》，吉林人民出版社，2002 年。

了夫妻财产制的选择、夫妻各自财产的所有权、管理权及使用收益权等内容。这些规定旨在确保妻子在婚姻中享有独立的财产权，防止她们因婚姻而丧失经济自主权。此外，该法律还赋予了夫妻双方平等协商选择姓氏的权利。第 1000 条规定，"妻以其本姓冠以夫姓、赘夫以其本姓冠以妻姓"，这体现了法律对夫妻双方姓氏选择权的尊重。① 可见，《中华民国民法·亲属编》所倡导的内容体现了人格独立和平等自由的理念。然而，由于现实社会条件的限制，这些理念并没有在全国得到广泛推行，这无疑是该法律实施过程中的一个遗憾。尽管如此，《中华民国民法·亲属编》仍然为中国婚姻制度的现代化进程做出了重要贡献。

二、1950年《婚姻法》产生的理论逻辑

中国共产党人的婚姻理论与实践，深深根植于马克思主义婚姻理论的土壤之中。在不同的革命阶段，中国共产党人始终紧密结合当时的婚姻家庭状况和社会现实，对马克思主义婚姻理论进行了深入的吸收、借鉴和发展。马克思和恩格斯都曾在他们的著作中详细论述过婚姻与社会关系，婚姻家庭的起源、婚姻演变及发展趋势。他们关于婚姻的历史演变和发展趋势的见解，为中国共产党人提供了坚实的理论支撑。这些论述为 1950 年《婚姻法》提供了理论指导。具体而言，主要体现在以下几个方面。

1. 关于婚姻的本质

第一，认为婚姻和家庭是人与人之间最基本的社会关系。马克思主义视婚姻和家庭为人与人之间最基本的社会关系，这一观点深刻揭示了婚姻的本质。马克思在《德意志意识形态》中明确指出，婚姻和家庭不仅是个人之间的结合，更是社会发展的产物，具有鲜明的社会属性。这种社会属性体现在婚姻反映了人与人之间的相互关系，是构成社会结构不可或缺的基础单元。马克思和恩格斯通过深入研究人类婚姻的发展史，进一步阐述了婚姻与社会制度、历史发展的紧密联系。他们指出，婚姻行为是人类社会发展到一定阶段的必然产物，与当时的社会制度和家庭制度紧密相连。随着历史的演进，

---

① 徐百齐编：《中华民国法规大全》（第一册），商务印书馆，1936 年。

不同的社会阶段会产生与之相适应的婚姻制度。在《共产党宣言》中，马克思对资产阶级婚姻制度进行了深刻的批判。他认为，这种制度建立在私有制的基础之上，因此充满了腐朽和虚伪。在资产阶级社会中，婚姻往往以金钱和权力为纽带，而非基于真正的爱情。马克思预言，随着社会的进步和发展，这种不公正的婚姻制度终将被摧毁，取而代之的是更加公正、合理的婚姻制度。此外，在《反克利盖的通告》中，马克思和恩格斯还强调了爱情背后的社会现实。他们指出，爱情并非纯粹的个人情感，而是受到社会制度、文化传统等多种因素的深刻影响。因此，在追求爱情的同时，人们也需要正视社会现实，认识到爱情与社会之间的复杂关联。

第二，两种生产相互促进的婚姻理论。马克思和恩格斯在《德意志意识形态》中提出了关于婚姻和家庭理论的深刻见解，特别是他们关于两种生产相互促进的论述，为理解婚姻和家庭的本质提供了独特的视角。他们指出，生命的生产包含两种基本且相互关联的形式：一是物质资料的生产，即人们通过劳动生产满足自身生活所需的物品和服务；二是人类自身的生产，即生育，它关乎人类的繁衍和延续。这两种生产形式在人类历史的发展过程中紧密相连，相互促进。一方面，物质资料的生产是婚姻和家庭存在和发展的坚实基础。人们通过劳动生产获取生活必需品，确保婚姻和家庭的稳定与繁荣。物质生产的水平和发展状况直接影响着婚姻和家庭的生活质量以及它们在社会中的地位。没有物质生产的支持，婚姻和家庭将难以维系。另一方面，人类自身的生产，即生育，也对物质生产产生着重要的反作用。生育不仅是生物学上的过程，更是社会文化的传承和延续。通过生育，新的生命被带入社会，他们将成为未来物质生产的参与者和贡献者。同时，家庭作为生育的基本单位，承担着培养和教育下一代的重要责任，为社会的物质生产提供持续的人才支持。因此，两种生产在婚姻和家庭中相互促进、相互依存。物质资料的生产为人类自身的生产提供了必要的物质条件，而人类自身的生产则为物质资料的生产提供了源源不断的劳动力资源。它们共同推动着人类历史的发展，构成了婚姻和家庭存在和发展的基础。

第三，婚姻的本质蕴含伦理道德。马克思在《论离婚法草案》中批判了当时立法对婚姻本质的误解，他指出："立法不是把婚姻看做一种合乎伦理的制度，而是看做一种宗教的和教会的制度，因此，婚姻的世俗本质被忽略了。"①这表明，马克思主义强调婚姻具有世俗伦理道德的特性，认为婚姻不仅仅是宗教或教会的制度，而是应当基于伦理道德的原则来构建。进一步来说，婚姻法律的内容必须"合乎伦理"，才能为大多数人所接受和认同。这意味着婚姻立法不是立法者凭空创造出来的，而是在已有的伦理道德框架内，对婚姻关系的规范和调整进行法律表述。换言之，立法者是在伦理道德的指导下，将婚姻关系的伦理要求转化为法律条文，以确保婚姻的稳定。

2. 关于爱情

马克思主义认为，爱情是婚姻不可或缺的基石。恩格斯在其著作中明确指出："如果说只有以爱情为基础的婚姻才是合乎道德的，那么也只有继续保持爱情的婚姻才合乎道德。"这一观点强调了爱情在婚姻中的核心地位，即婚姻应当建立在双方真挚的爱情基础之上。恩格斯进一步指出，在理想的社会中，婚姻应当是男女双方在真正的爱情基础上自愿结合的结果。在这样的社会中，男性不会用金钱和权力去得到女性，女性也不会因为其他外部因素而委曲求全于男性。② 这一描述描绘了一个基于平等和自愿原则的婚姻关系，摆脱了物质和权力的束缚。同时，恩格斯也认识到，以爱情为基础的婚姻关系在资本主义制度及其所造成的财产关系下难以实现并持续。他认为，只有当这些不平等的制度被消灭后，以爱情为基础的婚姻才能真正得以实现并持续发展。此外，恩格斯还强调了真正的性爱应以男女双方的"互爱为前提"，并且男女双方应处于"平等的地位"。③ 这一观点进一步凸显了爱情在婚姻中的平等和互爱原则，即婚姻应当是双方基于真挚的爱情和平等的地位而自愿结合的产物。可见，马克思主义认为爱情是婚姻的基础，并强调了在理想社会中婚姻应当是基于真正的爱情和平等原则的自愿结合。

3. 关于结婚自由

在马克思主义视角下，历次革命中，"自由恋爱"均被赋予了重要地位，

---

① 马克思：《论离婚法草案》，《马克思恩格斯全集》（第1卷），人民出版社，1956年，第182页。
② 恩格斯：《家庭、私有制和国家的起源》，人民出版社，2018年，第123页。
③ 恩格斯：《家庭、私有制和国家的起源》，人民出版社，2018年，第89页。

它象征着人类挣脱束缚、追求自由与解放的深切渴望。[①] 恩格斯指出，中世纪末期之前，众多婚姻的成立并非基于婚姻当事人的意愿。特别是当父权制与一夫一妻制随着"私有财产的份量超越共同财产"而强化以及继承权日益受到重视时，婚姻的缔结已完全沦为经济状况的附属品。表面上看，此时的买卖婚姻似乎已不复存在，但实际上，它以更广泛、更隐蔽的形式存在着。在这一时期，所有男女婚姻当事人都被"明码标价"，其价格取决于他们各自所拥有的财产。因此，在这样的社会背景下，以爱情为基础的婚姻几乎无从谈起。恩格斯进一步阐述，唯有当资本主义生产关系被彻底消灭，真正的结婚自由方能普遍实现。到那时，婚姻的结合将纯粹基于相互的爱慕，再无其他任何动机。[②] 可见，马克思主义认为，在革命中强调"自由恋爱"的重要性，是人类追求自由与解放的体现。同时，恩格斯也深刻揭示了在中世纪末期前，婚姻如何沦为经济状况的附属品，并指出了只有消灭资本主义生产关系，才能实现真正的结婚自由和以爱情为基础的婚姻。

4. 关于离婚自由

马克思主义关于离婚自由的观点主要体现在两个方面：一是支持在特定条件下离婚的自由，二是反对轻率离婚。就离婚自由而言，恩格斯指出，在婚姻关系中，如果双方的感情已经消亡，或者另一方或双方产生了新的感情，那么离婚无论对婚姻当事人还是对社会来说，都是有益的。他强调，"只是要使人们免于陷入离婚诉讼的无益的泥潭才好"。[③] 这意味着应当简化离婚程序，减少不必要的纷争。在马克思主义看来，当夫妻双方之间的爱情消失后，婚姻应自然走向消亡，这是符合人性和社会发展的。同时，马克思主义坚决反对轻率离婚的行为。马克思指出，随便离婚是任性、非法的行为，它忽视了婚姻的神圣性和家庭的重要性。轻率离婚的人虽然追求个人的幸福，但却忘记了家庭的责任和义务，这种幸福是片面的、自私的。[④] 因为任何因离婚而造成的家庭离散，都会对家庭成员造成深远的影响，破坏家庭

---

① 恩格斯：《启示录》，《马克思恩格斯全集》（第 21 卷），人民出版社，1965 年，第 11 页。
② 恩格斯：《家庭、私有制和国家的起源》，人民出版社，2018 年，第 85 页。
③ 恩格斯：《家庭、私有制和国家的起源》，人民出版社，2018 年，第 89 页。
④ 马克思：《论离婚法草案》，《马克思恩格斯全集》（第 1 卷），人民出版社，1956 年，第 183 页。

的稳定。可见，马克思主义认为，在特定条件下，离婚是自由的，应当得到尊重和支持。但同时也坚决反对轻率离婚的行为，强调婚姻的神圣性和家庭的重要性。这一观点既体现了对个人自由的尊重，也体现了对家庭责任的重视。

5. 关于夫妻关系和妇女解放

马克思主义强调夫妻间应建立平等关系和相互忠诚。恩格斯明确指出，夫妻关系的真正平等，只有在"法律上完全平等的时候"才能得以实现。[①]这意味着，法律应当保障夫妻双方在婚姻中的平等地位，不受性别、经济地位或其他因素的影响。同时，马克思主义也高度重视夫妻间的相互忠诚，认为这是婚姻存在的前提和基础。忠诚不仅体现在对婚姻的坚守上，更体现在对伴侣的尊重和支持上。

此外，马克思主义对妇女解放给予了极大的关注。马克思曾深刻指出，轻视妇女的行为是人类在对待自身方面的一种无限退化。[②] 这表明，妇女解放不仅是妇女自身的问题，更是关乎人类整体进步和文明发展的重要议题。恩格斯进一步分析了女性受压迫的根源，指出生产资料私有制是主要原因。他预见，随着社会的不断发展和私有制的逐渐消亡，女性最终将获得解放。[③]这种解放不仅体现在政治、经济等领域，也必然反映在婚姻关系中，即女性在婚姻中将享有与男性同等的权利。可见，马克思主义强调夫妻间应建立基于平等和忠诚的婚姻关系，并高度重视妇女解放问题，并认为妇女的解放与社会的整体进步紧密相连，而生产资料私有制的消亡将为女性的真正解放创造条件。在婚姻方面，这意味着女性将享有与男性同等的权利和地位。

总而言之，马克思主义婚姻理论深刻揭示了婚姻本质，强调其社会属性和历史发展性，提出两种生产相互促进的观点并重视婚姻中的伦理道德，认为爱情是婚姻基石，强调婚姻自由，主张夫妻平等、相互忠诚，并重视妇女解放。这些论述为1950年《婚姻法》提供了重要理论支撑。

---

① 恩格斯：《家庭、私有制和国家的起源》，人民出版社，2018年，第80页。
② 马克思：《1844年经济学哲学手稿》，人民出版社，2018年，第229页。
③ 恩格斯：《家庭、私有制和国家的起源》，人民出版社，2018年，第81页。

三、1950年《婚姻法》产生的实践逻辑

随着马克思主义在中国的广泛传播，其理论对中国社会变革产生了深远影响，尤其在婚姻家庭领域。李大钊作为早期的马克思主义者，他强调两性关系应建立在公正、愉快、相依平等和互相补助的基础之上。[①] 这一观点为后来的婚姻改革提供了理论基础。毛泽东同样深受马克思主义影响，他早年便提出妇女应摆脱封建束缚，争取自身解放和权利，并对当时社会的不公进行了深刻批判，如赵五贞事件便是一个鲜明的例证。[②] 在马克思主义的指导下，中国共产党开始了婚姻改革的探索与实践。

中国共产党成立后，便在其革命纲领中明确提出了婚姻改革的基本原则，形成了以妇女解放为核心的婚姻立法思想。从 1922 年的中共二大到 1925 年的中共四大，中国共产党连续在代表大会中提出废除束缚女子的法律、结婚离婚自由、保护母性等主张。1922 年，中共二大提出了"废除一切束缚女子的法律"，女子与男子一样"享有平等权利"，[③] 应"为所有被压迫的妇女们的利益而奋斗"。[④] 1923 年，中共三大通过的《妇女运动决议案》提出"结婚离婚自由"和"母性保护"的内容。[⑤] 1925 年，中共四大通过的《对于妇女运动之议决案》中再次强调"结婚离婚自由"和"保护母性"等内容。[⑥] 这些主张为后来的婚姻制度改革奠定了坚实的思想基础。

在此期间，邓颖超、李峙山等人成立了女星社，各地农民代表大会通过了关于农村妇女问题的决议案。如 1926 年 12 月，湖南省第一次农民代表大会通过了《农村妇女问题决议案》；1927 年 2 月，江西省第一次农民代表会议通过了《关于农村妇女问题决议案》；1927 年 6 月 21 日，湖北省农协扩大

---

① 朱文通等编：《李大钊全集》第 4 卷，河北教育出版社，1999 年，第 12 页。

② 毛泽东：《湖南农民运动考察报告》，《毛泽东选集》第一卷，第 2 版，人民出版社，1991 年，第 31 页。

③ 《中共中央文件选集》第 1 册，中共中央党校出版社，1982 年，第 78 页。

④ 中国妇女管理干部学院编：《中国妇女运动文献资料汇编》第一册（1918—1949），中国妇女出版社，1988 年，第 50 页。

⑤ 中国妇女管理干部学院编：《中国妇女运动文献资料汇编》第一册（1918—1949），中国妇女出版社，1988 年，第 62 页。

⑥ 中国妇女管理干部学院编：《中国妇女运动文献资料汇编》第一册（1918—1949），中国妇女出版社，1988 年，第 107 页。

会议通过了《农村妇女决议案》；等等。这些举措都进一步推动了妇女解放和婚姻改革的进程。

大革命失败后，中国共产党在农村革命根据地进行了深入的实践，并颁布了一系列关于妇女解放和婚姻自由的法律政策。这些政策不仅反对一夫多妻、童养媳等封建陋习，还强调婚姻自由和男女平等，如 1930 年的《关西第一次工农兵代表大会婚姻法》和 1931 年的《中华苏维埃共和国宪法大纲》等。① 在此基础上，1934 年颁布的《中华苏维埃共和国婚姻法》更是将一夫一妻、男女平等、婚姻自由等理念和原则具体化，为后来的婚姻立法提供了重要参考。抗日战争和解放战争时期，各抗日根据地和解放区在延续《中华苏维埃共和国婚姻法》原则的基础上，结合当时的实际情况，先后颁发了多部婚姻条例。② 这些条例以男女平等、婚姻自由、一夫一妻制为原则，改变了传统的婚姻习俗，解放了广大妇女，对革命的顺利进行起到了积极作用。同时，中国共产党还制定了提高妇女地位的一系列政策，包括政治上的选举权、经济上的生产参与权以及教育上的女子教育发展等，这些政策为妇女获得婚姻自由奠定了基础。

在 1949 年中华人民共和国成立至 1950 年《婚姻法》正式颁布这一段过渡时期，解放区制定的婚姻条例依然发挥着重要的作用。这些条例的实施，为当地民众的婚姻自由和平等提供了法律保障。如北平市第十六区民政科于 1949 年 7 月 22 日发布的通知中，便明确指出当前所用的婚姻案例是《晋冀鲁豫边区婚姻条例》，并摘录了相关条款。③ 这体现了战争时期婚姻条例在新中国成立初期的延续性和重要性。

---

① 顾秀莲：《20 世纪中国妇女运动史》（上卷），中国妇女出版社，2008 年，第 321 页。

② 主要包括：《晋西北婚姻暂行条例》（1941 年 4 月 1 日）、《晋绥边区婚姻暂行条例》（1941 年 7 月）、晋察冀边区婚姻条例草案（1941 年 7 月 7 日）、晋冀鲁豫边区婚姻暂行条例（1941 年 8 月 1 日）晋察冀鲁豫边区婚姻暂行条例（1942 年 1 月 5 日）、山东省胶东区婚姻暂行条例（1942 年 4 月 8 日）、晋冀鲁豫边区婚姻暂行条例实施细则（1942 年 4 月 26 日）、晋察冀鲁豫边区妨害婚姻罪暂行条例（1943 年 1 月 5 日）、陕甘宁边区抗属离婚处理办法（1943 年 1 月 15 日）、晋察冀边区婚姻条例（1943 年 1 月 21 日）、山东省保护抗日军人婚姻暂行条例（1943 年 6 月 27 日）、晋察冀豫边区、晋鲁豫行署关于处理因灾荒买卖人口纠纷的规定（1944 年 10 月 14 日）、修正陕甘宁边区婚姻暂行条例（1944 年 3 月 20 日）、山东省女子集成暂行条例（1945 年 3 月 16 日）、山东省婚姻暂行条例（1945 年 3 月 16 日）、淮海区婚姻暂行条例（1945 年 3 月 16 日）、修正淮海区抗日军人配偶及婚约保障条例（1945 年）、陕甘宁边区婚姻条例（1946 年 4 月 23 日）、辽北省关于婚姻问题暂行处理办法（草案）（1947 年）、辽北省惩治关于婚姻与奸害罪暂行条例（草案）（1947 年）、《修正山东省婚姻暂行条例》（1949 年 7 月 19 日）。

③ 《各村（街乡）在审查婚姻申请时应注意的几点》（1949 年），北京市海淀区档案馆，档案号：52-109-338。

随着社会的变迁和时代的演进，战争时期对婚姻的相关规定逐渐显露出其局限性和不适用性。在此背景下，随着新民主主义社会制度的建立，为了更好地适应社会发展的需求并保障人民群众的权益，制定一部与时代发展相适应的婚姻法显得尤为迫切。首先，新民主主义社会制度的建立为婚姻法的颁布提供了宏观的社会背景。中华人民共和国成立后，中国社会迈入了新民主主义社会阶段。新民主主义社会制度不仅要求对社会政治、经济和文化等各个方面进行全面彻底的改造，还特别强调了婚姻制度的改革，以适应社会变革和发展的迫切需求。而中华人民共和国的婚姻法的颁布，正是"新民主主义婚姻制度的法律形态底反映"。① 其次，国家统合社会的需要是婚姻法颁布的重要推动力。在新民主主义社会制度下，国家迫切要求用一切力量和一切方法去进行各项建设工作，包括婚姻领域的改造。婚姻制度的改革被视为社会改造的重要组成部分，对于国家的整体建设和发展具有深远的意义。国家希望通过改革婚姻制度，打破旧有的社会结构，推动社会的进步和发展。即把男男女女尤其是妇女从婚姻制度这条锁链下也解放出来，以利于建立新家庭、建设新社会主义事业，特别是促进社会生产力的发展。② 再次，旧婚姻制度存在的问题及其对社会的影响也是婚姻法颁布的现实条件之一。旧婚姻制度的特点包括包办强迫婚姻、妇女地位低下（如被视为男子的奴隶和玩物、存在公开的一夫多妻制）、漠视子女利益等。③ 旧婚姻制度存在严重的问题，成为社会生活的羁绊，阻碍了社会的进步和发展。在旧婚姻制度下，多数妇女处于奴隶般生活的深渊，被禁锢在家里，无法走出家门参加生产劳动。甚至有许多妇女在婚姻家庭问题上受到虐待甚至惨死。据不完全的统计，1949 年，中南区妇女因婚姻问题自杀、被杀者有 10130 人。④ 山西省人民法院的一组数据显示，1949 年 7 月至 9 月间，晋南洪洞、赵城等 16 县的

---

① 中国人民大学法律系民法教研室、资料室：《关于中华人民共和国婚姻法起草经过和起草理由的报告》，《中华人民共和国婚姻法资料选编》（校内用书），1982 年，第 30 页。

② 中国人民大学法律系民法教研室、资料室：《关于中华人民共和国婚姻法起草经过和起草理由的报告》，《中华人民共和国婚姻法资料选编》（校内用书），1982 年，第 21—22 页。

③ 中国人民大学法律系民法教研室、资料室：《关于中华人民共和国婚姻法起草经过和起草理由的报告》，《中华人民共和国婚姻法资料选编》（校内用书），1982 年，第 24—25 页。

④ 闵刚侯：《司法干部必须正确，迅速处理婚姻案件》，《新中国妇女》1951 年第 24 期。

妇女因丈夫、公婆虐待而死达 25 人。河津和万泉两个县在短短的 6 个月时间内就有 29 个妇女被迫自杀。① 与此同时，不少男性也因此而受到无穷的痛苦。② 此外，童养媳、干涉寡妇婚姻自由、借婚姻关系索取财物等现象也是层出不穷，③ 进一步加剧了社会问题，这使得婚姻制度成为社会改革的焦点。

可见，在马克思主义理论的指导下，中国共产党自成立之初便致力于婚姻改革，通过一系列政策与决议逐步推动妇女解放与婚姻自由。从中共二大到四大，废除束缚女子的法律、倡导结婚离婚自由等主张逐渐明确，为婚姻制度的现代化奠定了思想基础。这一系列努力不仅体现了党对婚姻问题的高度重视，也为后续婚姻法的制定积累了宝贵的实践经验。随着新民主主义社会的建立，国家迫切需要一部符合时代发展需求的婚姻法来规范婚姻关系，保障人民权益。在此背景下，1950 年《婚姻法》应运而生，它不仅是对以往婚姻改革实践的总结与升华，更是推动社会全面进步、实现男女平等的重要法律保障。该法的颁布实施，标志着中国婚姻制度进入了一个全新的发展阶段。正如有学者所言，《婚姻法》是在中国革命的特定历史阶段针对特定历史任务的条件下所形成的。它不仅是一部法律文件，而且也是一部政治文件。它是以法律的形式规范了国家所要完成的特定历史时期的历史任务。④

四、1950年《婚姻法》的起草过程、主要内容及特点

1. 1950 年《婚姻法》的起草过程

1950 年《婚姻法》的起草工作，其历史渊源可追溯至 1947 年召开的解放区妇女工作会议。在这次具有里程碑意义的会议上，邓颖超指出，尽管各解放区在战火纷飞的年代已着手进行婚姻制度的改革，但仍面临诸多挑战与

---

① 中国人民大学法律系民法教研室、资料室：《关于中华人民共和国婚姻法起草经过和起草理由的报告》，《中华人民共和国婚姻法资料选编》（校内用书），1982 年，第 46 页。

② 中国人民大学法律系民法教研室、资料室：《关于中华人民共和国婚姻法起草经过和起草理由的报告》，《中华人民共和国婚姻法资料选编》（校内用书），1982 年，第 21 页。

③ 中国人民大学法律系民法教研室、资料室：《关于中华人民共和国婚姻法起草经过和起草理由的报告》，《中华人民共和国婚姻法资料选编》（校内用书），1982 年，第 25 页。

④ 丛小平：《自主：中国革命中的婚姻、法律与女性身份（1940—1960）》，社会科学文献出版社，2022 年，第 422 页。

问题。她强调，婚姻问题的解决应当与生产活动紧密结合，推行婚姻自由政策，以此促进社会的整体进步。与此同时，刘少奇也深刻剖析了解放区婚姻条例中存在的诸多不足之处，如结婚过程繁琐、需经过多人同意以及离婚受到诸多条件限制等。[①] 当时正值解放战争进入战略大反攻的关键时期，新政权亟需一部既进步又统一的婚姻法来巩固革命成果。在此背景下，法制机关及妇女工作机关被赋予重任，主导婚姻法的起草工作并广泛邀请其他相关部门参与合作。这一举措体现了新政权对婚姻制度改革的高度重视以及推动社会进步的决心。经过一年零五个月的艰苦努力，1950 年《婚姻法》最终得以形成。其形成过程中，展现出了几个显著的特点：

一是坚实的理论基础与开放的视野。在起草 1950 年《婚姻法》的过程中，起草小组展现出了严谨的学术态度和开放的法律视野。他们以马克思主义婚姻理论为基石，深入学习和领悟了马克思、恩格斯、列宁、斯大林以及毛泽东思想中关于妇女、婚姻、家庭等问题的理论精髓。[②] 这一举措不仅为《婚姻法》的制定提供了坚实的理论基础，还确保了其科学性和进步性。

二是深入的调查研究与专业素养。除了坚实的理论基础，起草小组还批判性地借鉴了中外各国的婚姻制度。他们不仅广泛研究了苏联、东南欧新民主主义国家以及朝鲜民主主义人民共和国的男女平等法令及实施细则，还对这些法令中的具体条款进行了深入的分析和讨论。例如，对苏俄刑法中关于彩礼的规定，以及朝鲜男女平等法令中关于未满结婚年龄、妨害婚姻自由等行为的处罚规定进行了细致研究。[③] 这些研究为起草小组提供了丰富的立法经验和实证依据，体现了起草小组对法律制定的全面性和实用性考虑，确保了《婚姻法》的先进性和可行性。

三是广泛征求意见与严谨态度。在起草过程中，起草小组还展现出了极高的专业素养和严谨的工作态度。他们不仅进行了详细的调查研究，参考了中国历史上有关婚姻制度的史料和国民党政府的《民法·亲属编》婚姻章，

---

① 晓何：《新中国第一部法律〈婚姻法〉诞生始末》，《党史纵览》2010 年第 4 期。

② 中国人民大学法律系民法教研室、资料室：《关于中华人民共和国婚姻法起草经过和起草理由的报告》，《中华人民共和国婚姻法资料选编》（校内用书），1982 年，第 20 页。

③ 《有关"妨害婚姻自由"的资料》（1953 年），北京市档案馆，档案号：14-2-79。

还对各解放区的婚姻条例、法院工作报告等进行了深入研究。此外，他们还就一些具体的婚姻问题进行了实地调查，并访问了人民政府和人民法院，以确保理论与实践的紧密结合。① 这种深入细致的调查研究，为《婚姻法》的制定提供了丰富的实证材料和实践经验，确保了其与实际情况的相符。同时，这种理论与实践相结合的方法，也增强了《婚姻法》的可操作性和实用性。

在草拟婚姻法草案的过程中，起草小组广泛征求了各方面的意见。他们不仅邀请了相关机构进行合作与指导，还向各民主党派人士、地方司法机关等广泛征求了意见。这种多方讨论的方式确保了草案的广泛代表性和民主性。尤为值得一提的是，草案的每一条内容都经过了反复讨论和修改，有的条文甚至修改了 30 至 40 次以上。② 这种对法律条文的精雕细琢，体现了起草小组对法律严谨性的高度重视。在这个过程中，尽管离婚自由问题等争议较大，但起草小组通过充分的讨论和权衡，最终形成了合理的解决方案。这种广泛的征求意见和反复的讨论修改，确保了《婚姻法》的公正性和合理性，也为其后续的实施和影响力奠定了坚实的基础。

可见，1950 年《婚姻法》的起草特点主要体现在严谨的学术态度、开放的法律视野、高素养的专业能力、广泛的征求意见以及理论与实践的紧密结合等方面。这些特点共同构成了 1950 年《婚姻法》的独特魅力，也为其后续的实施和影响力奠定了坚实的基础。

2. 1950 年《婚姻法》的主要内容

1950 年《婚姻法》作为新中国成立后首部关于婚姻家庭关系的基本法律，其内容鲜明地反映了时代变革和社会进步的需求。该法共分为 8 章 27 条，系统规定了婚姻的基本原则、结婚与离婚的条件及程序、家庭成员间的权利义务以及《婚姻法》的施行等，其内容主要包括以下几个方面：

首先，在总则部分，1950 年《婚姻法》明确废除了封建主义的婚姻制

---

① 中国人民大学法律系民法教研室、资料室：《关于中华人民共和国婚姻法起草经过和起草理由的报告》，《中华人民共和国婚姻法资料选编》（校内用书），1982 年，第 20 页。

② 中国人民大学法律系民法教研室、资料室：《关于中华人民共和国婚姻法起草经过和起草理由的报告》，《中华人民共和国婚姻法资料选编》（校内用书），1982 年，第 19 页。

度，确立了男女婚姻自由、一夫一妻、男女权利平等以及保护妇女和子女合法权益的新民主主义婚姻制度。这一规定不仅是对旧制度的彻底否定，也是对新社会婚姻关系的根本性重塑，体现了国家对个人自由与权利的尊重。同时，该法还明确禁止了重婚、纳妾、童养媳等传统婚姻陋习以及干涉寡妇婚姻自由和借婚姻索取财物的行为，这些禁令为婚姻关系的纯洁性和公平性提供了法律保障。

其次，关于结婚的规定，1950年《婚姻法》强调了男女双方的自愿原则，规定结婚必须基于双方完全自愿，任何干涉婚姻自由的行为都将受到法律制裁。此外，该法还设定了最低结婚年龄，以避免早婚对婚姻当事人及子女造成的不利影响。在结婚登记方面，法律要求男女双方必须亲自到所在地人民政府登记，这一规定既体现了国家对婚姻关系的正式认可，也便于国家对婚姻关系的有效管理。

再次，在家庭成员关系上，1950年《婚姻法》详细规定了夫妻间的权利义务以及父母与子女间的关系。夫妻在家庭中具有平等地位，互敬互爱、互相帮助、共同参加社会生产、共同抚育子女等成为夫妻关系的基本原则。同时，法律还赋予了妻子使用自己姓名的权利以及夫妻间平等拥有和处理家庭财产的权利。这些规定颠覆了传统的男尊女卑观念，为家庭领域中的男女平等奠定了基础。在父母与子女关系上，法律强调了父母对子女的抚育义务和子女对父母的赡养义务，同时规定了非婚生子女也应受到国家的保护，这些规定体现了法律对家庭成员间权利义务的平衡与保护。

此外，在离婚部分，1950年《婚姻法》在保障离婚自由的同时，也注重防止轻率离婚。法律规定了离婚的程序和条件，强调了双方自愿和财产问题的妥善处理。对于特殊情况下的离婚，如女方怀孕、婴儿发育期间以及现役革命军人的婚姻，法律也作出了特别规定，以保护特定群体的利益。在离婚后的财产处理和生活问题上，法律明确了财产分配的基本原则和债务偿还的责任，特别考虑了女方的经济弱势地位，体现了对妇女权益的特殊保护。

最后，附则部分规定了违反《婚姻法》的法律责任以及《婚姻法》的施行时间等问题，确保了《婚姻法》的有效实施。

3. 1950 年《婚姻法》的主要特点

1950 年《婚姻法》的特点在其基本原则中得到了充分的体现，这些特点反映了当时社会对婚姻制度的迫切需求和改革方向。

首先，婚姻自由是 1950 年《婚姻法》的核心原则之一。该法明确规定了结婚和离婚的自由权，否定了封建家长的包办强迫婚姻制度，将婚姻权赋予婚姻当事人。这一原则体现了人类对婚姻自由和解放的追求，具有一定的进步意义。

其次，男女平等是 1950 年《婚姻法》的另一重要原则。该法规定了夫妻间的权利和义务，在人身权利和财产权等方面体现了男女平等和夫妻互敬互爱的义务。这些规定颠覆了传统的男尊女卑的社会性别秩序，为家庭领域中的男女平等奠定了基础。

再次，保护妇女和子女权利也是 1950 年《婚姻法》的重要特点之一。该法以法律的形式肯定并保障了妇女与儿童的权益，如女方在离婚时的财产分配、债务偿还以及离婚后生活困难时的帮助等。同时，还规定了父母对子女的抚养和教育义务以及非婚生子女的保护等问题，体现了对弱势群体的关怀和保护。

此外，婚姻与国家之间的紧密联系也是 1950 年《婚姻法》的一个显著特点。该法将婚姻与国家建设联系在一起，体现了国家对婚姻家庭的关心和负责。如结婚登记程序的规定、对现役革命军人婚姻的特殊保护等，都是出于国家管理的需要和安全考虑。同时，该法还鼓励夫妻共同劳动生产，为国家和社会建设而共同奋斗，体现了婚姻与国家之间的密切联系。

可见，1950 年《婚姻法》作为中国婚姻制度现代化进程中的重要里程碑，其特点鲜明地体现了当时社会对婚姻自由的深切渴望与对男女平等的迫切追求。该法通过确立婚姻自由、男女平等以及保护妇女和子女权利的基本原则，不仅颠覆了封建传统的婚姻制度，还为社会性别秩序的重构奠定了坚实的法律基础。同时，该法将婚姻与国家建设紧密关联，通过一系列涉及结婚登记、军人婚姻保护及夫妻共同劳动生产的条款，展现了国家对于婚姻家庭领域的深度介入与管理，进一步强化了婚姻制度的社会功能与国家责任。

这些特点共同构成了 1950 年《婚姻法》的学术价值与实践意义，为后世婚姻法律制度的完善与发展提供了宝贵的经验与启示。

综上所述，本节通过对 1950 年《婚姻法》产生背景、理论基础及其实践影响的全面梳理，发现这部法律不仅是对封建婚姻制度的彻底否定，更是对新时代婚姻关系的深刻重塑。它以婚姻自由、男女平等为核心原则，强调了对妇女及子女权益的保障，体现了国家对个人自由与权利的尊重。1950 年《婚姻法》的诞生，不仅是中国婚姻制度史上的重要里程碑，更是中国社会迈向现代化的重要标志之一。

第二节　1950 年《婚姻法》的贯彻执行

1950 年《婚姻法》颁布之时，国家意识到《婚姻法》的出台"仅仅是问题获得解决的开始，并不等于旧婚姻制度的死亡"。[1] 为了确保这一法律能够深入人心并得到有效执行，国家构建了一套高效、协同的机制，通过党的领导、多样化的宣传策略、司法机关的深入基层以及人民团体的积极参与，共同推动了《婚姻法》的贯彻实施。本节旨在深入探讨这一机制的运作过程及其成效，揭示新中国在推动社会进步和保障妇女权益方面的努力与成就并反思其中存在的挑战与不足。

一、贯彻《婚姻法》运动的四个主要阶段

《婚姻法》颁布之初，人们的婚姻观念和行为并没有因其颁布而受到太大影响。如北京市第十六区，"婚姻法公布后虽经再三教育但仍然残存着封建落后思想和不合理的婚姻制度，全区 1951 年 1 月至 10 月办理结婚的 407 对中，自由结婚的仅 154 对（工人、干部包括在内）"。[2] 浙江奉化三渔村"全村共有 137 户人家，其中 2/3 人家有童养媳，而且很多是新婚姻法颁布

---

[1]　《坚决贯彻执行婚姻法——上海解放日报社论》，《人民日报》1951 年 8 月 5 日，第 3 版。

[2]　北京市人民政府郊区工作委员会《1951 第十六区婚姻法执行情况的检查报告》（1951 年），北京市档案馆，档案号：9-1-114。

后养的"。① 鉴于以上种种行为，国家采取了集中的大规模社会动员的办法来宣传贯彻《婚姻法》。大体而言，1950《婚姻法》的贯彻执行可为四个阶段，即贯彻《婚姻法》初步动员阶段（1950 年 4 月—1951 年 9 月）、检查《婚姻法》执行情况阶段（1951 年 9 月—1951 年 12 月）、全国贯彻《婚姻法》的高潮阶段（1952 年 7 月—1953 年 4 月）和三年困难时期《婚姻法》的宣传贯彻阶段（1960 年前后）。本部分聚焦于 1950 年至 1966 年间中国婚姻观念的变迁过程，特别是 1950 年《中华人民共和国婚姻法》的颁布及其后续贯彻实施的四个阶段，旨在揭示法律政策如何与社会实践互动，共同塑造新的婚姻文化与家庭观念。通过详细剖析四个关键阶段的具体举措与成效，力图展现国家权力、社会运动与文化信仰三者之间复杂而动态的关联机制。

1. 贯彻《婚姻法》初步动员阶段

《婚姻法》颁布后，全国各地迅速响应，纷纷组织力量开展广泛的宣传活动，以确保新法深入人心，得到有效实施。如湖南省于 1950 年 6 月和 11 月两次发布"关于大力贯彻执行婚姻法的指示"，② 体现了政府对《婚姻法》推广的高度重视。山东省青岛市于 1950 年 5 月下旬"开展了宣传突击周"并在随后的 6 月和 7 月进行了深入的宣传教育活动，以期在短时间内形成强大的宣传攻势。③ 为了进一步提升《婚姻法》的影响力，中共察哈尔省委、省政府还特别邀请了时任全国妇联副主席邓颖超到省会张家口作新《婚姻法》的辅导报告。④ 邓颖超的亲自宣讲，无疑为《婚姻法》的推广增添了权威性和说服力，有助于消除民众对新法的疑虑和误解。1950 年 6 月 6 日，内蒙古东部区党委发出"加强对妇女工作的领导"的指示，要求各级党委建立妇联组织，配备妇女工作干部，以彻底贯彻《婚姻法》。⑤

以北京市为例，在推广与实施《婚姻法》的过程中，北京市开展了广泛而深入的宣传工作，其力度之大、形式之多，均体现了政府对这一法律的高度重

---

① 《建议全国各级妇联重视婚姻法的宣传和执行》，《新中国妇女》1951 年第 24 期。
② 长沙市妇女联合会编：《长沙妇女工作五十年》，长沙市印刷厂，2000 年，第 2 页。
③ 《青岛市志·民政志》，山东省情网，http：//lib. sdsqw. cn/bin/mse. exe？seachword ＝ &K ＝ b2&A ＝ 61&rec ＝ 62&run ＝ 13，阅读日期：2020 年 3 月 2 日。
④ 《邓大姐宣讲〈婚姻法〉》，《党史博采》1994 年第 4 期。
⑤ 陈羽主编：《内蒙古自治区志·妇联志》，内蒙古人民出版社，2008 年，第 24 页。

视。首先，北京市充分利用了多种文化宣传方式，以全面覆盖社会各界。相关部门通过报纸、杂志、广播等传统媒体以及展览会、漫画、连环画、模型、幻灯、戏曲等手段，生动形象地传播了《婚姻法》的主要内容。一方面，他们积极宣传自由结婚的典型案例，树立正面榜样；另一方面，则对干涉婚姻自由的思想和行为进行批评，以消除社会上的不良风气。[①] 这种多元化的宣传方式，不仅提高了《婚姻法》的知名度，也增强了公众对其的理解和接受度。

> 采访者：您还记得当初宣传《婚姻法》的情况吗？
>
> 受访者：宣传《婚姻法》，小白玉霜、新凤霞演的《刘巧儿》，天天放那音乐，喇叭放，广播也有，街道也宣传，黑板报什么的。那时候宣传《婚姻法》闹得轰轰烈烈。[②]

值得注意的是，即使在《婚姻法》颁布 60 年后的 2010 年左右进行的访谈中，受访者依然对当时宣传《婚姻法》的场景和主要曲目记忆犹新。如受访者所述，小白玉霜、新凤霞演的《刘巧儿》等戏曲作品，通过喇叭、广播、街道宣传等多种形式，反复播放，深入人心。这一事实充分证明了当时《婚姻法》宣传力度之大，以及其对人们婚姻家庭生活产生的深远影响。此外，《北京妇女》杂志也发挥了重要作用，从第 6 期开始，该杂志持续刊登了关于婚姻相关问题的讨论。这些讨论涉及离婚自由、结婚自由、恋爱问题、非婚生子问题、干部干涉婚姻自由问题及模范婚姻典型等多个方面，共刊登了 96 篇相关稿件。这一举措不仅为公众提供了一个了解和讨论《婚姻法》的平台，也进一步推动了法律精神的深入人心。

除了利用多种文化宣传方式外，北京市还通过举办《婚姻法》讲座来深化宣传效果，确保法律精神能够准确传达给广大民众。北京市妇联在这一过程中发挥了关键作用。从 1950 年 12 月至 1951 年 6 月，妇联共举办了 25 次《婚姻法》讲座，每次听讲人数在 50 至 270 人之间。这些听讲对象主要集中在工厂里的女工委员、街道妇女代表委员和家庭妇女团体会员，她们作为社会的基层力量，对于推动《婚姻法》的实施具有重要意义。此外，在 1951

---

① 北京市妇联：《七月份婚姻问题的总结》(1951 年)，北京市档案馆，档案号：84-3-15。
② 梁景和主编：《中国现当代社会文化访谈录》(第三辑)，首都师范大学出版社，2013 年，第 406 页。

年 3 月至 8 月期间，妇联还在街道、工厂开办了 20 班婚姻讲座，每班人数最少 100 人，最多达到 1000 人。这些讲座的主要对象涵盖了街道代表、积极分子、工厂工人、夜校学生等多个群体，实现了对社会各阶层的广泛覆盖。同时，北京市妇联还巧妙地结合当时的中心工作，如抗美援朝运动和三八节等，通过在家庭妇女团体会、郊区代表会、工厂家属训练班和回民训练班等会议上宣传《婚姻法》，进一步扩大了法律的影响力。①民政系统也积极响应，积极参与到《婚姻法》的宣传讲座中来。北京市海淀区民政局要求各村通过群众大会、夜校、农代会等方式，广泛开展《婚姻法》的宣传，旨在实现"家喻户晓、一致遵行"的目标。② 此外，北京市第十六区在婚姻讲座中还增设了农干班，学员均为各村民政和妇女干部、工人及妇女积极分子。③这一举措不仅提高了基层干部的法律素养，也为他们在基层宣传和实施《婚姻法》提供了有力支持。

为了进一步强化《婚姻法》的宣传效果，北京市还建立了陪审制度和公开审判方式，以此作为法律宣传的重要途径。在 1950 年 10 月至 1951 年 8 月期间，北京市妇联与北京市法院共同建立的陪审制度得到了有效实施，共陪审了 44 件对群众具有深远教育意义的案件。这些案件不仅涉及《婚姻法》的具体条款，更通过实际案例的审理，让公众直观感受到了法律的力量和公正。在此过程中，北京市妇联精心组织了各区妇联干部、区街代表、积极分子、家庭妇女团体等广泛参与旁听。例如，在马庆杀妻、李连成逼死其妻等案件中，共组织了 15 次旁听，每次旁听人数根据具体情况灵活调整，少则 8 人，多则达到 80 人。这种陪审和旁听制度，不仅提高了公众对法律程序的认识，也增强了他们对《婚姻法》的理解和尊重。除了陪审制度外，北京市还在重大案件的审判过程中，采取了公开审判并召开群众大会的方式进行宣传。这一阶段共举办了两次重大案件审判大会，每次都有 1000 多人参加。④

---

① 《北京市妇联服务部、宣传部关于贯彻政务院检查婚姻法执行情况的指示的计划向市委宣传部的汇报》（1951 年），北京市档案馆，档案号：84-3-15。

② 《通知 50（民政字第 278 号）》（1950 年），北京市海淀区档案馆，档案号：52-109-339。

③ 《北京市第十六区处理婚姻问题初步检查报告》（1951 年），北京市档案馆，档案号：9-1-114。

④ 《北京市妇联服务部、宣传部关于贯彻政务院检查婚姻法执行情况的指示的计划向市委宣传部的汇报》（1951 年），北京市档案馆，档案号：84-3-15。

这种公开透明的审判方式，不仅让公众有机会直接了解案件的审理过程，更通过案件的公开讨论和评判，加深了他们对《婚姻法》精神的理解和认同。同时，也进一步推动了《婚姻法》的普及。

与此同时，青岛市政府的行动力也非常突出。该市政府积极响应上级号召，迅速行动，编印了《婚姻法》讲解提纲，为干部群众提供了详实的学习资料。随后，市政府召开干部大会，对《婚姻法》的宣传和实施进行了全面部署，确保了各级干部对《婚姻法》精神的准确理解和把握。这一举措为后续的广泛宣传奠定了坚实的基础。青岛市妇联作为妇女工作的核心力量，积极发挥自身优势，召开了各界妇女大会。在这次大会上，妇联不仅传达了《婚姻法》的核心内容和精神实质，还动员社会各界力量，利用报纸、幻灯、会议、广播、电影、戏剧等多种形式，广泛宣传《婚姻法》，使《婚姻法》深入人心，家喻户晓。同时，青岛市文联也积极参与到了《婚姻法》的宣传工作中来。他们组织大鼓队下乡宣传，将《婚姻法》的知识和理念带到了农村基层，让广大农民也能及时了解到《婚姻法》的新规定和新要求。这种接地气的宣传方式，有效地扩大了《婚姻法》的宣传覆盖面和影响力。此外，各区公所与区妇联及工会、农会、派出所等有关单位也紧密配合，以街道、里院或村庄为单位，召开了群众大会。在这些大会上，工作人员通过生动的讲解和实际的案例，向群众普及了《婚姻法》的相关知识。同时，他们还在各区妇女识字班中进行了《婚姻法》的宣传教育，确保了宣传工作的全面覆盖和深入人心。①

除了地方政府的积极推广外，相关领导和专家学者也在报刊上发表文章，对《婚姻法》的进步性以及贯彻《婚姻法》的必要性进行宣传。如"延安五老"之一、著名的法学家和教育家谢觉哉的《学习婚姻法与实行婚姻法》、熊天荆的《关于军属婚姻问题之我见》和王斐然的《从庆祝五一劳动节口号中看婚姻法》等文章。这些文章不仅深入剖析了《婚姻法》的重要意义，也为民众提供了理解和实施新法的指导，有助于形成全社会共同关注和

---

① 《青岛市志·民政志》，山东省情网．http：//lib. sdsqw. cn/bin/mse. exe? seachword＝&K＝b2&A＝61&rec＝62&run＝13，阅读日期：2020 年 3 月 2 日。

支持婚姻制度改革的良好氛围。

这一阶段的《婚姻法》宣传工作取得了显著的成效，具体体现在以下几个方面：首先，通过广泛的学习和宣传，《婚姻法》成功教育了广大干部，特别是妇联干部。原本一些妇联干部对妇女婚姻问题持漠视态度，认为那是法院的事务。然而，在学习了《婚姻法》之后，她们逐渐认识到"协助司法部门处理好婚姻家庭问题，是妇联组织应尽的责任"。这一转变不仅提升了妇联干部的法律意识，也增强了她们在推动《婚姻法》实施中的积极作用。其次，《婚姻法》的宣传帮助人们树立了新的婚姻观念。在国家的大力宣传下，《婚姻法》中的相关理念逐渐深入人心，为民众所接受。有的青年妇女甚至在自己的鞋上精心绣上"反对父母包办，争取婚姻自由"的字样，以此表达自己对新婚姻观念的认同和追求。同时，有儿女的父母也在《爱国公约》里订了"不包办儿女婚姻"的条款。[1] 这进一步体现了新婚姻观念在民众中的普及和深入。此外，《婚姻法》的宣传还促使了婚姻形态的变化。父母包办的婚姻比例明显下降，而自由婚姻和半自主婚姻的比例则显著上升。例如，据旅大妇联会的报告，大连市郊西山区在《婚姻法》颁布后的两个半月内，有68人结婚，其中自主自愿的占34人，半自主的占24人，完全父母包办的仅占10人。[2] 这一数据充分说明了《婚姻法》在推动婚姻自由化方面的积极效果。同时，争取婚姻自由的离婚案件也有所增加。据不完全统计，1951年1至6月间，全国各级人民法院所受理的案件达311800余件，其中离婚案件估计有261400余件。[3] 这一数据的增长，既反映了人们对婚姻自由的追求，也体现了《婚姻法》在保障人们婚姻权益方面的积极作用。此外，《婚姻法》的宣传还推动了婚姻登记制度的逐步建立，特别是在那些原本未建立婚姻登记制度的区、村，在《婚姻法》颁布后，都迅速地建立健全了婚姻登记制度。[4] 这一制度的建立，不仅规范了人们的婚姻行为，也为后续的婚姻管理和服务提供了有力的保障。可见，这一阶段的《婚姻法》宣传

---

① 河北省地方志编纂委员会：《河北省志·妇女运动志》，中国档案出版社，1997年，第279页。
② 《关于继续贯彻婚姻法的指示》，《东北妇女》1951年第13期。
③ 闵刚侯：《司法干部必须正确迅速处理婚姻案件》，《新中国妇女》1951年第24期。
④ 河北省地方志编纂委员会：《河北省志·妇女运动志》，中国档案出版社，1997年，第279页。

工作取得了显著的成效，不仅教育了干部，帮助人们树立了新的婚姻观念，还促使了婚姻形态的变化。

　　《婚姻法》的颁布与实施，在推动社会进步和保障人们权益方面取得了显著成效，然而，由于该法律与当时的乡风民情存在差异，且部分内容触及了部分人的利益，因此也遭遇了一定程度的反对和阻力。首先，有人担忧《婚姻法》的实施会破坏社会秩序，甚至将其误解为"妇女法"或"离婚法"。有人认为《婚姻法》的实行会引起"天下大乱"。① 这种误解导致了一部分人对《婚姻法》产生抵触情绪，担心它会破坏传统的婚姻观念和家庭秩序。其次，部分人群对《婚姻法》的实施存在经济上的担忧。他们担心，对于经济条件较差的贫雇农来说，寻找配偶已是不易，而《婚姻法》规定的离婚自由可能被误解为仅允许女性离婚，这会导致贫雇农面临失去配偶和财产的双重损失。此外，一些妇女误解了《婚姻法》中"平等"的含义，在与婆婆相处时过于强调平等，从而缺乏对长辈的尊重，加剧了家庭内部的矛盾。同时，早婚观念的存在也是《婚姻法》实施过程中的一个障碍。有些人认为早婚能够为家庭带来经济收入，因此忽视了早婚对年轻人尤其是女性个人发展的潜在影响。例如，在陕西省临潼县马额区，有人年仅 15 岁，家长便考虑为其结婚；还有人打算让自己"十三岁的小孩子结婚"。② 在处理婚姻案件时，部分干部表现出的对妇女利益的漠视也是《婚姻法》实施过程中的一个严重问题。一些干部对离婚案件的受理存在拖延现象，甚至对虐杀妇女等恶性案件量刑过轻。以福建邵武县的一位妇女为例，她在寻求离婚时，不得不长途跋涉 80 里从区里到县里，但她的申请在县政府内部经历了多个部门的流转后，仍未得到解决。更为严重的是，有些未经区里调解的婚姻案件甚至遭到受理机关的拒绝。这些现象都凸显了部分干部在处理婚姻案件时，对妇女利益的漠视和忽视。如江西省余江县的彭金英因受虐待而提出离婚未果后投水自杀，其丈夫将她拉回家吊了四小时，但县法院却轻判相关责任人。河北省邯郸县也发生了一起类似的恶性案件，女方被男方用烙铁将右腿烫成

---

　　① 龚子荣：《克服党员干部中不正确的思想倾向，贯彻中华人民共和国婚姻法》，《新中国妇女》1952 年第 12 月号。
　　② 《西北群众日报》六月十四日讯：《西北临潼县马额区群众误解婚姻法》，《新华社内参》1950 年 6 月 30 日。

重伤死亡，但县法院却轻判凶犯。[①] 这些案例都反映了执法者在处理婚姻问题时倾向于站在违反《婚姻法》的一方，国家提出的新婚姻理念在实际执行过程中遭遇了不小的阻力。另外，当时宣传《婚姻法》的广度和深度也非常有限。由于中华人民共和国刚刚成立，工作千头万绪，大部分地区都在忙于土地改革、肃匪反特、民主建政、发展生产、抗美援朝等事务，人们没有更多的精力去进行《婚姻法》的宣传与贯彻。这导致了一部分人对《婚姻法》的了解不足。例如，北京市总女工部和区办事处在组织婚姻讲座时，只有少数女职工听讲，"大多数职工都没有受过较深入的婚姻法的宣传教育"。某区工会办事处曾举办两次宣传《婚姻法》的讲座，但听过讲座的人数仅占全厂职工的 5%。"煤业公司 120 多干部中未学过婚姻法的占半数。"[②] 这些现象都表明，《婚姻法》的宣传与贯彻在当时面临着巨大的困难与挑战。

由上可见，在《婚姻法》颁布后的初步动员阶段，全国各地迅速响应，纷纷组织力量开展广泛的宣传活动，以确保新法深入人心并得到有效实施。各级政府、妇联、文联、工会、农会、公安及相关部门紧密联动，形成了多部门协作、全方位覆盖的宣传网络。通过报纸、广播、展览、戏曲等多种形式，生动形象地传播了《婚姻法》的核心内容，树立了自由结婚的典型案例，并对干涉婚姻自由的思想和行为进行了批评。同时，各地还通过举办《婚姻法》讲座、建立陪审制度和公开审判方式等，进一步强化了宣传效果，推动了法律精神的深入人心。然而，由于《婚姻法》与当时的乡风民情存在差异，且部分内容触及了部分人的利益，因此在实施过程中也遭遇了一定的反对和阻力。这些阻力主要来自于对法律的误解、经济上的担忧、早婚观念的影响以及部分干部对妇女利益的漠视等。尽管如此，通过广泛的宣传和深入的贯彻工作，《婚姻法》仍然取得了显著的成效，教育了广大干部，帮助人们树立了新的婚姻观念，促使了婚姻形态的变化。这些成效为后续的婚姻制度改革和社会进步奠定了坚实的基础。

---

① 闵刚侯：《司法干部必须正确迅速处理婚姻案件》，《新中国妇女》1951 年第 24 期。
② 《第十六区机关干部学习婚姻法的情况》（1951 年），北京市档案馆，档案号：9-1-114。

2. 检查《婚姻法》执行情况阶段

1951 年 9 月，政务院发布了《关于检查婚姻法执行情况的指示》，该《指示》深刻阐述了贯彻实施《婚姻法》的长期性和艰巨性，明确指出这是一项需要持续进行思想斗争和法律斗争的重要任务。① 这也体现了政府对《婚姻法》执行难度的清醒认识以及长期努力推进法律实施的决心。《指示》中特别强调了对审理错误婚姻案件的严格检查，要求各级政府迅速行动，对涉及伤害、虐杀、逼迫妇女自杀等严重违法案件进行深入审查。对于已判决的错误案件，需查明事实，依法处理；未判决的案件，则要严格依法制裁。这一措施体现了政府对保护妇女权益、纠正司法错误的坚定立场，确保了《婚姻法》的公正执行。同时，《指示》还着重指出，加强对干部特别是执法干部的教育是贯彻执行《婚姻法》的关键环节。各级机构，尤其是基层的区、乡（村）街干部和司法干部，都需认真学习《婚姻法》，以提升执法水平和法律意识。这一要求有助于提升干部队伍的法律素养，确保《婚姻法》在基层的有效实施。此外，《指示》还倡导将《婚姻法》的贯彻与中心工作相结合，如土改和民主建政等，以形成工作合力。这种结合实际、协同推进的工作方法，有助于提高《婚姻法》执行的效率和效果，促进了社会整体的和谐与进步。

为落实这一《指示》，由政法、政务、教育、卫生等 19 个单位和人民团体组成的"婚姻法执行情况中央检查组"迅速成立，并分赴各大行政区进行督查和指导。② 随后，各地也积极响应，纷纷成立《婚姻法》检查小组，如湖南省就组成了由政法委员会、法院、监察委员会、检察署、民主妇女联合会筹备委员会、总工会筹备委员会和青年团湖南省工作委员会等多个单位代表组成的两个检查组，开始了本省内的检查和指导工作。③ 北京市也于 1951 年 11 月 8 日正式启动了《婚姻法》执行情况委员会的工作，并制定了详细的工作安排。各地的积极响应和行动，为《婚姻法》的全面贯彻执行提供了有力保障。

---

① 《中央人民政府政务院关于检查婚姻法执行情况的指示》《人民日报》，1951 年 9 月 29 日，第 1 版。

② 最高人民法院、最高人民检察署、监察委员会、司法部、内务部、公安部、文化部、教育部、法制委员会、中共中央组织部、全国民主妇联、中共中央华北局、青年团中央委员会、新华社、新华社华北总分社、人民日报社、光明日报社、新民报社、中国青年报社。

③ 湖南省妇女联合会：《湖南妇女工作五十年（1953.2—2003.2）》，湖南妇女工作五十年编委会，2003 年，第 120—121 页。

在各地开展《婚姻法》执行情况检查的过程中，相继检查出一系列与婚姻相关的问题。据统计，北京市 16 个区共发现并处理了 852 件与婚姻问题相关的案件，这些案件涵盖了虐待和打骂妇女、买卖婚姻以及干涉婚姻自由等多种类型。[①] 以海淀区为例，该区仅在一个月内，就在 20 多个村庄中发现了 56 件问题案件，包括受虐待、寡妇改嫁、童养媳、离婚等，其中重婚、早婚、同居和婚姻不自由的现象尤为典型，反映了旧有婚姻观念的根深蒂固及新法实施的挑战。[②]

同时，对干部群体的检查也暴露出不少问题。北京市第六区、第十五区、第十六区等多个区域对干部进行了《婚姻法》相关知识的测验，结果显示，大量干部对《婚姻法》的理解肤浅，甚至存在误解。总工会全体干部中，有 70% 的人答案不及格，十四区的及格率更是低至 5%。[③] 这充分暴露了干部群体在《婚姻法》知识上的严重欠缺。在测验过程中，干部们存在的问题主要表现为两个方面：一是漠不关心，部分干部以自己已婚为由，认为《婚姻法》与自己无关，甚至有人将《婚姻法》的公布视为多管闲事；[④] 二是对《婚姻法》的理解仅限于表面，缺乏深入的认识。以第十五区为例，参加测验的干部中，答案完整、正确者仅占少数，而答案不完整者则占多数。其中，不少人忽视了妇女和子女的合法利益保护，只强调了自愿结婚的重要性。在回答《婚姻法》的条件时，也存在诸多误解和模糊认识，如有人认为婚姻自由的限制仅在生理年龄或血统方面，而忽视了新《婚姻法》作为反对封建婚姻有力武器的本质。这些问题不仅反映了干部群体在《婚姻法》知识上的不足，也揭示了他们在执行新法时可能遇到的困难和挑战。

在干部的工作与日常生活中，同样暴露出了对《婚姻法》理解不足及执行不力的问题，这些问题直接关联到《婚姻法》贯彻执行的实际成效。首先，在婚姻登记工作中，部分干部未能严格遵循法定程序，表现出极大的随

---

① 北京市地方志编纂委员会编：《北京志·人民团体卷·妇女组织志》，北京出版社，2007 年，第 191 页。
② 《北京市第十四区关于检查婚姻法执行情况的总结》（1951 年），北京市海淀区档案馆，档案号：1-104-16。
③ 无标题（1951 年），北京市档案馆，档案号：83-3-15。
④ 《北京市总工商会关于在本市工厂企业中宣传贯彻婚姻法的报告》（1951 年），北京市档案馆，档案号：100-1-331。

意性。例如，门头镇的执法干部以同情工人娶妻不易为由，放宽了登记要求，而南皋村民政局的工作人员在未直接确认妇女意愿的情况下便发放了结婚证，导致不良后果。这类事件反映出，部分干部在情感与法规之间未能做出正确抉择，导致法律执行过程中的偏差。其次，在处理离婚案件时，干部对维护妇女合法权益的认识存在明显不足。第十六区矿密联合会对于《婚姻法》中关于女方怀孕时离婚处理的规定以及男方需支付生活抚育费用的规定，错误地认为是对妇女权利的过度提升。① 这表明，干部群体中对于《婚姻法》精神的深入理解和内化还需进一步加强。再者，面对法律与传统观念冲突的婚姻问题，部分干部显得束手无策，甚至采取妥协态度。如外二分局干部张敬轩在处理"一人两老婆"家庭纠纷时的"和稀泥"做法，甚至说："一人一三五，一人二四六（一星期中次数相等的和两老婆睡觉）不就解决了吗？"② 门头沟文化馆干部对夫妇打架事件置之不理。③ 这些都体现了干部在处理复杂婚姻问题时的无奈与逃避。同时，一些法院干部将妇女受虐待视为不可避免，从而采取大事化小、小事化了的处理方式。④ 这些现象表明，干部在应对新旧观念冲突时，缺乏足够的法律意识和解决问题的能力。此外，干涉婚姻自主的现象在干部中也时有发生。有的干部对自由恋爱持否定态度，更倾向于传统的父母包办婚姻。德外一街女团员与他人通信，其所在团的团支书认为是乱搞，让他二人坦白。⑤ 这种观念不仅与《婚姻法》的基本原则相悖，也阻碍了婚姻自由的实现。同时，干部自身婚姻生活中也存在问题。十六区区政府30个干部中曾打过妻子的占一半，在妻子面前要威风的3人，约束妻子的有7人。⑥ 可见，干部在《婚姻法》执行过程中存在的问题，不仅体现在对法律条文的理解不足上，更体现在法律意识的淡薄和执行力的缺失上。这些问题的存在，严重影响了《婚姻法》的有效实施和贯彻。因此，加强对干部的教育和培训，提升他们的法律素养和执法能力，成为当时解决《婚

---

① 《第十六区机关干部学习婚姻法的情况》（1951年），北京市档案馆，档案号：9-1-114。
② 《北京市第六区婚姻法执行情况检查委员会工作总结》（1951年），北京市档案馆，档案号：39-1-132。
③ 《第十六区机关干部学习婚姻法的情况》（1951年），北京市档案馆，档案号：9-1-114。
④ 《北京市第六区婚姻法执行情况检查委员会工作总结》（1951年），北京市档案馆，档案号：39-1-132。
⑤ 《北京市第十四区1951年终婚姻工作总结》（1951年），北京市档案馆，档案号：45-3-10。
⑥ 《北京市第十六区处理婚姻问题初步检查报告》（1951年），北京市档案馆，档案号：9-1-114。

姻法》执行难题的关键所在。因为他们是"知识/权力结构的不可或缺的一部
分",[1] 他们的误解或违规行为,将直接削弱法律的执行效果,这也是国家
在推进《婚姻法》实施过程中一直高度重视并着力解决的问题。

在检查婚姻问题的背景下,全国各地积极行动,加强对干部与群众关于
《婚姻法》的教育。北京市组织大批干部投入《婚姻法》的学习,结合个人实
际情况进行自我思想检查,[2] 体现了对法律教育的重视与自我提升的决心。特
别是第十六区,全区动员,机关团体专门安排八天时间集中学习,高达 72% 的
干部参与,[3] 彰显了该区对《婚姻法》教育的高度重视和强有力的执行措施。

为确保《婚姻法》的有效贯彻,各地采取了多样化的宣传教育策略。首
先,邀请专家作报告,通过专业解读加深干部和群众对《婚姻法》精神实质
的理解。如中南区组织的《婚姻法》专题报告,由妇联、司法部门、法院等
部门的负责人主讲。[4] 其次,组织职工进行自我检查,通过自我反省和相互
监督机制,及时发现并纠正违反《婚姻法》的行为,促进了法律的自觉遵
守。如北京市总工商会在一次至二次学习讨论的基础上,检查自己有无违犯
《婚姻法》的行为。[5] 三是利用歌曲、连环画、展览等多种形式,以生动直观
的方式展示《婚姻法》的内容与意义,如黄冈县琳山河区把妇女遭受的婚姻
压迫编成歌曲进行宣传。四是结合实践进行同步宣传,如在婚礼现场进行说
法,通过实际案例的讲解,让群众更加直观地了解《婚姻法》的实际应用。
1951 年 10 月 15 日,江西信丰县安息区有 55 对青年男女在该区区政府礼堂
集体结婚,区政府负责人向前来观礼的群众宣传了《婚姻法》,新郎新娘也
向群众说明自由恋爱的经过,收到了较好的宣传效果。广西平乐县月盛村有
一对曾替地主做了十年牛马的长工和丫头结婚,婚礼举办的时间选择在该村
庆祝减租退押胜利大会上,由农会主持,在当地居民来观礼的时候进行宣
传,扩大了《婚姻法》的影响。此外,一些地方还采取了以案说法的策略,

---

① 苏力:《送法下乡——中国基层司法制度研究》,中国政法大学出版社,2000 年,第 47 页。
② (无标题)(1951 年)北京市档案馆,档案号:83-3-15。
③ 《第十六区机关干部学习婚姻法的情况》(1951 年),北京市档案馆,档案号:9-1-114。
④ 谭平山:《坚决贯彻婚姻法,保障妇女权利!》,《人民日报》1951 年 11 月 12 日,第 3 版。
⑤ 《北京市总工商会关于在本市工厂企业中宣传贯彻婚姻法的报告》(1951 年),北京市档案馆,档案号:
100-1-331。

对干涉婚姻自由和杀害妇女的典型案件进行了公开审，达到了宣传并贯彻《婚姻法》的目的。湖北省的礼山县、湖南省的武冈县，都曾召开过数千人的审判大会，把杀害妇女的凶手当场执行枪决。政府和妇联的负责人在会上讲话，揭发其罪恶，对群众进行了深入教育。① 北京市在此期间召开四次公审大会，其中王文治和白秀宸因虐杀其女而被处以死刑，该案由北京市法院院长兼审判长王斐然主审，北京市妇联主席和副主席陪审，到场群众达 1300 多人。② 这种公开审判和宣传教育相结合的方式，不仅严惩了犯罪分子，更在群众中产生了深刻的警示教育作用，增强了公众对《婚姻法》的敬畏之心。

随着《婚姻法》的宣传贯彻工作不断深入，其成效逐渐显现。以平原省林县为例，1951 年前十个月因婚姻问题导致的死亡案件有 7 起，而自 10 月开始加强《婚姻法》宣传后至 1952 年 4 月底，此类案件竟未再发生。③ 这直观地反映了《婚姻法》宣传对减少婚姻悲剧的积极作用。同时，人们对《婚姻法》的认知也发生了深刻转变，普遍认识到旧式包办买卖婚姻的不合理性，倾向于婚姻自主的重要性。北京市第十四区的调查就显示，多数群众已意识到婚姻需经本人同意才能达到自由，一些老太太的言论更体现了这一变化。如有的老太太说"实行婚姻自主的，两下都不受骗，过去我们都是凭媒人和父母包办，嫁过去碰上个瞎子也得认命了，现在解放了"。④ 在自由选择伴侣方面，《婚姻法》的宣传促使人们开始实践这一权利。北京市仁立工厂的女职工中，有人勇敢解除了父母包办的婚约，转而追求自由恋爱，甚至有多对职工因自由恋爱而结婚。⑤ 这种变化不仅体现在行动上，也反映在人们的态度上，如媒人为北京市第十四区边村张淑英介绍对象，双方只见过一面，媒人就征求她同意，她说："我现在还只认他的皮，他的思想与工作如何我还不知道，只有常联系后才能决定。"⑥ 张淑英对媒人介绍对象时的审慎态度，显示出人们对婚姻质量的更高要求。此外，收养童养媳的危害性逐渐

① 谭平山《坚决贯彻婚姻法，保障妇女权利!》，《人民日报》1951 年 11 月 12 日，第 3 版。
② 北京市地方志编纂委员会编：《北京志·人民团体卷·妇女组织志》，北京出版社，2007 年，第 191 页。
③ 《今年上半年各地执行婚姻法情况》，《人民日报》1952 年 8 月 28 日，第 3 版。
④ 《北京市第十四区 1951 年终婚姻工作总结》（1951 年），北京市档案馆，档案号：45-3-10。
⑤ 《本市工厂企业执行婚姻法情况的调查材料》（1951 年），北京市档案馆，档案号：100-1-331。
⑥ 《北京市第十四区 1951 年终婚姻工作总结》（1951 年），北京市档案馆，档案号：45-3-10。

被社会所认识，一些家庭开始主动送还童养媳，并给予一定的补偿，如湖北省松滋县永兴场乡黄老婆婆在听会之后的次日就把家里的童养媳送到农会，并送她一套衣料，一担谷子，让她回娘家。① 在婚姻礼俗上，新式婚礼的实践逐渐增多，女工们开始拒绝传统的聘礼习俗，转而倡导简约、平等的婚礼形式。② 然而，婚姻问题的复杂性也不容忽视。一些人的言论和行为揭示了"适应但不同化"的现象，即在公共领域人们可能表现出对《婚姻法》的支持，但在私人领域或思想观念中，传统观念仍根深蒂固。如有的老太太说："贯彻婚姻法时，是儿媳妇及青年男女的天下。阶段过去了，还是婆婆的天下。"③ 这反映了人们在面对社会变革时的双重态度，既是一种生存策略，也是对传统文化与现代法律之间张力的体现。

总体而言，在检查《婚姻法》执行情况阶段，政务院发布指示，强调贯彻实施的长期性、艰巨性并要求严查错误案件、重视干部教育。为此，中央及各地迅速成立检查组，发现虐待妇女、买卖婚姻及干部知识欠缺等问题。为确保有效贯彻，采取多样化宣传教育策略，增强了法律意识，促进了自觉遵守，成效逐渐显现。但婚姻问题复杂，传统观念仍存，需持续努力。此阶段工作为深入实施《婚姻法》奠定了基础，也为社会进步和妇女权益提供了保障。

3. 全国贯彻《婚姻法》的高潮阶段

《关于检查婚姻法执行情况的指示》发布后，尽管《婚姻法》运动在全国范围内掀起了一股宣传与执行的热潮，并取得了一定成效，但其全面渗透与社会接受度仍面临诸多挑战。在北京市的一些社区中，传统观念与现代法律之间的碰撞尤为明显。例如，"街门口翟万欢说，婚姻自由了，可是我儿子娶媳妇我也得做一半主"，这一言论反映了部分家长在面对《婚姻法》带来的婚姻自由时，仍试图保留对子女婚姻的干预权，体现了传统家庭观念的根深蒂固。同时，"东阳托李昌富认为多给他讲婚姻法的村干部是挑拨他们

---

① 谭平山：《坚决贯彻婚姻法，保障妇女权利！》，《人民日报》1951年11月12日，第3版。
② 《本市工厂企业执行婚姻法情况的调查材料》（1951年），北京市档案馆，档案号：100-1-331。
③ 《1952海淀区民政科关于婚姻法执行委员会办公室今后的工作、准备工作》（1952年），北京市海淀区档案馆，档案号：2-104-67。

的家务，并想拿刀凶杀村干部"。^① 这一极端反应，则揭示了部分民众对婚姻法宣传的误解与抵触情绪，凸显了法律普及过程中可能遭遇的阻力和风险。此外，侵犯妇女权利和干涉婚姻自由的现象并未因《婚姻法》的颁布而绝迹。北京市海淀区在检查中发现的多起虐待妇女、包办婚姻导致的悲剧性事件，如"巨山吴文忠因家庭细小事故用棍毒打其妻吴祁氏致死"等案件，^②不仅暴露了法律执行层面的不足，也深刻揭示了社会观念转变的艰难与迫切。这些案例提醒人们，《婚姻法》的真正落地生效，需要法律执行与社会观念变革的双重推进。值得注意的是，《婚姻法》的普及与执行还受到了干部自身法律素养的限制。如北京市前门区在多个单位进行的《婚姻法》测验结果显示，"测验结果96%答的不完全，多数都是一知半解"，甚至出现了将"夫妻间的权利义务"误解为"性欲的义务"等荒谬答案，^③ 这不仅反映了部分干部对《婚姻法》理解的肤浅与片面，也警示人们法律教育与培训的重要性。可见，《关于检查婚姻法执行情况的指示》发布后的实践表明，《婚姻法》的执行是一个复杂而漫长的过程，它不仅需要法律的强制力作为后盾，更需要社会观念的深刻变革和干部法律素养的普遍提升。

为了进一步纠正《婚姻法》在执行过程中暴露的问题，有效防止偏激行为的发生，并巩固新中国的社会变革成果，国家在整体形势趋于稳定的大背景下（抗美援朝取得积极进展，土改与民主改革基本完成），采取了一系列更为有力的措施来强化《婚姻法》的普及与贯彻。在 1952 年 7 月 25 日和 1953 年 2 月 1 日，中央人民政府内务部、司法部及政务院相继发布了《中央人民政府内务部、司法部关于"继续贯彻婚姻法"的指示》和《中央人民政府政务院关于贯彻婚姻法的指示》，特别是后者明确将 1953 年 3 月定为"贯彻婚姻法运动月"，旨在于全国范围内（除少数民族地区和土改未完成等特定地区外）掀起一场声势浩大的宣传与检查运动。这一举措不仅体现了国家对《婚姻法》实施效果的深切关注，也彰显了其推动社会进步的坚定决心。

---

① 《第十五区人民政府关于执行婚姻法情况的报告》(1951 年)，北京市档案馆，档案号：9-1-114。
② 《1952 海淀区民政科关于婚姻法执行委员会办公室今后的工作、准备工作》(1952 年)，北京市海淀区档案馆，档案号：2-104-67。
③ 前门区贯彻委员会办公室：《贯彻婚姻工作简报》(1952 年)，北京市档案馆，档案号：38-2-77。

《中央人民政府政务院关于贯彻婚姻法的指示》深刻阐明了运动的核心目标：摧毁旧的包办婚姻与男尊女卑制度，构建基于自由、平等原则的新民主主义婚姻制度，进而促进民主和睦、团结生产的家庭氛围，为国家的经济建设与文化繁荣注入强大动力。[①] 此《指示》不仅是对《婚姻法》精神的深刻诠释，也是对社会发展的明确指引。为了高效推进《婚姻法》的贯彻工作，中央于1953 年 1 月 10 日正式成立了中央贯彻《婚姻法》运动委员会，这一专门机构的设立，标志着国家在法律宣传与执行层面迈出了关键一步。随后，从中央到地方，各级贯彻《婚姻法》运动委员会相继成立，覆盖了华北、东北、中南、西南、西北等各大行政区及重要城市，形成了上下联动、全面覆盖的工作网络。各级委员会主任由各级政府主要领导亲自挂帅。[②] 这不仅彰显了政府对此项工作的高度重视，也为运动的有效开展提供了强有力的组织保障。各级委员会下设办公室，负责具体事务的规划与执行，包括研判社会形势、交流工作经验、编制宣传资料以及接待群众咨询等。[③] 这一系列精心设计的机制，细致入微地确保了《婚姻法》宣传工作的实施，既深刻践行了《婚姻法》的精神，也生动体现了新中国社会治理能力与法治建设水平的不断提升。

在普遍推进《婚姻法》宣传与贯彻运动之前，各地纷纷采取了先行试点的策略，以期通过实践探索积累经验，为全面铺开奠定基础。具体而言，1953 年 1 月至 2 月期间，国家层面在全国范围内精心组织了 2726 个典型实验，覆盖农村、工矿及街道等多个领域。[④] 这一举措充分展现了国家对于《婚姻法》实施的高度重视与细致规划。以西北地区为例，西北区贯彻《婚姻法》运动委员会与陕西省贯彻《婚姻法》运动委员会协同合作，抽调了 17名精干干部深入咸阳县，开展贯彻《婚姻法》的典型试点工作。[⑤] 此举不仅增强了工作的针对性，也为后续推广提供了宝贵经验。山东省同样积极重视

---

① 中国人民大学法律系民法教研室、资料室：《中央人民政府政务院关于贯彻婚姻法的指示》，《中华人民共和国婚姻法资料选编》（校内用书），1982 年，第 92—93 页。

② 例如华北区由张磐石任主任，东北区由李卓然任主任，中南区由李先念任主任，西南区由王维舟任主任，西北区由马锡五任主任；京、津两市分别由副市长张友渔、吴德任主任。

③ 《各地进行贯彻婚姻法运动的准备工作 各大行政区相继成立贯彻婚姻法运动委员会》，《人民日报》1953年 1 月 17 日，第 1 版。

④ 《中央贯彻婚姻法运动委员会关于贯彻婚姻运动的总结报告》，《人民日报》1953 年 11 月 19 日，第 3 版。

⑤ 陕西省地方志编纂委员会：《陕西省志·妇女志》，陕西人民出版社，2001 年，第 149 页。

此项工作，选取了 75 个乡、一个区及一个派出所作为典型试验点。①中南区各省市则在 1952 年 12 月至 1953 年 2 月间，高效完成了对 1276 处重点试验工作的部署与实施。②这些试点工作为《婚姻法》的广泛宣传提供了丰富的实践经验与理论依据。此外，内蒙古自治区妇联主任乌兰带领东部区试点工作组前往哲里木盟科尔沁左翼中旗农村，实地考察并总结了执行《婚姻法》的实际情况。③这一行动不仅体现了地方领导对《婚姻法》实施的直接关注，也促进了《婚姻法》在基层的有效落实。总的来说，各地通过先行试点的策略，不仅为《婚姻法》的全面贯彻奠定了坚实基础，也充分体现了各级政府及组织对《婚姻法》实施的高度重视与细致安排。

在试点区域，首要任务是干部群体进行深入系统的《婚姻法》学习，在此过程中，通过教育引导，干部能够在新旧婚姻制度间明确界限，彻底摒弃旧的婚姻观念与习俗，树立起符合时代要求的婚姻思想。例如，北京市制定的干部学习《婚姻法》计划中明确指出，要通过学习"划清思想界限"，强化干部对新型婚姻制度的认知与拥护。④此计划体现了对干部思想转变的高度重视，为《婚姻法》的顺利实施奠定了思想基础。广东省粤中区积极响应，于 1953 年初在多个县市举办了干部训练班，参与人数达 4267 人，涵盖了基层管理的各个关键岗位。⑤北京市前门区的干部学习活动则更加细致，通过为期 17 天的集中学习，将干部分为理论班和文化班，分别针对不同层次的学习需求，采取了听报告、自修、讨论等多种学习方式，确保了学习的深度与广度。⑥北京市朝阳区慈云寺村的实践同样具有代表性，该村通过成立专门委员会，组织干部进行为期三天的集中学习与思想检查，不仅学习了《婚姻法》条文，还通过批评与自我批评，促进了干部个人思想的转变，如范永志等干部的公开反省与承诺，为全村树立了正面榜样，为《婚姻法》的

---

① 山东分社讯：《山东省贯彻婚姻法运动典型试验的初步经验》，《新华社内参》1953 年 2 月 21 日。
② 《中共中央中南局宣传部关于贯彻婚姻法宣传工作的总结》，《新华月报》1953 第 6 号，第 67 页。
③ 陈羽主编：《内蒙古自治区·妇联志》，内蒙古人民出版社，2008 年，第 27 页。
④ 《北京市干部学习婚姻法计划》（1953 年），北京市档案馆，档案号：38-2-71。
⑤ 广东省地方志编纂委员会编：《广东省志·妇女工作志》，广东人民出版社，2007 年，第 197 页。
⑥ 《北京市干部学习婚姻法计划》（1953 年），北京市档案馆，档案号：38-2-71。

深入贯彻创造了良好的群众氛围。[1] 在组织干部学习的基础上，各地开始培训并组建宣传队伍。仅1953年1至2月间，全国就训练了超过347万人的《婚姻法》宣传队伍。[2] 这一庞大队伍的组建，为《婚姻法》在广大群众中的普及宣传提供了强有力的人力支持。在组织干部学习和培训宣传员的基础上，各试点开始向群众宣传《婚姻法》。本部分以河南省试点区为例，详细梳理该地贯彻《婚姻法》运动的方法和步骤。

表1—2—1 河南省试点区展开贯彻《婚姻法》运动的方法与步骤

阶段	类别	内容
组织干部学习	干部学习	学习政策文件（每天早晚，集中学习十天）。
	代表会议	干部和代表分工包干，传达决议，宣传《婚姻法》。
组织宣传队伍		以党团员、宣传员、民兵、积极分子、教员等组成宣传组，分片包干。
向群众宣传	群众大会	分庄进行宣传，说明运动的性质，全面讲解《婚姻法》，并用快板、广播等方式进行全面宣传，同时可以配合图片展览。
	座谈会	老头会、媳妇会、光棍会、婆婆会、有闺女的父亲母亲会、青年男女会等。
	家庭会议及小组会	回忆对比，挖封建苦根，深入思想发动，划清思想界限，选择典型召开代表大会，通过典型发言，使广大群众进一步认识到封建社会的害处。历时12天。
	培养典型	培养典型。
	整顿妇女组织	选出的代表，讲解妇联的作用，加强代表的责任，以加强对妇女的教育和领导。
	全乡代表会议	展开互评互比。选出模范家庭、模范军属烈属、和睦夫妇、模范婆婆、模范干部、模范媳妇等。

资料来源：《郑州妇女志》，河南人民出版社，1989年。

由上表可见，在河南省的试点区域，贯彻《婚姻法》运动的开展遵循了一套系统而细致的方法与步骤。首先，运动聚焦于组织干部学习，以此作为

---

[1] 《干部学习总结》（1953年），北京市朝阳区档案馆，档案号：7-1-9。
[2] 《中央贯彻婚姻法运动委员会关于贯彻婚姻法运动的总结报告》，《人民日报》1953年11月19日，第3版。

推动《婚姻法》宣传的先决条件。紧接着，试点区着手组织宣传队伍。这支队伍由党团员、宣传员、民兵、积极分子以及教员等多方力量组成，他们被分配到不同的区域，实行分片包干的策略，以确保婚姻法宣传的深入与广泛。在向群众宣传的阶段，试点区采取了多样化的宣传手段。在宣传过程中，试点区还注重培养典型，同时，对妇女组织进行了整顿，加强了对妇女代表的教育和领导，以提升妇女在婚姻法贯彻中的参与度和影响力。最后，通过召开全乡代表会议，试点区展开了互评互比活动，评选出模范家庭、模范军属烈属、和睦夫妇、模范婆婆、模范干部、模范媳妇等先进典型，以此表彰先进，激励后进，为婚姻法的深入贯彻营造了良好的社会氛围。

在前期试点工作的基础上，1953年2月18日，《关于贯彻婚姻法运动月工作的补充指示》正式发布，一场旨在深化《婚姻法》实施的运动在全国范围内拉开序幕。然而，对于少数民族地区的特殊情况，国家展现出了高度的审慎态度。中央及政务院明确指示，不在少数民族地区直接开展此次运动，以避免因文化差异而可能引发的社会动荡。以宁夏为例，作为少数民族聚居区，宁夏省委在制定运动实施策略时，充分考虑了地区的民族构成特点。根据宁夏省委的决定，对于回族占比超过20%的乡村，则暂不开展运动，以确保社会稳定。此外，对于居住在汉族乡的少数民族群众所面临的问题，宁夏省委强调需区别对待，体现了政策的灵活性与针对性。在处理回族重大婚姻问题时，特别指出应与回族上层人士进行充分协商，并报请上一级批准。[①]这一规定不仅体现了对少数民族文化的尊重，也确保了政策执行的稳妥性。

在具体的运动流程上，此阶段的贯彻活动与前期试点工作的步骤保持了高度的一致性。这些流程包括但不限于：对宣传人员的系统培训，以确保他们能够准确理解并传达《婚姻法》的精神；宣传手段的多样化，包括讲座、展览、广播等多种形式，以扩大《婚姻法》的知晓度；宣传内容的精准定位，针对不同群体制定差异化的宣传策略，以提高宣传效果。这一系列措施的实施，为《婚姻法》在全国范围内的顺利贯彻奠定了坚实的基础。

---

① 宁夏回族自治区妇女联合会编：《宁夏妇女50年》，宁夏人民出版社，2003年，第29页。

在贯彻《婚姻法》运动的过程中，各级干部作为政策执行的关键力量，率先接受了系统的教育。据记载，内蒙古、绥远直属机关干部在指定时间段内，集中学习了《婚姻法》。① 同样，中南地区的大部分省市直属机关干部也于2月下旬相继启动了《婚姻法》的学习，计划学习周期为一至两周，以确保干部们能够充分理解和掌握《婚姻法》的核心内容。② 干部学习的内容涵盖了多个重要文件，包括《中央关于开展贯彻婚姻法运动的指示》《关于贯彻婚姻法运动月工作的补充指示》以及《政务院关于贯彻婚姻法运动的指示》等，这些文件为干部们提供了全面的政策指导和理论依据。在学习方式上，国家根据干部级别的不同，提出了具体的要求。县级及以上级别的干部需要全文学习相关文件，这一要求旨在使他们深入理解贯彻《婚姻法》的总体思路、指导思想和理论依据，从而能够在更高层面指导和推动《婚姻法》的实施。相比之下，区、乡（村）级别的干部在学习内容上更侧重于《婚姻法》的基本原则和宣传提纲，这是因为他们承担着《婚姻法》运动的直接宣传和培养宣传员的任务。在学习形式上，这些干部需在县级负责干部的指导下进行，并集中于区级机关进行学习，以确保学习的系统性和有效性。③ 各级干部在贯彻《婚姻法》运动中的先行教育，不仅体现了国家对干部群体的高度重视，也确保了《婚姻法》能够在各级干部中得到准确理解和有效执行，从而为《婚姻法》在全国范围内的广泛宣传与深入贯彻奠定了坚实的基础。

在前期组织干部学习和初步宣传的基础上，各地开始着重培育宣传员，以进一步扩大《婚姻法》宣传的覆盖面和影响力。这些接受培训的宣传员主要由来自不同行业的基层干部构成，他们成为推动《婚姻法》贯彻实施运动的中坚力量。据统计，截至1953年3月20日，中南区各省市已经训练了区乡主要干部、民政、司法、妇联等系统的干部共计135848人。④ 在北京市，共培训了宣传员18600余人，涉及市区级干部、工矿企业干部、高校干部、

---

① 蒙绥分社讯：《内蒙、绥远直属机关干部学习婚姻法中反映出来的问题》，《新华社内参》，1953年3月25日。
② 中南总分社讯：《中南干部学习婚姻法中暴露的思想》，《新华社内参》1953年3月25日。
③ 《中央贯彻婚姻法运动委员会关于贯彻婚姻法运动的总结报告》，《人民日报》1953年11月19日，第3版。
④ 《中南区贯彻婚姻法运动的情况报告》，《中共党史资料》2009年第1期。

郊区村级干部以及党团员、街道积极分子、派出所所长、民警等多个群体。① 此外，赣州专区 17 个县共培训了 21181 人，南昌市郊区也培训了宣传员和报告员 1600 多名。② 这些培训不仅增强了宣传员对《婚姻法》的认知和理解，还使他们成为推动《婚姻法》运动的积极力量，通过他们的宣传，更多的人得以了解和接受《婚姻法》的内容和精神。

在宣传内容方面，各地紧密围绕《贯彻婚姻法宣传提纲》展开，该提纲明确了《婚姻法》宣传的核心要点。首先，它强调了《婚姻法》的基本精神，即废除包办强迫婚姻，倡导婚姻自由，同时废除男尊女卑的旧观念，确立一夫一妻、男女权利平等的新民主主义婚姻制度。这一基本精神为《婚姻法》的宣传奠定了基调，指明了方向。其次，《提纲》阐述了实行《婚姻法》对女性、男性、家庭成员乃至整个社会的好处，这有助于增强群众对《婚姻法》的认同和提高群众参与《婚姻法》宣传和实践的积极性。在宣传策略上，提纲提出了采用"民主的说服的办法"进行教育，这一方针体现了《婚姻法》宣传工作的温和与理性，有助于引导群众逐步接受并践行《婚姻法》的内容。此外，提纲还特别强调了对妇女生命和身体的保护，明确提出了制止虐杀、防止自杀，保障妇女人身自由的具体要求，为妇女在婚姻关系中的安全和尊严提供了法律保障，体现了《婚姻法》对弱势群体的关怀和尊重。③ 在宣传方式上，各地既沿用了前两个阶段的成功做法，如通过报告、讲座、座谈以及墙报、广播、文化馆、剧团、幻灯放映、报纸等多种渠道进行宣传，同时，在此基础上进行了创新。一方面，《婚姻法》宣传与发展生产和建立和睦家庭相结合。在宣传过程中，国家倡导通过结合生产活动召开家庭民主会议，修订爱国公约等方式，向大多数家庭普及《婚姻法》知识。这种结合生产和家庭建设的宣传方式，不仅可促进《婚姻法》的深入贯彻，还有助于推动社会生产和家庭关系的和谐发展。另一方面，针对不同类型的婚姻问题，宣传员采取了具体问题具体宣传的策略，根据不同类型的群体和婚姻

---

① 北京市地方志编纂委员会编：《北京志·人民团体卷·妇女组织志》，北京出版社，2007 年，第 193 页。
② 《江西省地方志》编纂委员会：《江西省志·江西省妇女组织志》，方志出版社，2002 年，第 95 页。
③ 中央贯彻婚姻法运动委员会：《贯彻婚姻法宣传提纲》，《人民日报》1953 年 2 月 25 日，第 1 版。

问题准备不同的宣传内容（见表 1—2—2）。这种高度针对性和适应性的宣传
方式更易于被群众所接受，从而更有效地实现了宣传目标。

表 1—2—2　不同类型婚姻问题的宣传方式

对于过去的包办婚姻	由婚姻当事人决定是否离婚，其他人不能干涉
已包办订婚但未结婚	听婚姻当事人意见。如果子女年纪小，父母应及早解除婚约
不和睦的家庭	以改善夫妻和婆媳关系，建立民主和睦、团结生产的新式家庭为主
极少数夫妻关系恶劣到不能共同生活下去或妇女受到非人的虐待	当事人提出离婚要求并经调解无效则允许其离婚
现役革命军人（包括人民志愿军、人民解放军、人民公安部队的成员、退役革命残废军人、转业革命军人）	不同于一般干部和群众的婚姻关系问题，他们的婚姻关系应该受到特别的保护，而不允许任何人加以破坏。否则，就会影响到革命军队，使他们不能安心对敌作战……

参考资料：中央贯彻婚姻法运动委员会：《贯彻婚姻法宣传提纲》，《人民日报》1953 年 2 月 25
日，第 1 版。

　　表 1—2—2 体现了对各类婚姻问题的深入理解和精准把握。首先，在宣
传过程中针对不同类型的婚姻问题，提出了具体且差异化的宣传方式，显示
出高度的针对性和实用性。例如，对于过去的包办婚姻，强调由婚姻当事人
自主决定是否离婚，体现了对婚姻自由的尊重和保护；对于已包办订婚但未
结婚的情况，则听取婚姻当事人意见，并考虑子女年龄因素，体现了对未成
年人权益的关注和保护。其次，在处理不和睦家庭问题时，注重改善夫妻和
婆媳关系，倡导建立民主和睦、团结生产的新式家庭。对于极少数夫妻关系
恶劣或妇女受到非人虐待的情况，允许当事人在调解无效后离婚，体现了对
妇女权益的保护和对婚姻质量的重视。

　　值得一提的是，在这一阶段贯彻执行《婚姻法》过程中，国家巧妙地将
婚姻问题界定为"人民内部矛盾"。这一策略性的定性方法有效地消解了潜
在的二元对立，促进了社会各界力量的汇聚，鼓励全体人民共同参与《婚姻
法》的实施。《婚姻法》初颁时，曾引发妇女离婚潮，并导致一系列针对丈
夫和婆婆的冲突，甚至出现了自杀和被杀事件。面对因婚姻问题而加剧的社

会矛盾，国家在 1953 年的《婚姻法》贯彻运动月中，进一步明确了婚姻制度改革的性质：它不同于其他社会改革，而是属于"人民内部的思想斗争"。这有助于激发人们的"主人翁"意识，这种意识对人们的身份认同产生了积极影响，为民众接受新婚姻观念提供了"人民共同体"下的意义感。这种意义感进一步调动了人们贯彻《婚姻法》的积极性，增强了社会凝聚力。同时，国家反对将斗争对象具体化，转而强调从思想层面清除旧观念并指出法律和法令的实施不仅依靠国家强制力，更依赖于人民的教育和自觉拥护。可见，国家通过这种方式，将《婚姻法》贯彻过程中的冲突和矛盾限制在最小范围内，从而有效维护了家庭和社会的稳定。

另外，对于造成严重后果的犯罪行为的典型案件，相关部门仍然依法予以严厉惩处。有的案件还进行了公开审判。例如，宁夏省平罗县发生的一起案件就充分体现了这一点。该县 19 岁妇女苏香香，因父母包办而与魏忠结婚，婚后双方感情不和。苏香香诉至县法院要求离婚（当时她已怀孕），平罗县法院判决准予离婚。然而，魏忠及家人对此判决不服，多次对苏香香进行辱骂，甚至在一次苏香香回家途中，用砖头将其当场砸死。针对这起恶性案件，平罗县相关部门迅速行动，召开了宣判大会，依法判处魏忠死刑，同时判处其婆婆魏氏有期徒刑 20 年。这一判决不仅体现了法律对犯罪行为的严厉制裁，也向社会传递了保护妇女权益、维护婚姻自由的强烈信号。此外，另一起典型案件也引起了社会的广泛关注。在惠农人民法院于 1952 年 10 月 12 日在五区三乡召开的群众大会上，恶婆婆岳张氏因虐杀儿媳马色麦被公审并判处死刑，立即执行枪决。岳张氏在解放前就曾虐杀了三个儿媳，其罪行累累，终得严惩。① 这两起案件的公开审判和严厉惩处，有效地教育了群众，推动了《婚姻法》的深入贯彻执行。

1953 年 4 月，中共中央发布了《关于结束贯彻婚姻法运动的指示》，标志着为期一个月的《婚姻法》运动宣传进入总结阶段。此次运动要求各地根据实际情况结束活动并上报总结报告至中央，运动最终取得了显著成效。首先是干部群体的思想转变。在此次运动中，干部群体对贯彻《婚姻法》的方

---

① 宁夏回族自治区妇女联合会编：《宁夏妇女 50 年》，宁夏人民出版社，2003 年，第 26 页。

针和目的有了正确认识。通过学习，干部们不仅认识到了自身存在的封建思想，还明确了《婚姻法》政策，解决了家庭问题，并在工作中积极向群众贯彻相关政策。这一转变对于后续贯彻《婚姻法》工作的顺利进行奠定了坚实的基础，显示了干部群体在推动社会进步中的引领作用。其次是家长对包办婚姻带来危害的认识深化。运动过程中，家长对包办婚姻的危害有了更深刻的认识。例如，北京市朝阳区的杜大妈表示，她意识到包办婚姻的害处，决定不再干涉小儿子的婚事。① 同样，北官园 22 号王淑敏的母亲也表示，以后对女儿的婚事不再干涉，让她自主选择伴侣。② 这些变化表明，家长们开始尊重子女的婚姻自主权，促进了婚姻自由观念的普及。再次是虐待打骂现象的减少。在运动之前，一些男性存在打骂虐待妇女的现象，认为打妻子是硬汉子的表现。然而，经过运动宣传后，这种观念得到了显著改变。如北京市城子矿工人家庭关系发生了很大变化，基本上消除了打老婆的现象。③ 这一变化说明，《婚姻法》运动在改善夫妻关系、保护妇女权益方面取得了积极成效，促进了家庭和谐。此外，不同阶层夫妻关系得到改善。通过运动宣传，民主和睦、团结生产的新家庭观念在群众中产生了较大影响。人们开始认识到夫妻之间应互敬互爱互相帮助。例如，北京市被服厂的男工中，有离婚念头的工人打消了离婚的想法，并鼓励乡下的妻子学习进步。④ 矿工连凤鸣和爱人马俊贤订立了公约，改善了夫妻关系。⑤ 知识分子群体中，北京医学院的一位教授和农大的一位老师也通过学习，认识到了自身的问题，改善了夫妻关系。⑥ 这些变化表明，《婚姻法》运动在促进不同阶层夫妻关系和谐方面发挥了积极作用。

当然这次运动也存在一些不足，这些不足主要体现在民众的思想观念、学习成效以及政策执行的深度和细致程度上。首先，部分民众在表面上接受了《婚姻法》，但内心深处并未真正认同。例如，有的人原本有离婚的打算，

---

① 《慈云寺贯彻婚姻法工作总结》（1953 年），北京市朝阳区档案馆，档案号：7-1-9。
② 《前门区贯彻婚姻法的工作总结》（1953 年），北京市档案馆，档案号：38-1-81。
③ 《城子矿工人的婚姻家庭情况》（1953 年），北京市档案馆，档案号：84-3-28。
④ 《北京市贯彻婚姻法运动总结第二稿》（1953 年），北京市档案馆，档案号：1-6-753。
⑤ 《调查京西矿区婚姻法运动情况后报告》（1953 年），北京市档案馆，档案号：84-3-28。
⑥ 《北京市各高等学校贯彻婚姻法情况总结》（1953 年），北京市档案馆，档案号：1-22-43。

但在运动期间却不敢提及，实际上并未打消离婚的念头。① 这反映了部分民众在婚姻观念上的传统束缚和内心矛盾。其次，民众在思想上存在诸多疑虑和误解。对于废除包办婚姻，老一辈人仍持有偏见，认为现在对子女无权管教，甚至将不许包办误解为连征求同意也不许。对于自由恋爱，一些工人和店员则持悲观态度，认为包办婚姻虽不好，但至少能有个老婆，而自己找则困难重重。此外，对于家务劳动和女性参加社会工作，也存在诸多偏见和误解，如认为女性结婚后应专注于家庭，参加家务劳动是出于恩赐，女性参加社会工作会给丈夫丢脸等。② 这些说明《婚姻法》在改变民众传统观念方面还面临艰巨的任务。再者，部分地区在学习《婚姻法》的过程中成效不显著。有的地方对旧的东西批判得多，但对新的典型事例学习得少，甚至存在抠名词聊闲天的现象，③ 反映了部分地区在学习《婚姻法》时缺乏深入细致的态度。

国家在推进婚姻改革的过程中，通过三次大规模的《婚姻法》运动逐渐认识到，婚姻制度的变革并非短期内能够彻底实现的目标。基于此认识，1953 年"贯彻婚姻法运动月"结束后，国家明确提出了将贯彻《婚姻法》工作推向常态化阶段的新要求。这一战略转变在《中央贯彻婚姻法运动委员会关于贯彻婚姻法运动的总结报告》中得到了明确体现，《报告》指出，民政、司法以及"工青妇"等部门应当将贯彻《婚姻法》工作视为一项经常任务。④ 这标志着国家对《婚姻法》贯彻实施的长期性和持续性有了更为深远的规划。为了更有效地推动《婚姻法》的常态化贯彻，1954 年 4 月，中共中央发出指示，将贯彻《婚姻法》运动委员会办公室的工作交由民政厅主管，并建立了与相关部门的定期联系制度。这一举措不仅强化了部门间的协作与沟通，也为《婚姻法》的持续、稳定贯彻提供了坚实的组织保障。⑤ 此举表明，

---

① 《前门区委宣传部 1953 年月份及半年工作计划及抗美援朝贯彻婚姻法等宣传工作》（1953 年），北京市档案馆，档案号：38-2-387。

② 《群众对婚姻法及此次婚姻法运动的认识及反映》（1953 年），北京市档案馆，档案号：1-12-128。

③ 《前门区委宣传部 1953 年月份及半年工作计划及抗美援朝贯彻婚姻法等宣传工作》（1953 年），北京市档案馆，档案号：38-2-77。

④ 《中央贯彻婚姻法运动委员会关于贯彻婚姻法运动的总结报告》，《人民日报》1953 年 11 月 19 日，第 3 版。

⑤ 《贯彻婚姻法》，潇湘女性网，http://www.hnwomen.org.cn/2004/09/06/20315.html，阅读日期：2019 年 3 月 2 日。

国家在推动《婚姻法》贯彻的过程中，注重构建长效机制，以确保《婚姻法》能够在日常工作中得到有效落实。1955 年，内务部、文化部、团中央和全国妇女联合会联合发布通知，进一步强调了《婚姻法》贯彻的重要性。通知指出，《婚姻法》的贯彻是社会主义教育工作的重要组成部分，也是一项长期而经常的任务。各地各部门积极响应这一要求，开始将贯彻《婚姻法》工作纳入日常任务范畴，从而推动了《婚姻法》在各地的常态化宣传与贯彻。① 这一通知的发布，不仅提升了《婚姻法》在社会主义教育工作中的地位，也为各地各部门开展《婚姻法》贯彻工作提供了明确的指导和依据。随后，各地根据自身的实际情况，有针对性地开展了《婚姻法》的常态化宣传贯彻工作。这些工作主要围绕三个方面展开：

首先，对婚姻问题进行常态化的调查研究是贯彻《婚姻法》的基础。1954 年至 1964 年间，多个地区如北京、广东、湖南等，由妇联联合民政、法院等部门，深入基层进行婚姻家庭情况的调研。例如，北京市组成工作组，对农民和矿工的婚姻家庭情况进行重点了解，并形成了《北京市婚姻工作情况问题及今后意见》等报告，为制定更符合实际的政策措施提供了依据。② 广东省和湖南省妇联也配合相关部门，加强了对全省贯彻执行《婚姻法》情况的调查研究，这些调研活动不仅揭示了当时婚姻家庭中存在的问题，也为后续的宣传和教育工作提供了方向。沈阳市则规定要定期检查《婚姻法》的贯彻工作，确保《婚姻法》的贯彻实施不流于形式。③ 这些常态化的调查研究，为《婚姻法》的深入贯彻提供了坚实的数据支持和问题导向。

其次，进行《婚姻法》的常态化宣传是提高民众法律意识的重要途径。1955 年，内务部、文化部等部门联合发出通知，要求各地在春节文艺活动中进行《婚姻法》的宣传。④ 此后，各地纷纷响应，结合当年的中心工作和重

① 《内务部、文化部、团中央和全国妇女联合会联合发出通知要求各地结合春节文艺活动宣传婚姻法》，《人民日报》1955 年 1 月 7 日，第 1 版。

② 《北京市婚姻工作情况问题及今后意见》（1954 年），北京市档案馆，档案号：84-3-30。

③ 《北京、上海贯彻婚姻法运动胜利结束 沈阳市采取各种办法把贯彻婚姻法工作转入经常化》，《人民日报》1953 年 4 月 27 日，第 3 版。

④ 《勤俭建国、勤俭持家、为建设社会主义而奋斗 ——在中国妇女第三次全国代表大会上的工作报告（1957—09—9）》，中华全国妇女联合会编：《中国妇女运动重要文献》，人民出版社，1979 年，第 129 页。

要节日，如三八妇女节、春节等，进行集中、系统的宣传工作。广东省妇联每年结合这些时机，进行《婚姻法》的宣传，使《婚姻法》深入人心。① 沈阳市也规定，各部门要经常地有计划地通过报纸和广播电台向市民宣传《婚姻法》，并要求将《婚姻法》的宣传工作列为经常的重要工作之一。② 此外，妇联组织还根据党和国家的要求，制定了相应的宣传计划，如《北京市妇联1956 年工作计划》中提到，要采取有效措施大力提倡树立民主和睦、团结生产的新家庭并通过报刊批判违反《婚姻法》的典型事例，以形成正确的舆论导向。③ 这些常态化的宣传活动，极大地提高了民众对《婚姻法》的认知和理解。

再次，在提高干部的政策水平和具体问题具体处理等方面也做了大量工作。干部的政策水平直接影响着《婚姻法》的贯彻执行效果。因此，各地加强对干部的教育和培训，提高他们的政策水平和业务能力。例如，广东省平远县法院、民政科和妇联共同举办《婚姻法》训练班，对乡民政主任、妇女主任等基层干部进行培训。沈阳市也将《婚姻法》列入政治教育的内容之一，对干部进行系统的教育。这些举措有效地提高了干部在处理婚姻问题中的业务水平，提升了他们处理婚姻问题的效率。同时，在《婚姻法》贯彻进入常态化阶段后，各地基本以问题为导向去解决各类具体的婚姻问题。如广东省妇联在调查后向广东省委上报了当地出现的包办婚姻、两性关系混乱等问题并引起重视和进行相应的处理。④ 陕西省也针对借婚姻关系索取财物、轻率结婚和离婚等问题，提出在全省范围内继续宣传贯彻《婚姻法》的建议。⑤ 这些具体问题的解决，不仅维护了《婚姻法》的权威性和严肃性，也保障了民众的合法权益。

可见，全国贯彻《婚姻法》的高潮阶段展现了一个复杂而深远的社会变革过程。这一过程中，干部群体的思想转变、家长对包办婚姻危害的认识深化、

---

① 广东省地方志编纂委员会编：《广东省志·妇女工作志》，广东人民出版社，2007 年，第 198 页。

② 《北京、上海贯彻婚姻法运动胜利结束　沈阳市采取各种办法把贯彻婚姻法工作转入经常化》，《人民日报》1953 年 4 月 27 日，第 3 版。

③ 《北京市妇联 1956 年工作计划》（1956 年），北京市海淀区档案馆，档案号：8-101-40。

④ 广东省地方志编纂委员会编：《广东省志·妇女工作志》，广东人民出版社，2007 年，第 198 页。

⑤ 陕西省地方志编纂委员会：《陕西省志·妇女志》，陕西人民出版社，2001 年，第 150 页。

虐待打骂现象的减少以及不同阶层夫妻关系的改善，均体现了《婚姻法》运动的显著成效。然而，民众在思想观念上的传统束缚、对《婚姻法》理解的片面性以及对新社会观念的疑虑，也揭示了法律普及与社会观念变革的长期性和艰巨性。为了巩固和深化《婚姻法》的贯彻效果，国家采取了常态化的推进策略，将《婚姻法》工作列为各级部门的经常任务并通过常态化的调查研究、宣传教育和干部培训，不断提升法律执行的效果和社会认同度。

4. 三年困难时期的《婚姻法》宣传贯彻阶段

1960 年前后，中国陷入了严重的经济困难时期，这一困境不仅影响了国家的整体发展，也对社会生活的各个方面产生了深远的影响，其中婚姻关系的稳定性也受到冲击。经济压力之下，传统婚姻陋习如童养媳、早婚、包办买卖婚姻等现象死灰复燃，不仅破坏了法律的尊严，也加剧了社会的不稳定。

三年困难时期，妇女因生活所迫而面临的婚姻困境尤为凸显，一系列复杂且令人痛心的案例在全国范围内频繁上演。这些案例不仅揭示了个人命运的波折，也深刻反映了当时社会背景下婚姻关系的脆弱多变。首先，早婚与童养媳现象的复燃。如 1962 年，北京通县、房山、怀柔三县中，有的女性刚到 16 岁就结了婚，有的家庭因生活贫困将女儿送出去当童养媳。北京延庆县 29 个村庄中接领童养媳的有 44 户。① 其次，买卖婚姻和变相索要彩礼现象出现。一些家庭甚至不惜牺牲女儿的幸福，通过包办婚姻换取经济利益，如广东海康、南海、三水等县的一些家长强迫女儿出嫁，索取"身价银"；潮安、潮阳、揭阳等县的不少女性跑到兴梅地区找对象，有的妇女因"轻信媒婆，上当受骗，从而造成大量买卖婚姻"。这种现象令人痛心，也反映出单纯依靠社会运动难以根除深层次的社会问题。此外，还出现了跨区域婚姻中的欺诈与无奈。河北、山东等灾区的不少妇女因生活困难而同京郊农民结婚。在 1961 年 1 月到 1962 年 4 月间，北京房山县石楼公社的农民同河北等外地妇女结婚的有 125 对，该数字占该公社结婚登记总数的一多半。这

---

① 张献坤、卢祥、曹华丽主编：《延庆妇女五十年》，延庆妇女联合会，2008 年，第 28 页。

些妇女往往来到男方家吃住几天就结婚了。① 这些案例不仅是个人的悲剧，也是社会问题的集中体现，迫切需要国家层面的干预与引导。

为有效应对三年困难时期婚姻关系中出现的复杂与严峻问题，国家迅速行动，重启并显著加强了《婚姻法》的宣传贯彻力度。陕西省在此过程中发挥了积极的示范作用，通过一系列周密部署和政策推动，从上至下全面展开了《婚姻法》的普及与实施工作。1960 年初，陕西省妇联率先响应，向全省各地、市妇联发出正式通知，明确要求结合纪念《婚姻法》颁布十周年的契机，广泛宣传《婚姻法》取得的成效，以此唤起社会对《婚姻法》的重视与理解。随后，陕西省委及政府相关部门紧密协作，针对农村婚姻家庭中存在的突出问题进行了深入调研与分析。1962 年 8 月 7 日，陕西省委正式批转了由省民政厅、省高级人民法院、省妇联、省团委党组联合提交的《关于当前农村婚姻家庭存在问题和今后意见的报告》，该《报告》详细剖析了当前农村婚姻领域的困境与挑战，并提出了针对性的解决方案与建议。进入 1963 年，陕西省委继续加大工作力度，再次批转了省民政厅、省妇联、省法院党组联合提交的《关于进一步加强宣传贯彻婚姻法的报告》。这份《报告》强调了进一步深化《婚姻法》宣传贯彻工作的重要性与紧迫性，为全省各级部门明确了工作方向与重点。为了确保政策的有效落地，陕西省妇联于同年 4 月 9 日下发通知，要求各级妇联组织主动与相关部门建立合作机制，共同研究并认真贯彻执行省委批转的报告内容。这一举措极大地促进了《婚姻法》宣传贯彻工作的跨部门协同与资源整合。此外，陕西省妇联党组还持续关注《婚姻法》实施过程中的新情况与新问题，并于 12 月 20 日向省委提交了《进一步贯彻婚姻法与开展计划生育等问题》的工作报告。该报告不仅总结了前期工作经验与成效，还针对未来工作提出了前瞻性的规划与建议，为《婚姻法》的持续贯彻奠定了坚实基础。②

海南地区在面对三年困难时期婚姻关系的不稳定局面时，采取了一系列

---

① 《北京市人民委员会批准市民关于本市群众婚姻情况和加强婚姻工作的意见》（1962 年），北京市档案馆，档案号：2-14-35。

② 陕西省地方志编纂委员会：《陕西省志·妇女志》，陕西人民出版社，2001 年，第 87 页。

积极有效的措施来强化《婚姻法》的宣传与贯彻。在区党委书记于海南区一级机关超过 1500 人的会议上，发表关于学习和宣传《婚姻法》的动员报告后，海南地区的新一轮《婚姻法》宣传活动正式拉开帷幕。海南行政公署中级法院与海南妇联携手合作，通过多元化的媒介和丰富的活动形式，将《婚姻法》的理念广泛传播至社会各阶层。在宣传活动期间，海南行政公署中级法院与海南妇联共同实施了多项举措，包括印发宣传资料共计 10800 份，组织演戏 15 场，放映幻灯 104 场次，展示图片 526 张，张贴布告 2575 张，并召开了 164 次宣判大会，利用有线广播进行了 79 次宣传，还进行了 1504 次口头宣传，这一系列活动覆盖了广泛的受众群体，受教育人数约计达到了 157 万人次。具体到海口市，1965 年的宣传活动同样取得了显著成效。据统计，海口市在此期间召开了 198 次各类会议，印发了 350 份宣传提纲和 10 套共 45 张图片，电影宣传 52 场次，并出版了 4 期宣传栏。这些活动使得 46626 人次受到了教育，占全市总人口的 22.3%，充分展示了宣传活动在提升公众法律意识方面的积极作用。在更为基层的层面，定昌县龙塘公社也积极响应号召，成立了专门的《婚姻法》宣传办公室，并组建了 22 个宣传小组，共计 129 人参与其中。他们通过集中学习、统一认识后，分片包干开展广泛的宣传工作。共计召开了 115 次群众会议，利用广播进行了 4 次宣传，张贴了大字报 59 张，出版了 4 期黑板报，张贴了 22 张漫画，还组织了 4 场戏剧演出，印发了 750 份宣传资料，使得 14193 人次受到了教育。① 通过这些活动，海南地区不仅提升了公众的法律意识，还促进了婚姻观念的现代化进程，为维护婚姻关系的稳定奠定了坚实基础。

与此同时，全国各地也纷纷采取措施，面对三年困难时期婚姻关系的不稳定以及由此引发的一系列社会问题，各地政府及相关部门积极响应国家号召，结合各自实际情况，制定并实施了一系列具体的《婚姻法》宣传贯彻措施，形成了多层次、全方位的宣传格局。湖南省作为典型代表之一，通过联合通知和报告批转等形式，显著强化了《婚姻法》的宣传教育和执行力度。

---

① 《宣传纪实》，海南史志网，http://www.hnszw.org.cn/xiangqing.php? ID＝44837&Deep＝4&Class＝2222，阅读日期：2019 年 3 月 2 日。

1962 年 4 月，湖南省法院、民政厅、省妇联、省总工会、团省委等五部门联合发出通知，明确要求各级干部深入学习《婚姻法》，建立健全婚姻登记制度，并加强对婚姻纠纷的有效处理。次年，这些部门再次联合向省委提交报告，强调在全省范围内结合社会主义教育运动和春耕生产，广泛开展《婚姻法》的宣传教育活动。湖南省委对此高度重视，不仅批转了相关报告，还督促各级党委认真贯彻执行，进一步推动了《婚姻法》在湖南的普及与深入。①在北京市朝阳区，妇联组织则将《婚姻法》的宣传融入日常工作中，通过持续不断的教育引导，倡导妇女以共产主义道德品质对待婚姻家庭问题，积极营造尊老爱幼、尊婆爱媳、民主和睦的家庭氛围。② 这一举措不仅提升了人们的法律意识，也为构建良好的婚姻关系提供了有力支持。呼和浩特市则在特定节日和活动中，集中资源开展《婚姻法》宣传，通过联合会议、专题报告等形式，向广大干部群众普及《婚姻法》知识，有效提升了公众的法律素养和婚姻观念。③此外，针对自然灾害时期出现的特殊婚姻问题，如外流妇女重婚案件等，国家层面也给予了高度关注。1964 年 10 月 23 日，最高人民法院出台了专门批复，就外流妇女重婚案件及离婚案件的管辖问题提供了明确指导。④ 以上措施，成功推动了《婚姻法》的宣传贯彻工作，不仅提升了公众的法律意识和婚姻观念，也为维护社会稳定做出了积极贡献。

总之，在 1950 年至 1966 年间，国家通过行政力量开展了四次大规模的《婚姻法》宣传贯彻运动。这些运动加深了群众对《婚姻法》的理解，为《婚姻法》的常态化推行奠定了坚实基础。然而，我们也需深入思考其中的一些问题。首先，尽管国家一再强调新的婚姻制度和观念，但人们并未能立即接受，这反映了行政力量超前与文化观念滞后的矛盾。运动式的治理方式虽快速，但其进展速度超越了一些人的接受速度。其次，这一时期国家还要致力于政治、经济、文化的社会改造，任务繁重，难免顾此失彼。再者，从

---

① 《贯彻婚姻法》，潇湘女性网，http://www.hnwomen.org.cn/2004/09/06/20315.html，阅读日期：2019年 3 月 2 日。

② 《朝阳区妇联 1963 年工作要点》，北京市朝阳区档案馆，档案号：7-1-52。

③ 呼和浩特市妇女联合会编：《呼和浩特市妇女志》，内蒙古大学出版社，2014 年，第 14 页。

④ 中国妇女管理干部学院编：《中国妇女运动文献资料汇编》第二册（1949—1983），中国妇女出版社，1988 年，第 424 页。

受众角度来看，婚姻法律政策对不同群体具有不同的影响，对部分群体有益的政策可能遭到其他权益受损群体的抵制。因此，在《婚姻法》的推行过程中，始终伴随着多层次、多角度的复杂博弈。

二、1950年《婚姻法》贯彻执行的联动机制

新中国成立后，中国共产党迅速在国家生活的各个领域展现出全面的领导力量，其中婚姻领域的深刻变革尤为引人注目。在《婚姻法》的贯彻过程中，国家构建了一套高效、协同的机制，从而将《婚姻法》的理念和原则有效传递给普通大众。探讨这一机制的运作过程，对于深入理解中国共产党在社会治理中的创新思路与高效实践具有重要意义。

1. 中国共产党的坚强领导

在《婚姻法》的宣传与贯彻过程中，为了确保《婚姻法》的顺利执行，党和国家构建了一个强有力的领导中枢。这一中枢不仅具有统一的指挥与调度能力，还确保了《婚姻法》运动的高效、有序进行。1950 年 4 月 30 日，《中共中央关于保证执行婚姻法给全党的通知》中明确指出，全党是贯彻《婚姻法》工作的领导核心，各级党委要承担起主要的动员者和组织者的角色。[①] 这一指示不仅强调了党在《婚姻法》贯彻过程中的核心地位，也明确了各级党委的具体职责。在《婚姻法》的实际贯彻过程中，形成了一种以党组织为核心，政府与群团机关协同配合并广泛吸纳民众参与的宣传动员机制。这种机制不仅充分发挥了党组织的领导作用，还调动了政府与群团机关的积极性，同时广泛吸纳了民众的参与，从而形成了强大的合力，有力地保障了《婚姻法》的高效、有序贯彻执行。这种机制的创新与实践，不仅体现了中国共产党在领导国家生活中的智慧与能力，也为《婚姻法》的顺利实施提供了坚实的保障。

在 1951 年的贯彻《婚姻法》执行情况的检查阶段以及 1953 年的"贯彻婚姻法运动月"这两个至关重要的时期，党和国家行政权力对婚姻领域的介入展现出了尤为显著的特征。这两个阶段，运动式治理的方式被各级党委和

---

① 《中共中央关于保证执行婚姻法给全党的通知》，《中共党史资料》2009 年第 1 期。

政府采纳并被视为阶段性的中心工作，以此来确保《婚姻法》的深入贯彻与执行。在此过程中，各级党政主要领导亲自担负起了贯彻《婚姻法》的政治责任，体现出了对《婚姻法》实施的高度重视。为了将分散的资源"集中到中心工作上"，① 各地纷纷采取了调配干部、整合资源、成立专门工作机构等一系列有力措施。这种"不惜一切代价"的政治运动方式，无论是在强度上还是在关注度上，都远远超出了普通行政措施所能达到的效果。这种集中的资源调配和高强度的政治运动方式，为《婚姻法》的深入贯彻与执行提供了有力的保障。

> 访谈一：黑龙江省搞"婚姻法运动月"的活动，这不是妇联自己开展的，是妇联联合民政、司法部门一起组织的，并且由分管咱们妇联工作的省委副书记坐镇。既然书记亲自坐镇，自然他管的问的就多。书记说，像这样的活动，不能简单地大家在一起开个会就完事了，得组建个办公室，由他直接领导，一旦有什么样的问题，大家及时沟通一起协调，协调完各部门处理各部门的，这样问题才能很快解决。②

访谈一也印证了《婚姻法》运动高效集中的特点。在黑龙江省实施的"婚姻法运动月"活动时，该活动是在一个高规格的组织架构下进行的，即妇联与民政、司法部门紧密合作，并直接受省委副书记的领导。尤为值得一提的是，在贯彻《婚姻法》的过程中，各部门展现了出色的协同联动能力。

> 访谈二：开展《婚姻法》宣传力度最大是 1953 年，当时工青妇、法院、检察院、电台、报社联合组成了一个三十多人的宣传队，按照各个部门的职责，我们进行了分工，在宣传大会基础上，有的部门进行个别谈话，有的部门做思想工作，报社负责具体的典型案例，宣传男女平等思想等等。③

访谈二中工青妇、法院、检察院、电台、报社等多个部门联合行动，通

---

① 杨华：《"领导交办的事"：任务性质与政治激励——对基层单位人事激励机制的一项理解》，《广西师范大学学报（哲学社会科学版）》2021 年第 1 期。
② 来自中华女子学院中国女性图书馆所藏妇女口述史资料，受访者：吴某，黑龙江省妇联干部。
③ 来自中华女子学院中国女性图书馆所藏妇女口述史资料，受访者：高某，1933 年生，妇联干部。

过明确的分工与紧密的合作，形成了强大的宣传合力，不仅彰显了党领导下的高效部门联动机制，还显著增强了宣传效果，确保了《婚姻法》的有效执行。这种高效的集中领导模式，不仅保障了活动的平稳推进，还确保了遇到的问题能够迅速得到解决，从而为《婚姻法》运动的成功奠定了坚实的基础。这一访谈内容，从实际操作层面，进一步验证了《婚姻法》运动所具有的高效集中特点。即便在 1953 年《婚姻法》运动月结束后，各级党组织在执行《婚姻法》的过程中仍然保持着重要的影响力。以 1954 年对北京农业机械厂和新华印刷厂进行的检查为例，可以清晰地看到，工厂党委在这一过程中扮演了统一负责和领导的角色。党委不仅负责定期检查（每季度或每半年）各系统对《婚姻法》的执行情况，还致力于总结经验，以便为后续的《婚姻法》贯彻工作提供指导和推动。[1] 这种党委统一领导、定期检查并总结经验的方式，不仅有效确保了《婚姻法》的持续、有效执行，也充分展示了党组织在推动社会进步和保障妇女权益方面的坚定决心和积极作用。

　　与此同时，各级党组织不仅从宏观层面组织和领导《婚姻法》运动，还深入到了党员和群众的个体生活与思想之中。1951 年，北京市海淀区就明确规定，党支部应协助、领导本村政府，经常性地检查是否存在干涉男女婚姻自由、虐待妇女等违法行为，并领导全体支部党员深入学习《婚姻法》。[2] 这一举措体现了党组织对《婚姻法》贯彻执行的细致入微和全面覆盖。在河北省昌平县南关百泉庄村，村长樊长畔作为宣传《婚姻法》的积极分子，面对群众中封建残余思想的抵触，他深刻认识到，要想充分发动群众，必须先搞通党员的思想。于是，在村支部党员大会上，他将研究、检查执行《婚姻法》情况列为支部委员会议事日程之一。通过这次支部大会，该村的共产党员逐渐挖除了封建思想的根子，保证了自觉地遵守和执行《婚姻法》，为群众树立了榜样。[3] 樊长畔的做法，不仅体现了党员在贯彻《婚姻法》中的带头作用，也展示了党组织通过支部组织引领、党员示范以及对群众的积极引导和有效监督，所赋予《婚姻法》执行的强大管控力和执行力。这种通过党

---

① 《北京农业机械厂、新华印刷厂贯彻婚姻法调查报告》（1955 年），北京市档案馆，档案号：2-8-60。
② 《学习婚姻法》（1950 年），北京市海淀区档案馆，档案号：1-103-54。
③ 郑晓城：《读者来信：中共党员樊长畔带头贯彻婚姻法》，《新中国妇女》1953 年第 3 号。

组织深入基层、党员带头示范以及群众积极参与的方式，不仅确保了《婚姻法》在各地的有效贯彻执行，还极大地推动了社会风气的转变和妇女地位的提升。这种全方位的管控和执行机制，无疑为《婚姻法》运动的成功提供了坚实的保障，也充分展示了党组织在推动社会进步和保障妇女权益方面的积极作用。

此外，在《婚姻法》的宣传贯彻过程中，各级党政部门在党委的统一领导下，构建了一个"中央—省—市—县—乡—村—个人"以及"国家—单位—个人"的垂直管理架构。这一架构实现了自上而下的精细化管理，确保了上级对下级的领导指导，同时也促进了下级对上级的积极响应和定期汇报。这种管理方式为《婚姻法》的高效贯彻与执行提供了有力的组织保障。具体来说，1951 年 9 月 26 日发布的《关于检查婚姻法执行情况的指示》明确要求各省、市人民政府应将《婚姻法》执行情况的检查结果向政务院作专题报告。① 这一要求体现了上级对下级执行情况的关注和监督。随后，1952 年 7 月 25 日颁布的《中央人民政府内务部、司法部关于"继续贯彻婚姻法"的指示》进一步强调，各地要将检查结果总结上报，并要求各级人民代表会议及其协商委员会或常务委员会在开会时，必须将《婚姻法》的贯彻执行的报告和讨论结果逐级上报。② 这显示了党政部门对《婚姻法》贯彻执行情况的重视，以及通过逐级上报制度来确保信息的畅通和准确。到 1952 年 12 月，中央人民政府内务部再次发出通知，要求各省、市以上地方人民政府应督促其所属各级人民政府，特别是县人民政府，在人民代表会议及其协商委员会或常务委员会会议上，对贯彻《婚姻法》问题进行专题报告并组织讨论，将讨论结果逐级上报。③ 这一通知进一步强化了垂直管理架构中下级对上级的汇报责任，确保了上级机关能够全面、及时地掌握所辖区域《婚姻法》的贯彻情况。在这种垂直管理的精细化方式下，上级党政部门拥有政治决策权，

---

① 《中央人民政府政务院关于检查婚姻法执行情况的指示》，《人民日报》1951 年 9 月 29 日，第 1 版。

② 中国人民大学法律系民法教研室、资料室：《中央人民政府内务部、司法部关于"继续贯彻婚姻法"的指示》，《中华人民共和国婚姻法资料选编》（校内用书），1982 年，第 91—92 页。

③ 《中央人民政府内务部发出通知 督促各地通过人民代表会议贯彻婚姻法》，《人民日报》1952 年 12 月 13 日，第 1 版。

负责制定和指导《婚姻法》的贯彻执行;而下级党政部门则主要负责贯彻执行和汇报总结。这种分工明确、责任清晰的管理方式,不仅提高了《婚姻法》贯彻执行的效率,也为后续的决策和指导提供了有力的依据和支撑。

2. 灵活多样的宣传教育策略

为了确保《婚姻法》能够深入人心,各地政府和文化部门采取了灵活多样的宣传方式,旨在将《婚姻法》的精神和理念传递给每一个家庭和个人。通过这些创新且贴近生活的宣传策略,不仅增强了民众对《婚姻法》的认知和理解,还促进了社会的和谐与进步。下面主要从宣传方式的灵活多样、现代与传统剧目相结合、分众化的宣传策略以及注重道德教育三个方面,详细阐述当时《婚姻法》宣传贯彻的丰富实践与显著成效。

一是宣传方式的灵活多样。在新中国成立初期,《婚姻法》的宣传与实施成为一项至关重要的工作。各地在贯彻《婚姻法》的过程中,不仅围绕中心工作展开,还根据实际情况,采取了灵活多样的宣传方式。这些方式包括组织报告会、讲座、广播、阅览、展览、墙报、幻灯以及文艺演出等,旨在全方位、多角度地向民众普及《婚姻法》知识。以广东省粤中区为例,该地区充分结合当地实际,召开了群众大会、妇女会、老人会、青年会等多种形式的会议,同时运用运动幻灯、屋顶广播、黑板报、唱龙舟、图片展、粤剧宣传以及典型报告等多种宣传手段,使得《婚姻法》知识深入人心。粤西区则通过组织居民听报告、举行座谈会、进行讨论以及深入家庭访问等方式进行宣传,同样取得了显著成效。[①] 这种贴近生活的宣传方式,不仅增强了民众的参与感,也提高了《婚姻法》知识的普及力度和宣传效果。在宣传过程中,一些生动的案例也给我们留下了深刻的印象。如黑龙江省委宣传部部长李剑白亲自编写的歌谣:"1950年哪,颁布了《婚姻法》,男二十女十八,自愿结婚才合法。"[②] 这首歌谣简洁明了,易于传唱,很快就在试点地区流传开来,充分展示了宣传者在《婚姻法》宣传中的创造性和用心。

值得一提的是,在宣传贯彻《婚姻法》期间,文化部门精心策划,充分

---

① 广东省地方志编纂委员会编:《广东省志·妇女工作志》,广东人民出版社,2007年,第197页。

② 来自中华女子学院中国女性图书馆所藏妇女口述史资料,受访者:高女士,1933年生,黑龙江省妇联干部。

发挥民间剧种在宣传中的独特作用，使得《婚姻法》得以艺术化传播。在宣传期间，文化部门拟定了一系列与婚姻问题紧密相关的剧目，这些剧目巧妙地分为现代剧目和历史剧目两大类。现代剧目如《为了幸福》《锁不住的人》《夫妻之间》等，通过歌剧、话剧、沪剧、评剧等多种形式，生动展现了新时代婚姻观念的变革与挑战。历史剧目则包括《梁山伯与祝英台》《柳荫记》《白蛇传》等经典作品，这些剧目借助传统故事，寓教于乐，传达了婚姻自由与平等的理念。特别值得一提的是，国家在这次宣传活动中，巧妙地利用了沪剧、川剧、江淮剧、越剧、评剧等多种民间剧种，这些剧种在新中国成立之前，虽未能与京剧等传统正统剧种相抗衡，但其大众性、亲民性、灵活性及便捷性，使得它们在宣传《婚姻法》的过程中大放异彩。例如，评剧《刘巧儿》经过文化精英和民间艺人的合力改编，成为了一件非常适合国家《婚姻法》宣传的"艺术精品"。该剧中的经典唱段"我和柱儿不认识怎能嫁给他"，不仅家喻户晓，而且激发了青年男女勇敢追求婚姻自由的斗志。前面提到，一位受访者回忆当时的场景时提到，小白玉霜、新凤霞等艺术家演出的《刘巧儿》等剧目，通过音乐、喇叭、广播等多种渠道进行传播，使得《婚姻法》知识在街道上、家庭中广泛流传，形成了轰轰烈烈的宣传声势。可见这种宣传方式，不仅提高了民众的关注度，也使《婚姻法》知识被有效地传递给了广大民众。这些民间剧种的成功运用，不仅有效地将法律知识传递给广大民众，增强了他们对《婚姻法》的认知和理解，还巧妙地将党和国家要求的婚姻理念与地方文化相结合，融入到民众的日常生活中。这种方式不仅拉近了个体和国家的距离，还将人们对传统文化的认同扩展到对国家的认同，从而实现了《婚姻法》理念的深入普及。正如有学者所指出的，这种宣传方式将人们的日常生活和国家进行了链接，使得《婚姻法》所宣传的理念能够春风化雨、润物无声地深入到基层社会的"最后一公里"。①

二是分众化的宣传策略。在《婚姻法》宣传贯彻的过程中，分众化的宣传策略成为了一项重要的举措。宣传员充分考虑到不同群体的特点和偏好，

---

① 徐勇：《"宣传下乡"：中国共产党对乡土社会的动员与整合》，《中共党史研究》2010 年第 10 期。

如干部、普通群众、婆婆、媳妇以及丈夫等，采取了分众化、分类别且具有针对性的宣传教育策略。这种策略旨在确保《婚姻法》的内容和理念能够精准传达给各个群体，从而提高宣传的实效性和普及率。中南局在总结中指出，贯彻《婚姻法》时，"要分别不同对象，针对有不同顾虑的人分别发动，从不同角度出发去解决不同的思想问题"。[①] 这一指导思想明确了分众化宣传策略的重要性和必要性。通过分众化的宣传策略，主流意识形态所倡导的婚姻理念能够更加有针对性地融入人们的思想和生活之中。对于干部群体，宣传重点主要放在政策解读和法律责任上；对于普通群众，则更注重通过生动案例和通俗易懂的语言来普及《婚姻法》知识；而对于婆婆、媳妇和丈夫等不同家庭角色，则分别从不同角度出发，解决他们在婚姻中可能遇到的实际问题和思想顾虑。这种精准定位的宣传主体和灵活多变的宣传方式，极大地提高了《婚姻法》宣传的针对性和实效性，为《婚姻法》的顺利实施奠定了坚实的基础。

三是法制与道德并重的双重教育策略。在贯彻《婚姻法》的过程中，国家不仅重视法制教育，同样注重道德教育，两者相辅相成，共同构成了《婚姻法》宣传教育的核心内容。法律是道德的底线，《婚姻法》的实施旨在引导人们坚守这一底线，同时，道德教育则进一步提升了人们对婚姻关系的认识和尊重。例如，上海市颛桥农业社的余寿根与文鲜花夫妇，因男方思想变化而面临离婚，审判人员在审理过程中，不仅依据法律进行裁决，还深入剖析了男方资产阶级思想的影响，通过批评教育，最终促使双方和好。[②] 重庆商人曾懋普因爱上其他女性而与妻子离婚，后在法院工作人员的教育下重归于好。工作人员不仅告诉他夫妻有互爱互敬的义务，还分析了他过去腐化堕落的生活是由于沾染了旧社会的恶习所致，鼓励他在新社会里彻底改造自己。曾懋普深受触动，表示愿意与妻子重归于好，并努力自我改造。[③] 这一案例再次证明了法制与道德教育相结合的有效性。此外，北京市在工人的婚姻教育工作中，也强调了共产主义道德教育的重要性，要求工人在生产中是

---

① 《中共中央中南局宣传部关于贯彻婚姻法宣传工作的总结》，《新华月报》1953第6号，第67页。
② 姚增荣：《离婚应根据夫妇感情的消失》，《中国妇女》1957年第11期。
③ 曾懋普：《婚姻法救了我全家》，《人民日报》1951年11月23日，第3版。

好生产者，在家庭中也应该是好家庭成员，这是共产主义道德品质的一致表现。北京市某锻工车间刘忠林因经常殴打妻子而被考察两年，直到他克服封建思想，不打老婆时才被吸收入党。① 这一做法将个人在婚姻家庭领域的行为表现与道德品质相联系，进而与共产主义道德和价值观念相结合，促进了人们对《婚姻法》的尊重与遵守。可见，国家在贯彻《婚姻法》的过程中，实行法制与道德并重的双重教育策略，希望以此来维护法律的公正与权威，同时提升对《婚姻法》的进一步认识。

由上可见，在贯彻《婚姻法》的过程中，国家采取了灵活多样的宣传策略，以确保《婚姻法》能够深入人心。这些策略包括宣传方式的灵活多样、现代与传统剧目相结合的艺术化传播、分众化的宣传教育策略以及法制与道德并重的双重教育策略。通过组织报告会、讲座、广播、展览等多种形式，全方位、多角度地向民众普及《婚姻法》知识，同时利用民间剧种进行艺术化传播，使得《婚姻法》知识更加贴近民众生活。分众化的宣传策略则确保了《婚姻法》的内容和理念能够精准传达给各个群体，提高了宣传的实效性和普及率。此外，国家还注重法制与道德教育的结合，既维护了法律的公正与权威，又提升了人们对婚姻关系的认识和尊重。这些策略的共同作用，使得《婚姻法》得到了有效的贯彻和实施。

3. 司法机关深入基层多举措解婚姻难题

在处理复杂的婚姻案件过程中，司法机关面临着仅凭硬性法规条文难以解决现实问题的挑战。因此，在处理案件时进行反复探索，以期更好地维护群众的合法权益。② 以离婚案件为例，夫妻感情是否破裂成为法院判决是否离婚的关键依据。然而，实际情况往往复杂多变，要求离婚的当事人往往采取坚决离婚的态度，他们可能并不冷静客观地向法院陈述情况，甚至会"把过去两人感情很好时的表现和写的情书也一口否定了"。③ 这种情绪化的态度给法院的判决带来了很大的困难。为了更准确地了解案件事实，法院工作人

---

① 《北京农业机械厂、新华印刷厂贯彻婚姻法调查报告》（1955 年），北京市档案馆，档案号：2-8-60。
② 赵海全：《新中国建国初期法制实践的特征——以 20 世纪 50 年代〈婚姻法〉贯彻运动为例》，《北京理工大学学报（社会科学版）》2017 年第 1 期。
③ 石磊：《怎样看爱情的变化与破裂》，《中国妇女》1957 年第 8 期。

员并没有仅仅局限于坐堂问案，而是采取了更为积极主动的调查方式。他们走出办公室，深入街道、农村，找当事人的亲朋密友、邻居进行多方面的调查。[①] 这种深入群众、全面了解情况的调查方式，有助于法院更准确地把握案件事实，从而做出更公正的判决。例如，在一份调查材料中，详细记录了当事人夫妻感情不和背后的具体原因，如家庭经济困难、双方性格不合等，这些具体信息为办案人员提供了有力的参考，使他们能够针对具体情况做出合理的判决。

> 妇女主席说孙守勤是一个二球货……跟薛保长当过狗腿子，自己好吃懒做惯了……每年粮食都不够吃，负债很多。上吊原因，他老婆河口人，嫁给孙守勤后，不劳动，把粮食换鸡蛋吃，换纸烟吃，好吃懒做，不做活，有三个孩子，老母亲也靠他负担不了，作急，旁人也追他帐，这是上吊原因之一，另外同他老婆争吵几句嘴，也上吊，吵闹一下，也上吊。[②]

这则调查材料揭示了夫妻感情破裂的深层原因。这些详细信息为办案人员提供了全面审视案件的视角，有助于他们做出更加合理、公正的判决。这种深入基层、全面了解情况的调查方式，不仅体现了司法机关对群众需求的积极响应，也促进了司法机关与群众之间的密切联系，为有效解决人们的婚姻纠纷奠定了坚实的基础。

在此基础上，各级法院进一步采取了创新措施，即设立陪审员制度，以增强审判的透明度和公正性。《人民法院暂行组织条例》明确指出，人民法院应根据案件性质实行人民陪审制，赋予陪审员协助调查、参与审理和提出意见的权利。这一制度在北京等地得到了有效实施，人民陪审员与审判员享有同等权力，共同参与案件的审判工作。例如，石景山区人民法院在处理一起离婚案时，邀请了人民陪审员李桂珍和褚志宏参与。李桂珍深入群众，利用晚上时间走访当事人的邻居，全面了解情况。男方为原告。男方在16岁

---

① 甄忆蓉：《离婚案件调解程序的一些意见》，《法学》1958年第4期。

② http://www.997788.com/pr/detail_auction_637_16290462.html，997788网站，阅读日期：2018年4月7日。

时由父母包办和被告结婚，妻子比丈夫大三岁。婚后夫妇感情不好，结婚 12 年间，夫妇两人彼此就如同路人一样的冷淡，谁也不理谁。但女方认为，"坐着轿子进来，躺着棺材出去"，坚决不肯离婚。在李桂珍和褚志宏的共同努力下，通过对女方进行深入的思想教育，最终成功说服女方同意离婚。这一过程中，陪审员不仅发挥了法律监督的作用，还通过耐心细致的工作，赢得了当事人的信任和感激。女方深深地为陪审员的热诚耐心的工作作风所感动，她亲切地握着李桂珍的手说："人民选举你当区人民代表大会代表和人民陪审员，真是没有选错啊！"调解离婚后，李桂珍还时常打听女方离婚后的生活情况。因为处理得好，两位陪审员也受到周围人的称赞："人民政府真为人民办了好事。"① 女方对陪审员李桂珍的感激之情以及周围人对陪审员的称赞，都充分证明了陪审员制度在提升审判工作效率和水平、加深国家与基层群众情感联系方面的积极作用。

当时，司法机关积极创新工作方式，组织了巡回法庭，这一举措让审判员们不再局限于审判庭内，而是走出法庭，深入乡村、工厂和街道等基层一线。他们通过实地调解和处理人们的婚姻问题，不仅体现了司法机关对群众需求的积极响应，也通过面对面的沟通和调解，有效解决了众多婚姻纠纷。以福建省人民法院为例，1951 年 10 月，该院配合有关部门组织了三个《婚姻法》执行情况检查组和巡回法庭，分别前往闽北、闽侯、闽南等三个地区开展工作。在一个多月的时间里，17 名干部共处理了 713 件婚姻案件，并口头解决了 83 件，工作效率之高令人瞩目。② 这种巡回就地处理的方式受到了基层群众的热烈欢迎。临时人民法庭每天都吸引着络绎不绝的群众前来咨询和寻求帮助。法庭一边办案，一边进行法律宣传，既解决了群众的实际问题，又提高了他们的法律意识。正如有学者所言："群众起来了，办案也迅速而合理了。"③ 巡回法庭的设立，不仅加强了司法机关与群众的联系，还提高了婚姻案件审判工作的效率和公正性。

---

① 林馨：《人民群众参加了国家审判工作》，《人民日报》1954 年 9 月 30 日，第 6 版。
② 庄申远、乐澄：《必须彻底改革司法工作——福建省人民法院在永春县依靠群众处理 婚姻案件贯彻婚姻法的经验》，《人民日报》1952 年 10 月 22 日，第 3 版。
③ 甄忆蓉：《对离婚案件调解程序的一些意见》，《法学》1958 年第 4 期。

由上可见，司法机关在处理复杂婚姻案件时，面对仅凭法规条文难以解决现实问题的挑战，积极采取了深入基层、设立陪审员制度和创新巡回法庭等多项举措。这些措施不仅体现了司法机关对群众需求的积极响应，还有效解决了人们的婚姻纠纷，提升了审判工作的效率和公正性。通过深入调查、全面了解情况以及陪审员和巡回法庭的积极参与，司法机关与群众之间的联系更加紧密，为构建稳定的社会秩序提供了有力保障。

4. 人民团体积极贯彻《婚姻法》

在 1950 年至 1966 年的历史时期内，贯彻《婚姻法》的运动中，各人民团体，尤其是中华全国总工会、团中央、青联、学联及妇联等，凭借其深厚的群众基础，成为各级党委和政府的得力助手，对《婚姻法》的贯彻执行起到了积极的推动作用。例如，1954 年，在检查北京农业机械厂、新华印刷厂员工的婚姻情况时，相关部门要求青年团和工会在开展工人的业余文娱活动中，表扬好的典型，批判坏的典型，并帮助工人解决婚姻家庭问题。两个厂的工会和团组织积极响应，解决了许多工人群众的婚姻与家庭问题。① 在这一过程中，妇联组织更是扮演了关键角色。她们积极响应党中央的号召，坚定执行指示，投身于《婚姻法》的宣传贯彻工作。她们的工作不仅涵盖了向群众普及《婚姻法》知识、调解婚姻纠纷以及协助司法、民政部门处理婚姻案件等关键方面，还深入进行了大量的调查研究并及时向同级党委汇报工作进展，为政策的制定和调整提供了重要依据。下面以妇联组织为例，探讨其在这一历史时期的主要工作内容和贡献。

一是充分发挥了妇联组织在联络协调方面的优势。妇联组织在宣传贯彻《婚姻法》的过程中，充分发挥了其在联络协调方面的优势。

> 访谈：妇联不仅和民政、法院、检察院有联系，像工会、共青团，以及文教办等等政府其他部门也都经常在一起开联席会议，因为妇联工作中总有涉及到他们的地方。有些时候，我们就需要把他们也扩大进来，借助他们的力量来进行工作。比如文教办直接负责的文化官、文化

---

① 《北京农业机械厂、新华印刷厂贯彻婚姻法调查报告》（1955 年），北京市档案馆，档案号：2-8-60。

站，甚至街道里的板报，这些都是有利于咱们开展工作的工具，只有把他们都调动起来、运用起来，才能真正把我们的工作深入群众，也才能把下面的情况和问题反映上来。①

从访谈内容中可以看出，妇联不仅与民政、法院、检察院等政府部门保持紧密联系，还与工会、共青团以及文教部门等紧密合作。她们通过召开联席会议等方式，积极整合各部门的资源，共同推动《婚姻法》的宣传、贯彻、落实工作。这种跨部门的合作机制，不仅增强了妇联组织的工作力度，也确保了《婚姻法》宣传教育的全面覆盖和深入人心。

二是对婚姻问题进行调查研究。妇联组织在贯彻《婚姻法》的过程中，高度重视对婚姻问题的调查研究工作。她们定期针对婚姻领域存在的突出问题及群众的思想顾虑，进行深入细致的调查，以确保能够准确掌握基层的婚姻状况和存在的问题。例如，北京市海淀区在贯彻《婚姻法》运动期间，就抽调了区妇联干部下乡，重点了解虐待妇女与干涉婚姻自由的情况，这一举措为相关部门制定政策和决策提供了重要的依据。② 同时，妇联组织还注重收集群众对《婚姻法》的反馈和意见，以便及时完善和调整相关法规。如针对不少人对《婚姻法》第十七条存在争议的情况，北京市妇联随即对该问题进行了调查，并将调查结果上报给了相关部门。北京市高级人民法院院长王斐然还针对妇联组织的调查结果进行了说明。③ 这一行动不仅体现了妇联组织对群众意见的尊重，也展示了她们在推动法律完善中的积极作用。

> 访谈：我们妇女干部几天开一次会，十多个小姑娘，都不太大，初中毕业也就十几岁，在一起经常开会，说说谁家有啥事或者什么困难需要帮解决……每家妇女情况都不一样，就得定期召开妇女大会了解情况，然后让妇女队长去串联，深入了解实际，回来再汇总汇报。④

从访谈内容中也可以看出，妇联干部通过定期召开妇女大会，深入了解

---

① 来自中华女子学院中国女性图书馆所藏妇女口述史资料，受访者：吴某，妇联干部。
② 《第十三区婚姻法贯彻至村的情况》（1953 年），北京市海淀区档案馆，档案号：1-103-93。
③ 王斐然：《关于离婚自由的讨论》，《北京妇女》1950 年第 7 期。
④ 来自中华女子学院中国女性图书馆所藏妇女口述史资料，受访者：何女士，1943 年生，妇联干部。

每家的妇女情况，然后让妇女队长去串联，进一步掌握实际，回来再汇总汇报。这种方式确保了妇联组织能够全面、准确地了解妇女的婚姻状况和存在的问题，为她们提供更有针对性的帮助和支持。可见，妇联组织通过深入基层进行实际调查研究的方式，详细了解、总结和汇报妇女的婚姻状况，为各级党组织和政府提供了重要的决策依据。她们的努力不仅确保了《婚姻法》的贯彻执行效果，也为推动婚姻领域的改革和进步做出了积极的贡献。

三是维护婚姻中遭受迫害妇女的合法权益。在《婚姻法》的宣传与贯彻过程中，各级妇联组织将保护妇女群众的合法权益视为己任，坚定不移地依法为受害妇女提供支持和正义声张。针对那些在婚姻家庭中遭受严重迫害的妇女，妇联组织更是积极行动，协助她们向人民法院提出控告，确保她们的权益得到法律的公正保护。这一行动不仅体现了妇联组织对妇女权益的高度重视，也彰显了其在维护社会公正中的积极作用。例如，磁县妇联在发现半年内因婚姻问题自杀与被杀的妇女多达 12 名后，立即向县委作了报告并将具体情况发表在《河北日报》上，引起了相关部门的重视。这一举措不仅及时揭露了婚姻问题中的暴力现象，也为受害妇女争取到了更多的关注和支持。[①] 同样，在中卫县，当朱登弟打死妻子的事件发生后，县妇联坚持当众验尸取证并在审判会议上坚决反对轻判，多次向省法院和省妇联反映情况。最终，在妇联的积极推动下，凶手受到了法律的制裁，为受害妇女讨回了公道。[②] 此外，妇联组织还通过实际行动为妇女提供心理和情感上的支持。如北京市妇女高德英在婚姻问题中陷入困境时，妇联组织给予她安慰和鼓励，使她重新找到了生活的方向。[③] 在中国石油公司北京市分公司的一起离婚案件中，全国妇联妇女干部学校司法训练班的同学们与市妇联、市法院共同到石油公司了解情况，推动了案件的解决进度。[④] 这些实例都充分说明了妇联组织在保护妇女权益、促进男女平等方面的坚定立场和积极作用。

---

① 王富苍：《各级党委加强干部思想教育是正确执行婚姻法的关键》，《新中国妇女》1951 年第 4 期。
② 宁夏回族自治区妇女联合会编：《宁夏妇女 50 年》，宁夏人民出版社，2003 年，第 33—34 页。
③ 高德英：《我要坚强地活下去》，《新中国妇女》1955 年第 1 号。
④ 高育英、石磊、臧俊英：《读者来信：应严肃处理周希贤对妻子、儿女不负责任的事件》，《新中国妇女》1953 年第 5 号。

　　四是直接介入婚姻问题的解决之中。在直接介入婚姻问题解决的层面，妇联干部展现出了高度的责任心与行动力，她们积极寻找方法，帮助解决人们在婚姻中遇到的实际困难。例如，在北京市丰台区白鹏窑片，一对青年男女因女方母亲的反对而无法结合。面对这一情况，妇联主任多次尝试说服女方母亲，虽初时未果，但随后巧妙地通过一位与女方母亲关系要好的老太太进行现身说法，成功转变了女方母亲的态度，最终促成了这对青年的婚姻。[1]这一案例不仅体现了妇联干部的智慧与耐心，也展示了他们在解决复杂婚姻问题时的灵活策略。同样，在平原省武陟县东石寺村，张心意因父亲不同意她嫁给本村青年团员李恩荣而陷入困境。在求助无门的情况下，他们找到了县妇联。在妇联的积极协助下，张心意最终得以与李恩荣顺利结婚。[2]这一事件再次证明了妇联组织在保障个人婚姻自由、促进家庭和谐方面的重要作用。由此可见，妇联干部在贯彻《婚姻法》的过程中，不仅通过宣传教育提高了公众的法律意识，还直接介入到具体的婚姻问题中，为遇到困难的当事人提供实际的帮助和支持。他们的努力不仅解决了当事人的燃眉之急，也为进一步推动《婚姻法》的深入实施贡献了力量。

　　五是协助相关部门贯彻执行《婚姻法》。在宣传并贯彻《婚姻法》的关键时期，妇联组织不仅积极投身于法律知识的普及与推广工作，还深度参与了司法实践，特别是在婚姻案件的审理过程中发挥了重要作用。1950 年 5 月 14 日发布的《关于中华人民共和国婚姻法的报告》明确指出，司法机构在审理婚姻案件时，应尽可能"与有关的人民团体特别是妇女团体共同商量"，[3]这一指示强调了妇联组织在司法决策中的咨询与协作地位。同年 9 月 18 日，最高人民法院颁布了《陪审婚姻案件办法的通令》，进一步明确了妇联组织在陪审制度中的角色。《通令》指出，在处理具有重大社会影响或教育意义的婚姻案件时，各级人民法院应邀请当地民主妇联派代表参与陪审。[4]这一

---

　　① 《郊区目前的婚姻状况》（1954 年），北京市档案馆，档案号：84-3-28。

　　② 雷沙：《张心意争得了如意的婚姻》，《新中国妇女》1952 年 1 月号。

　　③ 中国妇女管理干部学院编：《中国妇女运动文献资料汇编》第二册（1949—1983），中国妇女出版社，1988 年，第 54 页。

　　④ 《最高人民法院关于陪审婚姻案件办法的通令》，法律教育网，http://www.chinalawedu.com/falvfagui/fg23079/3184.shtml，阅读日期：2019 年 3 月 2 日。

举措不仅增强了审判的透明度和公正性，而且通过妇联代表的参与，能够更好地反映妇女群体的声音，确保《婚姻法》的实施更加贴近妇女实际需求。1951年10月13日，史良在《人民日报》上发表文章，对邀请妇联参加陪审婚姻案件的做法给予了高度评价，并建议在全国范围内更广泛地建立或健全这一制度。[①] 这一提议的实施，如北京市妇联所示，通过培养和输送妇女干部参与陪审工作，不仅提升了妇女干部的法律素养和实践能力，还有效促进了《婚姻法》的贯彻执行，取得了显著的成效。[②]

回顾新中国初期《婚姻法》的贯彻历程，我们可以看到，这一历史过程是中国共产党社会治理能力的一次生动展现。在中国共产党的坚强领导下，国家通过构建强有力的领导中枢，整合民政部门、司法部门、人民团体等多方力量，形成了一套高效协同的执行机制。在这一过程中，灵活多样的宣传策略、深入基层的司法介入以及人民团体的积极参与，共同确保了《婚姻法》的广泛普及和深入实施。《婚姻法》的贯彻执行，不仅有效解决了旧社会遗留的婚姻问题，还促进了新婚姻观念的普及和婚姻家庭关系的和谐稳定。然而，也应看到，婚姻制度的变革并非一蹴而就，需要不断调整和完善政策措施，以更好地适应时代发展的需要。

本章小结

1950年《婚姻法》的颁布与执行，不仅标志着中国婚姻制度的一次根本性变革，更是中国共产党在社会治理领域的一次重要实践。本章探讨了其产生背景、理论基础及实践过程。

本章认为，1950年《婚姻法》的出台顺应了时代的需求，是对封建婚姻制度的一次深刻批判与颠覆。该法律在理念上强调婚姻自由、男女平等，旨在保护妇女和子女的合法权益，推动社会整体的进步与发展。这一法律不仅

[①]　史良：《认真贯彻执行婚姻法》，《人民日报》1951年10月13日，第3版。
[②]　《北京市婚姻工作情况问题及今后意见》（1954年），北京市档案馆，档案号：84-3-30。

体现了马克思主义婚姻理论的核心要义，也与中国革命和建设的实际需要紧密相连，具有鲜明的时代特色。其次，在《婚姻法》的贯彻执行过程中，国家构建了一套高效协同的机制，确保了法律精神的深入普及和有效实施。中国共产党在这一过程中发挥了核心领导作用，通过强有力的组织动员和资源整合，推动了各级政府和人民团体的积极参与。同时，灵活多样的宣传策略、深入基层的司法介入以及人民团体的积极行动，共同构成了《婚姻法》贯彻执行的重要推动力。这些举措不仅提高了公众的法律意识，也促进了新婚姻观念的普及和婚姻家庭关系的和谐稳定。

然而，也应看到，《婚姻法》的贯彻执行并非一帆风顺，面临着诸多挑战和困难。一方面，由于传统观念根深蒂固，部分民众在思想上难以接受新的婚姻制度；另一方面，经济条件的限制和社会资源的不足也制约了《婚姻法》的实施效果。此外，干部群体的法律素养和执行能力也是影响《婚姻法》贯彻执行的重要因素之一。为了克服这些困难，国家采取了一系列有力措施。通过加强干部培训、完善法律制度、强化司法监督等方式，不断提高《婚姻法》的贯彻执行效果。同时，国家还注重将《婚姻法》的宣传贯彻与中心工作相结合，通过结合生产活动、发展经济等方式，推动婚姻家庭关系的和谐稳定。这些举措不仅增强了《婚姻法》的权威性和实效性，也为后续的法律完善和社会改革奠定了坚实基础。

总之，1950年《婚姻法》的颁布与执行是中国婚姻制度变革的重要里程碑。它不仅推动了新婚姻观念的普及和婚姻家庭关系的和谐稳定，也为中国社会的进步与发展注入了新的动力。尽管在实施过程中面临诸多挑战和困难，但国家通过构建高效协同的机制、采取有力措施等方式，确保了《婚姻法》的广泛普及和深入实施。这一历史过程不仅展示了中国共产党在社会治理领域的智慧和能力，也为继续深化对婚姻家庭问题的研究和探索提供了宝贵的经验和启示。

第二章　旧婚姻习俗的变迁与"自主"婚姻的发展

习俗，作为社会文化的深层积淀，深刻地影响着人们的思维方式与行为模式，其中婚姻习俗尤为显著。它不仅承载着人们对婚姻的理解与期待，还体现了特定历史时期的社会结构与价值观念。中华人民共和国的成立，不仅标志着国家政治、经济体系的重建，也预示着一场深刻的社会、文化变革。在这场变革中，婚姻习俗作为国家介入社会生活的重要领域，经历了从传统到现代的转型与重塑。本章聚焦于 1950 年至 1966 年间，国家如何通过法律与政策手段，对包办、买卖婚姻、早婚、重婚、纳妾及干涉寡妇再嫁等旧有婚姻习俗进行改造，探讨这一过程中国家、家庭与个体之间的互动关系以及这些变革如何逐步塑造出新的婚姻观念与行为模式。

第一节　包办婚姻减少、半自主婚姻增加及自主婚姻的出现

中华人民共和国成立后，包办、买卖婚姻被视为封建家长制作风的残

余，其中包办婚姻强调婚姻自主权被父母或家族长辈掌握，而买卖婚姻则是通过金钱交易实现婚姻缔结的极端形式，本质上亦属包办婚姻范畴。婚姻制度的变迁映射了社会的发展脉络，新中国成立后，随着《婚姻法》的颁布，包办婚姻制度遭受前所未有的挑战，个体婚姻自由与人格独立的需求日益凸显。国家通过教育引导与行政干预双管齐下，旨在打破包办婚姻的桎梏，推动婚姻自主。本节旨在深入探讨这一时期国家对包办婚姻的治理策略及其成效，揭示包办婚姻逐渐减少、半自主婚姻增加、自主婚姻出现的社会动因，并分析"介绍人"取代媒人现象背后的文化逻辑与社会意义。

一、包办婚姻的逐渐减少

1. 国家对包办婚姻的治理

在中华人民共和国成立初期，为彻底清除包办婚姻这一封建家长制作风的残留影响，国家采取了坚决而全面的治理行动。

国家深刻认识到，要根除包办婚姻，关键在于转变人们根深蒂固的婚姻观念。为此，一场声势浩大的宣传教育活动在全国范围内蓬勃展开。宣传教育的首要任务是揭示自主婚姻的核心价值。国家从夫妻婚后感情的角度深入剖析，强调自主婚姻是建立在双方深厚感情基础之上的新型婚姻模式。这种婚姻鼓励夫妻双方互相了解，互敬互爱，互相谅解，互相帮助，克服困难，通过情感的交流与共鸣，共同维护婚姻的和谐与稳定。这种基于真挚情感的婚姻，为婚后家庭的团结和睦奠定了坚实的基础。同时，国家进一步阐述了自主婚姻对家庭和睦的深远影响。强调在自主婚姻中夫妻感情的和谐不仅促进了夫妻双方的亲密关系，还带动了整个家庭的温馨氛围。公婆因儿子的婚姻幸福而感到欣慰，对儿媳更加疼爱；儿媳则因深爱丈夫，将公婆视为亲人，给予他们无微不至的关爱。这种情感的良性循环，让家庭氛围变得更加融洽，成员之间的关系也愈发紧密。此外，国家还高度重视自主婚姻对后代健康的积极影响。指出自主婚姻中的夫妻能够共同营造一个充满爱与关怀的成长环境，这种环境对后代的身心健康具有不可估量的正面作用。自主婚姻建立在双方自愿和情感深厚的基础上，夫妻生活幸福、精神愉悦，这种积极的生活态度为后代树立了良好的榜样，引导他们健康成长。[1]为了扩大宣传效果，国家还积极倡导各地创作并传唱与自主婚姻相关的歌谣。这些歌谣以通俗易懂的语言和生动的旋律，将自主婚姻的美好愿景传递给千家万户。

> 新打米筛花是花，
>
> 细妹嫁人由自家。
>
> 妹子挑选模范郎，
>
> 自由结婚笑哈哈。[2]

自由恋爱找对象

> 姐妹们，听我言，咱们妇女表一番。
>
> 从小时，把耳穿，然后又把脚来缠。
>
> 咱不办，娘骂咱，你看遭难不遭难。
>
> 长到了十二三，爹娘给咱把贴换。
>
> 好不好，她不管，光图东西和银钱。
>
> 不顺心，哭一番，当面谁敢言一言。
>
> 过了门，事更难，公公婆婆另眼看。
>
> 吃在后，做在前，男女不能事一般。
>
> 小两口，不和气，丈夫打骂更是难。
>
> 不是理，把口还，骂咱不能多发言。
>
> 到如今，法令换，男女平等共有权。
>
> 剪了发，把歌唱，自由恋爱找对象。[3]

除了广泛的宣传教育活动外，国家对违背《婚姻法》的包办婚姻行为采取了坚决的干涉措施，确保婚姻自主权得到切实保障。在北京市东郊区东坝镇，就发生了几起典型的案例，彰显了国家在这一问题上的坚定立场。其中，王淑兰与韩树贵的婚姻历程尤为引人注目。面对淑兰奶奶的强烈反对，团支部多次召开支委会研究对策并派遣支委成员亲自上门，耐心地向淑兰奶奶解释婚姻自主的重要性，坚决反对包办婚姻的做法。最终，淑兰奶奶的态

---

① 《破旧俗，立新风——杂谈反对旧习惯势力》，天津人民出版社，1965年，第5—9页。

② 《江西省地方志》编纂委员会：《江西省志·江西省妇女组织志》，方志出版社，2002年，第96页。

③ 河北省地方志编纂委员会编：《河北省志·妇女运动志》，中国档案出版社，1997年，第658页。

度逐渐软化，认可了这段婚姻，使得王淑兰和韩树贵得以顺利结合。另一起案例中，王淑珍与团支部副书记王斌的自由恋爱同样遭遇了家庭的阻挠。王淑珍的母亲对这段恋情表示不满，试图干涉女儿的婚姻选择。然而，在国家政策的支持下，党支书亲自出面，通过深入细致的思想工作，成功说服了王淑珍的母亲。① 此外，人民印刷厂的一名青年女工也遭遇了类似的困境。她的婚姻大事被母亲一手包办，而她本人对此却极为不满。在巨大的心理压力下，她几乎陷入了绝望。团支部及时伸出了援手，不仅给予她精神上的支持，还帮助她与母亲进行了深入的沟通。经过一番努力，母女俩终于达成了共识，尊重了女工的婚姻自主权。② 这些案例充分展示了国家对包办婚姻行为的严厉打击和对婚姻自主权的坚定维护。在国家的强力干预下，私领域的婚恋选择与公领域的国家政策之间建立了紧密的联系，形成了强大的合力。青年人在国家的支持下，勇敢地挣脱了家庭传统的束缚，实现了自己的婚姻意愿。

2. 国家对包办婚姻治理的成效及原因

在国家的宣传倡导下，包办婚姻数量显著减少。据统计，1950 年至 1953 年间，北京市被服厂和城子矿职工共 3056 人，包办婚姻的减少情况分别为：70%、30%、20%。城区三眼井等共五条胡同 744 户，包办婚姻减少情况分别为：64%、26%、13%。③ 1954 年，据内务部统计，在 15 个省 562 个县、市中申请结婚登记的 40.2 多万对青年中，仅有 1.07% 的人因包办而未被批准。④ 大致而言，这一时期，包办婚姻呈现逐步下降并绝迹的趋势。但这种趋势在不同阶段和不同群体间呈现出不同的特点。从时间上而言，大致可分为两个阶段。前一阶段为 1950—1956 年，即《婚姻法》颁布后到社会主义改造基本完成之前。后一阶段为社会主义改造完成之后。

---

① 《团东郊区东坝镇支部团结广大青年宣传婚姻法，协助青年向封建婚姻作斗争》（1952 年），北京市档案馆，档案号：100-1-46。
② 无标题（1954 年），北京市档案馆，档案号：100-1-152。
③ 市委：《北京市贯彻婚姻法运动委员会的向市委报告、请示》（1953 年），北京市档案馆，档案号：1-6-753。
④ 李洪河：《建国初期的妇女离婚问题探论》，《求索》2008 年第 1 期。

在 1950—1956 年间，尽管国家对包办婚姻的治理取得了初步成效，但这一封建残余在特定群体与偏远地区依然根深蒂固。尤其是交通不便的边远乡村，择偶方式依旧沿袭旧制，包办婚姻现象普遍存在。这种地域性差异反映了政策实施效果的不均衡性，即便在《婚姻法》颁布后，这些地区的传统习俗依然展现出强大的生命力。从具体案例来看，五华县一区段心乡从《婚姻法》颁布后至 1953 年 3 月 4 日，132 对结婚夫妇中有 56 对为买卖婚姻。买卖作为包办的一种形式，凸现了当时婚姻自由原则仍受到严重挑战。[①] 陕南洋县宁关乡的情况也进一步印证了这一现象，包办婚姻在当地婚姻构成中占据主导地位。该县宁关乡解放后结婚的 87 对男女中，有 77 对是被包办结婚的。[②] 北京市赵淑文的案例更是生动写照，18 岁的女子赵淑文，由父母主持与孙苑文订婚，女方不同意，但不敢发表意见，直至到民政科办理登记手续时发现女方神色不自然，在谈话中才了解到她自己其实不同意这段婚姻。[③] 可见，即便面对国家法律的强制力，一些个体仍因种种原因被迫接受包办婚姻，这在一定程度上反映了民众对法律政策的复杂心态及其在传统习俗与国家法律之间的挣扎。

包办婚姻在这一时期的持续存在，并非单一因素所能解释，而是制度、经济、观念和组织等多重因素交织作用的结果。首先，制度因素是关键之一。这一时期，家庭作为物质资料生产的基本单位，其生产功能与消费功能高度统一。尽管国家开始对社会进行全面整合，但尚未完全触及家庭内部运作的细微层面。因此，尽管包办婚姻已被国家明令禁止，但在家庭这一基本社会单元中，传统习俗仍保有较大的生存空间，难以迅速根除。其次，经济利益是包办婚姻顽固存在的另一重要驱动力。部分家长，特别是经济条件相对困难的，往往将女儿视为改善家庭经济状况的一种途径，通过包办婚姻索取彩礼等经济利益。如北京市天桥派出所管界的贾淑英父母，"图了男方（工人）的 30 万元，包办女儿婚姻"。[④] 这种基于经济考量的行为，在不少地

---

① 广东省地方志编纂委员会编：《广东省志·妇女工作志》，广东人民出版社 2007 年，第 196 页。
② 中共陕西省委宣传部：《贯彻婚姻法宣传要点》（1953 年 3 月 21 日），陕西省档案馆，档案号：123-1-175。
③ 《第十一区 1951 年婚姻工作总结》（1951 年），北京市档案馆，档案号：37-1-17。
④ 《有关婚姻登记工作中的问题解答讨论后提出以下几点意见》（1953 年），北京市档案馆，档案号：14-2-35。

区屡见不鲜，成为包办婚姻持续存在的一个重要原因。再者，传统的"父母之命，媒妁之言"的婚姻观念在中国农村地区根深蒂固，这一文化惯习深刻影响着人们的婚姻选择。在这些地区，人们的生活环境相对封闭，形成了独特的社群文化，包括共同的生活习惯、行为方式以及评价机制。这些"惯例"如同无形的规则，引导并制约着人们的日常行为，使得每个人都在不自觉中遵循着既定的婚姻观念和行为规范。然而，《婚姻法》的颁布，尤其是其中提倡的婚姻自主理念，与这种传统观念产生了直接的冲突。对于长期生活在这种社群文化中的个体而言，婚姻自主无疑是对他们固有婚姻理念和评价机制的颠覆，迫使他们重新审视和调整自己的生活方式。这种突如其来的变化往往令人感到不安和不适应，进而引发了对新理念的抵触情绪。从具体案例来看，北京市一职工家属因养女与某青年恋爱，"母亲和养女打架说，先嫁由爹娘，后嫁由自己，我让你跟他结婚我就算你养女"。① 一位名叫王桂芝的女性与他人谈恋爱，其父王荣说："养了你这么十七八了，你要找对象你就不是我的姑娘，你起这带头，还不是丢人的事。"② 这些案例都反映了人们在面对婚姻自主理念时的困惑、不解乃至恐惧。他们担心这种违背传统习俗的行为会给自己和家人带来耻辱和排斥，因此更倾向于维护既有的社群规范，以确保自己的社会地位和认同感。此外，基层组织的执行困境也是包办婚姻难以根除的原因之一。基层组织的干部，作为国家政策与地方习俗之间的桥梁，往往面临双重身份的挑战。他们既需要执行国家政策，又需兼顾地方习俗和民众情感。这种矛盾导致他们在执行《婚姻法》时，不得不采取变通和非正式运作的方式，以适应复杂的社会现实，从而在某种程度上削弱了法律的实际效力。

在 1956 年至 1966 年的十年间，包办婚姻的数量大幅度下降。法学家熊先觉曾指出："1956 年全国已取得了社会主义改造的决定性胜利，封建的婚姻制度已基本上被摧毁了。"③ 据统计，1956 年，全国大部分地区的自主婚

---

① 《当前女工工作中存在的问题》（1951 年），北京市档案馆，档案号：101-1-331。
② 《对婚姻自由几种错误认识的批判》，《新中国妇女》1951 年第 22 期。
③ 熊先觉：《略谈当前离婚的原因问题》，《中国妇女》1957 年第 8 期。

姻数量达到了 90%—100%。① 这一趋势从表 2—1—1 的数据中得到了直观的体现。该表展示了 1957 年至 1966 年间北京市海淀区批准登记的婚姻情况。数据显示，这十年间共有 59496 人成功登记结婚，其中仅有 2 对为包办婚姻且未能完成登记。这一数据明显表明，包办婚姻在当时的北京市海淀区已经失去了主要的生存空间，显示出其逐渐衰退的趋势。

表 2—1—1　北京市海淀区 1957—1966 年包办婚姻情况

年度	准予登记	未准登记	
		合计	包办强迫
1957	6393	10	
1958	5876	22	1
1959	6800	15	
1960	8155	30	
1962	10328	2	
1963	7740	49	
1964	3907	17	1
1965	5213		
1966	5084	1	

《婚姻登记统计资料》，北京市海淀区档案馆，档案号：3-101-106。

在 1956 年至 1966 年的十年间，包办婚姻这一传统习俗逐渐淡出历史舞台，取而代之的是自主婚姻的广泛普及。之所以出现这种情况，与集体化与国家对社会的统合、家庭功能的弱化与青年独立性的提升、政治运动的推动以及国家政策对青年婚姻观念的影响等方面密不可分。首先是集体化与国家对社会的统合增强。随着集体化的深入推进，国家对社会的统合能力显著增强。集体化的实施不仅加深了人们对国家的依赖，还使国家对家庭的监督和管制能力进一步加强。在这种背景下，任何涉及包办婚姻的行为都更容易受到应有的惩治，人们因此普遍避免冒此风险。其次是家庭功能的弱化与青年

---

① 李洪河：《建国初期的妇女离婚问题探论》，《求索》2008 年第 1 期。

独立性的提升。家庭功能的逐渐弱化也是包办婚姻减少的重要原因之一。随着更多的青年男女走出家门，参与社会与集体生产活动，他们逐渐摆脱了家庭的束缚。父母在子女婚姻选择上的影响力相应减弱，青年男女在婚姻问题上的自主性显著增强。再次是政治运动的推动。20世纪50年代后期，政治运动的不断升级进一步推动了包办婚姻的减少。反对包办婚姻与反对资产阶级和地主阶级的运动相结合，形成了强大的社会舆论氛围。例如，1958年演出的评剧《刘巧儿》中，其中的一幕是地主王寿昌被巧儿踢倒在地，这也是解放妇女的新婚姻制度和打倒地主阶级相统一的一种象征。[①] 这种呈现方式强化了公众对婚姻自主的认同。此外国家政策与青年婚姻观念的转变也其中一个非常重要的原因。国家通过广泛的社会参与和生产机会，为青年男女提供了独立的经济基础。特别是在集体食堂盛行期间，家庭的生产和消费功能被削弱，个体成为"制度化的个体"。这一过程重塑了家庭与个人之间的关系，赋予了青年人在婚姻、职业和生活中的更多自由与独立选择权。例如，一位职业女性回忆道：我爸爸不同意我们的婚姻，他嫌弃丈夫家的那个村庄又小又穷，路又远。我说我参加工作了哪能回他家住的那个村庄过啊，他也上班我也上班。最后家里算勉强同意了。[②] 可见，职业女性在面对家庭反对时，能够坚定自己的婚姻选择，体现了女性在婚姻问题上的自主性和独立性。

需要我们注意的是，尽管包办婚姻现象整体衰退，但仍可能以隐蔽形式存在。这在一定程度上反映了传统习俗的深厚根基和转变过程的复杂性。例如，访谈中的田女士和栾女士的案例就揭示了隐蔽性包办婚姻的存在：长辈在婚姻选择中仍占据主导地位，青年个体往往因经济、社会压力等因素而选择妥协。这些案例表明，包办婚姻的消除是一个长期且复杂的过程。

访谈：我和我老伴是经过别人介绍的，我娘家婶子和我婆婆家是一

[①] 丛小平：《自主：中国革命中的婚姻、法律与女性身份（1940—1960）》，社会科学文献出版社，2022年，第399页。

[②] 来自中华女子学院中国女性图书馆所藏妇女口述史资料，受访者：李女士，1933年生，1958年结婚。

墙之隔。那年我也就是十八九岁吧，我婶子就给我说他们家怎么好了，兄弟有几个啦。那时候我觉得自己还小，我就不愿意去见见面。但是不愿意也白搭啊，那时候我跟着我婶婶和叔叔，但不是亲婶子亲叔，我叔和我婶子的意思就是给我定下来，管我愿不愿意呢。我也没有反驳的权利。定下来以后，就挑选了一个日子相主（相亲），我婶子领我到我婆家看看，说如果愿意的话就在他家一起吃顿饭，如果不愿意就算了，我的一个妗子在旁边一直说这家很好，让我就说愿意了吧，我就说愿意了。①

田女士的经历反映了传统婚姻习俗的强大惯性。她在面对婚姻选择时，感受到了来自家庭和社会的双重压力。她的叔叔、婶婶作为家族长辈，拥有决定她婚姻大事的权力，而她本人则缺乏足够的反驳能力和支持体系。这种压力迫使她最终做出了妥协，尽管这并不是她内心真正愿意的选择。田女士的故事也揭示了社会变迁的复杂性。尽管新中国成立后，国家通过一系列政策和措施推动婚姻自由和平等，但在广大农村地区，传统习俗的影响仍然根深蒂固

> 访谈：我是 1963 年 22 岁结的婚。那时候我和孩儿他爸还不认识嘞，是 A 妈给我们介绍的。这时有人就跟我说："他们家里老鼻子享身（会享受，并且待人严苛）了，快不用去。"那怎么能行？其实那时候就是老家儿（家长）联系，老家儿愿意，我说了也不算。其实那时候我不愿嫁在自己村，但俺爹爹和俺妈妈爱叫我在自己村，把我说的不得不答应。那时候俺爹爹和俺妈妈看好了他家弟兄们多，挂着他们能帮着多干活儿，非得让我嫁到他们家。②

栾女士的经历再次印证了当时农村婚姻中家庭主导的特点。尽管她个人不愿嫁在本村，但最终还是在父母的强烈意愿下妥协。这反映了当时社会普

---

① 来自中华女子学院中国女性图书馆所藏妇女口述史资料，受访者：田女士，1944 年生，农民，1963 年结婚。
② 来自中华女子学院中国女性图书馆所藏妇女口述史资料，受访者：栾女士，1942 年生，农民，1963 年结婚。

遍存在的"父母之命，媒妁之言"的婚姻观念，个人意愿往往被家庭利益和社会习俗所掩盖。栾女士的经历表明，社会变迁的滞后性使得一些传统习俗和观念在农村地区得以延续。

总之，通过对中华人民共和国成立初期包办婚姻现象的深入剖析，我们可以看到，这一传统习俗的逐步减少乃至最终趋于消亡，是国家政策引导、社会变迁、经济独立、观念更新以及青年自主性提升等多方面因素共同作用的结果。尽管包办婚姻现象在整体上呈现出衰退趋势，但我们仍需清醒地认识到，其影响并未完全消除。在一些偏远地区和特定群体中，包办婚姻可能仍以隐蔽的形式存在，反映出传统习俗的深厚根基和转变过程的复杂性。

二、"半自主"婚姻的增加

随着国家对社会的统合能力不断加强和对《婚姻法》的持续宣传，尽管"明目张胆"的包办婚姻现象已显著减少，但自主婚姻的全面普及仍然面临诸多挑战。传统伦理道德与现代婚姻观念的冲突在这一时期尤为凸显，许多青年男女的自由恋爱和婚姻选择仍受到家庭和社会的重重阻力。例如，在北京市南辛房村，赵万才与梁士珍在识字班相识并自由恋爱，却遭到了女方父母的强烈反对，他们认为未经家长主婚的婚姻是"败门可耻"的。[1] 这一案例充分展示了传统的"父母之命"观念对青年婚姻选择的深刻影响，即便在国家倡导婚姻自由的背景下，家长依然试图维护自身的权威和传统习俗。同样，在北京市第十五区龚村，于文芝与工人李茂林的自由恋爱也遭遇了家庭的重重阻挠，甚至导致了于文芝企图自杀的悲剧性事件。[2] 这进一步说明，在传统观念根深蒂固的农村地区，婚姻自由的实现远非易事，青年男女在追求个人幸福的过程中往往承受着巨大的心理压力和社会压力。面对这种传统与现代观念的激烈碰撞，半自主婚姻作为一种过渡形态应运而生。在广大农村地区，这种婚姻模式逐渐取代了传统的包办婚姻。半自主婚姻的特点在于，婚姻关系的确定不再完全由父母或长辈包办，而是需要得到婚姻当事人

---

[1]《北京市第16区处理婚姻问题初步检查报告》(1951年)，北京市档案馆，档案号：9-1-114。
[2]《北京市第十五区婚姻法执行情况检查委员会关于宣传、检查、执行婚姻法情况的报告》(1951年)，北京市档案馆，档案号：9-1-114。

的同意。这种变化虽然微小，却标志着青年男女在婚姻选择上开始拥有了一定的话语权。然而，半自主婚姻并不等同于真正的自主婚姻。在许多情况下，婚姻当事人之间的了解仍然有限，甚至存在"怎么了解呀，怪不好意思的"这样的尴尬和无奈。[1] 这反映出在特定历史背景下，青年男女在追求婚姻自由的过程中所面临的种种限制和困境。尽管如此，半自主婚姻的出现仍然具有积极的意义。它不仅是青年男女在国家制度和传统观念之间寻找平衡点的尝试，也是对传统包办婚姻制度的一种积极调适。这种婚姻模式的出现，为自主婚姻的最终实现奠定了重要的基础，预示着婚姻观念和社会习俗的深刻变革正在悄然发生。

前已述及，自中华人民共和国成立以来，婚姻自主权显著提升，父辈对子女的掌控逐渐减弱，尤其在集体化时期，个体与集体的紧密联系使得代际间的权力关系趋于平衡。然而，尽管国家大力倡导婚姻自主，自主婚姻并未立即广泛普及，尤其是在农村地区，半自主婚姻形式更为普遍，这一现象背后蕴含着深刻的社会经济与文化逻辑。集体化时期，家庭的生产功能虽被削弱，但其作为消费单位的功能依然保留，工分分配与粮食供应仍以家庭为单位进行，加之抚养子女的责任也主要由家庭承担。这种背景下，家长在家庭内部仍扮演着重要角色，不可避免地介入子女的婚姻决策中。正如杨善华所言：家长依然承担起"家庭领袖"的职责，包括为子女的婚姻做出安排。[2] 这种介入，加之农村地区特有的生活方式和社会结构，限制了青年男女完全自主择偶的可能性。而半自主婚姻模式的兴起，正是国家法律制度与传统习俗妥协的产物。它既不违背《婚姻法》的原则，又融入了传统"包办"婚姻的稳定元素，因而广受欢迎。数据显示，北京市第十四区 1950 年前 8 个月就有 120 对青年男女在父母主张下经本人同意后结婚。[3] 据哈尔滨市妇联统计，1951 年《关于检查婚姻法执行情况》发布后，哈尔滨市妇联联合有关部门在 24 个单位调查，发现半自主婚姻在街道占 45.1%，农村占 50%。[4] 这

---

① 《破旧俗，立新风——杂谈反对旧习惯势力》，天津人民出版社，1965 年，第 5—9 页。
② 杨善华《经济体制改革和中国农村的家庭与婚姻》，北京大学出版社，1995 年，第 121—122 页。
③ 《北京市第十四区关于检查婚姻法执行情况的总结》（1951 年），北京市海淀区档案馆，档案号：1-104-16。
④ 哈尔滨市妇联史志编纂委员会编：《哈尔滨市妇联志》，哈尔滨市妇女联合会，1996 年，第 62 页。

些实例不仅印证了半自主婚姻的普遍存在，也揭示了人们在面对新旧婚姻观念冲突时的灵活应对策略。

　　总之，人们之所以选择半自主婚姻，实则是基于生存理性和社会适应的考量。一方面，他们试图在新旧观念之间找到平衡，既尊重个人情感也兼顾家庭和谐；另一方面，半自主婚姻在一定程度上满足了社会对婚姻稳定性的期待，减少了因自主择偶可能带来的不确定性和风险。这一过程不仅体现了人们思想层面的权衡与调整，也反映了他们对不断变化的社会环境的积极适应。可以说，半自主婚姻的流行是国家法律、社会经济条件与传统文化习俗共同作用的结果。

三、自主婚姻的出现

　　在探讨"包办婚姻"与"自主婚姻"这一对立概念时，我们不得不将其置于 1950 年至 1966 年这一独特且充满变革的历史背景中综合审视。这一时期的婚姻自主，远非仅限于家庭内部的权利变迁，而是与国家政治、外交格局紧密相连，深刻反映了国家独立自主的诉求。丛小平在《自主：中国革命中的婚姻、法律与女性身份（1940—1960）》一书中，深刻揭示了婚姻自主与国家自主之间的同构关系，指出两者在推动社会深层次变革中相辅相成。[①]国家通过《婚姻法》等立法手段，明确规定了男女婚姻自由，这不仅是对个体婚姻权利的尊重，更是国家追求独立自主、反对西方霸权的重要体现。

　　婚姻自主的实现，意味着婚姻双方能够在婚前通过充分交往，建立起基于深厚情感基础的婚姻关系，这与包办婚姻形成了鲜明对比。包办婚姻中，个体的婚姻选择往往受到家庭、社会乃至国家的多重干预，而自主婚姻则强调个体在婚姻中的自主权和选择权。这种转变不仅体现了社会观念的进步，也标志着女性在家庭和社会中的地位得到了显著提升。值得注意的是，尽管在学术上"婚姻自主"与"婚姻自由"存在细微差别，但在民间语境中，两者往往被混同使用，反映了社会观念在潜移默化中的变迁。这种语言习惯的

---

　　① 丛小平：《自主：中国革命中的婚姻、法律与女性身份（1940—1960）》，社会科学文献出版社，2022 年，第 423 页。

形成，正是婚姻自主观念在民间广泛接受与认同的生动体现。因此，我们可以说，1950 年至 1966 年间的婚姻自主实践，不仅是中国社会变革的重要组成部分，也是国家追求独立自主、社会全面进步的缩影。

如前所述，新中国成立后，国家面临着百废待兴的局面，对劳动力的需求尤为迫切。在此背景下，国家积极动员广大民众参与社会生产，这一举措不仅促进了国家经济的恢复与发展，也悄然改变着人们的生活方式和社交圈层。青年男女在共同的生产劳动中频繁接触，交流机会大大增加，这种日常互动为他们提供了深入了解彼此的平台，为自主婚姻的形成奠定了坚实的基础。特别是在集体化时期，家庭成员共同参与社会生产，无论是城市中的工厂作业还是农村里的田间劳作，都打破了传统家庭内部严格的等级界限，使得父母与成年子女之间的关系更加平等。这种变化不仅增强了家庭成员之间的沟通与理解，也为青年男女在婚姻选择上赢得了更多的自主权。他们开始根据自己的意愿和情感需求来选择伴侣，而非单纯遵循父母的安排或传统习俗的束缚。以 1952 年北京市海淀区为例，民政科的统计数据直观地展示了这一变化：当年自主婚姻的比例高达 65.8%，这一数字不仅反映了婚姻观念的根本性转变，也彰显了社会变革对婚姻制度的深远影响。

表 2—1—2　1952 年北京市海淀区居民婚姻结合方式

方式	对数	百分比	备注
自由结婚	956	66%	
经介绍本人同意	451	31%	包括寡妇改嫁人数
父母包办	46	3%	
总数	1453		

资料来源：《民政科 1952 年工作总结》(1953)，北京市海淀区档案馆，档案号：2-104-67。

1. 集体化的公共空间为婚姻自主提供了场域

中华人民共和国成立后，随着社会结构的深刻变革，青年男女逐渐从家庭的私人领域步入广阔的公共领域，这一转变极大地促进了婚姻自主的实现。在农村，集体化的进程推动了青年男女融入多元化的公共空间，如互助组、合作社、生产大队、民校、识字班等，这些空间不仅成为他们共同劳动、学习的场所，更为他们提供了丰富的社交机会和情感交流的平台。例如，河北省昌平县南关百泉庄村的青年男女在生产竞赛和识字班上建立了深厚的情感联系，最终步入婚姻的殿堂。[1] 1956 年，湖南省湘潭泉塘高级社有 5 对结婚的青年男女都是在共同生产中恋爱而结婚的。[2] 这些案例生动展示了集体化公共空间如何促进青年男女的相互了解与情感培养，为婚姻自主创造了有利条件。

相比之下，城市青年在婚姻自主方面表现更为突出。城市中的工厂、机关等正式机构为青年提供了更加稳定的工作环境和更多的社交机会，使得他们更容易摆脱家庭和亲缘关系的束缚，自主选择婚姻伴侣。哈尔滨市妇联的调查数据显示，城市青年的婚姻自主比例显著高于农村，尤其是在机关和国营工厂中，这一现象尤为明显。据对哈尔滨市 24 个单位的调查统计，自《婚姻法》公布后，婚姻自主在机关、国营工厂、街道和农村所占比例分别为 93.4%、80%、48.3% 和 34%。[3] 城市的工业化进程不仅改善了人们的生活条件，也促进了青年男女的独立自主，使他们能够在更广阔的社会舞台上追求个人幸福。

集体化的公共空间之所以能够为婚姻自主提供有力支持，原因在于这些空间超越了传统家庭和亲缘关系的限制，构建了一个基于共同劳动、学习和生活的全新社交网络。在这个网络中，青年男女通过平等参与、相互合作建立了深厚的友谊和信任，进而萌生了爱情和婚姻的愿望。这种基于共同经历和情感体验的婚姻选择，更加符合自主婚姻的精神实质。因此，集体化的公共空间不仅是物理空间的重构，更是社会关系的深刻变革。它们为青年男女提供了实现婚姻自主的现实场域，推动了婚姻观念的现代化转型。在这一过程中，国家政策的引导和社会发展的推动起到了至关重要的作用，共同塑造了一个更加开放、自由和平等的婚姻制度环境。

访谈：我俩农校毕业后都分配到农业厅，到农业厅之后因为是同

---

[1] 郑晓城：《读者来信：中共党员樊长畔带头贯彻婚姻法》，《新中国妇女》1953 年第 3 期。

[2] 《湘潭泉塘高级社婚姻家庭情况》，湖南省档案馆，档案号：155-1-1770。

[3] 哈尔滨市妇联史志编纂委员会编：《哈尔滨市妇联志》，哈尔滨市妇女联合会，1996 年，第 62 页。

事，经常见面就熟悉了。我们两个是自己谈的，也没有经过同事或熟人撮合，我爱人主动找我的，他比我大两三岁，对我挺好的……我们两个是 1955 年处对象，1958 年结婚。[①]

关女士的访谈为我们提供了一个生动的案例，充分展示了集体化的公共空间如何为婚姻自主提供了重要的场域和支持。农业厅作为一个集体化的公共空间，为关女士和她的爱人提供了频繁的接触和交流机会。在日常工作中，他们作为同事经常见面，这种频繁的互动不仅增进了彼此的了解，也为他们之间情感的萌芽提供了土壤。这种基于共同工作和生活的社交环境，使得他们的关系得以自然发展，远离了传统包办婚姻的束缚。

2. 先进分子的率先垂范为自主婚姻提供了榜样力量

在国家对婚姻自由的积极倡导与推动下，党团员、生产队长、妇女组长等先进分子挺身而出，成为这一社会变革的先锋力量。他们以实际行动引领风尚，为广大青年树立了自主婚姻的典范。文学作品作为时代精神的镜像，生动记录了这一时期婚姻观念的深刻变化。表 2—1—3 所列举的文学作品，正是对先进分子在公共化婚恋空间中勇于追求自主婚姻的真实写照。从妇女小组长到民兵队长，从转业军人到普通工人，这些角色跨越了不同的社会阶层和职业领域，却共同展现了在集体化公共空间中自主婚姻的美好图景。他们在互助合作、文化学习、生产劳动等多元化的场景下相遇相知，最终携手步入婚姻的殿堂，成为自主婚姻的鲜活例证。

表 2—1—3 文学作品里公共化的婚恋空间

作品名称	当事人	自主婚姻场域
《儿女们自己的事》	妇女小组长玉蓝和组织委员刘增	地里劳动
《寡妇》	小寡妇和光棍军人	由单干户参加变工组
《父女俩》	寡妇香姐儿与民兵队长张达	互助合作搞生产过程中
《喜事》	司炉陈春娥与副司机苏金华	业余文化班里

---

① 来自中华女子学院中国女性图书馆所藏妇女口述史资料，受访者：关女士，1958 年结婚。

（续表）

作品名称	当事人	自主婚姻场域
《喜鹊登枝》	林雨泉和韩玉凤	一块参加运石头，一块儿搞宣传，一块计算工料成本
《甲方代表》	"我"和白玫	生产
《会前》	风钻手小陈和风钻手李玉兰	生产学习中

北京市东郊区东坝镇王淑珍和团支部副书记王斌的故事，便是这一时代婚姻自主的典型。两人在共同的工作和会议中逐渐培养出深厚的感情，最终勇敢地冲破封建婚姻的束缚，实现了婚姻自主。① 可以说，先进分子的率先垂范为自主婚姻提供了强大的榜样力量，他们的行动进一步推动了婚姻观念的现代化进程。

3. 国家的引导为婚姻自主提供了明确的政策导向

1950 年《婚姻法》的颁布，标志着国家在推动婚姻自主方面迈出了决定性步伐，然而，初期由于观念转变的滞后，社会上对婚姻自由的理解出现了诸多误解，甚至引发了一系列社会问题。针对这一现象，国家及时出手，通过明确的政策导向为婚姻自主提供了坚实的支撑和引导。

国家的引导首先体现在对公众恋爱观念的正面教育和积极重塑上。面对初期对恋爱与婚姻关系的扭曲理解，国家不仅明确了恋爱与婚姻应基于双方自愿和情感认同的原则，还将恋爱行为提升至无产阶级革命和社会主义建设的高度，倡导恋爱观与阶级意识、政治思想、共同事业的紧密结合。② 这种政策导向，旨在通过塑造健康向上的恋爱观念，引导青年男女树立正确的价值观，从而避免将恋爱私欲化、低俗化。

同时，国家还通过主流媒体和舆论工具，广泛传播正面典型的恋爱故事，如 1953 年，《人民日报》刊登了黑龙江省李家屯丁宝兰和志愿军战士任忠昌的恋爱故事。二人恋爱期间，"丁宝兰把每一段生产做完就给任忠昌去

---

① 《团东郊区东坝镇支部团结广大青年宣传婚姻法，协助青年向封建婚姻作斗争》（1952 年），北京市档案馆，档案号：100-1-46。

② 幽桐：《对于当前离婚问题的分析和意见》，《人民日报》1957 年 4 月 13 日，第 7 版。

信，任忠昌接信后，马上就把他在前方打仗和学习的情况告诉她。他们互相鼓励着多打死美国鬼子，多生产粮食"。①志愿军战士与未婚妻之间的革命情谊，展现了在共同奋斗中培养出的深厚爱情。这些故事不仅激发了公众的爱国热情和革命斗志，也潜移默化地影响了人们的恋爱观念，使之更加符合国家的发展需求和社会期待。

可以说，国家的引导为婚姻自主提供了明确的政策导向，通过正面教育、典型示范和个体介入等多种手段，有效纠正了初期对婚姻自由的误解和偏差，为青年男女追求健康、自主的婚姻生活创造了有利条件。这一过程不仅促进了婚姻观念的现代化转型，也为国家的社会建设和发展奠定了坚实的思想基础。

总体而言，自主婚姻在 1950 年至 1966 年间的兴起，是国家立法、社会变迁、集体化公共空间、先进分子示范以及国家政策引导共同作用的结果。集体化进程打破了传统家庭结构的束缚，为青年男女提供了广泛的社交平台和情感交流的机会，促进了婚姻观念的现代化。同时，先进分子的率先垂范，通过他们的实际行动和文学作品中的正面形象，为自主婚姻树立了典范。而国家通过明确的政策导向和积极的舆论引导，不仅消除了对婚姻自由的误解，还塑造了健康向上的恋爱观和婚姻观。这一系列变革不仅深刻改变了人们的婚姻选择方式，也为国家的社会进步和发展奠定了坚实的基础。

四、"介绍人"取代媒人

媒人，亦称媒妁，在中国传统文化中扮演着重要角色，其主要职责是通过介绍和商酌，促成男女双方的婚姻。媒人的工作不仅限于为男女双方创造相识的机会，更在于在双方家庭之间沟通协商，以达成婚姻的一致意见。然而，在中华人民共和国成立后，随着新婚姻制度的推行，媒人的角色发生了显著变化。由于历史原因和某些负面现象（如骗婚、骗财）的关联，媒人在

---

① 吴发众：《宝兰上老任家来了——记志愿军战士任忠昌的未婚妻丁宝兰》，《人民日报》1953 年 2 月 4 日，第 6 版。

新中国初期被视为新婚姻制度的障碍，因此受到了社会的打压、教育和改造。如北京市海淀区媒人王义介绍成一对婚姻后，执行《婚姻法》的工作人员随即把王义找来，要求其把聘礼"退回原主"。王义说："往后我再不给人说媒了，又费嘴又费腿，又费鞋，还误工夫，多晚媒人也落不出好来。虽然吃人家一顿也不香。"①

虽然这一时期传统意义上的媒人受到打压，但"婚姻介绍人"却成为男女双方结识的重要媒介。② 据北京市海淀区 1951 年统计，10 月份自由结婚的 63 对，经介绍人介绍而结婚的 32 对。③ 与传统的职业媒人不同，这一时期的介绍人只起到牵线搭桥的作用，即"可以介绍男女双方认识做朋友，但介绍者绝不能干涉人家的婚姻"。④ 有一位女性受访者回忆，"觉得工作、岁数、长相差不多就给他们介绍"，其他方面介绍人不会介入。即使介绍成一对婚姻以后，介绍人也不会向新人要报酬，新人也不去给受访者物质回报。⑤ 可见，介绍人和媒人的性质是不同的。新的"婚姻介绍人"主要扮演牵线搭桥的角色，即介绍男女双方认识，但不再干涉其婚姻决策过程。这种变化体现了对个体婚姻自主权的尊重，也反映了社会观念的进步。

徐安琪曾做过一项调查，她将受调查者的婚姻结合途经概括为：亲缘关系、地缘关系和业缘关系。其中，亲缘关系介绍的婚姻，即由当事人的亲属如长辈、亲戚、兄弟姐妹等介绍的婚姻；地缘关系介绍的婚姻，即与当事人共同居住在一定区域内的社会生活共同体所介绍的婚姻；业缘关系介绍的婚姻，即当事人的同学、老师、同事、同行、朋友等介绍的婚姻。⑥ 特别是参加社会生产劳动的青年，很多人的婚姻是由业缘关系如朋友与同事介绍而成的。

访谈一：我跟丁启靖是在车间认识的，他是细纱车间的技术员……

---

① 《北京市第十四区关于检查婚姻法执行情况的总结》(1951 年)，北京市海淀区档案馆，档案号：1-104-16。
② 《上海妇女志》编纂委员会：《上海妇女志》，上海社会科学院出版社，2000 年，第 55 页。
③ 《北京市第十四区关于检查婚姻法执行情况的总结》(1951 年)，北京市海淀区档案馆，档案号：1-104-16。
④ 史良：《对婚姻法中一些问题的解答》，《新中国妇女》1950 年第 11 期。
⑤ 梁景和主编：《中国现当代社会文化访谈录》(第三辑)，首都师范大学出版社，2013 年，第 159 页。
⑥ 徐安琪主编：《世纪之交中国人的爱情和婚姻》，中国社会科学出版，1997 年，第 43 页。

1954 年下半年的时候，我二十一岁，老师傅把他介绍给我，说你们两个人挺合适的。①

访谈二：以前我在织部实验室，他在纺部实验室，我 1962 年入了青年团，俺俩人是一个支部的，他是团的书记……以后他那个技术科的党支部书记就给俺介绍他，我这边是吴秀珍介绍的，他们都觉得俺俩合适……不管在实验室还是整理车间，俺俩都能在一块儿。②

访谈三：他和我是在 1960 年夏天认识的。他在王乡下乡，重点搞食堂化，我是搞"五化"工作的。我们是市妇联李泽花和公社书记田振川给介绍的……他是市委干部。③

访谈四：我们俩认识五年才结婚。我参加业余学习，学音乐。有一个教我的女老师，叫魏文科，她对我特别好，我们俩的感情挺好，她介绍的。她毕业于沈阳音乐学院，爱人和她是同班同学。④

在以上四个访谈中，受访人的婚姻都是经人介绍而成的。这些介绍人的身份丰富多样，跨越了性别的界限，既有妇联主任、公社书记、党支部书记这样的政治角色，也有工厂师傅和业余学校老师这样的职业人士。然而，无论他们的背景如何，这些介绍人都与以盈利为目的的传统媒人有着本质的区别。特别是那些身居政治要职的党支部书记、公社书记、妇联主任，他们不仅继承了"媒妁之言"的传统角色，还因他们所携带的政治头衔，让人们对这种婚姻产生了更为庄重和名正言顺的认同感。

本节主要探讨了新中国初期国家对包办婚姻的治理过程及其深远影响。新中国初期对包办婚姻的治理是国家推进婚姻自主、实现社会变革的重要举措。通过宣传教育与行政干预的双重手段，国家成功引导了婚姻习俗的深刻变革，使得包办婚姻逐渐淡出历史舞台，自主婚姻成为新的社会风尚。在这一过程中，半自主婚姻作为过渡形态，既体现了国家力量与传统习俗的博弈，也反映了民众在婚姻观念转变中的主动调适。而介绍人取代媒人的现

---

① 来自中华女子学院中国女性图书馆所藏妇女口述史资料，受访者：周女士，1959 年结婚。
② 来自中华女子学院中国女性图书馆所藏妇女口述史资料，受访者：郑女士，1965 年结婚。
③ 来自中华女子学院中国女性图书馆所藏妇女口述史资料，受访者：张女士，1962 年结婚。
④ 来自中华女子学院中国女性图书馆所藏妇女口述史资料，受访者：胡女士，1963 年结婚。

象，则进一步彰显了社会变迁中行动主体的能动性与创造性。

第二节 重婚、纳妾现象的变化

1950 年《婚姻法》颁布后，重婚与纳妾现象——作为封建婚姻制度的残余，尤为引人注目。重婚，即已有配偶者再次结婚的行为，在当时尤为常见于男性，表现为"停妻再娶"，这不仅严重违反了婚姻自由和平等的基本原则，也阻碍了新婚姻观念的普及和社会文明的进步。为了彻底根除这一封建陋习，1950 年颁布的《婚姻法》明确提出"禁止重婚、纳妾"的条款，标志着国家对重婚、纳妾问题治理的正式开始。本节将剖析重婚、纳妾现象在新中国成立初期的具体存在状况，揭示其背后的复杂社会、经济和文化原因。同时，还将探讨国家为应对这一问题所采取的一系列处理策略和措施以及这些策略在实际执行中的成效与影响。

一、重婚、纳妾现象及其存在的原因

在中华人民共和国成立之前，一夫多妻的重婚现象普遍存在，被视为当时社会的一种常态。例如，荣宝斋的王某便拥有两位妻子，他们一家和谐共处。① 这一现象在 1953 年《婚姻法》运动前夕的调查中得到了进一步印证，北京市前门区西河沿派出所在对 206 户家庭的试点调查中发现，解放前重婚比例高达 53%，共涉及 264 人，② 凸显了重婚现象的普遍性。具体案例如北京某医药公司王某在解放前娶了两个妻子，一个在东北新民县，一个在北京。文化馆白某解放前娶了三个妻子，大的在张家口，小太太在职工学校教书。然而，随着 1950 年《婚姻法》的颁布，明确禁止了一夫多妻的重婚行为，法律层面的一夫一妻制得以确立。尽管如此，法律的实施并未能立即消除所有重婚现象。例如，北京市某化工染料公司批发部韩某，解放前已在农

① 中共前门区委宣传部：《关于机关企业存在的婚姻问题的调查报告》（1953 年），北京市档案馆，档案号：38-2-387。

② 《前门区三月份贯彻婚姻法运动月的计划（初稿）》（1953 年），北京市档案馆，档案号：38-2-77。

村结婚，分居很久，后来又娶一个妻子。合作货栈赵某和李某，也是解放前已在农村结婚，后来又在北京娶妻。[①] 这些实例展示了重婚现象的多样性和复杂性，反映出重婚行为的惯性以及法律执行初期的挑战。更有甚者，如北京某化学制药厂保卫科长自己写封机关介绍信，与女方到区政府办了结婚登记，后来其妻由原籍来京，才发现是重婚。[②] 这不仅是对法律的蔑视，也是对婚姻制度的严重破坏。

深入分析重婚、纳妾现象的背后原因，不难发现其多元性和复杂性。一方面，经济和社会地位的不平等是重要诱因，许多"作官或做买卖有钱有势的人"能够凭借自身资源拥有多位妻子或妾室，其中不乏将女性视为玩物、满足个人私欲的情况。[③] 另一方面，传统观念的影响也不容忽视，如"不孝有三，无后为大"的思想根深蒂固，导致一些男性在妻子无法生育的情况下选择重婚，以求延续香火。

可见，重婚、纳妾现象的存在是多方面因素共同作用的结果，既有深刻的社会经济根源，也受传统观念束缚。

二、国家对重婚、纳妾问题的处理

在当时的国家话语体系中，一夫多妻制被明确界定为"奴隶主和封建阶级"遗留的陈规陋习，它与新时代所倡导的婚姻自由、平等原则背道而驰，是国家婚姻制度改革必须铲除的障碍。[④] 为此，国家不仅对重婚行为采取了零容忍态度，尤其对身为国家工作人员的重婚者施以严厉制裁，以儆效尤。

刘玉田为什么被判处徒刑一年[⑤]

刘玉田是华北直属第三建筑工程公司的测量员（出身于地主家庭），1949 年 12 月间经父母主持取得本人同意后与甄彦荣结婚，当时双方都

---

① 中共前门区委宣传部：《关于机关企业存在的婚姻问题的调查报告》（1953 年），北京市档案馆，档案号：38-2-387。

② 《关于北京市四年来婚姻登记工作情况及今后意见的报告（初稿）》（1953 年），北京市档案馆，档案号：14-2-35。

③ 《前门区三月份贯彻婚姻法运动月的计划（初稿）》（1953 年），北京市档案馆，档案号：38-2-77。

④ 中国人民大学法律系民法教研室、资料室：《中华人民共和国婚姻法资料选编》（校内用书），1982 年，第27 页。

⑤ 《刘玉田为什么被判处徒刑一年》（1956 年），北京市朝阳区档案馆，档案号：25-2-51。

在老家——河北省定县从事农业生产，互相间感情很好，并生一女孩，现年七岁。

1949 年刘去天津市永贸公司学徒……受着资产阶级生活方式的影响和侵蚀，滋长了资产阶级腐朽堕落思想，这种羡慕有钱、贪图享受、好逸恶劳的思想产生和他的出身是分不开的，他蔑视劳动，不满意自己的爱人，嫌她没有文化，又是农村妇女，配不上他……

1950 年 9 月，刘参加了中国人民保险公司训练班的学习，结业后分配到中国人民银行川东分行工作。刘自参加革命后，一直隐瞒着家中还有爱人和女孩的事实，1953 年 1 月入团和 1954 年 11 月入党时（候补党员）也欺骗了组织，在 1953 年 10 月间，他被调到西南革命大学学习后，他一方面与女同学徐本英（团员）进行恋爱外，另一方面写信给甄说现在他薪金很低，又在学习，让甄自己解决其母女的生活问题，意图和甄离婚……在多次宣传贯彻《婚姻法》之后的 1954 年 5 月与徐本英非法结婚（现已生有一男孩）。刘和徐结婚后对家庭也是隐瞒着这种丑恶行为，并且经常回天津继续与甄同居，这样玩弄妇女，他自己以为可以满足〈可〉耻的性欲又可以掩饰自己重婚罪行，但是终于被其弟刘煜来信揭穿。刘玉田的丑恶面目被揭发后受到党团的纪律处分，开除团籍取消了候补党员资格。刘受到处分后急去天津，先是威吓甄并斥责不应当写这样的信，后又诱骗甄回原籍，借此平息事端缓和纷争，企图逃避法律的制裁，然后再进一步策划遗弃甄，但即被甄识破其阴谋计划后，刘见势难得逞，又迫不及待的达到自己的目的，就索性向天津市第三区人民法院提出呈诉与甄离婚，在信的最后写着"如果法院不准离婚只有一死"来恐吓法院，以求判准离婚。天津市第三区人民法院为了慎重和处理上的方便即送北京市东郊区人民法院处理。该院经过周密的调查了解掌握了他的全部材料之后，即开庭进行审理，刘在法庭上承认了自己的重婚罪行，并检查了对组织上不忠诚的欺骗行为。

《中华人民共和国婚姻法》在 1950 年 5 月 1 日颁布后曾大力的采取多种形式来宣传和贯彻这一政策，并且在国家工作人员中进行过学习，广大的人民群众由于这一政策的实施，婚姻得到了自由，家庭得到了改善，给人民带来了无限的幸福，从而在发展生产和国家建设等方面起重大的积极作用。但身为国家工作人员的刘玉田自知《婚姻法》规定是一夫一妻制，而由于享乐至上的个人主义思想，则不择一切卑鄙的隐瞒欺骗手段以达到弃旧迎新的肮脏目的，这说明他在道德上的败坏，而使甄多年得不到真诚的夫妻之间的互敬互爱、互相帮助的美好生活，其女也没有得到父亲的良好抚育，其结果又给徐本英带来了不可弥补的损失和痛苦。刘玉田的这种重婚罪行被北京市东郊区人民法院判处徒刑一年，驳回其离婚请求，废除其与后者徐本英的非法婚。

刘玉田案作为国家打击重婚行为的标志性案例，深刻体现了国家对维护婚姻制度纯洁性的坚定立场。此案例不仅彰显了国家对于任何违反《婚姻法》行为的零容忍态度，特别是针对国家工作人员，刘玉田受到的严厉处罚，不仅是对其个人违法行为的直接回应，更是对所有公职人员的一次深刻警示。这一案例的处理，不仅维护了《婚姻法》的权威性和严肃性，也促进了社会风气的净化。

尽管国家在法律层面上对重婚行为采取了严厉的禁止措施，但在实际生活中，重婚问题的处理却远比想象中复杂和困难。以夜校学生李景辉的案例为例，她作为丈夫的第二任妻子，在得知自己的婚姻不合法后，因深厚的感情纽带而不愿离婚，陷入了深深的苦恼之中。[①] 这反映了在重婚现象背后，往往交织着复杂的情感和社会因素，使得简单的法律制裁难以直接解决问题。类似的情况还出现在多位"姨太太"的案例中，他们或因为经济依赖，或因为对现有生活的满足，而不愿结束非法的婚姻状态。如有的姨太太生活优裕，怕离婚后找不到对象，嫁工人劳动者自己不愿，想保持自己目前富裕的生活，嫁干部、职员怕人家不要。[②]这些实例凸显了在处理重婚问题时的复杂性。

---

① 《六区妇联检查处理事件报告》（1953年），北京市档案馆，档案号：84-3-22。
② 北京市前门区贯彻婚姻法委员会：《前门区婚姻法办公室工作计划、报告、总结》（1953年），北京市档案馆，档案号：38-2-77。

面对重婚、纳妾现象的复杂多样性，国家采取了周密而细致的法律应对措施。一系列针对性文件的出台如《中央法制委员会关于重婚案件的处理原则》《中央人民政府司法部关于婚姻法施行前重婚处理原则》《中央司法部关于现役革命军人重婚问题应如何处理的复函》《最高人民法院西南分院对"妾"提出离婚的处理意见》《中央人民政府法制委员会关于处理重婚、纳妾、童养媳案件的时间界限问题》和《中央人民政府法制委员会关于在婚姻法公布后的重婚、纳妾如何处理的意见》等明确了处理此类案件的基本原则和方法。这些文件的颁布，不仅体现了国家对重婚、纳妾问题的重视，更重要的是，它们为各地司法机关提供了具体的操作指南，确保了在处理这类复杂案件时能够依据具体情况灵活应对。

尤为值得注意的是，这些文件对《婚姻法》颁布前后的重婚现象采取了不同的处理策略。对于《婚姻法》公布前的重婚行为，国家采取了"法律上可不究既往，不告不理"的宽容态度，但同时强调法律对此类行为不予保护。若女性提出离婚，将立即获得支持并在财产上给予倾斜保护；而男性若主动提出与后娶者离婚，同样会被批准，但财产上亦会给予女性适当照顾。这种处理方式既体现了对过往的宽容，又确保了女性权益不受侵害，彰显了法律的公正与温情。对于《婚姻法》公布后的重婚行为，国家则采取了更为严厉的措施，明确规定此类行为构成重婚罪，必须依法惩处并判决与后娶者离婚。① 1953 年，国家在深化《婚姻法》实施的过程中，对重婚与纳妾问题的处理策略进行了进一步的明确与细化。根据《中央人民政府法制委员会有关婚姻问题的解答》中的规定，离婚的决定权被赋予了女方，即是否离婚完全取决于女方（包括妻与妾）的意愿。若女方提出离婚，人民法院将依法保障其请求，这体现了对女性婚姻自主权的充分尊重与保护。② 同时，如果女方无意离婚，法律也尊重其选择，维持原有的共同生活状态，这既体现了法律的灵活性，也照顾到了家庭的稳定性。同年，随着全国范围内贯彻《婚姻法》运动的深入，国家针对重婚、纳妾行为又出台了一系列更为详尽的处理

---

① 王斐然：《对婚姻法第十七条的认识》，《北京妇女》1950 年第 7 期。

② 《中央人民政府法制委员会有关婚姻问题的解答》，《人民日报》1953 年 3 月 22 日，第 3 版。

意见。《中央人民政府法制委员会关于在婚姻法公布后的重婚、纳妾如何处理的意见》明确指出，《婚姻法》公布施行后的重婚、纳妾行为均属违法，这标志着国家对此类封建陋习的零容忍态度。然而，在处理具体案件时，国家并未采取"一刀切"的方式，而是充分考虑了历史遗留问题、地区差异及民众思想观念的不同。同时对存在虐待、遗弃等严重侵害妇女权益的行为，则依法进行干预。① 这种处理方式既体现了法律的严肃性，也兼顾了社会现实与公平正义。值得一提的是，在处理重婚、纳妾问题时，国家始终将保护女性权益放在首位，采取了一系列倾向于照顾女方利益的措施。这不仅是对传统封建观念的一次有力挑战，更是国家推动社会进步、实现男女平等的重要体现。

　　国家在处理重婚行为时展现出的高度灵活性与人文关怀还体现在 20 世纪 60 年代初的三年困难时期。当时部分已婚妇女为求生存，被迫与他人另行结婚，之后生活变好，这些女性又要求回到原来的家庭。这一现象引发了复杂的社会与法律问题。据统计，1962 年，湖北省因生存问题而导致重婚的案件数量占婚姻案件的 50% 以上。1963 年，甘肃省天水、武威、临夏三个地方此类案件数量分别为 3034 件、1614 件、1459 件。面对这一特殊情况，国家并未简单地采取惩罚措施，而是深入考虑社会现实与个体困境，采取了更为细致和人性化的处理方式。具体而言，当配偶提起诉讼后，法院会根据双方的实际情况进行深入调查，并尝试对当事人进行思想疏导。如果女方在思想工作后表示愿意回归原家庭，法院则倾向于维持原有婚姻；反之，若女方坚持选择新的伴侣，法院也会尊重其决定，依法判决离婚。② 这种处理方式不仅体现了法律的严肃性，更展现了国家在特殊时期对个体命运的深切关怀与理解。进一步印证了国家在维护法律秩序的同时，也充分考虑了社会现实与个体情感，以更加人性化、合理化的方式应对复杂多变的社会问题。

　　由上可见，新中国成立后，国家通过 1950 年《婚姻法》的颁布，明确禁止了重婚与纳妾这一封建婚姻制度的残余。尽管法律的实施初期面临诸多

---

① 中国人民大学法律系民法教研室、资料室：《中央人民政府法制委员会关于在婚姻法公布后的重婚、纳妾如何处理的意见》，《中华人民共和国婚姻法资料选编》（校内用书），1982 年，第 187—188 页。
② 赵刘洋：《妇女、家庭与法律实践》，广西师范大学出版社，2021 年，第 179 页。

挑战，重婚现象并未立即根除，但国家通过一系列细致入微的法律文件和灵活多变的处理策略，逐步遏制了重婚、纳妾的蔓延。在处理过程中，国家不仅坚持法律原则，更兼顾社会现实与个体情感，展现了高度的灵活性与人文关怀。同时，国家始终将保护女性权益放在首位，确保女性在婚姻中的自主权和利益得到切实保障。

第三节　早婚现象治理及晚婚现象出现

《婚姻法》颁布后，国家通过精准的政策引导、广泛深入的宣传教育以及创新的社会治理手段，多管齐下，力求有效治理早婚现象，同时积极倡导晚婚观念，引导社会形成更加健康、理性的婚恋风气。本节主要探讨国家如何通过政策引导、宣传教育及社会治理等手段治理早婚现象，这些治理措施对个体婚姻行为及社会结构产生了哪些影响，在晚婚教育的推广过程中，国家如何平衡个人利益与国家利益，进而实现两者的统一。

一、早婚现象的治理成效

早婚问题，其复杂性与深远影响不容忽视。它不仅触及个体家庭的福祉，更是国家发展蓝图中的重要考量。早婚现象，无论是基于双方身体成熟的"近似早婚"，还是涉及未成年人、伴随强迫包办的严重早婚，均对青少年的成长轨迹构成了不良影响，同时也对国家的人口结构优化、经济持续增长及社会全面进步构成了潜在威胁。针对这一社会顽疾，国家展现出了坚定的决心与行动力。从政策层面出发，国家密集出台了一系列针对性强、操作性高的法律法规，如《中央人民政府最高人民法院关于早婚问题处理办法的复函》《最高人民法院函复察哈尔省人民法院关于聘金或聘礼的几个疑义及早婚如何处理的问题》等，为早婚治理提供了坚实的支撑。这些政策的颁布，不仅明确了早婚的非法性，也为后续执法工作划定了清晰的界限，体现了国家对青少年权益保护的重视与责任。

1953 年的"贯彻婚姻法运动月"更是将早婚治理推向了高潮。在这一时期，国家通过广泛的宣传提纲，深入揭露了早婚及童养媳等封建恶习的野蛮与不人道，明确传达了"必须禁止"的坚定立场。[1] 这一举措不仅增强了民众的法律意识，也为全社会共同参与早婚治理营造了浓厚的氛围。史良在《对婚姻法中一些问题的解答》中的阐述，进一步细化了法律执行的具体路径。她明确指出，在《婚姻法》公布后，任何形式的童养媳现象都将在法律上受到严格禁止；同时，对于既有的童养媳问题，国家将积极介入，帮助她们摆脱困境，实现自我解放。[2]

在具体处理方式上，国家采取了分类施策、灵活应对的策略。对于接近法定婚龄的早婚现象，国家在承认其事实婚姻的基础上，积极引导当事人补办登记手续，既维护了法律的严肃性，也兼顾了社会现实。而对于涉及未成年人的严重早婚问题，国家则采取了更为严厉的措施，坚决打击强迫包办行为，保护未成年人的合法权益不受侵害。这种差异化的处理方式，不仅体现了国家治理的智慧与精准，也确保了早婚治理工作的有效推进。

1. 对接近婚龄的早婚现象的治理

国家政令在颁布后往往面临民众接受度的挑战，早婚治理领域亦不例外。据北京市的统计，1953 年半年内就有 163 起未达到法定婚龄却试图登记的案例。[3] 这一数据直观反映了政策与民间习俗之间的张力以及早婚现象的普遍性。为了规避法律，部分民众采取了各种策略，如虚报年龄、更改户口，甚至不惜伪造怀孕事实以促成婚姻。如涞水二区黄文琪本来 15 岁，但登记时虚报为 18 岁。又如清河一女 17 岁，将户口改为 18 岁。[4] 这些个案不仅揭示了早婚现象的多样化手段，也反映了部分民众对《婚姻法》的无知或漠视。更有甚者，如北京市北后街 22 号住户王来顺对象不够结婚年龄，"双亲把他们二人带到北京一家饭馆给办理了结婚仪式"。北京市第 16 区西坡住

---

① 中央贯彻婚姻法运动委员会：《贯彻婚姻法宣传提纲》，《人民日报》1953 年 2 月 25 日，第 1 版。

② 史良：《对婚姻法中一些问题的解答》，《新中国妇女》1951 年第 11 期。

③ 《北京市 1953 年第四季度和 1954 年第一季度婚姻登记工作情况报告》（1954 年），北京市档案馆，档案号：14-2-35。

④ 《北京市第 14 区人民政府 1950 年婚姻工作总结报告》（1950 年），北京市档案馆，档案号：45-3-10。

户张荣年为其子收养童养媳，这位童养媳才 16 岁，在未经批准的情况下，同居已生小孩。① 这些行为不仅违反了法律，也冲击了社会的公序良俗，显示了早婚治理的复杂性和紧迫性。

面对这一现状，国家积极进行治理。对于距法定婚龄不远的早婚现象，男女双方身体已发育成熟，只是未经登记或登记未经批准的早婚行为。国家认识到其社会危害性相对较低，且普遍存在于民间，因此采取了务实态度，承认此类事实婚姻的法律效力，并予以同等保护。这一决策体现了国家对民间习俗的尊重与理解以及对法律执行环境的深刻洞察。同时，国家也注意到了年龄计算方式上的文化差异，提出了周岁与虚岁并存的登记原则，以适应民众的实际需求。② 这一调整不仅缓解了政策执行中的阻力，也彰显了国家治理中的人文关怀。以北京市朝阳区民政科的通知为例，该通知指出："结婚年龄原则上应照满岁算，即男满二十周岁，女满十八周岁，始得结婚，但为了照顾当前的实际情况，也可以照年头算，即男二十个年头，女十八个年头亦可结婚。按照上述规定，今年内申请结婚登记的，如男是一九四二年，女是一九四四年生人，应准予登记。"③ 可见，国家在坚持原则性的同时，也为民众提供了具体的操作指引，允许在一定条件下对年龄进行灵活认定，既坚持了法律的严肃性，又充分考虑了民众的实际情况与习俗差异，从而保证政策的平稳落地。

2. 对收养童养媳行为的治理

在早婚现象中，童养媳作为一个特殊且悲惨的群体，其经历深刻反映了包办婚姻与买卖婚姻的双重阴霾。家庭选择让女儿成为童养媳，主要源于经济压力和男尊女卑的思想。经济困境，尤其是天灾人祸导致的生活难以为继，迫使一些家庭将女儿出卖为他人家的童养媳，以此减轻负担。如北京市满家胡同 21 号刘凤过去因为家贫，向其姨家借了一石半粮食，于是就将自

---

① 《北京市第十六区处理婚姻问题初步检查报告》（1951 年），北京市档案馆，档案号：9-1-114。

② 《有关婚姻登记工作中的问题解答（初稿）》（1954 年），北京市档案馆，档案号：14-2-35。

③ 《朝阳区人民委员会民政科关于结婚登记工作几个具体问题的通知》（1961 年），北京市朝阳区档案馆，档案号：2-3-308。

己的女儿许配给姨侄。① 同时，男尊女卑的思想也使得父母认为女儿迟早要出嫁，不如早一些送走为好。收养童养媳的原因则包括家庭经济贫困、担心儿子长大娶不起老婆以及利用童养媳的劳动力。这一现象在中华人民共和国成立前普遍存在，许多地区如江西妇女 70% 左右做过童养媳。福建、广东、安徽等地也非常多，如广东兴宁县浮岗区罗中乡的妇女 90% 以上都曾经是童养媳。②

童养媳的命运往往悲惨，她们经常受到婆家人的虐待，被迫在未达到结婚年龄的情况下与其夫同居，甚至怀孕生育。小亮马桥刘翔的童养媳李秀兰，她的婆母整天给她脸色看，还挑拨刘翔打她，有一次刘翔让李给他母亲跪着，李不同意，刘翔就打了一个嘴巴，她被迫给她婆婆跪了一会儿，还向婆婆承认错误。此外，童养媳经常在不到结婚年龄的情况下被迫与其夫同居。高碑店某童养媳 17 岁，男方家长指使其未婚夫同她发生关系。东坝有一个 30 多岁的大男人，与 16 岁的童养媳发生关系，已有了小孩。③ 延庆县珍珠泉村 119 户中，领童养媳的家庭有 8 户，这些童养媳有的已经怀孕，有的甚至已经生育。④

面对这种现象，国家根据具体情况采取了不同的措施来保护童养媳的权益。对于在《婚姻法》公布之前已成为童养媳的女性，国家赋予了她们或其父母选择是否回归原家庭的权利，旨在给予她们更多的自主权和选择空间。对于《婚姻法》公布后仍进行童养媳收养或出养的行为，国家则采取了相应的法律措施，以维护法律的权威和儿童的权益。⑤ 这些措施包括批评教育、处以徒刑并规定童养媳可由其生父母领回抚养，男家不得讨取在童养期间所消耗的生活费用。如 1953 年 3 月 29 日，福建省屏南县人民法院的一份《婚姻案件量刑和处理标准的总结报告》中指出："婚姻法颁布后坚持抱养童养媳恶习者一般予以批评教育，情节严重者处六个月以下徒刑。"有的地方规

---

① 《干涉婚姻自由问题》（1953 年），北京市档案馆，档案号：38-2-77。
② 《有关"妨害婚姻自由"的资料》（1953 年），北京市档案馆，档案号：14-2-79。
③ 北京市第十区人民政府：《检查婚姻法执行情况的报告》（1951 年），北京市档案馆，档案号：9-1-114。
④ 《北京市人民委员会批准市民关于本市群众婚姻情况和加强婚姻工作的意见》（1962 年），北京市档案馆，档案号：2-14-35。
⑤ 中央贯彻婚姻法运动委员会：《贯彻婚姻法宣传提纲》，《人民日报》1953 年 2 月 25 日，第 1 版。

定"不仅收养童养媳的一方应处罚，出养童养媳的一方也应予以处罚"。并规定"童养媳可由其生父母领回抚养，男家不得讨取在童养期间所消耗的生活费用"。如童养媳已无生父母或其生父母不在原处或童养媳不愿回生父母家时，"则人民政府应从保护她的利益出发、不违反其本人的意志，根据具体情况予以适当处理"。① 对于已经结婚的童养媳，如果受到夫家虐待，可以向区人民政府或法院申请离婚。特别是对于那些严重虐待童养媳的家庭，国家给予其应得的处分。② 在国家的厉行禁止和积极干预下，收养童养媳的行为得到了有效控制，许多受苦受难的童养媳得到了自由。例如，李桂荣和张美英两个案例就充分说明了这一点。

案例一：童养媳李桂荣请求脱离关系，法院立即判准：

> 李桂荣在十一岁那年就被雷长生家领来当童养媳，桂荣到了男家，成天干活也不给吃饱、穿暖，冬天还让她看粪厂。过度的劳动使年青的李桂荣不能正常的发育，今年她已经十八岁了，可是个子却长得还是很瘦小。

> 李桂荣不愿再当童养媳了，但当她提出了脱离关系的时候，雷长生之母赵氏竟大发雷霆……法院的判决书上还是严正的写着：查童养媳为我人民政府婚姻法所禁止，今原告提出解除童养媳的要求是十分正当的，法院应无条件的予以保障。关系人雷赵氏说"因为她母亲借我们六十块钱（伪联币），所以我让她当我家童养媳"，并提出字据作证。但是这种以妇女为商品的行为，必须反对。且原告在被告家劳动七年，深受驱使，其劳动所创之价值岂止区区六十块伪联币。被告要索此项买身钱债，更为现行法令所不许，故为判决如下：

> 一、原被告之婚约解除。

> 二、被告反诉请求驳回。③

---

① 《有关"妨害婚姻自由"的资料》（1953年），北京市档案馆，档案号：14-2-79。

② 《为什么要禁止童养媳？》，《广州妇女》1952年12月号。

③ 陈泓：《适用婚姻法解决婚姻案件的实例（续昨）　市人民法院清理积案工作之一斑》，《人民日报》1950年6月12日，第3版。

案例二：

张美英现年二十二岁，她生下来才一个多月，就被母亲抱去黄家当了黄继泉的童养媳。自小失去了父母的照顾，四岁那年，她把一条腿跌跛了，八岁开始，她就担负着大人的工作：割草啦，看牛啦，洗衣服啦……一天到晚的劳动，还经常挨打受骂……张美英听到了婚姻法宣传，她认识提高，她就向广州市人民法院提出上诉。法院依照婚姻法的精神，判准张美英和黄继泉脱离关系，判处黄继泉的母亲和哥哥徒刑一个月，还要黄家赔偿给美英缝衣车一架及半年生活费。[①]

李桂荣在雷长生家当童养媳时，遭受了非人的待遇，但她勇敢地提出了脱离关系的要求，并得到了法院的支持。张美英也在听到《婚姻法》宣传后，向法院提出上诉，最终判准她与黄继泉脱离关系，并获得了赔偿。这些案例表明，《婚姻法》颁布后，童养媳的权益受到了法律的保护。

在此情况下，收留童养媳的家庭不得不重新认识和面对新的社会环境，进而做出适时的调整和应对。如北京市西坝河村在某次宣传《婚姻法》会后就有四五人提出愿意把童养媳退回娘家。小黄庄的妇女金淑英也准备将其在京南 60 里某家做童养媳的女儿叫回，而东营房的两个童养媳也已被送回娘家。[②] 湖北省松滋县永兴场乡的黄老婆婆甚至在会后第二天，就亲自把她的童养媳送到农会，并赠送一套衣料和一担谷子，让她回娘家。[③] 这些例子说明，随着社会环境和社会结构的变迁，原本属于家庭私人领域的儿童抚育行为逐渐被纳入国家的公共抚育体制。在这一背景下，收养童养媳的家庭也相应地进行了调整，以适应新的社会环境和政策导向。这种调整不仅体现了家庭作为社会基本单元的适应能力，也反映了个体在社会生活中所展现的积极能动行为。

与此同时，各地也根据情况对于出养童养媳家庭索取财物的行为做出了不同的处理。东北地区对此类财物采取"一律没收"的规定，但有的地方认

---

① 《为什么要禁止童养媳？》，《广州妇女》1952 年 12 月号。
② 《北京市第十四区关于检查婚姻法执行情况的总结》(1951 年)，北京市海淀区档案馆，档案号：1-104-16。
③ 谭平山：《坚决贯彻婚姻法，保障妇女权利!》，《人民日报》1951 年 11 月 12 日，第 3 版。

为这种方式恐"太硬性"，因为事实上存在许多父母因受灾或其他为生活所迫而不得不出卖女儿给他人为童养媳的情况。因此，有的地方规定，在这种情况下，他们因此而索取之财物一定要如数追缴没收，恐怕也有困难，故而条文中灵活地规定为"没收一部或全部"，视当时具体情况而斟酌处理，必要时也可不没收。① 这种灵活的折中运作方式，充分展现了国家在处理婚姻事务时的务实特色，旨在实现法律原则与实际情况的有效结合，既维护了法律的严肃性，又兼顾了社会的复杂性和多样性。

由上可见，童养媳现象作为包办婚姻与买卖婚姻的产物，深刻反映了经济压力与男尊女卑思想对女性命运的残酷影响。在中华人民共和国成立前，这一现象普遍存在，许多地区的女孩被迫成为童养媳，遭受虐待和剥削。国家对此采取了多项措施，包括赋予童养媳及其父母选择权，对违法行为进行法律制裁并提供具体的解决方案以帮助受苦的童养媳。社会环境的变化促使收留童养媳的家庭做出调整，以适应新的政策导向。同时，国家在处理相关财物问题时展现出务实特色，既维护法律原则，又兼顾社会实际情况。这些努力共同推动了童养媳现象的消除，体现了社会进步与法制建设的重要成果。

3. 早婚治理取得的成效

随着《婚姻法》的不断普及，人们对早婚的危害有了更深入的了解。特别是在集体化时期，所有人被纳入国家组织的严密网络体系之中，家庭与集体的联系更为紧密，这使得国家对包括婚姻在内的民众日常生活的管理职能得到了进一步加强。在这一背景下，早婚现象基本上得到了杜绝。潘允康主编的《中国城市婚姻与家庭》一书，通过对京、津、沪、宁、蓉五大城市的婚龄调查，提供了有力的证据。该书指出，除了在《婚姻法》颁布初期有少数人在 17 岁以下结婚外，到 1966 年这种早婚现象已经完全绝迹。这一数据不仅彰显了国家在处理早婚问题上的坚定决心和有力措施，同时也充分反映了国家在减少和控制早婚现象方面所取得的积极成效。从更广泛的统计数据中，我们可以观察到这一积极变化的具体体现。1950 年至 1966 年间，全国

---

① 《有关"妨害婚姻自由"的资料》（1953 年），北京市档案馆，档案号：14-2-79。

女性的平均初婚年龄稳步上升，至 1966 年已达到 19.86 岁。[①] 这一增长趋势在全国范围内普遍显现（图 2—3—1）。以陕西省为例，无论城市还是乡村，女性在 1950 年至 1966 年间的平均初婚年龄均呈现上升趋势，其中城市女性的初婚年龄略高于乡村女性。[②] 这些具体数据进一步印证了国家层面在减少早婚现象上的成功努力（图 2—3—2）。同时，男性的平均初婚年龄也呈现出相似的上升趋势。在同期内，男性的平均初婚年龄普遍在 20 岁以上并且整体呈上升趋势（图 2—3—3）。这些统计数据共同构成了国家对早婚现象治理成效的有力证明。另外，据潘允康统计，1950—1965 年间，在京、津、沪、宁、蓉五大城市中，妻子结婚年龄集中在 18—20 岁的共有 494 人，占同期结婚人数的 30.61%；而 21—24 岁结婚的共有 566 人，占 35.07%。这表明，在这一时间段内，21—24 岁结婚的女性比例已经超过了 18—20 岁结婚的女性比例。同样，对于男性而言，结婚年龄集中在 21—24 岁的共有 481 人，占同期结婚人数的 30.19%；而 25—29 岁结婚的共有 600 人，占 37.66%。[③] 这意味着，在 25—29 岁结婚的男性比例已经超过了 21—24 岁结婚的男性比例。这些数据不仅具体而微地反映了当时社会婚姻年龄的变化趋势，也进一步证明了国家在减少早婚现象方面所取得的显著成效。

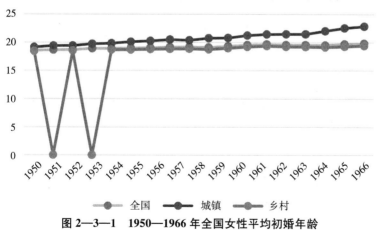

图 2—3—1　1950—1966 年全国女性平均初婚年龄

①　中华全国妇女联合会妇女研究所、陕西省妇女联合会研究室编：《中国妇女统计资料》，中国统计出版社，1991 年，第 346 页。

②　陕西省地方志编纂委员会：《陕西省志·妇女志》陕西人民出版社，2001 年，第 49 页

③　潘允康主编：《中国城市婚姻与家庭》，山东人民出版社，1987 年，第 35 页。

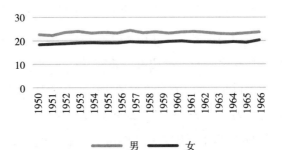

图 2—3—2　陕西省 1950—1966 年男女平均初婚年龄图

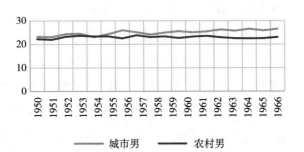

图 2—3—3　陕西省 1950—1966 年城乡男性平均初婚年龄图

4. 多措并举治理婚约问题

在应对早婚现象的同时，国家也加强了对婚约订立行为的规范。《婚姻法》第六条明确规定，男女双方结婚必须依法进行登记，这一登记行为标志着法律婚姻的正式建立。为了进一步阐释《婚姻法》的执行细节，司法部部长史良特别指出，订婚在传统封建婚姻制度中通常被视为一种约束男女双方的契约行为，但在现代法律框架下，婚姻登记才是确立合法婚姻关系的法定程序。这种行为与提倡自由恋爱的新民主主义的婚姻制度格格不入，强调男女之间的婚姻"不是以订婚的手续来维系的"。史良的这一解释，明确了婚姻登记在现代法律体系中的核心地位，同时也体现了对自由恋爱价值的尊重和维护。然而，鉴于人们长期以来形成的生活习惯，史良也指出，建立在感情基础上的自愿订婚行为，法律"不加以干涉"。[①] 这一表述既体现了法律对民众生活习惯的尊重，也反映了法律在保护个体权益与尊重传统习俗之间的

---

① 史良：《对婚姻法中一些问题的解答》，《新中国妇女》1951 年第 11 期。

平衡考量。1953 年《贯彻婚姻法宣传提纲》进一步指出，在子女年龄尚小的情况下，如果父母已为子女订立婚姻，那么从子女未来幸福的角度着想，子女"应该及早解除婚约"。① 这一规定不仅体现了国家对子女婚姻自主权的保护，也反映了对传统包办婚姻制度的批判和改革决心。

　　除了发布相关政策外，各地还通过多种途径对婚约问题进行了积极治理。基层干部在这一过程中发挥了重要作用，他们积极宣传解除婚约的理念。例如，河北省沧县四区尹桥村宣传站站长张树启，在 1951 年 10 月参加了区贯彻执行《婚姻法》大会后，立即行动起来，动员被包办订婚的青年男女见面表态，对于不同意的便解除婚约。这种积极的宣传方式有效地改变了村民的观念，如尹老二最初想不通，认为"爹娘费心给订的婚也给说散了，这是个什么世道啊！"但在张树启的耐心教育和引导下，他最终接受了这一理念，并领着闺女找男方面谈，最终成功解约。② 这一案例充分展示了基层干部在推动《婚姻法》实施、促进婚约解除方面发挥的作用。

　　同时，各地还设置特定的场所来宣传和解答包括婚约在内的婚姻问题。浙江省绍兴市在 1953 年贯彻《婚姻法》运动期间，专门设立了供群众参观和问询的场所，其中很多问题是关于取消婚约和解除童养媳关系的。③ 这种方式为群众提供了直接了解和咨询《婚姻法》的平台，有助于他们更好地理解和应用法律来维护自己的权益。此外，广州市妇联也利用华南土特产展览交流大会的开幕之际，在大会中设立了《婚姻法》宣传站。宣传站内设有婚姻问题询问处，由广东省人民法院的同志负责解答。④ 这种将《婚姻法》宣传与实际生活相结合的方式，不仅提高了群众对《婚姻法》的认知度，也为他们提供了便捷的法律咨询服务。

　　座谈会也是各地号召人们解除婚约的重要方式之一。在北京市海淀区的一次婚姻座谈会上，有 5 个妇女向封建婚姻制度提出控诉，其中两个青年妇女明确要求退婚。董洪祥的女儿董兰芳质问她的父母说：我父亲是民政干

---

① 中央贯彻婚姻法运动委员会：《贯彻婚姻法宣传提纲》，《人民日报》1953 年 2 月 25 日，第 1 版。
② 沈志民：《张树启积极贯彻婚姻法受到表扬》，《新中国妇女》1952 年 10 月号。
③ 严永洁：《宣传婚姻法的一个好办法》，《新中国妇女》1951 年第 25、26 期。
④ 《到婚姻法宣传站去！》，《广州妇女》1951 年第 10 期。

部，我娘也是干部（妇女代表），我的事（指退婚）都不给解决，还给人家办事呢，我要求马上退婚。① 这种公开的控诉和退婚要求，不仅体现了妇女对封建婚姻制度的反抗和追求自由婚姻的决心，也进一步推动了社会对婚约问题的关注和解决。

在国家的动员和宣传下，一些没有感情基础的人开始逐渐解除婚约。例如，北京市海淀区温泉村就有两个妇女，她们之前被父母包办与小女婿订婚，一直不敢提出解除婚约。然而，经过《婚姻法》运动的影响和启发，她们鼓起勇气，主动提出了解除婚约的请求。② 这一行为不仅体现了她们对个人幸福的追求，也是对封建包办婚姻制度的有力反抗。在贯彻《婚姻法》运动月中，全国范围内解除婚约的男女达到了 500 多对。③ 这一数字背后，是无数个体对自由婚姻的向往和对传统婚俗的勇敢挑战。可见，解除婚约这一行为，实际上深深植根于个体在特定情境下展现的能动性。在日常生活中，人们的言行总是充满了主观能动的特性。当个体的行为顺应所处情境时，他们更容易在所属共同体中获得他人的认同。在《婚姻法》的普及和宣传背景下，人们逐渐深入了解了婚姻法律政策以及相关的思想观念，包括了解除婚约的相关规定。这些法律政策和思想观念不仅影响了人们的认知，更促使他们将这些理念融入日常的言行之中，从而使自己的行为与周围环境相契合。

由上可知，国家通过加强法律规范和多种途径的治理，积极推动了对婚约问题的改革。从《婚姻法》的明确规定到基层干部的宣传动员，从设置特定场所解答婚姻问题到座谈会的公开控诉，这一系列举措不仅体现了国家对个体婚姻自主权的保护，也反映了对传统包办婚姻制度的深刻批判和改革决心。在国家的动员和宣传下，个体开始觉醒，勇敢地挑战传统婚俗，追求基于感情和自愿的自由婚姻。

二、晚婚现象的出现

1950—1966 年期间，随着国家建设的逐步推进和社会环境的日趋稳定，

---

① 《北京市第十四区关于检查婚姻法执行情况的总结》（1951 年），北京市海淀区档案馆，档案号：1-104-16。
② 《海淀区三类型村的调查材料》（1953 年），北京市海淀区档案馆，档案号：1-105-23。
③ 《贯彻婚姻法运动基本结束　各地正准备把贯彻婚姻法工作转入经常化》，《人民日报》1953 年 5 月 7 日，第 1 版。

人口增长问题逐渐成为国家关注的焦点。在这一背景下，晚婚教育作为一项重要政策应运而生，旨在通过倡导合理婚育观念，促进人口素质的提升与国民经济的协调发展。本部分主要探讨中华人民共和国成立后，这一时期晚婚教育的背景、方式、特点及成效。通过分析这一时期的政治、经济、社会背景，揭示晚婚教育政策出台的必要性及其在全国范围内的实施情况。

1. 晚婚教育的背景

中华人民共和国成立后，随着社会的稳定、医疗条件的改善以及生活水平的提升，人口数量迅速增长。这一时期，早婚早育的观念深入人心，有些女青年甚至在 19 岁、20 岁便为人母，而许多人在二十四五岁时已育有两个以上的孩子。[①] 这种观念背后，部分原因是出于对生育能力的担忧，认为女性一旦超过 20 岁，骨头变硬，生育风险增加。[②] 统计数据显示，当时中国的人口出生率居高不下，自然增长率维持在高位。如北京市的出生率连续几年超过 40‰，人口压力凸显。[③] 人口学家马寅初在此背景下，基于详尽调研，于 1955 年在全国人大会议上强调节制生育的重要性，呼吁国家采取行动应对人口过快增长。[④]

面对严峻的人口形势和民众的生育观念，国家采取了双管齐下的策略：一方面放宽绝育条件，另一方面晚婚教育被确立为解决人口问题的关键一环，旨在通过延迟结婚年龄来控制生育节奏，提升人口素质。北京市东城区的宣传材料指出，未婚青年最好晚一点结婚，并从医学角度解释了晚婚的益处，强调男女青年在心理和生理上均未完全成熟前不宜过早步入婚姻，建议男性在 30 岁左右、女性在 25 岁左右结婚为宜。[⑤] 章蕴在中国妇女第三次全国代表大会上的报告，进一步升华了晚婚的意义，不仅强调青年人应珍惜婚姻自主权，更应珍视青年时光，将精力投入到学习、工作和社会主义建设中。她指出：适当地晚一些结婚，不仅是对个人负责，更是对社会主义事业的贡献。[⑥] 这一论述揭示

---

① 金湘：《晚一点结婚会更好》，《中国妇女》1957 年第 3 期。

② 林巧稚：《从生理上谈结婚年龄》，《中国妇女》1957 年第 4 期。

③ 李银河：《新中国性话语研究》，上海社会科学院出版社，2014 年，第 207—208 页。

④ 顾秀莲：《20 世纪中国妇女运动史》（上卷），中国妇女出版社，2013 年，第 152 页。

⑤ 《谈谈计划生育》（1957 年），北京市东城区档案馆，档案号：6-1-318。

⑥ 《勤俭建国勤俭持家为建设社会主义而奋斗——1957 年 9 月 9 日章蕴同志在中国妇女第三次全国代表大会上的报告》，《人民日报》1957 年 9 月 11 日，第 3 版。

了晚婚与女性健康、家庭幸福乃至国家长远发展的内在联系。

可见，晚婚教育的推行，是国家基于人口增长现实和民众生育观念所做出的战略选择，旨在通过教育引导，逐步改变传统的早婚早育观念，促进人口与经济、社会协调发展。

2. 晚婚教育的方式

在这一阶段，晚婚教育的推广得到了党、团、妇联等核心组织的全力支持，它们通过多元化的方式深入群众，积极倡导晚婚理念。以江西省永新县沙市公社三房大队为例，党支部、团支部与妇代会携手合作，组织了丰富多彩的活动，不仅向青年普及晚婚的益处，也引导全体社员树立正确的婚恋观，积极响应国家政策，展现了组织动员的强大力量。[①]

共青团在此过程中尤为突出，成为引领青年、凝聚共识的主力军。各地党委明确指示团委将晚婚教育作为重要政治任务来抓，通过召开团干部会议、在工厂、高校中广泛宣传等措施，确保晚婚理念深入人心。如北京市西城、东城、宣武、朝阳等区召开团干部会议，会上对晚婚教育的工作方法和政策进行了宣讲。北京市各工厂、高等学校的团组织也在党委统一领导下，针对晚婚进行了广泛的宣传。[②]

在具体实施层面，各级组织采取了灵活多样的教育方式。首先，利用座谈会、报告会、讨论会等形式，直接面对青年群体，通过分享经验、交流心得，增强晚婚理念的感染力。例如，北京市崇文区"分别男女召开座谈会，请早婚和孩子多的谈谈切身的痛苦"。[③] 有的地方请"先进工作者作报告"。[④] 有的团支部组织青年人进行讨论，比如举办"晚婚的意义和好处"为题的讨论会。[⑤] 其次，权威媒介成为晚婚教育的重要阵地。《中国妇女》等杂志刊登的医学专家文章，从生理健康角度深入剖析早婚危害，科学论证晚婚的合理

① 江西省妇联宣传部：《三房大队晚婚成风》，《中国妇女》1965 年第 11 期。
② 共青团北京市委卫生体育部：《关于晚婚避孕工作的情况简报》（1963 年），北京市档案馆，档案号：100-1-897。
③ 共青团北京市委卫生体育部：《用电话了解一下晚婚晚育情况》（1963 年），北京市档案馆，档案号：100-1-897。
④ 《以阶级教育为纲做好晚婚宣传工作》（1964 年），北京市档案馆，档案号：100-1-897。
⑤ 《关于正搞恋爱的未婚团员和青年的思想情况调查》（1963 年），北京市东城区档案馆，档案号：25-1-134。

性，其权威性和公信力有效提升了公众的认知水平。特别是林巧稚教授的《从生理上谈结婚年龄》，不仅揭示了女性生理发育的规律，还提出了合理的结婚年龄建议。① 此外，基层组织巧妙利用文体活动占据青年的空闲时间，引导他们将注意力转移到个人成长和社会活动上，从而在潜移默化中改变婚恋观念。北京市昌平区丰善村成立了足球、乒乓球队，组成了革命歌曲演唱训练班，经常开展球类训练。同时，基层组织还举办"民兵练武活动""毛著学习活动""阅读革命书籍活动"，②并组织青年看电影、看戏，进行村史的访问调查，在教育展览会上接待参观者等活动。③ 这种寓教于乐的方式，既满足了青年的精神需求，又实现了晚婚教育的目标。最后，家庭访问和个别谈心作为补充手段，进一步增强了晚婚教育的针对性和实效性。如北京市昌平区丰善村团干部一年内对 70 个未婚青年进行了家庭访问，在访问中重点向家长反映晚婚的好处和早婚的害处。④ 对于"经常和男朋友看电影、过马路"而影响了工作的青年，团组织对其采取了个别谈心的方式。如有一位团支书曾对某青年五次个别谈心。⑤ 这种家庭访问和个别谈心方式，通过深入了解青年的家庭背景和个人情况，更精准地传达晚婚理念，对于确保晚婚教育能够真正落地生根发挥了重要作业。

可见，晚婚教育在这一时期通过多种方式协同推进，形成了全方位、多层次的宣传体系。这些措施不仅提升了公众对晚婚理念的认知度和认同感，也为后续计划生育政策的顺利实施奠定了基础。

3. 晚婚教育的成效

在国家晚婚政策的深入推广下，社会表征与个体行为之间产生了深刻的互动。一方面，众多青年积极响应国家号召，主动选择晚婚，展现出对新时代价值观的认同与实践。例如，北京市某区原来已准备结婚的人，听了报告后，有的"不提结婚了"，有的"推迟结婚日期"。建材厂 25 岁的青年魏某，

① 林巧稚：《从生理上谈结婚年龄》，《中国妇女》1957 年第 4 期。
② 《我们在丰善村向青年进行晚婚和计划生育的情况》（1964 年），北京市档案馆，档案号：100-1-897。
③ 《关于号召青年晚婚计划生育的调查报告》（1964 年），北京市档案馆，档案号：100-1-897。
④ 《我们在丰善村向青年进行晚婚和计划生育的情况》（1964 年），北京市档案馆，档案号：100-1-897。
⑤ 《以阶级教育为纲做好晚婚宣传工作》（1964 年），北京市档案馆，档案号：100-1-897。

原来准备结婚，听了动员报告后，自动将机关开的结婚登记证明退还了领导，积极响应政府的晚婚号召。① 有的人已经把结婚用品买好了，听了报告后，表示再推迟三五年结婚。②与此同时，晚婚教育还促使一些地区形成了良好的示范效应。如江西省永新县沙市公社三房大队"妇代会委员、第三生产队妇女队长周桂凤二十七岁结婚，团支委、妇代会委员周宣凤二十五岁结婚，妇代会委员、第一生产队队长周林妹、妇女代表周凤姬都是二十四五岁才结婚。妇代会委员周年凤二十四岁，团员周春妹二十三岁，她们都有了对象，都计划到二十七岁才结婚"。在这些妇女干部的带领下，这里的未婚青年都表示要向大哥哥大姐姐学习，坚持晚婚，"把精力用到学习、劳动和工作中去，把自己锻炼成为能担重担的革命接班人"。③ 这些事例不仅体现了个人的理性思考，也映射出晚婚理念在青年群体中的广泛传播和深刻影响。值得注意的是，部分青年的晚婚决定不乏"表演"的成分，他们在特定情境下通过表达晚婚的决心来展示与集体期望的一致性，以获取社会认同和可能的政治资本。这种"表演"行为，在戈夫曼的理论视角下，是个体在特定社会环境中采取的一种策略性自我呈现，它反映了青年在集体主义话语体系下的生存智慧与适应策略。④ 然而，这种"表演"背后，也透露出青年对于国家政策的深刻理解和积极回应。

　　然而，晚婚教育的推进并非一帆风顺，它也面临着来自个人意愿与集体意志之间的张力。一些人因各种原因坚持早婚，甚至对国家政策产生抵触情绪，这反映了婚姻问题作为个体私事与国家政策之间的复杂关系。例如，有人批评国家政策管得太宽，认为结婚生子是个人自由；⑤ 有的干部硬着头皮去做工作被骂回来。有的骂："我生小孩你管得着吗？我有爱人，我就养，你也养啊！"⑥ 也有人因担心政策变化或个人特殊情况而选择早婚。有的是男方听信了谣言，怕修改《婚姻法》而急于要求结婚。北京市外贸局 21 岁的

① 《市人委系统团员青年对计划生育和晚婚的反映简报》（1964 年），北京市档案馆，档案号：100-1-897。

② 《以阶级教育为纲做好晚婚宣传工作》（1964 年），北京市档案馆，档案号：100-1-897。

③ 江西省妇联宣传部：《三房大队晚婚成风》，《中国妇女》1965 年第 11 期。

④ ［美］欧文·戈夫曼著，冯钢译：《日常生活中的自我呈现》，北京大学出版社，2008 年，第 19 页。

⑤ 《毒害青年的鲁全平》（1964 年），北京市档案馆，档案号：100-1-894。

⑥ 《我们在丰善村向青年进行晚婚和计划生育的情况》（1964 年），北京市档案馆，档案号：100-1-897。

女青年吴瑞莲，听了动员报告后，很着急，马上找她朋友商量准备结婚，并向别人说，如果改了《婚姻法》，我们又要等几年。[①]

由上可见，晚婚教育的实施不仅推动了青年婚恋观念的转变，也反映了国家政策与个体行为之间的复杂互动。在这一过程中，既有积极响应的典范，也有持不同意见的声音；既有政策引导下的主动选择，也有个体需求与政策目标之间的博弈。这些现象共同构成了晚婚教育在特定历史时期的社会图景，为我们理解国家政策与个体行为之间的关系提供了丰富的案例与深刻的启示。

本节主要讨论了国家在《婚姻法》实施后，如何通过综合施策有效治理早婚现象并成功推广晚婚观念。国家通过颁布政策法规、开展宣传教育及实施社会治理等综合手段，对早婚现象进行了有效治理，并对晚婚观念进行了大力倡导。这一系列措施不仅促进了婚姻观念的现代化转型，也深刻影响了民众的婚姻行为选择。随着国家政策的持续推动和社会环境的不断变化，早婚现象得到了明显遏制，晚婚观念逐渐深入人心。这一过程不仅体现了国家对个体婚姻生活的深度介入与引导，也展示了社会结构与个体行为之间的互动关系。

第四节　"寡妇再嫁"逐渐为人们所接受

在传统社会观念中，寡妇再嫁往往被视为违背伦理道德的行为，受到来自家庭、社会乃至基层政权的重重阻挠。然而，随着新中国的成立和《婚姻法》的颁布实施，寡妇在婚姻中的自由权和人身权得到了法律的明确保障。但是，法律条文的颁布并不等同于社会观念的即时转变，寡妇再嫁的自由之路依然布满荆棘。本节旨在深入探讨《婚姻法》颁布后，寡妇再嫁过程中所遭遇的多重阻力及其背后的原因。通过分析寡妇家人、基层干部以及寡妇本人自身观念等因素对再嫁行为的阻碍，揭示传统观念与现代法律之间的博弈并分析国家如何介入并推动寡妇婚姻自由权的实现并推动社会观念现代化转型的。

[①] 《市人委系统团员青年对计划生育和晚婚的反映简报》（1964年），北京市档案馆，档案号：100-1-897。

一、寡妇再嫁的阻力

尽管新中国成立后，《婚姻法》赋予了寡妇婚姻自由的权利，但在实际生活中，寡妇在追求个人幸福、寻求再嫁之路上仍面临重重阻碍。家人、基层干部乃至寡妇本人，均在不同程度上对这一行为持保留甚至反对态度。

1. 寡妇家人反对其再嫁

在当时社会流动性受限的环境下，人们的居住地相对稳定，这种稳定性不仅体现在物理空间上，更深刻地反映在个体与家族的社会认同和声誉构建中。人们长期定居于某地，个人与家族的名誉、声誉紧密地与这一特定空间及其文化惯习相连。在这样的背景下，任何可能撼动这份稳固与和谐，尤其是像寡妇再嫁这样挑战千年伦理底线的行为，自然会激起强烈的反对浪潮。

正是基于这样的社会心理，寡妇在寻求个人幸福、考虑再嫁之时，首先面对的就是来自家庭内部的巨大阻力。以北京市为例，矿工之女谭瓯子在守寡后回归娘家，寻求新的伴侣时，遭到了父亲的坚决反对；[①] 丰台区卢沟桥公社的张瑞林，面对公公的威胁，不得不放弃与同村社员的婚姻计划；[②] 更有家庭成员在寡妇再嫁后，因感到家族声誉受损而心生怨恨。有的家庭总认为家里待她不错，干什么还结婚，常用"家里哪点虐待你？"的话来质问。[③] 北大医学院一个团员干涉他寡母再嫁，认为其母的行为使他在他人前抬不起头，并威胁他的母亲，不认其母做娘，威胁其母的活动。[④] 这些实例无不说明，在传统家庭观念中，寡妇再嫁被视为对家族荣誉的背叛，家庭成员出于维护家族声誉的考虑，往往对寡妇的再嫁意愿持强烈的反对态度。

其实，寡妇再嫁受阻的原因并非单一。除了根深蒂固的传统思想观念外，家庭经济因素也是不可忽视的一环。特别是寡妇的婆家人，他们中的一部分人出于对财产继承权的担忧，坚决反对寡妇带子女改嫁。如有人认为，

---

① 《北京市第十六区处理婚姻问题初步检查报告》（1951 年），北京市档案馆，档案号：9-1-114。
② 《北京市人民委员会批准市民关于本市群众婚姻情况和加强婚姻工作的意见》（1962 年），北京市档案馆，档案号：2-14-35。
③ 《郊区农民婚姻家庭中存在的问题》（1954 年），北京市档案馆，档案号：84-3-28。
④ 《群众对婚姻法及此次婚姻法运动的认识及反映》（1953 年），北京市档案馆，档案号：1-12-128。

寡妇把子女带走了，但子女有继承生父财产权，带走怎么继承?[1] 这种担忧并非无的放矢，因为按照传统习惯，子女有权继承生父的财产，而寡妇的再嫁可能意味着这部分财产的流失或管理权的变更，从而引发家庭内部的经济纠纷。

可见，寡妇再嫁在传统社会中所面临的阻力，既来自于对家族声誉的维护，也关乎对家庭经济的考量。这些阻力共同构成了寡妇追求婚姻自由道路上的重重障碍，同时也折射出当时社会观念与法律制度之间的复杂关系。

2. 基层干部对寡妇再嫁的干涉

从理论上讲，基层干部作为国家政策和法律的执行者，应忠实地履行其职责，确保《婚姻法》等法律法规在基层得到严格执行。然而，在《婚姻法》实施初期，一些基层干部却对寡妇再嫁问题表现出了明显的抵触情绪，甚至采取极端措施进行干涉，这严重违背了法律精神。具体案例令人震惊：湖北省襄阳县的村干部竟因寡妇准备改嫁而将其吊起毒打，最终导致其自杀。[2] 北京市第十四区的王淑丽与杨志福因恋爱而被村干部扣押并取消公民权。这种滥用职权的行为严重侵犯了公民的合法权益。此外，还有干部通过操纵司法程序、限制财产转移等手段，阻碍寡妇的合理婚姻诉求，如王和村寡妇杨美丽与同村刘一和准备结婚，村政府支委会和全体党员促使杨的公公去法院告杨，不让她带走财产。[3] 守了十几年寡的陈钟氏，听到《婚姻法》后，积极要求结婚，但干部阻止她把财产带出村去。[4] 南充舞凤乡干部干涉寡妇任桂英再嫁，改嫁后不分给她土地。[5] 一些乡村干部为了干涉寡妇的婚姻自由，甚至私设法庭、动用刑罚。[6] 这些案例无一不揭示了基层干部在执行法律过程中的严重偏差。

基层干部在寡妇再嫁问题上的干涉行为，实质上反映了他们在面对传统

---

[1] 前门区贯彻委员会办公室：《贯彻婚姻法工作简报》(1953 年)，北京市档案馆，档案号：38-2-77。

[2] 《一年来执行婚姻法的初步检查和今后进一步贯彻执行的意见》，《新华月报》1951 第 4 卷第 6 期。

[3] 《补充例子》(1951 年)，北京市档案馆，档案号：9-1-114。

[4] 北京市人民政府郊区工作委员会：《第 16 区婚姻法执行情况的检查报告》(1951 年)，北京市档案馆，档案号：9-1-114。

[5] 《广泛宣传并认真贯彻婚姻法》，《西南妇女》1951 第 3 期。

[6] 汤水清：《20 世纪 50 年代初期中国乡村贯彻〈婚姻法〉过程中的死亡现象探析》，《社会科学》2010 年第 2 期。

与现代、稳定与变革之间的挣扎与选择。作为国家制度的代理人和基层社会的成员，他们往往被置于两难的境地，既要维护社会稳定，又要遵守国家法律。然而，当两者发生冲突时，他们往往倾向于选择维持现状，以牺牲个体权利为代价来换取基层秩序的稳定。这种选择虽然短期内可能有助于缓解社会动荡，但从长远来看，却严重阻碍了法律的普及与社会的进步，也深刻伤害了妇女的合法权益。

3. 寡妇本人认为改嫁可耻

在当时的社会环境下，尽管法律赋予了寡妇再嫁的自由，但封建思想的余毒仍深深植根于部分寡妇心中，使她们将再嫁视为一种羞耻的行为。[①] 这种内在的心理负担，反映了传统观念对个人价值观的深远影响。然而，值得注意的是，尽管表面上抗拒再嫁，有些寡妇却在私下里寻求情感的慰藉，与他人发生肉体关系。[②] 这种矛盾的行为模式揭示了她们在情感需求与社会压力之间的挣扎。

从社会认同理论的角度来看，个体倾向于融入社会群体，遵循共同体的规范以避免被排斥。寡妇们同样面临这样的选择：一方面，她们渴望通过符合社会期待的行为获得认同和尊重；另一方面，内心的情感需求又促使她们寻求个人的幸福。这种双重压力，使得寡妇在再嫁问题上左右为难，既害怕违背传统观念而遭受社会排斥，又渴望挣脱束缚追求真爱。

扫盲运动通俗读物《杨兆兴结婚鼓词》通过生动的故事情节，深刻描绘了寡妇再嫁过程中遭遇的重重阻力。该书通过四个章节，层层递进地展现了寡妇再嫁所面临的复杂情境和社会反应。[③] 从"告状"到"蹲区"，再到"取保"、"寻闹"，直至最后的"认错"与"检讨"，每一个情节都充满了冲突与和解，反映了寡妇在追求个人幸福与社会认同之间的艰难抉择。这些词汇不仅仅是故事情节的提炼，更是对当时社会氛围与寡妇心理状态的精准刻画，从中可以进一步理解那个时代寡妇再嫁的复杂性与艰难性。

---

① 《妇女婚姻问题》（1954年），北京市朝阳区档案馆，档案号：15-5-59。
② 《郊区农民婚姻家庭中存在的问题》（1954年），北京市档案馆，档案号：84-3-28。
③ 黄新原：《真情如歌：五十年代的中国往事》，中国青年出版社，2007年，第32页。

二、国家对寡妇再嫁问题的介入

寡妇再嫁问题作为社会关注的焦点之一，不仅关乎个人权利与自由，更是衡量社会进步的重要标志。为此，国家采取了一系列积极措施，通过宣传教育、介入干预及主动服务等方式多方面推动寡妇再嫁权利的落实与保障。本部分主要阐述这些措施的具体实施过程及其成效。

1. 向人们宣传婚姻自由观念

为了促使社会大众从心理上接纳并尊重寡妇的再嫁权利，国家积极采取宣传教育策略，大力推广婚姻自由观念。如北京市东郊区东坝镇团支部在此方面发挥了重要作用，他们通过生动活泼的形式，将这一理念深入人心。具体而言，该镇团支部安排宣传委员多次上演"双满意"剧目，以艺术化的手法挑战了"好马不配双鞍，好女不嫁二夫郎"的封建陈规，成功打破了传统思想的桎梏。演出结束后，群众反响热烈，纷纷赞誉这种既解决光棍问题，又给予寡妇和孩子新希望的做法，实现了"三全其美"的美好愿景。此外，团干部们将宣传教育工作融入日常生活，即便在前往区工委开会的途中，也不忘向同行的青年寡妇高淑敏普及《婚姻法》知识，这份细致的关怀让高淑敏深受感动，泪洒当场。① 这一系列举措不仅展现了国家对婚姻自由理念的坚定支持，也体现了基层干部在推动社会进步中的不懈努力。

2. 对干涉寡妇婚姻自由的行为进行介入

在维护寡妇婚姻自由权益的过程中，国家采取了坚决果断的措施，对干涉寡妇再嫁的行为予以严厉打击。以北京市海淀区西郊分局为例，该分局明确规定，一旦发现有人干涉寡妇结婚，必须立即上报区政府，以便迅速介入并依法处理。② 这一举措不仅彰显了国家保护妇女权益的决心，也为基层干部提供了明确的行动指南。在具体实践中，这一政策得到了有效执行。以北京市丰台区张老太太的案例为例，张老太太守寡多年，与邻居独身汉朱光情投意合，却遭到了其小叔的阻挠，试图剥夺她带走财产的权利。面对这一不

① 《团东郊区东坝镇团支部团结广大青年宣传婚姻法，协助青年向封建婚姻作斗争》（1952年），北京市档案馆，档案号：100-1-46。

② 《对保护贯彻婚姻法正确执行的几点意见》（1951年），北京市海淀区档案馆，档案号：2-103-42。

公，妇联组织迅速介入，不仅积极支持张老太太与朱光的婚姻登记，还耐心地向张家讲明婚姻政策，最终促成了这段姻缘。① 这一案例展示了国家保护寡妇的婚姻自主权的具体实践，以及妇联等组织在促进妇女权益保护方面所发挥的重要作用。

3. 主动为寡妇当介绍人，促成寡妇的婚姻

在推进婚姻自由与寡妇再嫁权利的过程中，基层干部不仅扮演着守护者的角色，更成为了连接幸福姻缘的桥梁。他们通过实际行动，主动为寡妇介绍对象，促成美满婚姻。北京市第十四区五合村的杨某是一位守寡五年的年轻寡妇，因家中劳动力匮乏而生活艰辛。在民政委员爱人的热心牵线下，她与同村的刘万和结缘，最终喜结连理，共同承担起家庭的重担。② 同样，在东郊区东坝镇，高淑敏也在团妇联的帮助下找到了归宿。③ 此外，北京市第十一区牌坊行政村的宋为华，在青年团员赵长林的鼓励下，勇敢地挣脱封建家庭的束缚，自主选择了婚姻伴侣，共同步入婚姻的殿堂。在山东省莒南县，妇代会更是主动承担起"新式介绍人"的角色，三年内成功促成九个寡妇再嫁，其中王玉美与队长怀铁的结合尤为感人。在妇代会主任王日兰的细心观察与热心帮助下，两人克服了心理障碍，勇敢地走到了一起。④ 他们的故事见证了基层组织在推动婚姻自由方面的积极作用。基层组织不仅关注寡妇的婚姻问题，更通过实际行动推动社会风气的转变，让婚姻自主成为广泛接受的社会共识。这种自上而下的推动与自下而上的响应相结合，共同促进了社会风尚的积极变革。

三、"干涉寡妇再嫁"思想和行为的转变

随着国家持续不懈的宣传与教育攻势，社会风气悄然转变，对寡妇再嫁的观念经历了从排斥到接纳的根本性变化。一系列统计数据有力证明了这一

---

① 《郊区目前的婚姻状况》（1954年），北京市档案馆，档案号：84-3-28。

② 《第十四区五合村婚姻法执行情况》（1951年），北京市档案馆，档案号：9-1-114。

③ 《团东郊区东坝镇支部团结广大青年宣传婚姻法，协助青年向封建婚姻作斗争》（1952年），北京市档案馆，档案号：100-1-46。

④ 山东省莒南县坪上区妇联：《妇代会帮助群众移风易俗》，《中国妇女》1966年第1期。

趋势：1950 年，河南省郑州专区在短短半年内便有 496 名寡妇勇敢改嫁；① 1951 年，北京市第十四区也记录了 53 个寡妇的婚姻；② 而到 1952 年，皖北阜阳专区更是有多达 3065 名寡妇找到了新的归宿。③ 这些数字不仅见证了法律的实施成效，更映射出社会观念的深刻变迁。值得注意的是，这种变化并非孤立现象，它伴随着家庭成员态度的转变。原本强烈反对寡妇再嫁的公婆，在国家的持续宣传下，也开始理解并尊重寡妇的选择。北京市海淀区霍某的言论便是这一变化的缩影，他坦言儿媳的婚姻应由其自主决定。④ 这标志着家庭内部对寡妇再嫁权利的认可。

同时，寡妇自身的思想观念也在逐步解放。在《婚姻法》的普及下，许多寡妇不再视再嫁为耻，而是勇敢地追求个人幸福。北京市海淀区多位寡妇在宣传后打消顾虑，积极寻找新的伴侣，如奚张氏和南淑珍的故事便是生动例证。北京市第十三区后屯村寡妇奚张氏丈夫死去还不到二年，家里缺乏劳动力且生活困难，于是就把几间房子卖了，地也典出去了。她早就想改嫁，但怕村里人耻笑，经《婚姻法》宣传后，她解除了思想顾虑，与心仪之人结婚。⑤ 北京市海淀区西苑街寡妇南淑珍，很早就想改嫁，但不敢提，怕人笑话，经《婚姻法》宣传后，提出了改嫁。⑥ 她们的经历展现了寡妇群体在新社会背景下的自我觉醒与勇敢抉择。

可见，生活在社会中的个体，在社会化的过程中持续学习和积累日常生活经验，自己的行为便能够适应不断变化的社会现实，对于"寡妇再嫁"观念的转变亦是如此。随着社会环境的变迁以及国家对《婚姻法》的持续宣传，人们逐渐将婚姻自由的价值理念内化，从而摒弃了过往对寡妇再嫁的偏见和限制。在这一过程中，寡妇再嫁行为逐渐被社会大众所接受，成为当时婚姻自由理念的重要体现。

当然，经济因素也在一定程度上推动了寡妇再嫁的选择。随着土地改革

① 《一年来执行婚姻法的初步检查和今后进一步贯彻执行的意见》，《新华月报》1951 第 4 卷第 6 期。
② 北京市第十一区人民政府：《关于检查婚姻法的报告》（1952 年），北京市档案馆，档案号：37-1-30。
③ 《今年上半年各地执行婚姻法情况》，《人民日报》1952 年 8 月 28 日，第 3 版。
④ 《海淀区三类型村的调查材料》（1953 年），北京市海淀区档案馆，档案号：1-105-23。
⑤ 《第十三区婚姻法贯彻至村的情况》（1953 年），北京市海淀区档案馆，档案号：1-103-93。
⑥ 《海淀区三类型村的调查材料》（1953 年），北京市海淀区档案馆，档案号：1-105-23。

的深入，一些原本依赖地主家庭生活的寡妇因经济来源的丧失而面临生存压力，再婚成为她们应对困境的现实途径。一位女性在 1943 年与地主的儿子结婚，那年她 18 岁，结婚第二年丈夫因病去世。她守寡 10 年。后来在他人介绍下与一位退役军人结婚。她说："那阵我就不想找了，解放后家里的地也分了，也没有房子了，这才找。"① 这一现象不仅反映了社会经济的变迁，也揭示了个人在特定历史条件下的生存策略。

　　本节探讨了《婚姻法》实施后，寡妇再嫁问题在社会观念与法律保障方面的显著转变。通过分析寡妇在追求再嫁过程中所遭遇的家庭、基层干部及自身观念等多重阻力，揭示了传统观念与现代法律之间的冲突与融合过程。同时，本节还着重阐述了国家如何通过多元化手段——广泛的宣传教育、坚决的法律介入以及主动的婚姻介绍服务——来逐步打破传统束缚，为寡妇争取婚姻自主权。

　　随着这些措施的深入实施，寡妇再嫁权利得到了有效保障，社会风气也随之焕然一新。寡妇不再受传统偏见的束缚，勇敢地追求个人幸福，自主选择婚姻伴侣，共同开启新生活。这一过程不仅彰显了国家对妇女权益的高度重视与保护，也体现了社会文明进步的步伐，标志着中国共产党在婚姻自由、性别平等等方面的持续努力与成就。

本章小结

　　本章通过对包办婚姻、早婚现象及干涉寡妇再嫁等行为的综合治理过程进行剖析，揭示了新中国成立后婚姻观念转型的复杂性与互动性。这一转型时期，不仅是中国社会制度深刻变革的缩影，更是婚姻观念从传统向现代迈进的关键阶段。

　　新中国成立后，《婚姻法》的颁布与实施成为国家法律向基层社会渗透的重要标志。这一过程不仅是法律条文的简单普及，更是国家与个体间文化

---

① 梁景和主编：《中国现当代社会文化访谈录》（第三辑），首都师范大学出版社，2013 年，第 421 页。

观念深刻碰撞与融合的生动展现。传统婚姻观念与现代婚姻理念的交织并存，构建了一幅"常中有变，变中有常"的社会图景，既保留了某些传统习俗的生命力，又推动了婚姻观念的现代化进程。

面对基层社会的多样性和复杂性，各级组织在推行《婚姻法》时采取了策略性的调适措施，以确保法律的有效执行与社会稳定。这一过程不仅突显了民间习俗、惯例与规则的强大影响力，也揭示了包办与自主婚姻之间的动态平衡状态。例如，半自主婚姻的普遍存在，正是这一平衡状态的直观体现。

同时，国家在治理早婚现象时，展现出了灵活应对的智慧。差异化的处理策略既体现了法律的严肃性，也兼顾了社会现实与个体需求，促进了法律的有效执行与社会观念的逐步转变。通过构建集体主义伦理话语体系，国家成功地将晚婚等价值观内化于心、外化于行，激发了青年群体对国家号召的积极响应，展现了个人行为与国家意志的和谐统一。

包办婚姻、重婚、纳妾及干涉寡妇再嫁等现象的逐步减少，是国家法律、社会制度与民众力量共同作用的成果。这一过程中，国家法律的规范与引导作用不可或缺，而民众法律意识的提升和社会观念的进步则为婚姻观念的转型提供了内生动力。国家与社会的良性互动不仅重塑了个人、家庭与国家之间的关系，更为现代婚姻制度的建立奠定了坚实的基础。

综上所述，1950 年至 1966 年间的婚姻观念转型是国家、社会与个体共同作用的典范。它不仅见证了法律的力量和社会制度的变革，也展示了文化传统的韧性与变迁。在现代化进程中，法律、习俗与个体选择之间形成了复杂而深刻的联系，共同推动着中国社会向更加文明、进步的方向发展。

第三章　社会资源重新配置下的择偶状况

择偶是社会成员基于客观环境和自身条件，挑选婚姻伴侣的行为。婚姻当事人的家庭状况，如家庭经济实力和社会地位以及个人特性，如年龄、相貌、职业、收入、文化水平、性格特点、个人能力和社会地位等，都被视为重要的考量因素。有人进一步将择偶因素化分为身体资源、心理资源和社会资源三个方面。身体资源涵盖健康、性功能、相貌和身材等生理条件；心理资源则包括心理健康、智能、责任感和性格等；社会资源则涉及学历、职业、收入和家庭背景等方面。无论择偶因素如何被划分，它们都反映了个体在生理、心理以及社会政治、经济、文化等的多个方面。择偶不仅是婚姻双方个人的选择，更是现实社会价值观念的一个缩影。[①] 由于择偶受社会文化、价值取向和道德标准的影响，不同时代人们选择配偶的标准不尽相同。1950年至 1966 年间，国家将原有的社会分层等级重新建构，形成了一套与之前社会完全不同的社会分层标准。本章主要探讨这一时期的择偶状况，分析这

[①] 李飞龙：《从"门当户对"谈起：论中国农村社会的择偶观（1950—1980 年）》，《晋阳学刊》2011 年第 4 期。

一时期择偶观念的显著转变、不同社会阶层在择偶市场上的显著差异以及代际间在择偶观念上的冲突与融合，进而揭示社会结构变革对婚姻观念产生的影响。

第一节　社会资源重新配置下的择偶阶层差异

新中国成立初期，国家在农村与城市推行了深入的改革，特别是在1953年至1956年间，成功完成了社会主义三大改造，确立了高度集中的计划经济体制。这一变革打破了原有社会秩序，重新配置了社会资源，导致不同阶层的社会资源分配产生了显著变化。在农村，国家进行了土地改革，实施农民土地所有制，并根据人们在建国前的贫富状况和革命支持程度，将农民分为贫农、下中农、中农、上中农、富农和地主等阶层。这一变革使贫农和下中农的政治地位显著提升，他们因其"出身"的优势，获得了招工、招兵、升学、提干、入党、入团等一系列的资格和机会，从而有机会接触到并获取到权威性优质资源。然而，地主、富农和上中农则经历了财产和政治权利的剥夺，社会地位骤降，他们过去所拥有的权威性优质资源大幅减少，甚至几乎丧失，个人发展机会也因其政治身份的低下而受到严重阻碍。在城市，国家通过民主改革，将人群划分为干部、工人、工商户、知识分子、小业主和资本家等阶层，其中资本家的社会地位和身份在这一时期显著下降，他们同样面临着社会资源的丧失和发展机会的受限。

随着1956年社会主义改造的完成和社会结构的显著变化，人们的择偶观念也发生了深刻的变化。在社会主义改造完成之前，人们的经济收入仍然存在差异，择偶观念在一定程度上仍受传统因素如家庭经济基础的影响。然而，随着改造的完成，传统的以家庭经济为基础的择偶标准逐渐失去其主导地位。取而代之的是，以政治面貌、个人成分、家庭出身等政治属性为主要考量因素的新择偶标准逐渐流行。本节主要探讨新中国成立初期择偶观念的变化及其原因，分析拥有更多社会资源的群体在择偶时表现出的自主性和偏好以及优质资源缺失者在择偶中的困境。同时，探讨政治因素在择偶中占据的地位以及择偶观的形成与社会结构之间的关系。

一、追求政治进步的择偶观念

根据社会认同理论，个体倾向于通过自我归类来认定所属的身份群体，以此获得认同并提升自尊，同时产生对内群体的偏好和对外群体的偏见。[①]这一理论在特定历史时期的中国社会得到了显著体现。在传统的阶级秩序被打破后，新社会的每个个体都面临着重新自我定位并寻找新社会环境下的群体认同的挑战。在这一过程中，"政治身份纯正"的群体间开始相互认同，并排斥那些"政治身份不纯"的群体。这种观念在择偶领域也产生了深远的影响。传统的"门当户对"观念，即基于财富和地位的匹配，逐渐被新的"政治身份"和集体主义伦理观念所取代。在这一时期，贫下中农、党团员、基层政权等国家代言人被视为"政治身份"较高的群体。在婚姻领域，与这类群体相互结合不仅代表着共同的价值理念，还体现了对新政权的政治态度。因此，双方政治身份的纯正成为人们普遍青睐的婚姻结合模式。例如，1951 年河南商丘郭庄区的宋启云和刘明霄的自由恋爱就充分反映了这一观念。女方表示："我爱你是共产党员，更能帮助我进步。"而男方也说："我爱你是青年团员，思想进步，咱俩思想一致。"[②] 这一例子生动地展示了政治身份在当时择偶中的重要性。在民众中，这种现象也普遍存在。男女青年在选择对象时，"首先是政治上考虑"成为一种普遍现象。他们往往会"先看对方是不是党员、团员"，以此来判断对方是否与自己具有相同的政治身份和价值观念。[③] 这一时期的择偶观念，无疑深深地烙印了时代的印记，反映了当时社会政治环境对个体选择和行为的深刻影响。

在人类社会发展进程中，辛勤劳动通常是换取生活富足的必要条件，而极少数"有闲阶级"则能过上"不劳而获"的生活。在中华人民共和国成立

---

① 邓惟佳：《迷与迷群：媒介使用中的身份认同建构》，中国传媒大学出版社，2009 年，第 118 页。
② 《一年来执行婚姻法的初步检查和今后进一步贯彻执行的意见》，《新华月报》1951 第 4 卷第 6 期。
③ 《资产阶级思想及生活方式表现在女工工厂手工业者及农妇方面的情况》（1954 年），北京市档案馆，档案号：84-3-28。

之前，大多数人渴望成为地主、财主、资本家等"有闲阶级"，享受财富和闲暇。然而，新中国的成立标志着国家开始积极倡导"劳动光荣"的原则和理念，作为完成现代化社会所需资本积累的重要手段。在这一背景下，那些通过占有生产资料而不劳而获的思想和行为被视为"剥削"思想，与"劳动光荣"的理念背道而驰。

新中国不仅倡导"劳动光荣"，还将"爱劳动"与"追求政治进步"紧密相连。在国家的宣传与话语体系建构下，热爱劳动被视为追求政治进步的具体表现，而积极追求政治进步的人也必然热爱劳动。这种观念深入人心，使得生产小队长、劳动积极分子、生产模范等成为青年男女择偶时备受青睐的对象。例如，河北省当时的民谣中唱道："马里头挑马不一般高，交了个干妹子数你好。不图宅子不图地，爱那后生劳动有力气。"① 这首民谣反映了新的择偶观念，即不再看重对方家庭的经济状况，而是与生产劳动联系在一起。1953 年"贯彻婚姻法运动月"后，男女青年在选择对象时，除了政治上的考虑外，还看重对方是否入了合作社、劳动表现如何等。女工择偶时以劳动好、学习好、是否进步、是否参加了合作社为条件。② 例如，北京市丰台区的一对青年男女都是青年团的积极分子，他们因为彼此劳动好、工作好、学习好而产生了感情。③ 再如，北京市海淀区萧家河的李自华与田永志结婚，有人评价说："两人都是劳动能手，人家多好呀！"这些例子都表明，在新的历史时期，"爱劳动"与"追求政治进步"的价值观念紧密相连，构成了当时备受青睐的婚姻结合模式。

这种婚姻模式在当时的文学作品中也得到了广泛推崇。如表 3—1—1 所示，《结婚》《喜鹊登枝》《儿女们自己的事》等文学作品中的丈夫和妻子都是劳动积极分子或担任一定的政治职务，他们的婚姻被视为美满婚姻的典型代表。这反映出在国家的大力宣扬和个体的积极适应下，新的历史时期中"美满婚姻"的结合模式得以形成，即双方都是劳动积极分子或具有一定的

---

① 河北省地方志编纂委员会：《河北省志·妇女运动志》，中国档案出版社，1997 年，第 650 页。
② 《资产阶级思想及生活方式表现在女工工厂手工业者及农妇方面的情况》（1954 年），北京市档案馆，档案号：84-3-28。
③ 《郊区目前的婚姻状况》（1954 年），北京市档案馆，档案号：84-3-28。

政治地位，这种结合模式既体现了"劳动光荣"的理念，也体现了追求政治进步的价值观念。

表 3—1—1　美满婚姻与夫妻政治地位

文学作品名称	丈夫	妻子
《结婚》	团支部书记、互助组组长	学习和生产积极分子
《喜鹊登枝》	农业社会计股长、团支部委员	农业社队长
《儿女们自己的事》	农会组织委员、宣传委员	妇女小组长、学习小组长

二、优质资源获得者择偶的强自主性

社会分层的等级序列往往与人们的择偶标准紧密相连。布迪厄在其著作中，将"积累的劳动"定义为一种"资本"，并进一步细分为经济资本、社会资本、文化资本和符号资本，这些不同类型的资本之间是可以相互转换的。[1] 这一理论框架为我们理解新中国成立初期人们的择偶观念变化提供了有益的视角。在新中国成立初期，随着社会制度的深刻变革和国家现代化进程的推进，人们的择偶观念也发生了显著的变化。这一时期，择偶不再仅仅基于传统的经济地位和家庭背景，而是更多地受到政治身份、社会地位以及集体主义伦理观念的影响。拥有优质资源的人群，特别是那些具备较高政治资本或社会资本的个人，能够将其转化为其他形式的符号资本，从而在婚姻市场上获得更高的价值。因此，与政治资本紧密相关的身份，如干部、军人、工人、贫下中农以及党员、团员，成为人们择偶时的热门选择。这些身份不仅代表着不同的社会价值和政治地位，也反映了当时社会的主流价值观和人们对未来生活的期待。在这一时期，"一军二干三工人"的择偶口号广泛流传，体现了女性在选择伴侣时对军人、干部和工人的高度认可。同时，本人成分（如军人、干部、工人）、家庭出身（如贫下中农）以及政治面貌（如党员、团员）也成为衡量择偶对象价值的重要标准。这些身份特征可以

---

[1]　[法]皮埃尔·布迪厄，康华德著，李猛、李康译：《实践与反思：反思社会学导引》，中央编译出版社，1998年，第135页。

单独存在，也可以相互交织，形成复杂的身份组合，从而进一步影响人们在婚姻市场上的择偶范围和自主性。本部分试图探讨拥有优质资源的群体在择偶时表现出怎样的自主性和偏好以及这些变化背后反映了怎样的社会动因和价值观变迁。

1. 干部是公权力的代理人和国家资源的再分配者

干部作为国家公权力的代理人和社会资源的再分配者，拥有较高的社会地位和政治声望，常被视为社会精英群体，因此在择偶市场上成为人们的首选对象。这一现象深受"学而优则仕"传统观念的影响，许多人认为与干部结婚能够带来更多的社会资源和尊重。例如，吉林亚麻厂的女工在择偶时明确表达了对干部身份的偏好，她们所描绘的"插兜裤子吊兜袄，派克钢笔游泳表，年青小伙资格老"正是当时干部形象的典型写照。一些人更是出于"荣宗耀祖，全家有依靠"的考虑，选择与高级干部结婚，以此展现自己的地位和威风。[①]

> 访谈一：我和我爱人认识是在省党校学习期间，那是 1954 年，在吴县唯亭搞统购统销、搞普选结束，重新回到党校后，我的组长介绍认识的……他不抽烟不喝酒，又是组织部的干部，我心中对组织部的干部很崇拜，因为这类干部是管理党的干部，对人的品德要求比较高。[②]

在访谈一中，葛女士特别强调了其配偶的组织干部身份。她表示，自己心中对组织部的干部很崇拜，因为这类干部是管理党的干部，对人的品德要求比较高。这种身份意味着他们拥有更高的个人社会地位，并且在获取权威性社会资源方面相较于其他人有更多的途径和机会。葛女士选择与组织干部结为配偶，正是基于这样的考虑，期望通过与组织干部的婚姻关系，获得更强的安全感和更丰富的社会资源。这进一步证明了干部身份在择偶市场中的吸引力，以及人们如何通过婚姻策略来追求物质和象征利益的最大化。

> 访谈二：我要求找的对象要同龄、同辈、出身好、个人品德好、有

---

① 三野记者组讯：《华东部队中的婚姻问题情况》，《新华社内参》1953 年 4 月 6 日。

② 来自中华女子学院中国女性图书馆所藏妇女口述史资料，受访者：葛女士，1955 年结婚。

工作。出身好，就是说家里不能是地主，没干过伪军的事儿。因为我是中国共产党的人，怕政治上受委屈，不能找个毛底。要求同龄、同辈是因为新婚姻法规定自由恋爱、自由结婚、父母不能包办后，有很多男的离婚了，这样的男的我不找。再说，我都参加工作了，不会找个农民，将来对工作、生活，还有小孩都不方便。后来，在我们村里驻过一个公安局秘书，要给我介绍对象——公安局的文职侯 XX，比我小两个月。他说他肯定了解侯 XX 情况。我就同意晚上去和他见见面、说说话。见了面之后，彼此都觉得挺合适，就开始谈恋爱。①

在访谈二中，受访者详细阐述了其择偶标准，除了要求同龄、同辈外，还特别看重配偶的家庭出身、个人成分以及从事的职业。基于这些标准，受访者选择了公安局干部作为恋爱对象。受访者认为，选择这样的"出身好"的干部作为配偶，可以避免在政治上受到委屈。在当时的特殊政治背景下，这种选择体现了"利益最大化"的考量。通过与这样的干部结为伴侣，受访者不仅获得了安全感，还提升了自己的社会地位，并获得了更多的社会资源。从人们的择偶实践中可以看出，择偶实际上是一种旨在"获取最大物质和象征利益的策略系统"，②反映了人们在生活中追求物质资本和象征资本的需要以及如何通过婚姻来实现这些目标的策略考量。

2. 工人阶级是无产阶级的一部分

马克思曾预言工人阶级是资本主义制度的掘墓人，而毛泽东在《论人民民主专政》中进一步强调了工人阶级在中国革命和建设中的领导地位，指出："总结我们的经验，集中到一点，就是工人阶级（经过共产党）领导的以工农联盟为基础的人民民主专政。"③ 1949 年 3 月，中国共产党七届二中全会在河北平山县西柏坡村召开，明确了中国由农业国向工业国转变的战略目标，并特别强调在城市工作中，党必须全心全意地依靠工人阶级。随后，国家颁布的《共同纲领》确立了工人阶级的领导地位，将其置于人民民主专

① 来自中华女子学院中国女性图书馆所藏妇女口述史资料；受访者：李女士，1955 年结婚。
② 刘汶蓉、李冰洁：《"过家人难"：农村青年的婚姻风险化与个体策略困境——基于豫西南 D 县的调查研究》，《妇女研究论丛》2021 年第 2 期。
③ 《毛泽东著作选编》，中共中央党校出版社，2002 年，第 378 页。

政的核心。在这一时期，由于国家正处于建设时期，城市工业化进程急需推进，成为工人阶级的一员，去参加国家工业化建设被视为追求进步的表现。因此，"工人阶级最光荣"成为当时广为流传的政治口号，工人阶级所拥有的政治地位和经济待遇也相对较高。

这一时期，工人也因此一度成为择偶市场上受青睐的群体。农村妇女愿意找工人作为对象，因为工人享有较高的生活待遇，如"吃自来水，点油灯，又有面、又有油，将来还要住大楼"。[①] 不在山区的妇女也愿意与工人结婚，因为工人的待遇相对较高。[②] 郊区姑娘也希望嫁给工人，认为"一工一农，到老不穷"。[③] 这些观念反映了当时社会对工人阶级的崇尚和对稳定生活的向往。然而，也有一些人在追求与工人结婚的过程中上当受骗，如徐水县的王淑梅，她在来京的第二天便经人介绍与石义登记结婚，但后来发现男方不是工人且收入有限，与介绍人说的情况不符，最终选择离婚。王淑梅表示："我一定和他离婚，我不能找个工人对象，结果还不如农民呢！"[④] 这一例子反映了当时社会对工人阶级身份的极度追求以及这种追求在某种程度上导致的盲目性。总体而言，这一时期工人在社会中享有崇高的地位，并且在择偶市场上也受到了普遍的欢迎。

3. 贫下中农是无产阶级在农村依靠的主要力量

贫下中农是人们对贫农和下中农的合称。贫农阶级在土地改革之前一般不占有土地或拥有少量的土地和农具，他们往往需要租种土地或出卖劳动力为生。下中农是指土地改革之前生活水平较低下的中农，他们拥有少部分生产资料，有的情况下须以出卖劳动力为生。土地改革后，贫下中农不仅分到了土地和财产，而且拥有了较高的政治地位和社会尊严。1950 年 6 月，国家颁布了《中华人民共和国土地改革法》，该法认为贫下中农是无产阶级在农村中的主要依靠力量。因此提出要依靠贫雇农、团结中农。此时，贫下中农中的不少人成为党和国家在农村基层社会的代言人，如担任支部书记、农会

---

① 三野记者组讯：《华东部队中的婚姻问题情况》，《新华社内参》1953 年 4 月 6 日。
② 《郊区农民婚姻家庭中存在的问题》（1954 年），北京市档案馆，档案号：84-3-28。
③ 《上海妇女志》编纂委员会：《上海妇女志》，上海社会科学院出版社，2000 年，第 526 页。
④ 《南苑区 1954 年婚姻工作报告》（1954 年），北京市档案馆，档案号：37-1-58。

主任、民兵队长、妇女队长等职务。①

在国家的积极宣传和倡导下，"有闲"的状态被重新定义为剥削阶级特有的思想观念和生活习惯，而非身份和地位的象征。赚钱和积累经济资本不再是人们普遍追求的生活目标。相反，贫下中农作为不占有生产资料但辛勤劳动的群体，与当时国家宣扬的价值观高度契合，因此他们享有较高的社会荣誉和地位。这种社会认可使得贫下中农在当时的婚姻市场上成为备受青睐的对象。

> 访谈：我家成分不好，我周岁十九，虚岁二十的时候，我舅舅就给我说媒了，对方比我还小三岁。说的就是他们住的庄上的贫农，家里头穷，但是成分好。②

从上述访谈资料中，我们了解到受访者选择嫁给一位贫农，尽管他家中经济拮据且年龄较女方小三岁，但因其"成分好"——即政治背景清白，符合当时社会的主流价值观，从而赢得了受访者的青睐。这进一步证明了在当时社会背景下，贫下中农因其政治地位和社会价值观的契合而成为婚姻市场上的优选对象。

4. 党员、团员是政治进步的象征

"政党庇护论"认为，国家社会主义中的绝大多数资源和机会是由政党所掌握的。一般来说，出于巩固政权的需要，政党往往会选拔与自己理想信念相同的人进入政党组织体系之中。所以，这一时期，具有党员身份的个体一般是党组织的重要选拔对象。而团员作为党的得力助手和后备力量，其身份也成为一种显著的政治资本，因而党团员身份成了人们追求进步的象征。同时，党员、团员往往承载着集体主义的价值伦理，预示着较好的政治前途。不论是共产党员还是青年团员，他们都享有获取权威性社会资源的多种机会和途径，甚至本身已拥有较多社会资源，并在各类岗位中担任重要职务，如机关干部、农会主任、民兵队长、团支部书记、生产小组长等。鉴于

---

① 苌娟：《实施〈婚姻法〉对农民婚姻的政治影响——基于河南省开封市郊区当事人的口述历史》，华中师范大学 2018 年硕士学位论文。

② 来自中华女子学院中国女性图书馆所藏妇女口述史资料，受访者：汪女士，1961 年结婚。

这些优势，拥有党员、团员身份的人自然成为人们择偶时的理想对象。如青年杨某工作一直较好，介绍人鲁某给其介绍对象时，特意跟对方强调说，"杨师傅年青又是党员，你要好好向他学习"。[①] 在小说《二妞结婚》中，二妞的择偶对象是共产党员，她以此身份为依据，推断对方明理懂事。尽管这种判断带有一定的武断性，但它确实反映了当时社会背景下党员、团员身份在婚姻市场中不可忽视的影响力。人们普遍认为党员、团员具备高尚的品质和先进的价值观念，因此成为择偶时的优选对象。

> 访谈：我写信就说，我说我两个相处，我的要求就是，首先一个问题就是政治可靠，你政治可靠了，政治方面是一个党员或者是有组织的人，你不会犯什么大的错误，有组织管着呢，首先这一条。后来他很快就入党了，可能也在我的鼓励要求下吧。他入党是够条件的，我觉得一个党员还是比较可靠的。[②]

从安全感的视角出发，我们更能深入理解人们的择偶标准。安全感是人们在日常生活中追求身心健康和生活稳定的基本心理需求。在择偶过程中，人们会综合考虑自身当前及未来的安全状况。在特定社会环境下，政治因素不仅关联着身份、权力、地位、尊严、经济能力和信任感，更直接关系到一个人是否能"安全"地生活。访谈中，受访者倾向于将政治面貌与个人品德相联系，因为当时社会所建构的党员、团员等身份符号与国家倡导的大公无私、甘于奉献等价值观高度契合。在公众认知中，党员不仅信念坚定、工作扎实且成绩优异，更在日常生活中发挥着"先锋模范"的带头作用。因此，在择偶时，受访者往往将"政治可靠"视为首要考量因素。

当然，上述内容仅概括了当时择偶特点的一个大致情况。在这些不同类型的择偶群体中，确实存在着等级差异，特别是在那些拥有"硬件"优势的人群中表现尤为明显，他们在择偶时往往抱有更高的期待。如有些女工因为具有工人阶级的社会地位和身份，这种身份标识使其在择偶市场上更具有优势，她们中有人"不愿找体力劳动的，愿找职员、干部，认为收入多。也

---

① 《毒害青年的鲁全平》(1964 年)，北京市档案馆，档案号：100-1-894。
② 来自中华女子学院中国女性图书馆所藏妇女口述资料，受访者：A 女士，1956 年结婚。

有的愿找转业军人，因为有储蓄"。① 有些女学生择偶有四个条件，分别是"牌子响（共产党）、样子好（大学生）、脾气合得来、宁死不嫁老干部、非技术人员不嫁"。② 可见，拥有更多优质资源的群体在择偶市场上享有更大的选择空间。前已述及，即便干部在择偶市场上颇受欢迎，女大学生在面临老干部与技术人员两种选择时，往往更倾向于后者。这些例子均表明，拥有优质资源的群体在择偶时展现出强烈的自主性和明确的偏好，他们更倾向于选择与自己社会地位、资源相匹配的伴侣。

> 访谈：那个时候共产党员得找一个家庭出身好的，最好是个共产党员。在职业上，我没考虑干部。我们那前儿时兴介绍军官，大家带着大黄牌子，我一看就挺害怕，介绍军官我是不会干的。教师我也没想……从我这思想来讲，职业的话，找个搞个工程技术的技术员啥的，不用工程师，技术员就行，我也没有太高的文化。要是别的职业，找个搞音乐、搞文学或者艺术创作的，这个都挺好。搞对象介绍这一个就是这一个，还就成了，就这么简单。介绍时就说他们班同学，他毕业分配到省歌舞剧院，在艺术室搞作曲。一看行，这职业我还挺喜欢，因为我挺喜欢音乐，我性格就是这样，比较活泼，愿意唱愿意跳，另外在幼儿园很需要音乐，弹琴，教孩子唱歌、跳舞。这倒行，一看这人长得不怎么好，但是一想家庭出身还挺好，贫农，人也挺老实、挺厚道的，还行，就这么处了四五年。③

受访者自身的阶级成分较好，在择偶时具有较大的选择范围，她在军人、教师和艺术工作者之间做出了选择，最终倾向于艺术工作者。值得注意的是，这位艺术工作者不仅满足了"硬性"条件，如共产党员的身份和贫农的出身，还满足了受访者的个人情趣、业余爱好和生活风格等要求。这一现象凸显了在"硬件"方面具有优势的群体在择偶时，除了考虑政治身份和阶级成分等"基本"条件外，还会考虑到个体的精神层面需求。这一择偶行为

① 北京市妇联：《目前城市婚姻家庭中存在的问题》（1954年），北京市档案馆，档案号：84-3-28。
② 《北京市第六区婚姻法执行情况检查委员会工作总结》（1951年），北京市档案馆，档案号：39-1-132。
③ 来自中华女子学院图书馆所藏妇女口述史资料，受访者：胡女士，1960年结婚。

体现了马斯洛需要理论的层级化特征，即当基本的安全需求得到满足后，个体会在择偶过程中追求更高层次的精神生活需求。

总体而言，择偶过程可以被视为一个"定位"和"比较"的过程。在日常生活中，我们每个人都身处于多元的社会关系中，并带着各种特定的社会身份。对于优质资源拥有者来说，他们在选择伴侣时，会自然而然地比较自身所拥有的婚姻资源与潜在伴侣所拥有的婚姻资源。这一比较不仅涉及物质条件，还广泛涵盖教育背景、社会地位、兴趣爱好、价值观等多方面因素。当双方在这些方面的资源差异过大时，未来的婚姻生活可能会遭遇观念上的冲突和生活上的不和谐。相反，若双方资源相近，则更易于在婚姻生活中找到共鸣，形成一致的生活方式，进而增强婚姻的稳定性和幸福感。这一过程深刻体现了优质资源拥有者对婚姻伴侣的期望与要求，同时也映射出社会对婚姻关系的一种普遍期望。因此，优质资源拥有者的择偶观，是个人与社会共同作用的结晶，他们在择偶时不可避免地会经历这样的考量与选择，共同构建着属于自己的婚姻愿景。

三、优质资源缺失者择偶的弱自主性

中华人民共和国成立后，国家迅速推进了一系列社会运动，包括土地改革、增产节约、"三反五反"、"镇反"以及社会主义改造等。这些运动实质上是无产阶级联合工人、农民、小资产阶级与"敌对阶级"之间的斗争。特别是在20世纪50年代后期，"反右运动"的兴起和阶级观念的深化，使得阶级斗争的观念和方式渗透到包括婚姻在内的日常生活中。地主分子、富农分子、反革命分子、坏分子以及"右派"分子，即俗称的"黑五类"，成为打击的对象。他们在升学、招工、招兵、提干等领域均受到限制，甚至可能面临国家的管制和监督改造。更值得注意的是，他们的子女在获取优质资源的机会和途径上也受到了限制。由于阶级成分由父亲决定且世代承袭，阶级成分的好坏在当时成为人们择偶时重要的参考因素。当时流行的一句择偶标准的顺口溜"只要成分好，旁的莫计较"，[①] 就反映出人们对阶级成分的重视

---

① 河北省地方志编纂委员会编：《河北省志·妇女运动志》，中国档案出版社，1997年，第650页。

程度。同时，这也凸显了阶层较低者在择偶市场中所面临的严峻困境，使得他们在这一市场中显得被动和微弱。

> 访谈：在当时，我们是富农的身份，我姐姐的丈夫就不是富农，富农最好不要嫁给同样也是富农的人的，要是富农还是嫁给富农的话就要命了，身份不好啊。在当时，假若你是富农的话，别的人家也不一定要你的，富农是被人嫌弃的，富农和地主都不是很光鲜的，都是会遭人嫌弃的。[①]

中华人民共和国成立后，随着社会结构的深刻变革，地主和富农阶层的社会地位与社会认同也随之发生了显著的转变。这一转变进一步影响了他们的择偶标准，使其发生了根本性的变化。这个访谈不仅揭示了当时社会对富农身份的偏见和歧视，也反映了历史背景下社会阶层的复杂性和个人身份认同的困境。受访者提到富农最好不要嫁给同样身份的人，反映了当时社会对于婚姻选择的严格限制，婚姻中爱与不爱的自由并非仅由个体单方面决定，而是与社会规范和集体价值观紧密相连。这种限制不仅影响了个人的婚姻自由，也加剧了社会阶层的固化。

在一个全民积极追求进步的时代背景下，如果那些被视为"先进分子"的贫下中农、党团员、军人、干部、工人等选择与"黑五类"成员结婚，他们可能会面临着牵连和批判。这种背景下，尽管一些青年男女之间产生了真挚的爱情，但双方往往会因为一方属于"敌对阶级"而深感忧虑和顾忌。如一位来自地主家庭的女性计划与一位中农背景的男性缔结婚姻，但这一请求却遭到了拒绝，未获批准的原因是为了防止地主在土地改革期间利用婚姻来"钻空子"并破坏改革的成果。[②] 这一事件不仅体现了当时社会对于阶级界限的严格划分，也反映了在爱情与阶级利益之间，后者往往占据主导地位的社会现实。成都市档案馆的一份《关于处理共产党员的婚姻问题的通知》指出，共产党员若要与带有"地富反坏右"等身份标签的人结婚，这是很危险的行为，它有可能对党组织和党员个体带来危害，同时指出，共产党员的婚

---

① 来自中华女子学院中国女性图书馆所藏妇女口述史资料，受访者：周女士，1960年结婚。

② 中华人民共和国民政部民政司：《婚姻工作手册》，群众出版社，1989年，第95页。

姻必须服从党的利益。① 在当时的社会背景下，如果有人不听从组织或亲友的劝导，执意选择与"敌对阶级"成员结婚，这一行为将被组织视为与主流价值观相悖的另类之举，他们可能会面临组织的严厉批评和相应的处分，这些处分可能包括影响个人政治生涯的严重后果，如无法加入共青团、共产党或在职业发展中受到阻碍，无法得到提拔重用。

> 访谈：他比我大一岁。人长的很漂亮，很帅气，毛笔字写得很漂亮，又是共产党员，在县委工作……他知道我出身不好，也没有怎么样……他等了我三年，写了几次报告，组织上都不批。最后一次党组织跟他讲："你是要虞XX？你还是要党籍？"他要党籍，把我舍弃了，就是这样分离的。他很伤心，生了一场大病。我也生病，也很伤心，忍痛把他的信都烧掉。②

这一访谈清晰地展现了在特定历史背景下，个体择偶自由度的有限性。单纯的爱情并不能支配一切和代替一切，它受到了政治立场和阶级地位的深刻制约。访谈中，我们了解到了一位家庭出身不佳的受访者与其恋爱三年的对象所面临的重重困难。尽管男方多次向组织提交报告，申请与受访者结婚，但始终未能获得组织的批准。最终，在面对党组织给出的选择——是要恋爱对象还是要党籍时，男方作出了将个人情感追求让位于对国家和革命的"坚守"与"忠诚"的决定。这一选择凸显了当时社会背景下人们无法选择自己的出身，阶级差异像一座难以逾越的大山，横亘在每个人面前，使得他们在婚姻选择中显得无能为力。这一案例再次印证了，在特定的历史背景下，单纯的爱情并不能决定一切，它必须服从于政治立场和阶级地位的考量。这也正是1950年《婚姻法》所提倡的"婚姻自由"原则在实践中所遭遇的现实困境。

> 访谈：整风反右的时候，他有右派言论。我想我是共产党员，找个右派言论的，组织能批准我吗。这样我们俩，似好不好的，就这样磨蹭

---

① 《关于处理共产党员的婚姻问题的通知》，成都市档案馆，档案号：35-1-4-1。
② 来自中华女子学院中国女性图书馆所藏妇女口述史资料；受访者：虞女士，1955年结婚。

了好几年。后来因为他家庭出身好，领导说他也不算啥事儿，还是个骨干，就这么算了。我这么想啊，可能就这样，完了就又行了。①

访谈中，这位女性讲述了她因择偶对象的政治身份而面临的纠结和徘徊。在受访者的择偶过程中，她遭遇了一个特殊的挑战。由于她的择偶对象被发现有右派言论，这一政治因素使得她在是否继续这段恋情上产生了深刻的犹豫。出于对自身安全的考虑，她陷入了纠结和徘徊，导致双方的关系在"似好不好"的状态下"磨蹭了好几年"。然而，随着时间的推移，她发现这些言论并未对他的个人发展造成显著影响，因此，双方的关系得以重新确立，恋爱也得以继续进行。这一经历深刻地反映了政治身份在当时人们择偶过程中所占的重要位置，体现了个人情感与社会政治环境之间的复杂交织。

1964年，《中共中央关于农村社会主义教育运动中一些具体政策的规定修正草案》指出，如果拥有党团员、干部或贫下中农等身份的人与地主和富农子女结婚，要给予他们以教育，防止其"落入阶级敌人的圈套"。不过，同时也强调"成份不同的男女如完全出于双方的自愿，原则上是准许结婚的"。指出，同地主、富农子女结婚的党员、团员和干部，"主要根据他们本人的表现"，但如果受到对方的影响，另一方则面临着被严肃处理，甚至面临着被开除党籍的危险。② 一些土地改革仍在继续的地方规定，出身为地主家庭的个体与普通群众结婚时，建议双方缓期结婚以防止地主阶级的破坏；在土改已完成的地区，当地主出身的个体（一般是女性）与一般群众结婚时，建议出身较好的一方注意另一方是否愿意接受改造，以防止双方婚后因阶级立场不同而出现纠纷。③ 可见，虽然国家明确了与地主、富农子女结婚的原则，并对与"敌对阶级"结亲的行为进行了干涉和纠正，但在现实生活中，人们出于对安全的考量，尤其是拥有优势资源的阶层，在择偶时往往仍会避免选择被视为"阶级敌人"的对象。这一现象反映了传统以经济为基础的择偶观念逐渐被以意识形态为标识的择偶观念所取代。拥有优质社会资源

① 来自中华女子学院中国女性图书馆所藏妇女口述史资料，受访者：胡女士，1960年结婚。
② 中共中央文献研究室：《建国以来重要文献选编》（第十九册），中央文献出版社，2001年，第32页。
③ 《川西人民法院指示》，成都市档案馆藏，档案号：8-3-16。

的群体在择偶时，会全面评估对方的生活系统，并倾向于"择优"选择。而对于社会资源较弱的群体，他们的择偶自主性则较为有限。这揭示了择偶与社会结构之间的紧密联系。个人在择偶时，往往会考虑到配偶能否为未来的生活带来安全感，而这种安全感的标准具有鲜明的时代特征，特别是在这一时期，它与国家政治紧密相连。因此，择偶不仅关乎家庭和个人，更是一项与国家、社会利益紧密相关的"公事"。

　　本节通过对新中国成立初期社会结构变革背景下择偶观念的深入剖析，揭示了政治因素、阶级身份在择偶过程中扮演的关键角色。这一时期，随着社会主义改造的完成，社会资源重新配置，原有的社会经济秩序被打破，贫下中农、党团员、干部、工人等群体因政治身份纯正和较高的社会地位成为择偶市场上的热门对象。相反，地主、富农等"黑五类"成员则因政治身份不佳而面临择偶困境。择偶标准由传统的家庭经济基础转变为政治面貌、家庭出身等政治属性，反映了当时社会政治环境对个体择偶行为的深刻影响。在国家倡导"劳动光荣"和"追求政治进步"的背景下，热爱劳动和追求政治进步成为人们择偶时的重要考量因素，进一步强化了政治因素在择偶中的地位。优质资源获得者在择偶时展现出强烈的自主性和明确的偏好，他们倾向于选择与自己社会地位、资源相匹配的伴侣，以期获得更大的物质和象征利益。而优质资源缺失者则面临择偶自主性受限的困境，他们的择偶选择受到政治身份和社会偏见的制约，难以获得与自身期望相符的伴侣。这一现象不仅体现了当时社会结构的复杂性和阶层差异，也揭示了择偶行为背后深刻的社会动因和价值观变迁。此外，本节还探讨了政治因素在择偶中的重要地位，以及择偶观与社会结构之间的紧密联系。在当时的社会背景下，政治身份不仅关联着个人的社会地位、权力和经济能力，更直接关系到婚姻的稳定性和未来的发展前景。因此，人们在择偶时普遍将政治因素放在首位，以确保婚姻的安全和可靠性。

第二节　组织伦理指向下的"特殊职业者"的择偶状况

　　在长期革命斗争中，中国共产党凭借严密的组织纪律与伦理，赢得了革命与建设的辉煌成就。这一过程中，党员们常常需要在个人生活与党的利益之间做出抉择，家庭与革命伦理的交织成为常态。即便在中华人民共和国成立后，面对新的国家建设任务，这种牺牲小我、成就大我的精神依然延续。特别是在婚姻等私人领域，党员们依然坚守将党的利益置于首位的原则，当个人婚恋选择与组织利益冲突时，往往选择服从大局。

新中国成立初期，社会稳定与国家安全成为首要任务，党员干部的婚姻问题也因此被赋予了特殊意义，不再仅仅是个人私事，而是关乎国家安全与组织稳定的重要环节。对于军人、保密机构人员等关键岗位上的党员干部，其婚姻更是需要经过组织严格的审查程序。这一过程不仅涵盖了个人资历的核实，确保符合法定结婚条件，更重要的是对择偶对象的政治背景进行深入调查，以排除任何可能危害国家安全和组织利益的因素。这种审查制度，作为特定历史时期保障国家与组织安全的必要手段，充分体现了个人行为与国家命运紧密相连的时代特征。对四川省凉山彝族自治州某女干部的访谈生动地展示了中华人民共和国成立初期党员干部婚姻审查制度的实际运作情况，同时也反映了当时社会背景下个人生活与组织纪律之间的紧密联系。

> 我的丈夫王兴裴是冕宁人，1929 年生，毕业于西昌师范，我与丈夫结婚之前算是同事，那时他任团地委副书记，我是团县委的一名工作干事。当时结婚要向组织上写申请。写申请就说，某某人跟某某人申请结婚，他是哪儿的，多少岁。那时候我们两个都是党员，当然也不存在啥子问题，向地委组织部写申请都批准了。申请批下来组织上就通知。地委组织部通知西昌县，县委组织部通知我，批准我们结婚了。①

在这个社会变革剧烈、政治运动频繁的特殊历史时期，婚姻作为社会生活的基石，其意义远远超出了个人情感的范畴，深受当时政治环境的影响。张女士与王兴裴的婚姻，正是这一时代背景下婚姻政治化特征的生动体现。从他们的经历中，我们可以看到，结婚不再仅仅是两颗心灵的结合，而是一场涉及多层级行政体系的审批过程。从地委组织部到西昌县县委组织部，每

---

① 张李玺主编：《倾听与发现：妇女口述历史丛书·追寻她们的人生——新四军、志愿军女战士和妇女干部卷》，中国妇女出版社，2014 年，第 156—157 页。

一级组织都扮演着审查与批准的角色，这一严谨的审批流程不仅反映了当时行政体系的严密与高效，更深层次地揭示了婚姻决策中政治因素的介入。张女士与王兴裴作为党员干部，他们的婚姻选择不仅仅是个人私事的范畴，而是必须接受组织的全面管理和监督，这充分展现了当时社会高度强调组织纪律与个人服从组织规范的原则。通过这一访谈，可以看到，在那个特殊的历史时期，个人的婚姻自由在某种程度上受到了限制，但这种限制背后，是党组织为确保国家安全、维护组织纯洁性所做出的努力。它不仅是政治环境对个人生活深刻影响的例证，也是党组织全面管理成员、强化组织凝聚力的一个缩影。因此，张女士与王兴裴的婚姻故事，不仅是一段个人情感的记录，更是那个特殊历史时期社会政治环境的一个缩影。

本节主要探讨革命军人和新疆生产建设兵团官兵的择偶状况。具体而言，将分析军人择偶条件与规定的历史背景及其背后的组织伦理考量，揭示特定历史背景下新疆生产建设兵团官兵择偶的特殊性以及国家、组织与个人在婚姻问题上的错综复杂的互动关系。

一、军人的择偶

中华人民共和国成立后的现役革命军人，指的是那些脱离生产、加入人民军队、担任工作并取得军籍的个体。[①] 这一群体在国家中承载着无比重要的角色，因为他们肩负着保卫国家、维护社会稳定的神圣使命。正如中国古人所言，"国之大事，在祀与戎"，强调了军事在国家事务中的核心地位。中华人民共和国的成立，正是无数革命战士以生命和鲜血铸就的辉煌篇章，他们为国家的独立和民族的解放付出了巨大的牺牲。新中国成立后，这些军人继续肩负着保家卫国的重大职责，因此，他们在国家中享有崇高的政治地位，被誉为"站在人民解放战争和国防的光荣岗位上"。[②]这一荣誉不仅是对他们个人英勇和奉献的认可，也是对他们所代表的国家军事力量的尊重和崇敬。

---

① 中国人民大学法律系民法教研室、资料室编写：《中央法制委员会关于"婚姻法"所规定之"革命军人"范围的解答》，《中华人民共和国婚姻法资料选编》（校内用书），1982年，第275页。

② 《实行新民主主义的婚姻制度》，《人民日报》1950年4月16日，第1版。

在这一时期，与军人结为配偶不仅承载着丰富的政治道德意涵，更成为许多人在择偶过程中竞相追求的时尚。如北京市郊区与部队住得近的妇女都愿嫁军人。① 这种倾向不仅体现在普通民众中，也在一些特定群体中有所体现。例如，一位青岛国棉六厂的女工在访谈中提及"国棉六厂经常跟隔壁飞机场的军人联欢，我们很多女工都找了军人结婚"。② 这一现象体现了当时社会的价值观和择偶观念，也彰显了军人在国家和社会中的重要地位。然而，鉴于军人职业的特殊性，包括他们长期服役、可能面临的战争风险以及经常需要离家执行任务等实际情况，国家对于军人择偶制定了一系列具体而细致的规定。这些规定不仅涉及军人的婚姻登记程序、配偶的资格条件，还明确了军人在婚姻中的权利和义务以及军婚的法律保护措施。其根本目的在于确保军人婚姻的稳定性和符合特定的要求，从而维护军队的稳定和国家的安全。通过这些规定，国家试图为军人创造一个有利于他们安心服役、无后顾之忧的婚姻环境，同时也保障了军人及其家庭的合法权益。

1. 对男性军人择偶条件的规定

1950年《婚姻法》虽对军婚有所规定，但主要聚焦于军人离婚的情形。关于军人结婚的具体条件，则详细列于《关于目前全军统一执行中华人民共和国婚姻法的暂行规定》中。该《规定》对男性军人设定了以下要求：需为营级或相当于营级以上的干部的；具备六年排、连干部工作历史且当前仍为连级干部的，包括红军时代的指战员；在机关工作且具有七年排级干部工作历史，目前仍为排级干部的。③ 这些规定不仅体现了国家对军人婚姻选择的严格规范，也反映了当时社会对军人职业的特殊要求和期待。首先，这些规定明确地将军人的婚姻选择与他们的职业身份、工作历史及级别紧密相连，体现了一种基于职业特性的择偶导向。营级及以上干部、具有多年排、连工作经验的连级或排级干部以及红军时代的指战员，这些条件不仅是对军人个人能力的认可，也是对其社会责任感和国家忠诚度的期许。国家通过设定这

① 《郊区农民婚姻家庭中存在的问题》（1954年），北京市档案馆，档案号：84-3-28。
② 来自中华女子学院中国女性图书馆所藏妇女口述史资料，受访者：周女士，1956年结婚。
③ 中国人民大学法律系民法教研室、资料室编写：《中央人民政府革命军事委员会总政治部关于目前全军统一执行中华人民共和国婚姻法的暂行规定》，《中华人民共和国婚姻法资料选编》（校内用书），1982年，第273页。

些门槛，实际上是在引导军人选择那些能够理解、支持并适应军人生活方式和可能面临的牺牲的配偶，从而维护军队的稳定和战斗力。其次，军人择偶需经过党组织或政治机关的审查，这一程序性要求强化了国家对军人婚姻的控制力，确保了婚姻关系的政治正确性。在当时的社会背景下，这既是对军人个人生活的干预，也是国家安全和意识形态统一的需要。这种审查机制在一定程度上限制了军人的择偶自由，但同时也为军人提供了一个相对安全、稳定的婚姻环境，减少了因婚姻问题导致的个人和职业风险。然而，从另一方面来看，这些严格的规定也可能限制了军人择偶的多样性和个人选择的自主性。在强调集体利益和国家需要的同时，军人的个人情感和婚姻幸福也可能受到一定程度的影响。

此外，对于无级别或级别较低的大龄军人来说，结婚条件更为严苛："凡战士及排、连干部回家结婚者，须情况许可，并有当地之区政府证明，经团以上政治机关审查批准，限定时间个别准假回家结婚。但婚后一律不得带来部队。"[1] 这些规定深刻体现了国家对军人婚姻的严格管控。这些规定虽然确保了军人婚姻的严肃性和规范性，但也给一些军人带来了额外的压力和困扰。例如，某团三营中有六个连级干部年过 30 仍未结婚，其中有人感叹只要能找到女性伴侣就已心满意足，而有的排级干部则悲观地认为晋升到营级遥遥无期，担心到时结婚已失去可能性。防空部队五二二团三连的情况也显示，大部分战士家庭都渴望他们回家结婚，甚至有些战士的家人或未婚妻直接来到部队要求结婚，甚至表示若不结婚就断绝关系。[2] 可见，战士及排、连干部如欲回家结婚，他们不仅需要得到当地区政府的证明，还需要经过团以上政治机关的审查批准，并限定时间个别准假。这一系列繁琐的程序无疑增加了他们结婚的难度和成本。而婚后配偶一律不得带来部队的规定，更是深刻体现了国家对军人婚姻的严格管控。这些严格的规定确保了军人婚姻的严肃性和规范性，使得军人在选择配偶时能够更加审慎和负责，从而有助于维护军队的稳定和纪律。然而，与此同时，这些规定也给一些军人，特别是

---

① 中国人民大学法律系民法教研室、资料室编写：《中央人民政府革命军事委员会总政治部关于目前全军统一执行中华人民共和国婚姻法的暂行规定》，《中华人民共和国婚姻法资料选编》（校内用书），1982 年，第 274 页。

② 三野记者组讯：《华东部队中的婚姻问题情况》，《新华社内参》1953 年 4 月 6 日。

那些无级别或级别较低的大龄军人，带来了额外的压力和困扰。他们可能因为无法满足这些严苛的条件而面临婚姻问题的困境。

以下访谈内容均来自与军人结为配偶者的回忆，她们的陈述进一步证实了国家对军人结婚条件的严格规定。

访谈一：那会儿恋爱你得先报告，你没有报告那是违反纪律的。①

访谈二：那个时候没有级别是结不成婚的，到了结婚年龄组织上才能叫你结婚。先满足司级干部，别人打了一辈子仗还没有老婆呢，肯定是要先安排的。然后轮到团级干部，再到营级干部。②

访谈一充分说明了当时军人恋爱的严肃性和纪律性。而访谈二则进一步阐述了军人结婚的级别制度。这些内容进一步证实了国家对军人结婚条件的严格规定以及军人选择配偶时所需遵循的正式流程。

可见，这一时期关于男性军人结婚的条件与规定，展现了国家对军人婚姻选择的严格规范与深度介入。这些规定与军人的职业身份、工作历史及级别紧密相连，体现了国家对军人婚姻的特殊要求和期待。军人择偶需经过党组织或政治机关的审查，这一程序性要求不仅强化了国家对军人婚姻的控制力，也确保了婚姻关系的政治正确性。同时，对于无级别或级别较低的大龄军人，结婚条件更为严苛，这给他们带来了额外的压力和困扰。这些规定虽然确保了军人婚姻的严肃性和规范性，维护了军队的稳定和纪律，但也限制了军人的择偶自由，反映了当时社会对军人职业的特定要求和军人婚姻的特殊性。

2. 对与男性军人结为配偶者的规定

当时国家对与男性军人结为配偶的女性有着明确且严格的要求。根据相关规定，女方不仅需要来历清白、政治上纯洁，还需要具备一定的工作经历或独立工作与生活的能力。具体而言，与合乎特定条件的男性军人结婚者，女方应系来历清白，政治上纯洁，且工作经历在一年以上；而与机

---

① 来自中华女子学院中国女性图书馆所藏妇女口述史资料，受访者：马女士，1933 年生，1957 年结婚。

② 来自中华女子学院中国女性图书馆所藏妇女口述史资料，受访者：胡女士，1932 年生，1949 年参军，1955 年结婚。

要工作干部或师以上干部结婚者，女方更应是具有一年以上工作经历的党团员；对于与红军时代入伍的营级以下指战员结婚者，女方也至少需满足来历清白、政治上纯洁的要求。① 这些规定显然体现了国家对军人婚姻的高度关注和严格管理，尤其是对军人配偶的政治背景和立场有着极高的要求。在当时国内和国际环境复杂多变，战争威胁随时存在的背景下，这种严格规定在很大程度上是基于国家安全的考虑。一旦军事机密或国家情报通过婚姻关系泄露给敌对势力，将会对国家造成不可估量的威胁和损失。因此，国家规定军人及其配偶只有在政治清白、阶级立场坚定无误的情况下才能够顺利结合，这不仅是对军人个人的要求，更是对国家安全和稳定的负责。同时，这也体现了国家对军人职业的特殊要求和深切期望，即军人不仅要在战场上英勇作战，更要在婚姻生活中保持高度的政治警觉和责任感。

除了政治清白这一基本要求外，由于部队早年实行供给制，国家还对军人与配偶的生活能力提出了明确的规定。根据相关规定，军人及其配偶"原则上双方均应具备独立工作或生活能力，不致婚后发生生活困难影响工作，增加公家负担"。这一规定旨在确保军人婚后的生活稳定，避免因生活困难而影响其工作表现，同时也减轻了国家的负担。同时，国家还明确规定，凡与军人结婚的地方人员，"一般不得要求调来部队工作，部队亦不予供给"。② 这一规定进一步强调了军人婚姻的特殊性，即军人的配偶需要具备独立生活的能力，不能依赖部队供给。以某团一名30多岁的营长申秀典为例，他虽然有条件结婚，但在营里没有找到合适的女同志，在地方工作人员中也未能找到合适的配偶。后来，他与一个战士的妹妹谈恋爱，然而团里却认为"女方不合规定条件不批准结婚（按规定营干结婚，女方除历史清白外，须有一年以上工作历史）"。③这一例子也说明了国家对军人婚姻规

---

① 中国人民大学法律系民法教研室、资料室编写：《中央人民政府革命军事委员会总政治部关于目前全军统一执行中华人民共和国婚姻法的暂行规定》，《中华人民共和国婚姻法资料选编》（校内用书），1982年，第273页。

② 中国人民大学法律系民法教研室、资料室编写：《中央人民政府革命军事委员会总政治部关于目前全军统一执行中华人民共和国婚姻法的暂行规定》，《中华人民共和国婚姻法资料选编》（校内用书），1982年，第273页。

③ 三野记者组讯：《华东部队中的婚姻问题情况》，《新华社内参》1953年4月6日。

定的严格性，不仅要求军人本身具备足够的资历，其配偶也需要满足一系列的条件。

从上述内容可以看出，在严密的组织伦理框架内，军人婚姻的成立实际上体现了个体对国家需要的让步。这种以国家为责任主体的婚姻结合方式，不仅要求军人具备足够的资历和政治觉悟，还要求其配偶在政治和生活上都能达到一定的标准。这种婚姻结合方式无疑增加了军人结婚的难度和成本，但也确保了军人婚姻的严肃性和规范性，从而有助于维护军队的稳定和纪律。正如有学者所指出的，这种婚姻结合方式实际上是个体对国家需要的让步和牺牲，体现了军人及其配偶对国家的高度责任感和使命感。①

二、新疆生产建设兵团官兵的择偶

新疆和平解放后，中国人民解放军二军、六军、二十二兵团将士扎根新疆，肩负起保卫和建设边疆的重任。然而，长年的南征北战使得解放军官兵无暇解决婚姻问题。据统计，当时"起义部队近 10 万官兵，平均年龄 38 岁，96% 尚未成家，进疆部队 10 万官兵，团职以下几乎全是未婚男青年"。② 这一现状凸显了新疆生产建设兵团官兵婚姻的紧迫性。在这一背景下，新疆生产建设兵团官兵的婚姻问题，成为一个亟待探讨的议题。迪娜古丽在《族群、政治与婚姻：新疆生产建设兵团中的维吾尔族妇女（1954—1975）》一文中，深入讨论了维汉通婚模式及其背后的性别与政治关系。本部分将以新疆生产建设兵团汉族官兵的婚姻状况为例，进一步阐释其婚姻面临的现状与挑战，从而更深入地理解新疆生产建设兵团官兵婚姻的复杂性和多样性。

1. 招收大批女性入疆

人民解放军进疆之初，新疆军区官兵的婚姻问题主要通过军委调拨女兵的方式来解决。1949 年冬，中国人民解放军第一兵团的 150 多名女兵进疆，

---

① 张永：《家庭伦理与革命伦理：中国共产党早期党员的伦理归属抉择》，《东南学术》2020 年第 3 期。
② 新疆生产建设兵团妇女联合会编：《新疆兵团妇女（1949—2009）》，新疆人民出版社，2010 年，第 14 页。

她们是第一兵团军政干部学校在临洮等地招收的"学生兵"。然而,这些被调拨来的女性数量与近 20 万的男性官兵相比,相距甚远。为了促成广大官兵安家立业,国家决定从内地招收普通妇女进疆并大力宣传"扎根边疆、固守疆土"的政治意义,给予这些妇女以"参军"、"上学"、"工作"等承诺。在此背景下,一些内地妇女积极响应号召,主动选择进疆。据统计,"1950—1952 年从湖南征青年女兵八千人;1952—1954 年从山东征女兵两万人"。①

这些进疆的妇女,大部分都被安排了工作。例如,来自内地的戴女士在 1952 年 3 月被分到七一纺织厂工作,并因表现出色而被挑选为干部进行学习;② 刘女士则通过考试被录取在八一农学院,学习两年后被分配到农七师;③ 吴女士在 1952 年被分配到二十二兵团二营,随后成为卫生员。④这些妇女通过被安排工作,其身份实现了转变。她们不仅在经济上获得了独立,拥有了自己的工资收入,而且作为边疆建设的积极参与者,她们在社会中赢得了极高的地位和广泛的尊重。这样的变化不仅显著改善了她们的生活质量,还极大地增强了她们在社会中的自信心和影响力。国家通过为这些妇女提供工作和学习的机会,不仅为她们的个人成长和社会发展奠定了坚实的基础,同时也为解决官兵的婚姻问题提供了更为有利的条件,进而为新疆地区的繁荣稳定作出了重要贡献。

2. 择偶规定与择偶过程

由于大批官兵的婚姻问题亟待解决,《新疆军区政治部关于国防部队婚姻条例暂行规定》于 1953 年 7 月 14 日出台。该《规定》是在 1950 年 11 月 16 日军委总政发布的《关于目前全军统一执行中华人民共和国婚姻法的暂行规定》的基础上,结合军区非少数民族干部和战士的具体婚姻状况而制定的。该规定对男性官兵结婚的级别、年龄、资历都进行了严格的限制,如现

---

① 谢博淳:《以兵团精神为尺　重整行装再出发》,广东省委党校,http://www.gddx.gov.cn/gdswdx/132124/132439/341065/index.html,阅读日期:2020 年 1 月 1 日。
② 来自中华女子学院中国女性图书馆所藏妇女口述史资料,受访者:戴女士。
③ 来自中华女子学院中国女性图书馆所藏妇女口述史资料,受访者:刘女士。
④ 来自中华女子学院中国女性图书馆所藏妇女口述史资料,受访者:吴女士。

任营以上干部，具有五年军龄且年龄在 26 岁以上的排、连干部等符合条件者方可结婚。① 鉴于婚配男女比例悬殊及官兵婚姻问题的紧迫性，新疆军区对与男性官兵结婚的女方条件相对宽松，仅要求女方年满 18 岁且身体健康，无其他限制。

兵团男女的择偶过程通常是由组织介绍开始，一般由组织领导、干事、教导员或官兵家属等作为介绍人进行牵线搭桥。之后男女双方会进行见面，如果双方有意向，就会通过恋爱相互深入了解。最终，在双方当事人都同意的基础上，他们会结为配偶。这一过程中，组织介绍成为择偶的必要前提和婚姻成立的先决条件。

> 访谈：那时候在二营，因为我们女兵去的人少嘛，只有六个人……我后来的爱人那时候也在二营作参谋，我们早晚都在一起工作，但是不太熟悉。后来营里的副教导员就来给我们作介绍。副教导员问我："你看我们那个参谋李开先，那个人怎么样？"人看着长得细皮嫩肉的，皮肤也白，人长得也年轻，长得挺帅的，长得各方面都比较好……人也挺好，最后我就同意了。②

这段访谈生动地描绘了在新疆生产建设兵团特殊环境下，官兵婚姻介绍的过程及其背后的社会逻辑。女兵因为人数稀少，与同样在二营工作的参谋虽有日常接触但并不熟悉，这为组织介入婚姻介绍提供了契机。副教导员的介入，不仅是一个简单的牵线搭桥行为，更体现了组织在官兵婚姻问题上的积极态度和责任担当。女兵对李开先的描述，从外貌到性格，都充满了赞赏，这也反映了在当时社会背景下，组织介绍的婚姻往往具有一定的可靠性和信任度。最终，女兵的同意不仅基于个人的喜好和判断，也隐含了对组织安排的认可和信任。这段访谈是对那个时代特殊婚姻模式的一种社会注脚，展现了个人情感与组织安排之间的微妙平衡。然而，如果官兵未经组织同意

---

① "一、男方凡具备下列条件之一者准予结婚：①现任营以上干部；②凡具有五年军龄，年在二十六岁以上之排、连干部；③一九三七年七月七日以前的红军战士；④年龄在三十岁以上，具有六年斗争历史的老战士。二、凡具备一项四个条件之一者，如家中有爱人准予接来部队。"
② 来自中华女子学院中国女性图书馆所藏妇女口述史资料，受访者：X 女士，1950 年代由内地进疆。

而擅自恋爱，其婚姻往往不会得到认可。

访谈：和我一块的班长，叫张惠英。她是一个老人嘛，她1951年就来了，她给我介绍的老伴。介绍时，她给我一个相片……我当时没有什么条件，就没有想过，是军人就行，他在兵团水利科……第一次见面在班长家里。头一句问出身，因为自己出身不好。但对方是地主，不愿意……后来又处了一个男性，大学毕业技术员，那个男的是一个四川大学毕业的，他是一个技术员，他就注意我了。对他我好像有感觉，就是感觉挺不错。我和老头子一点感觉都没有，就想不跟他了，组织上不让，老头子单位领导也发现了，两边领导都发现了……第二天，我们食堂吃饭，他把马扎子和手电还给我，过去看电影都拿着马扎子、手电。组织上肯定找他谈话，他也没说啥，就不理我了，我也不理他，以后他就结婚了……他们领导找我谈话。我老头子姓闫，领导说老闫同志不错，现在已经是干部了，老老实实一个人，工作也勤勤恳恳地，你为啥看不上他。我一下班，他那个领导就来了，说他这么好，那么好，世界上就他好。领导尽说他的好事……①

这段访谈深刻地揭示了在新疆生产建设兵团这一特殊社会环境中，个体婚姻选择与组织安排之间的复杂关系。访谈中的女性最初由班长介绍给一位在兵团水利科工作的军人，但由于双方出身背景的差异，这段关系并未能进一步发展。随后，她自行与一位大学毕业的技术员产生了感情，然而这段感情却遭到了组织的干涉和反对，最终导致两人分手。组织不仅对她进行了劝说，还通过领导对她进行游说，试图让她接受原先介绍的婚姻对象。这一访谈内容反映了在那个时代，婚姻不仅仅是个人的私事，更被赋予了政治和社会意义。组织的介入和干涉，体现了国家对个体婚姻生活的强烈影响和控制。同时，也揭示了在那个特殊的历史时期，个体的情感和选择往往需要在组织的框架和利益下进行权衡和妥协。访谈中的女性虽然对技术员有感情，但最终还是不得不屈服于组织的压力和安排，与原先介绍的军人结婚。这段

---

① 来自中华女子学院中国女性图书馆所藏妇女口述史资料，受访者：Y女士，1950年代由内地进疆。

访谈不仅是一段个人经历的叙述，更是对那个时代社会伦理和组织伦理对个人生活深刻影响的一种揭示。它让我们看到了在特定的历史和社会背景下，个体如何在组织的规范下进行婚姻选择。这也进一步证明了在那个时代，婚姻问题上的"个人"与"国家"之间存在着错综复杂的互动关系。

可见，组织介绍为新疆生产建设兵团官兵提供了相对可靠的婚姻选择途径，增强了婚姻的信任基础。但个体情感与组织安排之间的张力，使得部分官兵在择偶过程中不得不面对情感与责任的冲突，甚至在某些情况下牺牲个人情感以服从组织安排。这种矛盾揭示了国家意志与个人自由之间的微妙平衡以及特定历史时期社会伦理与组织伦理对个人生活的深刻影响。

本节介绍了中华人民共和国成立初期，特殊职业者如军人和新疆生产建设兵团官兵的择偶状况，分析了这类群体择偶现象背后的社会伦理与组织伦理。这一时期，国家对军人择偶的严格规范，不仅关乎个人幸福，更与国家的安全和稳定紧密相连。军人在选择配偶时，不仅需要满足一定的政治和经济条件，还需要经过组织的审查和批准。这种审查机制虽然确保了婚姻关系的政治正确性，但也在一定程度上限制了军人的择偶自由和个人选择的自主性。特别是对于那些无级别或级别较低的大龄军人来说，结婚条件更为严苛，他们可能因此面临婚姻问题的困境。新疆生产建设兵团官兵的择偶过程更是深受组织的影响和控制。组织介绍成为择偶的必要前提和婚姻成立的先决条件。然而，这种组织介入的婚姻模式也揭示了个体婚姻选择与组织安排之间的复杂关系，使得他们在择偶过程中往往需要在个人情感与组织利益之间进行权衡和妥协。

第三节　穿越社会序列的择偶自主性

个体在日常生活中往往会发挥主观能动性来实现个人目的，而在实现这个目的的过程中，自身所拥有的资源是其发挥自主性一个非常重要的因素。这一时期，对于社会地位低下的人而言，他们往往不具备优质资源拥有者

（声望、地位、财富等）所具备的机会和优势，但是其本身具有的内在资源如性别、健康、相貌、天赋、体格等都可能是其在择偶过程中可利用的资源。因此，处于社会底层的不具备优质资源的人为了实现更高一级的阶层认同，往往会运用自身所拥有的某种资源并以婚姻为途径来实现阶层跨越，以获得他人的认同并获取更多的社会优质资源。

在择偶过程中，男女双方内在和外在属性的相似可以增进相互间的吸引力，但是在现实生活中男女双方内在和外在属性的"正好互补"或"相互抵充"也可以满足对方彼此的需求。具体表现为，人们首先会根据所处的具体情境来对自我进行判断，在此基础上，根据对自我客观定位再去选择"合适"自己的配偶，从而使自我的客观条件与对方达到最大化的互补性匹配或者使自己的某项缺陷和对方的某项缺陷相互抵消，进而达到最大化的匹配。它是个体通过主观能动性实现个人目标的过程，反映了一个人的行动能力。本节主要探讨择偶市场上不具备优质资源（声望、地位、财富等）的弱势群体实现阶层跨越的过程。

一、跨越社会阶层的自主性择偶

在当时情况下，被冠以"黑五类"或有"海外关系"的"专政对象"，其择偶机会往往受到很大限制。但是，并不是每一个"专政对象"都是听天由命的弱势个体。为了提升自身地位、改善下一代的出身，或为了规避政治风险、确保家人安全，一些"弱势"个体会策略性地运用自身资源，通过与社会地位较高的群体（如干部、军人、党团体成员、贫下中农等）联姻，来实现阶级跳跃。因此，这一时期出现了这种跨越阶级界限的择偶行为。

> 访谈一：我当时是赤脚医生。我是二十一岁结的婚，那是一九六三年，老伴儿比我大四岁，属虎的……俺妈妈叫俺招个女婿啊。来到家找了好几个，人家都不去。那会儿人家贫农的谁跟着你家啊，谁也不愿意当上门女婿。俺是贫农，我老伴儿家里成分不济，是个富农成分，他说要不俺去吧……本来俺老伴儿他妈妈不愿意，他自己就同意，他在家因为成分不济说不上个媳妇，每天还去扫街去，只要是不挨斗，不遭罪了

就行，他给他妈妈磕了个头就来了。①

访谈一中明确提到了"贫农"和"富农"的成分划分，这种划分不仅影响了个人的社会地位，也直接干预了婚姻选择。受访者是独生女，她的丈夫却主动愿意到其家中当上门女婿。究其原因，很大程度上是因为其富农成分。在当时环境下，富农成分的人属于优质资源丧失者群体。因为成分不好，他受到了周围人的歧视和排斥，不仅每天要去扫街，甚至还要挨斗。因此，他与受访者结婚的一个重要目的是摆脱不利的政治处境。尽管他在择偶方面处于不利地位，在资源上并不占有优势，但他在择偶过程中利用自身内在资源通过入赘的方式与出身贫农的女性结为夫妇，以此来扭转自身命运，躲避政治风险。换句话说，男性的"成分不好"的劣势与女性家庭"无男孩"的劣势相互抵消，最终男女双方通过婚姻实现"提升社会地位"和"女婿入赘"的利益最大化目的。

> 访谈二：他家庭出身很好，是个党员，那时候跟党员订婚，需要组织上批准。我是地主家庭出身……那时选择政治头脑第一，怕找了反革命，找了特务，一生就葬送了……当时的确我对他（有点犹豫），一个是我年龄大他三岁，感觉有点对不起他，另一方面，又嫌他文化低。但是我觉得他政治可靠，家庭出身纯洁，是个党员，那时候政治思想第一。后来经过一年半的相处，我们就结合了。我在个人问题上，没有官位的眼光，也没有看谁拿钱多，那时候就感觉政治要可靠。②

如前所述，"黑五类"与"红五类"无论是在社会地位方面还是在经济地位方面都存在较大的鸿沟。但是这种差异不是绝对的。前者可能会利用自身的某种资源并通过婚配的方式来实现快速的阶层跨越。访谈二中，受访者对自己在社会中的状况有清晰的认知和判断，即地主家庭出身、知识分子。在当时特殊的政治环境下，受访者充分利用自己的"文化高"、"大学生"的优质资源来与家庭出身好又是党员的人结为配偶，从而实现了自己的目的。

---

① 来自中华女子学院中国女性图书馆所藏妇女口述史资料，受访者：潘女士，1963年结婚。
② 来自中华女子学院中国女性图书馆所藏妇女口述史资料，受访者：李女士，1953年结婚。

当然，双方的结合是在男方的文化知识层面低和女方的家庭出身差的情况下的一种相互抵充的结合。

> 访谈三：我家成分不好，我周岁十九，虚岁二十的时候，我舅舅就给我说媒了，对方比我还小三岁。说的就是他们住的庄上的贫农，家里头穷，但是成分好。[①]

由于男尊女卑观念的影响，很长时间以来，中国的婚姻市场上男女性别比往往严重失调。在这种高性别比的情况下，适婚男性往往在婚姻市场上处于不利地位。即使访谈三的男性拥有贫农成分的资源优势，但因其"家里头穷"，使其在婚姻市场上的择偶优势被严重地打了折扣。因为物质上的不富足往往会给女方带来婚后家庭困窘的担忧，因此，家庭物质匮乏的男性往往在婚姻市场上被边缘化，出现"娶亲难"的问题。在"梯度挤压"理论看来，当同阶层的适婚女性缺乏且婚姻挤压发生到一定程度时，男性会从低一阶层的女性中寻找配偶。在本访谈中，受访者利用男性经济方面的"贫穷"与自己政治方面的劣势进行相互抵充，并通过婚姻穿透阶级社会序列的方式改变了自己的出身和社会地位。

人们通常预期"美"即代表"好"，因此外貌美好往往被视为一种优势资源。在这一时期，有些家庭背景不佳的女性便凭借出众的外貌在婚姻市场上实现了阶层跨越。例如，笔者有一位出身富农家庭的亲属，就因其美貌与一位贫农出身的男性结缘。"颜值"实际上是一种重要资源，它不仅能带来愉悦的情绪体验，从生物学角度看，"颜值"高的人生育的后代也往往容貌出众。因此，择偶时人们更倾向于选择这类面容姣好的群体。[②] 特别是对于阶级成分较低的女性来说，她们常利用自己的美貌作为实现阶层跨越的手段。

以上讨论了特定历史时期的社会现象，即弱势群体如何在社会资源匮乏的情况下，通过择偶策略尝试实现社会阶层的跨越。在那个时代，社会阶层

[①]　来自中华女子学院中国女性图书馆所藏妇女口述史资料：受访者：汪女士，1961 年结婚。

[②]　尹振宇、刘冠军：《美貌能带来美满的婚姻吗 ——长相和身材对青年人群婚姻满意度的影响》，《中国青年研究》2019 年第 9 期。

划分严格，个人的社会地位和阶级背景对其婚姻选择及生活机遇产生了深远的影响。尽管如此，个体仍展现出一定的主观能动性，利用自身内在资源来追求个人目标，包括提升社会阶层。这一现象揭示了个人在面对社会结构限制时，所具备的行动能力和适应性。以上门女婿（俗称"入赘"或"倒插门"）为例，这种婚姻形式通常是在极端情况下，为满足基本生存需求而采取的低层次选择。由于传统观念的影响，如"小子无能更姓改名"，人们普遍避免成为上门女婿，除非别无选择。这种"互补性"或"相互抵消"的婚配方式，反映了人们在生存压力下的无奈选择。然而，并非所有政治地位较低的人都能通过婚姻实现阶层的跨越。在那个特殊时期，政治资本被视为极其重要的资源，与政治地位不同的人结婚往往伴随着巨大的风险。这种婚姻可能受到社会舆论的谴责和组织的打压，甚至可能导致地位较高的一方丧失其地位、权力和经济资源。所以，在那个时期，通过婚姻实现社会阶层的"穿序"并非普遍现象。

二、乡村跨向城市的自主性择偶

中华人民共和国成立后，在"一五"时期，国民经济得到快速的恢复与发展，在这种情况下，农村的大量剩余劳动力走进城市，导致了城市人口数量的急剧增加。但是商品粮供给却无法满足不断增长的城市居民人数的需求，甚至还一度引起粮价的波动。另外，虽然农产品数量在增加，但刚刚经过战乱的农民更希望用它来改善生活，所以，农产品主要用于农民的自我消费。国家为了在短时间内实现工业化的资源积累，于是采取了粮食统购统销的方式来进行解决。

与城市相比，农村在生活水平、文化生活以及公共资源供给等方面都显得较为逊色。因此，当时的许多农村妇女倾向于通过婚姻这一途径来实现向城市的"穿序"，即社会地位的提升。以北京市京西矿区张店乡的妇女为例，她们普遍存在着"下山"的思想，这里的"下山"特指嫁到城里。她们认为，嫁给农民是出于无奈的选择，而能够嫁到城市则意味着更好的生活机会和更高的社会地位。这种择偶观念反映了当时农村妇女对城市生活的向往和追求。

　　访谈：过去农村比我大十几岁的人讲，包括近郊区，那时候行政管辖区如密云、通州都叫县，顺义如果有个姑娘是农民，往城里边嫁的话，说实在的，离城里边越近嫁她越高兴，条件差的她都愿意。所以经济条件还是决定一切……农村姑娘想出头，怎么办？嫁个条件好的，比如从顺义嫁东直门就不错，因为东直门离城里近啊。所以同样条件下她就要选择好点的。①

　　访谈材料表明，农村女性普遍倾向于选择经济条件更好的城市或近城市地区的配偶，即使这些配偶在其他方面的条件可能并不理想。这一现象不仅反映了城乡经济差异对婚姻观念的影响，也体现了女性在资源有限的情况下，如何通过婚姻策略来追求更好的生活机会。由于妇女们存在的这种择偶观念，使得很多农村男性对自己的择偶困境表示担忧，普遍反映"越宣传婚姻法就越打光棍"。② 在男多女少的北大荒地区的男性农民更是感叹道："庄稼脑袋，靰鞡脚，对象往哪找？"③

　　访谈：十七岁那年我哥把我领到了大兴安岭，说去找个工作……但在那住了半年了也没找着工作，我哥就认为不行还是回去吧。可是一想到回家又要开始干种稻子的农活——两人合作拿那个大粪，一人端上大粪，另一人把着那个稻根，拿着稻根的那个人要把稻根在大粪里粘一下再往水里一插。我一想到这个我就觉得不想回去……我哥就又对我说不行就找个对象……那时候我哥在工会是工会的主席，在这个工会里头有个干事，就是现在的我的老伴。说是人挺好的，抗美援朝三年才回来，人丑，相处半年，脾气好，年龄大。自己回去，怕农村人笑话。我嫂子就说，算了，咱自己也是农村出来的吧，也别介意这个那个的……这就见面这就结婚了。④

① 梁景和主编：《中国现当代社会文化访谈录》（第三辑），首都师范大学出版社，2013 年，第 404 页。
② 《调查京西矿区婚姻法运动情况后报告》（1953 年），北京市档案馆，档案号：84-3-28。
③ 《东北区贯彻婚姻法的情况和问题》，《新华社内参》1953 年 2 月 21 日。
④ 来自中华女子学院中国女性图书馆所藏妇女口述史资料，受访者：董女士，1955 年结婚。

这个访谈揭示了城乡经济差异对个体生活选择，尤其是婚姻选择的深远影响。以董女士为例，她在大兴安岭求职无果，而回归农村则面临艰苦的农业劳动，这种城乡间显著的经济与生活水平差异，成为她考虑通过婚姻改变命运的重要动因。她倾向于选择城市或近城市地区的配偶，以此作为逃离农村艰辛生活的途径。在婚姻选择中，董女士虽然对配偶的外貌有所不满，但她更重视的是配偶的脾气、性格以及婚姻所能带来的实质性生活改变。这反映了在城乡经济差异背景下，个体在婚姻选择中往往需要权衡情感与实际生活需求。此外，董女士的案例也折射出当时农村社会对女性婚姻选择的一种普遍期望和压力。她嫂子的态度进一步证明了这一点，即使她们自身也出身农村，但仍视婚姻为改变生活的一种有效手段。这个访谈还引发了我们对婚姻本质和功能的深入思考。董女士的婚姻经历表明，婚姻不仅仅是一种基于情感的关系，更是一种生活策略和社会地位的象征。通过婚姻，她成功实现了从农村到城市的"穿序"，显著改善了生活条件和社会地位。这凸显了在特定社会经济条件下，婚姻如何成为个体改变命运、提升社会地位的重要途径。

当然，并不是所有人都能通过婚姻这一渠道实现乡村和城市之间的跨越。这一时期，国家出台了《关于劝止农民盲目流入城市的指示》《关于禁止农民盲目离开农村进入城市的规定》《关于制止农村人口盲目外流的指示的补充通知》《关于立即停止招收新职工和固定临时工的通知》等政策。这些政策严格限制了农民流入城市的现象，从制度上确立了市民和农民的身份差异。[①] 1955 年，国家颁布了《农村粮食统购统销暂行办法》和《市镇粮食定量供应暂行办法》，实施粮食计划供应制度，进一步限制了农民向城市的流动。在城市，粮食按家庭人数定量供应，而农村则需自行解决粮食问题。特别是人民公社时期，在公社管理和户籍制度的双重约束下，农民流动受到更严格限制。随意离开农村的农民将失去基本生活保障，生存变得困难。1958 年的《户口登记条例》进一步规定，只有具备城市相关部门录用证明、学校录取证明或城市户口登记机关的迁入证明，农村居民才可能迁入城市。

---

① 汤水清：《论新中国城乡二元社会制度的形成》，《历史教学（中学版）》2007 年第 7 期。

这些规定导致大部分农民被长期束缚在土地上。

与此同时，国家宣传刊物对部分农民试图通过婚姻进入城市的思想和行为提出了批判，认为他们未以严肃态度对待婚姻，或者凭一时的冲动，或则羡慕城市的生活舒适，或者被对方职业、地位、待遇所吸引，或则想一劳永逸，憧憬不切实际的"幸福"生活，这些都不是建立在劳动生产、勤俭持家、对自己、对社会、对后一代负责任的婚姻观念上的。① 在国家严密的制度控制及话语权的介入下，农民通过婚姻实现由乡村到城市的流动变得难上加难。以下是一位农村妇女的相关回忆。

> 访谈：当时也存在着一个不可跨越的现实障碍，对于从农村到城市还存在着非常严格的户籍上的限制，国家政策限制农村户口转成非农户人口，所以我想到城里去生活，去找对象，国家政策上也是不允许的。在综合考虑之下，即使我内心十分不愿意嫁给我老伴儿，迫于现实的压力，没有其他的办法，就跟我老伴结婚了。②

这个访谈揭示了农村女性在婚姻选择中的无奈与被动。面对户籍制度的限制，访谈对象即使内心有诸多不愿，也不得不选择与现实妥协，通过婚姻来实现生活环境的改善。这种选择并非出于情感或爱情的考量，而是更多地受到了社会结构和制度性因素的制约。

本节探讨了特定历史时期弱势群体如何通过自主性择偶策略尝试穿越社会序列，特别是社会底层群体如何利用自身资源通过婚姻实现社会阶层的跨越。首先，分析了在社会资源匮乏和政治环境复杂的背景下，个体如何发挥主观能动性，利用性别、健康、相貌等内在资源，在择偶过程中寻求最大化互补性匹配，以期通过婚姻改变命运。同时也讨论了国家政策和制度性因素如何限制农民通过婚姻实现城乡流动。通过这些分析，揭示了社会结构、制度性因素与个体择偶行为之间的复杂关系以及个体在面对社会限制时所展现的行动能力和适应性。

---

① 北京大学法律系民法教研室：《对离婚问题的分析和意见》，《中国妇女》1958 年第 4 期。
② 张李玺主编：《倾听与发现：妇女口述历史丛书·探寻她们的人生——农村妇女卷》，中国妇女出版社，2021 年，第 256—257 页。

第四节 传统和现代交织下的择偶状态

在中华人民共和国成立初期，社会制度、结构、文化和价值观的急剧变化，使得许多人在其现有的价值观念和认知能力范围内感到难以适应，产生了负向心理。这种不适应在择偶观念上表现得尤为明显，呈现出历时态特征，即现代择偶观念与传统择偶观念的差异导致的不适应状态。这一时期主要涉及两类历时态的边际人：一类是婚姻当事人本人，他们在传统和现代更迭中受双重婚姻观念影响，表现出困惑和摇摆的特征；另一类是婚姻当事人的父母，他们同样受传统与现代婚姻观念的支配，显示出类似的困惑和摇摆。然而，由于婚姻当事人受现代婚姻观念影响较大，他们并未表现出与父母相同的历时态特征。这种差异导致了两代人在择偶观念上的剧烈冲突。通常情况下，社会变迁越剧烈，代际间的差异就越大。对于那些在传统与现代交织的环境下成长起来的"历时态的边际人"来说，情况则有所不同。这类人在短时间内经历了社会的更迭和不同的社会情境，因此他们的人格特征往往具有过渡性、边缘性和矛盾性。他们既承载着过去的记忆，又面临着当前的挑战，这使得他们在价值观和生活意义上可能经历更多的冲突和困惑。正如《文化反哺：变迁社会中的代际革命》一书中所指出的，急速的社会变迁可能导致不同代的人之间在判断生活意义的价值观上发生断裂甚至颠覆。这种情况下，集体记忆的重构变得尤为困难，因为它需要跨越不同代际之间的鸿沟，重新建立一种共识和认同感。[1] 这不仅仅是一个社会问题，更是一个涉及文化、心理和社会结构深刻变革的复杂过程。在中华人民共和国成立初期的社会变革中，这一复杂过程表现得尤为突出，历时态的边际人在择偶观念上的冲突和困惑，正是这一社会变革的深刻体现。本节旨在通过探讨中华人民共和国成立初期人们的择偶观念及其变迁，揭示社会变革对个体婚姻选

---

① 周晓虹：《口述史作为方法：何以可能与何以可为——以新中国工业建设口述史研究为例》，《社会科学研究》2021 年第 5 期。

择的影响以及不同代际间在择偶观上的冲突与融合。

一、作为婚姻当事人的"边际人"的择偶

在传统社会中，婚姻被视为家族内的核心事务，其中个体的情感和意愿常常被家族利益所掩盖。择偶过程中，双方家庭的经济状况和社会地位的匹配度，即"门当户对"，是决定是否联姻的关键因素。然而，随着中华人民共和国的成立以及随后的社会运动和集体化制度的推行，这一传统的择偶观念开始发生显著的转变。

政治因素的崛起逐渐影响了人们的择偶决策，它取代了原本以土地、房屋等家庭财产为主导的考量标准。1954 年，"义利食品公司女工唐秀兰和一公安干部结婚，后悔没和资本家结婚，说坐小汽车、雇老妈子，生活过一天死了也闭眼"。[①] 这一案例，生动地展示了在新旧观念交替时期，个体在择偶时面临的内心冲突和挣扎。随着时间的推移，特别是 1956 年社会主义改造的基本完成，社会结构发生了巨大的变化。阶级斗争的深化以及国家对新婚姻价值观念的积极宣传和动员，导致"红五类"与"黑五类"之间的社会地位差异日益悬殊。这种社会结构的变化不仅影响了人们的生存心态，也自然而然地引导了择偶观念的转变。例如，在山西榆社一带，妇女们的择偶偏好从过去的地主、富农等"穿袍袍"的人转向了干部或积极分子等"挂包包"的人。[②] 这一变化凸显了政治身份和社会地位在新的择偶观念中的日益重要性。

对于那些在 20 世纪 50 年代初期和中期结婚的人来说，他们大多出生于中华人民共和国成立之前，因此身处传统婚姻向现代婚姻转变的过渡时期。他们的心态转变过程不仅体现了他们的社会心理调适能力和可塑性，也揭示了他们在外部环境与自身思想的交互影响下所形成的独特心理结构。这种心理结构不仅反映了他们对自身所处环境的深刻理解和调适能力，也展现了他们在寻求个人与社会平衡时所付出的努力。这一群体的择偶观念变迁不仅是个体适应社会变革的必然结果，也是社会环境与婚姻主体共同作用下的产

---

① 《北京市婚姻工作情况问题及今后意见》（1954 年），北京市档案馆，档案号：84-3-30。

② 李正：《各地执行婚姻法已得成绩：万千男女结成美满夫妇，新的婚姻制度受到广大群众拥护》，《人民日报》1951 年 1 月 17 日，第 3 版。

物。它深刻地揭示了婚姻改革在深层次上的社会心理基础，即个体在适应社会变革的同时，也在不断地调整自己的择偶观念，以更好地适应新的社会环境。这一过程不仅充满了挑战和困难，也蕴含着个体成长和社会进步的可能性。

二、父辈与子代在择偶观方面的冲突

不同"代"的人之间，由于经历过不同的时代环境，其思想观念和行为方式往往存在显著差异，这在择偶观上体现得尤为明显。中华人民共和国成立初期及其后出生的一代，作为"生在新中国，长在红旗下"的人群，他们的社会化过程与上一代相比发生了显著变化。他们接受的是新社会新制度的世界观、人生观和价值观，因此形成了与新社会相契合的价值观念和行为方式。① 传统的婚姻伦理规范，如"婚姻大事皆操之于父母"、家庭财富的"门当户对"等，对他们而言已逐渐失去了参考价值。相比之下，他们的父母，由于成长于中华人民共和国成立之前，往往认为婚姻是两个家族的事情，而不是婚姻当事人的事情。正如克莱尔·钱伯斯所言，个体"长期累积的与性别相关的习惯是很难大幅改变的"。② 因此，在这一时期，父母择偶时仍以家庭财产的相近作为主要标准，而子女则更看重对方的政治进步。

这种差异导致了父辈与子代在择偶观上的分歧和冲突。例如，在北京市海淀区东冉村，安秀英的父母将她许配给地主，她对此表示不满；③ 在北京市南苑区南小街，董志华与张宇琴因感情相爱，但张的父母反对，认为"董家是翻身户没有钱"。④ 文学作品也反映了这种冲突，如小说《春大姐》中，母亲看重的是对方家庭的经济状况，而女儿则看重对方的社员身份；评剧《刘巧儿》中，刘巧儿爱上了劳动模范"柱儿"，而父亲却想让她和地主家的儿子结婚。这些都表明，在长辈看来，经济优势是择偶中考虑的重要因素，

---

① 李春玲：《境遇、态度与社会转型——80 后青年的社会学研究》，社会科学文献出版社，2013 年，第 18 页。

② Chambers, C. (2005), Masculine Domination, Radical Feminism and Change, *Feminist Theory*，6 (3)，325-346.

③ 《第十三区婚姻法贯彻至村的情况》（1953 年），北京市海淀区档案馆，档案号：1-103-93。

④ 《郊区目前的婚姻状况》（1954 年），北京市档案馆，档案号：84-3-28。

但在子代看来，政治身份更为重要。1951 年《新中国妇女》刊登的一则案例也生动体现了这种冲突。

> 1951 年 10 月 26 日，平原省武陟县东石寺村……张心意是个独生女……前年 7 月在姚孙庄给她找了个婆家。还说什么这门亲事是"门当户对"……心意知道了男家是个落后家庭，未婚夫不但不是青年团员，还傻里傻气的……心意就向他爹提出解除婚约。
>
> 东石寺这个村离沁河很近，为了防水灾，每年春天就要修整河堤。今年 4 月，这村很多群众上了堤，青年团员也没例外。这伙年轻的在堤上最活跃。特别引人注意的是李恩荣，他不但白天干，还自动加夜班，也不说累，一天到晚的又说又笑，干的非常有劲，心一想，李恩荣真是个好同志！说起你，恩荣确实是个好样的！去年 3 月参加青年团后工作一贯积极，在民校里也是学习模范。这一些，心意比谁都清楚，所以她对李恩荣有了好感……心意的爹听到后，坚决不同意。一是因为李恩荣家穷，兄弟三个只有四亩地，三间破草房，再就是嫌在本村，离的太近。近门本家也阻挠，因为心意嫁到本村，老头的这份家产就不能由他们继承了……最后两个人共同商定：找村干部，找县妇联帮忙……李恩荣、心意争取婚姻自由的斗争胜利了，他们称心如意的结了婚。①

这一案例表明，在择偶问题上，年轻的子女与父母一代失去了共同的标准。加之青年男女从小受新社会的价值观念的教导，亲历了新社会的各种运动，这加深了他们对于解放的理解，赋予了他们斗争的勇气。因此，两代人在择偶观方面的冲突更为加剧，使得以往因血缘铸就的牢固的两代人间的关系出现了裂痕。在这一过程中，国家基层代理人如村干部和村妇联会主席发挥了重要作用。他们支持青年解除不合适的婚约，并为他们争取自由婚姻。这一过程中，青年反对家庭权威的意识得到增强，对国家的认同感也进一步加强，成为新时期国家政策的坚定倡导者和支持者。

综上所述，不同"代"的人在择偶观上的冲突，是外部环境变化与个体

---

① 雷沙：《张心意争得了如意的婚姻》，《新中国妇女》1952 年 1 月号。

思想观念演变共同作用的结果。中华人民共和国成立初期及其后出生的一代，由于经历了新社会的洗礼，其择偶观念与父母一代存在显著差异。这种差异不仅体现在对婚姻伦理规范的不同理解上，更体现在对择偶标准的选择上。然而，尽管存在冲突和分歧，两代人也在不断地调适和融合，共同推动着婚姻改革的进程。正如美国社会学家 W. F. 奥格本所言，多数情况下，人们的思想观念并不能与客观世界的改变同步，相对物质科技的变化来说，思想文化的变化更具有延迟性，这种现象被称为"文化堕距"。在这里，"历时态的边际人"在择偶观方面的矛盾和困惑就是"文化堕距"的一种表现。然而，人们具有较强的社会心理调适能力和可塑性，会尽可能缩短"文化堕距"的距离。因此，从某种意义上说，婚姻改革在很大程度上是社会环境与婚姻主体共同作用的结果。在这一过程中，国家基层代理人的支持和青年一代对国家的认同感起到了重要作用。所以，婚姻改革不仅是社会环境的产物，更是婚姻主体与国家政策共同作用的结果。

本章小结

本章通过对新中国成立初期社会资源重新配置背景下的择偶状况进行了深入探讨，分析了该时期择偶观念的显著转变、不同社会阶层在择偶市场中的显著差异以及代际间在择偶观念上的冲突与融合，揭示了社会结构变革对婚姻观念的深远影响。

首先，在择偶观念的转变方面，本书认为，随着土地改革、社会主义改造等一系列重大社会变革的推进，传统的以家庭经济为基础的择偶标准逐渐失去主导地位，取而代之的是以政治面貌、个人成分及家庭出身等政治属性为主要考量因素的新择偶观念。这一转变不仅反映了国家政治环境对个体择偶行为的深刻影响，也彰显了当时社会主流价值观的变迁。个体在择偶时更加注重对方的政治身份、社会地位以及对新社会的认同和支持程度，这体现了国家政治力量的强大导向作用。

其次，揭示了不同社会阶层在择偶市场上的显著差异。在社会资源重新配置的过程中，干部、军人、工人等具有较高政治地位和社会资源的群体成为择偶市场的热门选择，他们不仅表现出较强的自主性，还享有更多的选择权。相反，地主、富农等"黑五类"成员则因政治身份不佳而面临择偶困境，其择偶自主性受到严重限制。此外，城乡差异也显著影响了择偶行为，农村妇女倾向于通过婚姻实现向城市流动，以期改善生活条件和社会地位。

再者，关注了代际间的择偶观念冲突与融合。老一辈人受传统婚姻观念影响较深，更看重家庭财产的匹配度以及家族利益；而年轻一代则受新社会价值观影响，更加注重对方的政治身份、个人能力和对新社会的贡献。这种代际冲突不仅体现在择偶标准上，还反映在两代人对婚姻意义和幸福生活的不同理解上。通过探讨两代人在择偶观念上的分歧与调和，本章展示了社会变迁中婚姻观念的代际传承与革新。

最后，剖析了择偶行为的深层社会动因。政治因素在择偶过程中占据重要地位，个体通过择偶行为表达了对新社会制度的认同和支持。同时，经济因素仍然对择偶行为产生一定影响，特别是在城乡差异较大的背景下。此外，个体自身的内在资源如性别、健康、相貌等也在择偶过程中发挥着重要作用。这些因素的相互交织和共同作用，形成了复杂多样的择偶现象。

第四章　婚姻礼俗的变化

　　在中国悠久的历史长河中，婚姻礼仪作为社会文化的重要组成部分，承载着丰富的传统与习俗。传统的婚姻流程，从纳采、问名、纳吉、纳征、请期到亲迎，每一个环节都蕴含着深厚的文化意义和社会期待。1950 年《婚姻法》的颁布，不仅确立了婚姻自由和平等的基本原则，也为婚礼仪式的简化和现代化提供了法律基础。国家通过一系列政策和行政手段，积极介入并引导婚礼仪式的变革。面对国家的政策导向，民众在实际生活中积极响应，展现出高度的创造性和适应性。本章将主要聚焦于这一特殊历史时期，国家如何通过政策和行政手段介入并引导婚礼仪式的变革？民众如何在实际生活中响应国家政策进行婚礼形式的创新和实践？

第一节　婚前彩礼的变革

　　在传统社会中，婚姻的缔结过程严格遵循着一系列的礼仪程序，包括纳采、问名、纳吉等环节。其中，男方家向女方家送上聘礼（又称纳征或纳币）是一个重要环节，它强调了婚姻的经济和礼仪重要性。随后，男方会确定婚期并通过赠送礼物的方式告知女方家，并征求其同意，这一步骤称为请期。这些传统习俗彰显了"非受币，不交不亲"、"无币不相见"等原则在婚姻成立过程中的核心地位。然而，随着时代的变迁，旧的婚姻习俗逐渐受到否定和改革。早期的中国共产党人在革命根据地时期就已经开始了对旧式婚姻制度的革新，这一改革进程在中华人民共和国成立后得到了进一步的推动和发展。国家明确指出，旧的结婚仪式不仅导致了不必要的铺张浪费，而且为买卖婚姻提供了温床，成为男女婚姻自由的障碍。[①] 1956 年，中共八大进一步指出，当时社会的主要矛盾是先进的社会主义制度同落后的社会生产力之间的矛盾，要建成社会主义，必须执行勤俭建国的方针，倡导人们形成一种勤俭节约的社会风尚，这在婚姻方面也要求人们做到"简朴和节约"。[②] 在婚姻缔结过程中，彩礼（又称财礼或聘礼）是最重要的花费之一，其表现形式一般是现金和物质。然而，1950 年《婚姻法》颁布后，婚前彩礼的支付情况发生了变化。因此，本节旨在探讨 1950 年至 1966 年间中国彩礼的变革过程及其背后的社会、经济与文化动因。通过分析国家政策的引导、经济体制的变革以及社会风气的转变，揭示这一时期彩礼数量和性质的变化趋势，进而反映出彩礼在特定历史时期所承载的社会意义和文化内涵。

一、国家对彩礼的禁止

在中华人民共和国成立初期，尽管 1950 年《婚姻法》明文禁止通过婚姻关系索取财物，但在实际婚姻中，彩礼仍占据重要地位，尤其在订婚时，一些妇女"总是向男方要许多彩礼"。[③] 针对这一问题，国家实施了一系列针对婚前彩礼支付行为的改革措施，主要从以下几个方面展开：

一是指出彩礼对婚姻自由和妇女解放的不良影响。《中央人民政府法制委员会有关婚姻问题的解答》明确指出，将财物作为婚姻关系成立的条件，

---

① 《中央人民政府内务部关于婚丧礼俗改革问题答人民来信》，《人民日报》1952 年 10 月 21 日，第 3 版。
② 朱德：《朱德选集》，人民出版社，1983 年，第 368 页。
③ 《北京市第 14 区 1951 年终婚姻工作总结》(1951 年)，北京市档案馆，档案号：45-3-10。

这种做法不仅"违背了婚姻自由的精神，还妨碍了婚姻以爱情为基础的原则"。① 这一观点深刻揭示了彩礼对婚姻自由和妇女解放的不良影响。当时宣传《婚姻法》的出版物也指出，在《婚姻法》公布后交付的彩礼，原则上应予以没收；而若是买卖婚姻或变相买卖婚姻所收取的彩礼，"则是一种犯法的行为"。② 还有的认为彩礼问题关系到妇女的彻底解放。结婚时收受彩礼被视为轻视妇女、侮辱妇女人格的体现。在社会主义的生产关系条件下，如果婚姻中仍然存在彩礼现象，那么这将助长妇女的依赖心理，使其屈从于寄生生活，进而消磨其追求彻底解放的强烈意愿。③ 这些观点和评价深刻揭示了彩礼制度的弊端，体现了国家对婚姻自由和妇女解放的坚定立场。

二是指出彩礼影响发家致富。北京市妇联在 1958 年的报告中特别强调，要教导青年妇女在结婚时不要向男方或家里要求过多的物品，这一观点直接指出了彩礼对家庭经济发展的负面影响。该报告列举了诸如大衣、手表、皮鞋、箱子、柜子等物品，作为不应过分要求的彩礼例子，从而强调了简化婚礼、避免浪费的重要性。④ 主流媒体也通过具体案例进一步揭示了彩礼的危害，如绥德义合区孔乡的一个贫农，在解放后分得土地，却因结婚而不得不卖掉土地；河北的王大发为了娶妻而卖掉家里的大黄牛，导致耕田时缺乏劳动力，生活陷入困境。⑤ 这些案例生动地展示了彩礼如何成为发家致富的绊脚石，它不仅造成了资源的浪费，还助长了自私心理，甚至导致家庭贫困和社会不稳定。从这些宣传资料和案例中，可以深刻感受到国家对彩礼制度改革的重要性和紧迫性的强调。

三是指出彩礼对女方家庭地位和社会生产的影响。当时的《婚姻法》宣传中明确指出了彩礼对女方家庭地位和社会生产的深远影响。强调妇女一旦接受了彩礼，她们在日后的婚姻生活中往往难以与男子享有同等的权利。这种基于物质交换的婚姻模式，使得妇女在家庭中处于被动地位，其声音和权

① 《中央人民政府法制委员会有关婚姻问题的解答》，《人民日报》1953 年 3 月 22 日，第 3 版。
② 《关于几个婚姻问题的解答》，《东北妇女》1951 年第 14 期。
③ 何立：《该不该要"彩礼"》，《破旧俗 立新风——杂谈反对旧势力》，天津人民出版社，1965 年，第 10 页。
④ 《妇联主任会报告内容》（1958 年），北京市海淀区档案馆，档案号：8-101-2。
⑤ 左诵芬：《婚姻问题讲话五：废除买卖婚姻》，《新中国妇女》1951 年第 19 期。

益容易被忽视。更为严重的是，这种情况限制了妇女生产力的彻底解放，对社会生产造成了不利影响。妇女作为社会生产力的重要组成部分，其潜能和贡献在彩礼的束缚下无法得到充分发挥。[1] 北京市海淀区妇联还耐心地向妇女说明，向男方索要彩礼不仅影响家庭的经济状况，更关乎生产和祖国建设的大局。[2] 这些宣传以深入浅出的方式，向广大妇女普及了彩礼对她们自身权益和社会生产的危害，鼓励她们追求更加平等、自由的婚姻生活。同时，还将彩礼问题与国家的整体发展紧密相连，通过强调彩礼对妇女地位和生产力解放的阻碍，体现了当时社会对妇女解放和生产力发展的高度重视以及推动社会进步和改革的坚定决心。

四是打消老年生活没有保障的顾虑。针对女方家长因彩礼而为未来老年生活做打算的顾虑，当时的宣传材料指出，新社会与旧社会在这一问题上有着本质的不同。在新社会里，全民经济和集体经济都为老年人提供了坚实的物质保障，确保他们能够享受到幸福的晚年生活。同时进一步强调，新社会中的子女有赡养父母的义务。特别是，它明确提到已婚的男女双方都有赡养老人的义务，这意味着女儿不会因为出嫁而免除赡养自己父母的责任。[3]这一观点直接打破了旧社会中彩礼作为老年生活保障的传统观念，传达了新社会下老年人生活保障的新观念。这不仅有助于消除彩礼这一旧习俗的影响，还为新社会的家庭伦理和社会道德建设奠定了基础。

五是指出彩礼是阶级社会自私自利的产物。在 20 世纪 60 年代，收受彩礼的行为被深入剖析，不仅被视为受旧习惯势力的影响，更被看作是资产阶级自私自利思想的体现。当时的宣传材料明确指出，彩礼是私有制的产物，是阶级社会特有的现象。这一观点深刻揭示了彩礼背后的社会根源和阶级属性。同时进一步强调，在当下阶级和阶级斗争仍然存在的背景下，被推翻的剥削阶级总会寻找一切机会来破坏社会主义社会。他们利用人们头脑中的要

---

① 何立：《该不该要"彩礼"》，《破旧俗　立新风——杂谈反对旧势力》，天津人民出版社，1965 年，第 10 页。
② 《妇联主任会报告内容》（1958 年），北京市海淀区档案馆，档案号：8-101-2。
③ 何立：《该不该要"彩礼"》，《破旧俗　立新风——杂谈反对旧势力》，天津人民出版社，1965 年，第 10 页。

彩礼这种落后观念，散布资产阶级的自私自利、追求享受的思想，以此腐蚀人民特别是妇女的革命意志。这种行为的危害性被认为是极大的，对社会主义革命和社会主义建设构成了严重威胁。[①] 这些宣传采用了鲜明的阶级分析观点，将彩礼与资产阶级自私自利思想相联系，突出了其社会危害性和阶级根源。在此基础上，引导人们树立无产阶级的价值观和道德观。这不仅有助于消除彩礼这一旧习俗的影响，还为社会主义社会的道德建设和阶级斗争提供了思想武器。

与此同时，为了让人们充分认识到彩礼带来的危害，国家不仅开展了广泛的说服教育以提高民众的认识，同时在处理相关案件时，也采取了新的司法措施。特别是在离婚案件中，法院通常将彩礼视为买卖婚姻的性质，并明确表示不再追回男方在订婚时的花费。这一立场在山西省人民法院长治分院1961年7月15日的一份离婚判决书中得到了明确体现。判决书中写道："订婚时男方花费虽为事实，但此属封建式的买卖婚姻，为人民法律所坚决反对"，并决定"订婚时男方所花费的钱物，一律不予追究"。[②] 这一判决不仅体现了国家对买卖婚姻的坚决反对态度，也通过司法实践向民众传递了一个明确的信号：彩礼和与之相关的高昂费用是不受法律保护的。

综上所述，国家在提升民众对彩礼危害的认识方面采取了多种措施，包括说服教育和司法实践的新措施。这些措施不仅增强了民众对彩礼问题的认识和理解，也通过司法实践对民众进行了生动的法制教育。这有助于遏制因彩礼而产生的高昂费用，推动社会形成更加健康、平等的婚姻观念。

二、彩礼数量和性质的变化

这一时期，彩礼支付逐渐减少，这一现象既得益于国家的积极宣传和引导，也受到集体化生产方式对人们经济收入的影响。由于大多数家庭的经济收入仅能满足基本日常开销，因此许多家庭在收到工资后都需要精打细算地

---

① 何立：《该不该要"彩礼"》，《破旧俗 立新风——杂谈反对旧势力》，天津人民出版社，1965年，第10页。

② http://www.997788.com/pr/detail_637_51631104.html，997788网站，阅读日期：2018年4月7日。

进行消费规划，包括分配工资、购买必需品和寄送钱款等，从而导致了彩礼支付的下降。有的受访者谈到："发了工资以后分份，该买的都先买了，该寄的寄。"① "分份"是指人们会提前预留出基本的生活开销，如水电费和柴米油盐等费用，而"该寄的寄"则指的是给老家的父母或亲朋好友邮寄生活费。除去这些必要的日常开销后，人们往往需要积攒很长时间的钱才能购买心仪的物品。例如，一位在这一时期结婚的受访者，为了买一块手表，他每个月都会将剩余的工资积攒起来，用了近两年的时间才攒够买手表的钱。而且，由于当时商品供应量有限，他甚至在攒够钱后凌晨 5 点多就去商店门口排队，生怕错过了购买的机会。

在这种情况下，人们没有条件去准备大量的彩礼。后来随着彩礼与阶级斗争联系在了一起，人们或是出于经济状况的限制，或者是出于社会压力，或是基于政治热情，逐渐接受了取消彩礼这一事实。陕西省渭南县双王公社全国著名的农业劳动模范双王公社双王大队党支部书记刘述贤的女儿刘聪芳出嫁时，父亲刘述贤不要彩礼，不讲排场。群众送给他们一首顺口溜："劳模嫁女，不要彩礼，喜事新办，大家欢喜。"② 这反映了当时社会对取消彩礼的态度。随着国家的不断宣传，北京市女工群众中已逐渐消除"结婚收纳男方聘礼的现象"。③ 北京长辛机车车辆厂工人陈发女儿结婚，他跟女儿说："你用不着要什么东西，将来你真有什么需要，我还会帮你，不是说你过了门，就不管你了。"④ 《人民日报》刊登了一对恋人凤兰和全富上街赶集的文章，全富给凤兰买花布，凤兰不要，凤兰给全富买球鞋，全富不要，最后二人买了一口小猪作为结婚纪念品，以响应"当下正号召养猪"的政策。⑤ "一口小猪"其实是作为生产劳动、勤俭节约、集体主义的符号和表征，是人们

---

① 梁景和主编：《中国现当代社会文化访谈录》（第三辑），首都师范大学出版社，2013 年，第 322 页。

② 何立：《该不该要"彩礼"》，《破旧俗 立新风——杂谈反对旧势力》，天津人民出版社，1965 年，第 10 页。

③ 《北京市总工商会关于在本市工厂企业中宣传贯彻婚姻法的报告》（1951 年），北京市档案馆，档案号：100-1-331。

④ 《两个社会 两种风尚》，《中国妇女》1965 年第 1、2 期。

⑤ 潘洛：《结婚纪念品》，《人民日报》1958 年 5 月 16 日，第 8 版。

在特定时代下响应"参加集体生产劳动，共同为建设社会主义贡献力量"[1]号召的思想和行动的表现。

上述内容主要是国家宣传媒介对取消彩礼和减少婚前花费行为的典型报道，然而，在日常生活中，人们的彩礼和婚前花费现象究竟是怎样的呢？大致来说，在1950年至1966年期间，彩礼的变革可以分为两个阶段。第一阶段是从1950年《婚姻法》颁布后到1956年社会主义改造基本完成之前，这一阶段中，彩礼现象仍然普遍存在，许多人认为结婚时索要彩礼是正常且合理的。例如有的妇女说："一辈子就出一次门子，还不要些东西？"[2] 1951年，北京市门头沟工作人员发现某家结婚"使了两万多人民券，白面8袋，大小衣服9件，皮鞋1双，被子数条"。[3] 有的革命老区，姑娘出嫁的时候，订婚要五六身衣服，订婚未结婚期间姑娘的衣服全由男方供给。[4] 可见，这一时期彩礼的存在还有着社会基础和文化土壤。第二阶段为1956年至1966年。这一时期，在计划经济体制和集体主义伦理导向下，更强调个体对国家的贡献，反对个体对私人生活的过度追求。加上当时经济水平的限制，人们对物质生活追求的程度较低。随着国家的不断宣传以及频繁的政治运动，使得人们对彩礼的态度逐渐发生了转变。大体而言，这一时期的彩礼支付在逐渐下降，而且性质也在逐渐发生变化。从表4—1—1可以发现，女方在婚前基本不会向男方要彩礼，但会准备一些婚后生活必需品，有些必需品甚至是女方自己花钱来购置。即使有的女性在婚前收到一些礼物，但这些礼物是男方或其家庭主动为女方准备的，而不是由女方去索取而来的。如受访者王女士在婚前收到了男方家庭给她的衣服和裤子，但这些礼物是由男方家庭自愿赠送的。由此可见，这一时期的彩礼在数量减少的同时，更多体现为男方赠与女方本人的礼物或者是为双方婚后准备的必需

---

① 何立：《该不该要"彩礼"》，《破旧俗　立新风——杂谈反对旧势力》，天津人民出版社，1965年，第10页。

② 《团东郊区东坝镇支部团结广大青年宣传婚姻法，协助青年向封建婚姻作斗争》（1952年），北京市档案馆，档案号：100-1-46。

③ 北京市人民政府郊区工作委员会：《第16区婚姻法执行情况的检查报告》（1951年），北京市档案馆，档案号：9-1-114。

④ 《区杨泊媛电站村的婚姻检查材料》（1951年），北京市档案馆，档案号：9-1-114。

品。此时的彩礼很少具有给女方家庭经济补偿的性质，更不具有买卖婚姻的性质。

表 4—1—1　集体化时期女方接收彩礼情况

结婚时间	彩礼	受访者情况
1957 年	林东有一个百货公司，就选的被面、褥面，回来就缝。这就算褥子、被子我缝的，买了一对枕头，这全是我准备。	喜女士，1937 年生
1958 年	七块钱买了一个箱子，是我们两个共同的钱。	李女士，1930 年生
1959 年	我老婆婆给我做一个小花缎子衣服，还有裤子，基本上都是婆家给买的，我家那时候困难，我们也没有要男方家钱啥的。	王女士，1937 年生

资料来源：来自中华女子学院中国女性图书馆所藏妇女口述史资料。

　　1950 年至 1966 年间，彩礼的变化趋势并非呈现出单一的"彩礼消失"、"彩礼下降"或"彩礼性质发生改变"的模式。实际上，这一时期的彩礼现象呈现出复杂性和多样性。例如，一位 1957 年结婚的受访者回忆，她婆家曾为她购买了银镯子和银戒指作为彩礼。[1] 这一例子说明，即使在这一时期，彩礼在某些地区和家庭中仍然是一个重要的传统习俗。同时，我们也必须注意到，在一些偏远地区，彩礼现象背后的深层次社会和经济原因更加凸显。有些男性为了娶妻，甚至愿意耗尽家庭数年的积蓄，这种行为已经超越了"买卖婚姻"的定义。它看似是双方家庭的自愿选择，但实际上往往是在有限条件下个体被迫做出的选择。这体现了彩礼现象背后的复杂社会压力和经济困境以及个体在面对传统习俗时的无奈和妥协。由于中国地域广阔、文化和风俗差异大的特点，彩礼在这一时期的变化因地区和人群而异。不同地区和不同人群对彩礼的态度和实践存在着显著的差异。然而，尽管存在这种地域和人群的差异性，但整体趋势上，彩礼还是逐渐减少的。这反映了社会变迁和现代化进程对彩礼这一传统习俗的影响和冲击。

---

[1]　来自中华女子学院中国女性图书馆所藏妇女口述史资料。

第二节　婚礼仪式的演变

　　在中国悠久的历史长河中，婚礼仪式如同一面镜子，映照出不同时代的文化风貌、价值观念和国家意志的变迁。詹姆斯·凯瑞曾深刻指出，仪式是"一种以团体或共同的身份把人们吸引在一起的神圣聚会"，[①] 而婚礼正是这样一场将男女双方及其家族紧密联结在一起的重大仪式。它不仅是婚姻双方身份转变与合法化的标志，更是社会联系与认同构建的桥梁。尽管 1950 年《婚姻法》明确规定了婚姻的法律效力始于登记与领证，但当时的民众依然深信，唯有通过举办婚礼这一公开的社会活动，婚姻才能获得真正的社会认可与祝福。这种观念背后，是对传统婚礼深刻文化意义的执着追求——"登记谁也看不到，办酒大家都能看到，这才算是结婚"以及"结婚不坐花轿，窝囊一辈子死了也冤屈"[②] 的观念，都生动展现了传统婚礼在人们心中的不可替代性。面对传统婚礼中的铺张浪费与封建残余，国家通过宣传教育倡导婚礼的简朴与现代化，行政干预限制奢侈浪费，同时树立先进典型引导社会风气。在这一过程中，婚礼仪式被赋予了新的时代内涵，既保留了其作为家族与社会联系纽带的神圣性，又融入了集体主义伦理与国家政治理念。本节将主要探讨这一时期国家对传统婚礼习俗的深刻变革与重塑过程。通过分析国家政策引导、行政措施干预、先进分子的示范引领以及婚礼仪式中的符号运用等多个维度，揭示了国家如何通过一系列举措推动婚礼习俗的现代化转型以及这一过程中个体与社会的互动与适应。

一、国家对传统婚礼的治理

　　尽管 1950 年《婚姻法》确立婚姻自由和平等的基本原则，然而，在实际生活中，传统的婚礼习俗——尤其是铺张浪费的"坐轿请客"现象，并未

---

　　① 张文军：《知变又知常：观念是如何转型的？——基于浙东屿村婚育观念的考察》，《社会》2021 年第 2 期。
　　② 《团东郊区东坝镇支部团结广大青年宣传婚姻法，协助青年向封建婚姻作斗争》（1952 年），北京市档案馆，档案号：100-1-46。

立即销声匿迹。在北京等大城市，婚礼的奢华之风依旧盛行，不仅给普通家庭带来了沉重的经济负担，甚至在某些情况下导致了家庭债务的累积，严重影响了人们的日常生活。北京市某区"有 500 对结婚，一般一对花 300 万元，500 对就是 15 亿"。[①] 据不完全的统计，在"三反"运动中，群众中每对结婚费用平均为 300 万元，甚至因结婚而拖欠债务影响了正常生活。[②] 北京市第十六区城子矿牛成为娶妻子周淑珍花了 300 多万，赵家洼张树森借了 200 多万娶李湘云，婚后三天，李湘云因为吃小米饭，觉得生活苦，为此，又请求离婚。[③] 面对这一现状，国家通过宣传教育、行政干预以及树立榜样等多种手段，引导民众向新式婚礼转变，以期逐步革除旧有陋习，树立文明节俭的社会新风尚。下面将探讨这一时期国家如何多管齐下推动婚礼习俗的变革进而重塑民众的价值观念。

1. 进行新式婚礼的推广

在中华人民共和国成立初期，面对经济恢复与建设的重要任务，国家积极倡导新式婚礼以响应增产节约的总方针。新式婚礼的核心理念在于"简单朴素"与"去除封建糟粕观念"，这不仅是经济上的理性选择，更是社会风气革新的重要一环。

国家通过多种渠道广泛宣传新式婚礼的优势，强调婚礼应回归其本质——即两情相悦的结合，而非铺张浪费的展示。《中央人民政府内务部关于婚丧礼俗改革问题答人民来信》中明确表态，呼吁社会各界对铺张浪费的婚礼现象进行纠正与制止。[④] 北京市人民委员会则进一步细化指导，明确指出即便在生活水平逐步提升的背景下，民众也应秉持节约原则，合理安排婚礼开支，以避免奢侈之风侵蚀集体经济的基础，巩固国家建设成果。[⑤] 为增强宣传的亲和力与实效性，地方文化工作者巧妙运用民谣与顺口溜等民间艺术

---

① 当时的 1 万元相当于第二套人民币的 1 元。1949 年发行，1955 年停止流通。
② 《第十一区一九五一年婚姻工作总结》（1951 年），北京市档案馆，档案号：9-1-114。
③ 北京市人民政府郊区工作委员会：《第 16 区婚姻法执行情况的检查报告》（1951 年），北京市档案馆，档案号：9-1-114。
④ 《中央人民政府内务部关于婚丧礼俗改革问题答人民来信》，《人民日报》1952 年 10 月 21 日，第 3 版。
⑤ 《北京市人民委员会批准市民关于本市群众婚姻情况和加强婚姻工作的意见》，（1962 年），北京市档案馆，档案号：2-14-35。

形式，创作出易于传唱、贴近生活的作品，如《结婚不要瞎胡闹》与《新式结婚好处多》等，这些作品以生动案例警示旧式婚礼的奢靡之害，同时颂扬新式婚礼的简朴之美，展现了情感纯粹、生活和谐的美好愿景。

结婚不要瞎胡闹

青年妇女要认真，两家情愿来结婚。

二人结婚两情愿，不兴家长来包办。

青年妇女要知道，不兴吹打不要轿。

不雇车来不放炮，那个完全瞎胡闹。

你要听了我的话，光景过得错不了。

青年妇女听我讲，听我表表赵阁庄。

赵阁庄有个赵老玉，他家过事闹排场。

吃了稻米好几担，几头猪来几头羊。

饸烙做了几十锅，白面卷子几十筐。

摆席摆了几十桌，把他家里折腾光。

老汉一算傻了眼，一病不起见阎王。

儿媳分了千元债，苦了十年才挡光。①

新式结婚好处多

山歌一唱响满坡，新式结婚好处多。

马里头挑马不一般高，交了个干妹子数你好。

不图宅子不图地，爱那后生劳动有力气。

你爱我来我爱你，都夸是一对好夫妻。

不骑马来不坐轿，新事新办可是个好。

不要彩礼不要钱，小两口日子可过了个甜。②

这些民间艺术作品不仅批判了旧式婚礼的奢侈无度，如"赵阁庄"故事中赵老玉家因婚礼排场过大而导致家庭破产的教训，也赞美了新式婚礼的简朴与幸福；如《新式结婚好处多》中描绘的不图物质、只重情感的美好

---

① 河北省地方志编纂委员会：《河北省志·妇女运动志》，中国档案出版社，1997年，第659页。
② 河北省地方志编纂委员会：《河北省志·妇女运动志》，中国档案出版社，1997年，第650页。

图景。

更为深远的是，改革旧式婚礼被赋予了政治意义，成为与封建主义、资产阶级思想残余斗争的一部分。结婚坐"喜轿"、穿"礼服"等习俗被视为旧时代的残留，与"兴无灭资"的政治目标相悖，因此被纳入移风易俗、树立新风的政治任务之中。[①]

综上所述，新式婚礼的推广不仅是经济节约策略的体现，更是社会意识形态重构与文化创新的重要标志。它标志着国家在现代化进程中，不仅追求物质层面的富足，更致力于精神层面的升华，通过婚礼这一社会生活的缩影，展现了社会主义新风尚的逐步形成与巩固。

2. 行政措施的干预

在计划经济的大背景下，国家通过一系列行政措施与市场调控手段，对传统婚礼习俗进行了深刻变革，旨在倡导简朴婚礼，遏制铺张浪费之风。国家不仅在教育层面广泛宣传新式婚礼理念，还通过"统购统销"政策直接干预婚礼物品的市场供应，有效控制了婚礼消费。例如，北京市政府积极响应国家号召，逐步削减结婚用布等必需品的供应量，从 1957 年的减少四分之一到 1961 年的每对新人仅供应 16 市尺布匹。[②] 一系列措施有效限制了婚礼中的奢侈消费，引导民众形成节约办婚礼的新风尚。这一过程中，政府不仅减少了特殊物品的供应，还通过政策解释和动员，增强了民众的节约意识，使得婚礼消费更加理性化（表 4—2—1）。

表 4—2—1　婚礼当天的花费

结婚时间	婚礼举办情况	受访者情况
1952 年	我们两个人的薪金和在一起，请老战友，请了一桌饭。	王女士，1927 年生
1954 年	买了点花生、糖果请系里同志吃，没有喝喜酒。	杜念沪，1930 年生
1952 年	给参加婚礼的机关干部买点瓜子和糖块，婚礼就算办完了，特别简单。	王女士，1934 年生

---

① 《陕西日报》：《立新风　破旧俗　勤俭欢乐地春节》，《人民日报》1964 年 2 月 9 日，第 2 版。

② 峨嵋塘：《建议削减结婚用布》，《人民日报》1957 年 4 月 24 日，第 4 版。

（续表）

结婚时间	婚礼举办情况	受访者情况
1953 年	大家都在单位食堂里头吃饭，我就给食堂一部分钱，伙食加餐，加一两个很好的菜。	X 女士，1927 年生
1956 年	大家吃点瓜子、糖，热闹下就完了。大家平时在部队上都吃食堂，所以我们结婚也不聚餐。	王女士，1934 年生
1956 年	这时的经济状况不是太好，因为统购统销，好多东西都要凭票，买糕点买糖果都要票，根本也没有什么好的东西买。店里卖的糖果只有古巴进口的硬糖，一粒一粒黑黑的，包装纸很粗糙。只有这一种糖，就买了这个糖发给同事。我们和区里几位领导在食堂吃饭时，把他带来的南京板鸭一起吃掉。角直的亲戚没喊来在一起吃个饭。	赵女士，1933 年生
1958 年	买点糖给大家，也放（鞭）炮。	王女士，1930 年生
1958 年	买了些糖果。	赵女士，1939 年生
1958 年	就买了点糖果、花生，还是单位同事给出的。那时候没有酒席，搞得像联欢会似得。	李女士，1933 年生
1958 年	我爱人买了糖招待，就散个糖。	赵女士，1934 年生
1962 年	我们家人自己在一起吃个饭，其他的就没有什么了。	王女士，1942 年生
1963 年	吃了二十块钱的面条，喜糖也就一包。	李女士，1940 年生
1965 年	发点儿糖，大家伙吃一吃瓜子儿、花生、喝点儿茶就完了。	王女士，1943 年生

资料来源：来自中华女子学院中国女性图书馆所藏妇女口述史资料。

　　与此同时，婚礼用品行业的兴衰也见证了这一变革。随着国家对婚丧用品浪费现象的整治，经营喜轿和礼服的店铺逐渐没落，甚至被全部淘汰。1956 年，北京市将经营喜轿的店铺全部予以淘汰，人事根据情况予以安排。仅将经营礼服的结婚用品店铺两户予以保留，并要求这两户采取独立经营、自负盈亏的形式。① 随着人们"了解政府增产日渐加深，知婚丧用品系一种

---

　　① 《对婚丧仪品业进行改造的初步意见》（1956 年），北京市档案馆，档案号：67-1-40。

浪费……该业日形没落也"。① 市场上，婚礼用品的供需关系发生了根本性变化，曾经风靡一时的豪华婚礼用品逐渐被简朴实用的物品所取代。如北京市礼服乐队 1955 年使用数量比 1954 年同期、1953 年同期均下降，② 喜轿更无人来租。③ 行会委员石宽说："现在把浪费的钱都支援国家建设去了。经营者信心也不高，认为这买卖就是凑合一天算一天，赔钱也没的赔。就是一堆破鼓，买卖不上门也无法去张罗去。"④ 这一变化不仅反映了国家政策对市场的直接影响，也体现了民众消费观念的转变。

基层组织在这一过程中发挥了重要作用。干部和青年团员作为移风易俗的先锋队，深入基层，通过说服教育、公开批判等方式，有效遏制了旧式婚礼的蔓延。北京市第十五区西黄村李淑清一人就说服了冯家河两对准备结婚的不坐轿子。有的村在 26 天中对结婚的 12 对农民进行了举行新式婚礼的教育，光不坐轿子一项就节省了 300 多万元。三家店村何景荣结婚，娘家花费 300 万元，要了男方 18 块红布，后来在村干部令其退回这些红布，并进行公开的批判。⑤

由上可见，这一时期的婚礼习俗变革是在国家行政干预与市场调控共同作用下，通过减少物资供应、改变消费观念、加强基层动员等一系列措施，引导了婚礼习俗的现代化转型，为社会主义新风尚的树立奠定了坚实基础。

3. "先进"分子的践行和垂范

在婚礼仪式的现代化转型过程中，国家巧妙地借助先进分子的示范作用，通过他们的行为引领民众走向新式婚礼的风尚。干部、党团员、贫下中农、进步青年和劳动模范等群体，作为社会中的中坚力量与道德标杆，他们的言行举止不仅深刻体现了国家的价值导向和伦理标准，更在潜移默化中影响和塑造了广大民众的婚姻观念与婚礼习俗。以北京市第十一区为例，该区通过在各村组织集体婚礼的方式，巧妙地利用了村干部、党员、团员及积极

---

① 《婚丧仪品业调查总结》（1949 年），北京市档案馆，档案号：22-10-79。
② 《北京市婚丧仪品业同业委员会三月份业务汇报》（1955 年）北京市档案馆，档案号：87-43-40。
③ 《对婚丧仪品业进行改造的初步意见》（1956 年），北京市档案馆，档案号：67-1-40。
④ 《北京市婚丧仪品业同业委员会三月份业务汇报》（1955 年），北京市档案馆，档案号：87-43-40。
⑤ 《北京市第十五区婚姻法执行情况检查委员会关于宣传、检查、执行婚姻法情况的报告》（1951 年），北京市档案馆，档案号：9-1-114。

分子的带头作用。这一过程中，先进分子们以身作则，用实际行动诠释了新式婚礼的精髓，逐步将这一变革推广到更广泛的群众中去。①

(1) 干部和党员、团员的新式婚礼

干部作为正式制度的代理人，肩负着特殊的职务忠诚义务，他们不仅是政策的执行者，更是社会风气的引领者。在婚礼改革的浪潮中，国家明确要求干部要发挥模范带头作用，积极推动移风易俗，这不仅是对干部个人品德的考验，更是对其政治立场和社会责任感的检验。正如当时广为流传的话所言："当干部的好比是船头上的一盏灯，一举一动队里的群众都要跟着我们走。"这句话深刻揭示了干部在群众中的影响力和示范作用。在实际行动中，干部积极响应国家号召，以实际行为践行新式婚礼的理念。浙江省嘉兴县新篁公社勤丰大队支部书记杨文龙，以其女儿杨桃妹的婚礼为契机，身体力行地推动了婚礼习俗的改革。他不仅要求简约办婚礼，还亲自劝说女儿废除坐河泥船等旧俗。② 这一举动为广大干部树立了榜样，激发了更多人参与到婚礼改革的行列中来。全国农业劳动模范、陕西省渭南县双王公社双王大队党支部书记刘述贤的女儿刘聪芳，则以另一种方式诠释了新式婚礼的精神内涵。她选择骑着一辆借来的自行车前往李家完婚。③这种方式同样彰显了干部家庭在引领婚礼新风尚方面的积极作用。这一简约而不失庄重的婚礼形式，不仅体现了新时代女性的独立与自主，也传递出干部家庭对勤俭持家、反对铺张浪费的坚定立场。这一过程中不仅体现了家长对子女的教育引导，更展现了干部在推动社会风气转变中的责任感和使命感。他们通过自身行动和家庭教育，成功引领了婚礼新风尚的形成和发展，为全社会树立了典范和标杆，不仅推动了婚礼习俗的革新和发展进步，更为新时期婚礼文化注入了新的活力和内涵。

党员、团员作为革命队伍中的先进代表和时代潮流的引领者，在婚礼改革中同样扮演了举足轻重的角色。他们积极响应国家号召，以实际行动倡导

---

① 《第十一区 1951 年婚姻工作总结》(1951 年)，北京市档案馆，档案号：37-1-17。

② 杨文龙：《女儿的婚事》，《人民日报》1964 年 1 月 27 日，第 4 版。

③ 何立：《该不该要"彩礼"》，《破旧俗 立新风——杂谈反对旧势力》，天津人民出版社，1965 年，第 10 页。

并践行新式婚礼理念。北京市第十一区团员徐润明在第一期团训班学习后回家，家中已把徐结婚的事准备好，打了栅，租了轿，徐润明说：不应浪费，结果用大车代替了轿子。[1] 这一选择不仅体现了他个人的经济考量，更是对党员、团员身份的一种政治忠诚表达。党员刘益琪奇要结婚，他说，"我是共产党员，就要带头节约"，"所以不请大家吃酒。这样做，又简单、又节约，给大家开一条路"，青年说："益琪哥，做得好，我们结婚也要照你那样办！"公社干部夸赞说："益琪办婚，给咱这地方开创了一个新风气。"[2] 这一举动不仅赢得了亲友的尊重，更为当地树立了新式婚礼的典范。基层干部寇广有与张静的婚礼，则是推动移风易俗中的又一亮点。寇广有是五常县卫国公社东安大队的团支部书记，张静是该大队一名生产队的妇女队长，两个人快要结婚了。寇广有对他爹和张静说：党不是号召勤俭持家吗？咱们一定听党的话，俭朴办婚事。结婚那天，老寇家挤满了客人，白开水喝完了一碗又一碗；自产的葵花籽炒得喷香；会抽烟的有烟末和香烟……群众反映：这喜事办得又认真、又隆重、又热闹、又节约，主人客人皆大欢喜。[3] 他们的婚礼，既是对党的政策的忠诚实践，也是对广大群众的一种示范和引导，他们的行为无形中强化了新式婚姻理念在社会中的传播，塑造了良好的社会印象，进一步推动了婚礼习俗的改革。

社会中的每一个人都会根据社会分工扮演一定的社会角色，并遵循着与自身社会地位相应的行为规范。[4] 库利和戈夫曼的"印象管理"理论深刻揭示了人类行为的一个重要面向：个体倾向于以一种与当前社会情境相吻合的形象来展示自己，以此赢得良好的印象和积极的评价。这一理论为我们剖析个体行为背后的动机提供了视角。党员干部，作为连接国家与民众的坚实纽带，其角色至关重要。他们不仅肩负着具体的行政与管理职责，更在无形中成为社会风气的风向标和引领者。以寇广有为例，作为党员干部中的一员，

① 共青团北京市委郊区工作委员会：《青年团员对婚姻法的认识》（1951 年），北京市档案馆，档案号：100-1-46。
② 连云山：《战士的婚礼》，《人民日报》1963 年 4 月 14 日，第 2 版。
③ 陶然：《小议婚礼》，《人民日报》1963 年 4 月 23 日，第 6 版。
④ 敖成兵：《"伪精致"青年的视觉包装、伪饰缘由及隐形焦虑》，《中国青年研究》2020 年第 6 期。

他深刻理解和践行"印象管理"的原则，将国家倡导的节约理念深深植根于自己的行动之中。在筹备婚礼之际，寇广有明确表示"咱们一定听党的话，俭朴办婚事"，这一决定不仅彰显了他个人对婚礼风格的独特定位，更是对党员干部这一社会角色期待的积极响应。他们的婚礼不仅赢得了亲友和群众的广泛赞誉，更在社会上树立了正面的典范。这种正面的社会评价不仅增强了党员干部在民众心中的公信力和影响力，也为新式婚礼的推广和普及起到了积极的推动作用。因此，民众对新式婚礼的逐渐认可和接受，是国家大规模动员与宣传、党员干部等"先进分子"的示范引领，以及个体基于"印象管理"需求进行自我调整的综合结果。在这一进程中，党员干部通过严格规范自身言行、积极践行国家政策，不仅有效地传递了国家的主流价值观，还有力地推动了社会风气的整体提升和进步。

（2）工人阶级的新式婚礼

工人阶级，作为中国共产党的坚实基础和先锋队，始终代表着社会进步的力量源泉。在《婚姻法》颁布后的社会变革浪潮中，工人阶级积极响应国家号召，勇于承担起引领婚礼习俗革新的重任。以北京市为例，工人阶级在婚礼改革中的引领作用尤为显著。众多女工在《婚姻法》颁布后，纷纷以实际行动响应改革号召，她们相约在结婚时摒弃传统礼服与花车，选择简约而富有意义的婚礼形式，展现了工人阶级对新式婚礼理念的坚定拥护。① 北京长辛机车车辆厂老工人陈发的家庭，则是工人阶级践行新式婚礼理念的又一生动案例。面对女儿的婚礼，陈发坚持"一切为了生产"的原则，鼓励女儿白天上班、晚上结婚，同时要求女婿也保持正常工作，不因婚礼而耽误生产。他深刻认识到大办喜事的铺张浪费是旧社会的遗毒，坚决反对这种行为，并倡导简单节约的婚礼风尚。②

工人阶级的这些行动，不仅赢得了国家的赞赏和鼓励，更为全社会树立了良好的榜样。他们以实际行动诠释了"厉行节约、反对浪费"的深刻内涵，将婚礼这一人生大事赋予了新的时代意义。同时，这些行动也推动了婚

---

① 《北京市总工商会关于在本市工厂企业中宣传贯彻婚姻法的报告》（1951 年），北京市档案馆，档案号：100-1-331。

② 《两个社会　两种风尚》，《中国妇女》1965 年第 1、2 期。

礼习俗的现代化转型。

（3）贫下中农的新式婚礼

贫下中农，作为新中国建设的重要力量，其生活状况与国家的经济政策紧密相连。在国家倡导勤俭节约、反对铺张浪费的大背景下，贫下中农积极响应，成为婚礼改革中移风易俗的先锋。他们深刻认识到，新式婚礼不仅符合自身的经济利益，更与国家的发展方向高度契合，因此成为了婚礼改革最为坚定的执行者。当时的宣传材料中指出："坚决依靠贫农、下中农的子女树新风、当闯将。"① 这一策略精准地把握了贫下中农的群体特点和社会需求，激发了他们参与婚礼改革的积极性。以浙江杭县五杭乡为例，土地改革后，贫下中农青年意识到旧式婚礼的浪费，纷纷表示要将资金用于生产而非无意义的消费上。他们创新性地采用集团结婚的方式，既节省了开支，又营造了集体氛围，展现了新时代农民的智慧与团结。特别是当四村曹玉和胡阿林、十一村杜子仙和夏全法等新人率先示范，更多新人如王志寿和沈玉仙等纷纷效仿，共同参与到这场婚礼改革中来。② 这种婚礼的盛况不仅节省了资源，还促进了乡村社会的凝聚力，形成了良好的社会风尚。

可见，贫下中农将婚礼的节俭与生产投资相结合，实现了"公私相嵌"的良性循环，既促进了个人和家庭的经济发展，也为国家的工业化建设贡献了力量。这种理念与实践的高度统一，极大地增强了党和国家政策的吸引力和执行力，推动了婚礼习俗乃至整个社会风气的变革。

（4）青年积极分子的新式婚礼

在这一历史阶段，青年积极分子也成为推动社会移风易俗、引领新式婚礼风潮的中坚力量。他们深受中国共产党的思想熏陶，将个人的成长与国家的命运紧密相连，积极践行青年应有的使命与担当。早在五四运动时期，毛泽东就深刻指出中国青年在国家未来中的重要地位，这一思想在后续岁月中不断激励着青年一代。1957 年，毛泽东对留苏学生的寄语"世界是你们的，也是我们的，但是归根结底是你们的"，更是激发了青年内心的共鸣，让他

① 浙江温州专区妇联：《移风易俗的带头人》，《中国妇女》1965 年第 12 期。
② 吴云高：《浙江杭县翻身农民集团结婚办喜事》，《人民日报》1951 年 5 月 9 日，第 6 版。

们意识到自己是国家未来的主人，肩负着建设新中国的历史重任。在此背景下，国家在推行《婚姻法》的过程中，得到青年们迅速响应，他们将婚姻改革视为对国家和社会主义建设事业的重要贡献。北京市第十五区的于文莲与工人李茂林的婚礼，便是青年积极分子勇于斗争、坚持新式婚礼理念的写照。面对传统习俗的压力，于文莲没有妥协，而是通过坚持斗争和工作组的帮助，最终成功举办了符合新时代要求的新式婚礼。[①] 这一事件不仅体现了青年在婚姻问题上的自主意识，也彰显了他们在移风易俗中的先锋模范作用。1951 年，河南商丘刘老汉心里惦记着两件大事："一件是 30 多岁的儿子，因为以前家里穷，一直还没娶上媳妇；一件是闺女已经 15 岁，也该早点找个女婿。"他四处托人说媒，想把女儿说给一个 31 岁的男人，要 5 石米，再拿这笔钱给儿子说下一个媳妇。不料女儿和儿子一致反对。儿子说"他自己已经找下了个对象"，后来儿子在"区政府的大院子，在礼堂，不用车不用轿，也不用花钱摆酒席，儿童团打着锣鼓，扭着秧歌，村里的群众高高兴兴的来道喜。新郎新娘对着毛主席的像行了三个鞠躬礼，区长做证婚人，还请家长讲话。刘老汉乐得都合不拢嘴"。[②] 面对包办婚姻和买卖婚姻的旧习俗，青年们勇敢地站了出来，选择自由恋爱并举办简约而不失庄重的婚礼。刘老汉儿子的婚礼现场，没有奢华的排场，却充满了新时代的活力与喜悦，展现了青年一代对婚姻的新认识和新态度。青年积极分子的参与，不仅是对个人价值和责任的深刻认识，也是他们追求自身利益与国家利益相统一的体现。

　　综上所述，在政治标准第一、革命和集体利益高于一切、厉行节约、婚姻大事一切从简的社会风潮下，国家通过一系列的政策引导与实际行动，深刻变革了传统的婚礼习俗。干部、党团员、工人阶级、贫下中农、青年积极分子等群体作为社会的中坚力量，积极响应国家号召，带头践行新式婚礼理念，成为推动婚礼礼俗改革的重要力量。这些先进分子不仅通过自身的婚礼实践展示了简约而不失庄重的婚礼形式，还通过广泛宣传和说服教育，将新

---

① 《第十五区婚姻工作总结》（1951 年），北京市档案馆，档案号：9-1-114。

② 左诵芬：《婚姻问题讲话五：废除买卖婚姻》，《新中国妇女》1951 年第 19 期。

式婚礼的理念传达给广大民众。1952 年《人民日报》刊登的《中央人民政府内务部关于婚丧礼俗改革问题答人民来信》明确指出，新式婚礼仪式深受群众欢迎，并已由城市扩展到农村，逐渐在广大农村地区流行开来。① 在内蒙古自治区，人们常说的"呢子帽一顶，海长兰一身，球鞋一蹬，区政府结婚"，② 正是对这一时期自由结婚、勤俭办婚事情景的生动描绘，反映了新式婚礼在民间的普及和受欢迎程度。

二、国家在场下的婚礼仪式

随着中华人民共和国成立和社会制度的深刻变革，人们的日常生活也随之发生了变化。在这一背景下，集体主义伦理的逐渐构建推动了婚礼内容和形式的明显改变。国家充分利用婚礼仪式，有效地增强了民众对国家的认同。同时，个体不但深入理解和内化了国家的管理体制，而且积极主动地参与到对传统婚礼的改造和重塑中。

1. 以"生产"为中心的婚礼

在中华人民共和国成立之初，国家为迅速恢复与发展国民经济，大力实施政治动员，激励全民投身于生产热潮。在"一切为了生产"的号召下，个体的婚姻家庭被深度融入集体生产体系，婚礼习俗亦随之变革，旨在服务于国家"生产"这一核心目标。在此背景下，婚礼的筹备与实施均围绕着促进生产、节约资源的原则进行，体现了高度的集体主义精神。

受到"一切为了生产"口号的深刻影响，广大民众积极响应国家号召，将个人情感与婚姻计划置于国家建设大局之后，普遍选择延迟婚期，以全身心投入生产劳动中。鞍钢大型轧钢厂的辛有太与爱人本来约定 1953 年中秋节结婚，但因所在的大型厂是国家第一个五年计划的重点工程，他觉得关键时刻要以生产为第一位，所以他主动推迟了婚期，表示了"大型不竣工，决不回家结婚"的决心。③ 阜新新丘煤矿青年打眼工人焦万财和农村姑娘邵玉

---

① 《中央人民政府内务部关于婚丧礼俗改革问题答人民来信》，《人民日报》1952 年 10 月 21 日，第 3 版。

② 云春莲总编：《发展中的呼和浩特市妇女联合会（1950—1990）》，呼和浩特市妇女联合会内部资料，1990 年，第 54 页。

③ 杨述汤：《大型不竣工，决不回家去结婚!》，《人民日报》1953 年 12 月 3 日，第 2 版。

芬婚期两度推迟，因为有些工厂、城市等着煤烧，他们决心先好好参加生产工作。① 在马烽的小说《结婚》里也有这样的现象，田春生和杨小青因为生产而三推婚期，父母催促他们去领结婚证，但在路上临时遇到政治任务，二人又因此而耽误了领取结婚证。这些都反映了当时的年轻人为了国家建设而牺牲个人利益的社会现象。下面是湖南省南县北河口公社显化寺大队妇代会主任尹腊枚为了响应破旧俗、立新风的号召，六次更改婚期的事迹。

一九五六年，我高小毕业后回乡参加生产。在集体生产劳动中，我和本队贫农的儿子刘万廷相爱，并在双方父母的同意下订了婚。一九五八年一月，小刘应征入伍，我也在这一年十月进了津市棉纺厂当了工人。一九六〇年初两家父母要我们在年底结婚，我和小刘都不同意，给家里写信说，推迟到第二年再说……一九六二年年底又到了，两家父母都急着等我们回去结婚。但是他们哪里知道，我早已写信向小刘说明：现在正是生产大忙的时候，劳动竞赛搞得热火朝天，我是厂里的团总支委员、车间团支书，怎么能为个人私事放下生产和工作呢？小刘也来信跟我约好：这次，一不结婚，二不回家。我们的第三次婚期又推迟了。

一九六三年春天，党号召支援农业第一线。我想：我是贫农的女儿，从农村来，就应该听党的话，到农村中去。我要求回乡生产的申请被批准了……小刘寄回来一封长信，他说蒋匪帮正在准备窜犯大陆，为了时刻准备狠狠地打击敌人，他暂时不回来……第四次婚期又更改了。

八月间，小刘回家探亲。我们已分别六年了……我和小刘可忙了一阵子，家里说，外边劝，反复向大家宣传晚婚的好处。第五次婚期总算推掉了，可是还得接受一九六四年十二月结婚的条件。正好就在这年冬天，我被县委调去参加社会主义教育工作。我想，这正是党对我的培养，我应该把全副心思用在工作上。我给小刘去信，要求把婚期推到一九六六年或者更迟一点……

六次更改婚期的斗争，也使我认识到，坚持晚婚绝不是个人的生活

---

① 赵春烈、电明：《婚礼二次延期》《人民日报》，1957 年 1 月 29 日，第 1 版。

小事，是和旧习俗作斗争的大事……而且在我的影响下，在我们大队的青年中，已经形成了晚婚的新风。①

上述列举的典型事例，虽然无法全面反映民间婚姻现象的多样性，但在特定历史时期，如社会主义建设初期，通过国家的广泛宣传，这些事例在传递政治观念和文化价值观念方面具有重要意义。它们作为具体案例，展示了在特定社会背景下，个体行为如何受到集体利益导向的影响。在这一时期，国家利益和社会整体的发展被置于优先考虑的地位，个人的生活规划与选择往往需要与之协调。推迟婚礼的现象，便是这一背景下个体主动承担社会责任的体现，它体现了个人利益服从于集体利益的价值取向。在日常生活中，个体的积极行为往往具有示范效应，能够影响周围人群的态度与行为。案例中主人公坚持晚婚并多次推迟婚期的选择，不仅改变了自身的婚姻观念和行为方式，也在一定程度上引导了周围青年群体形成晚婚的新风尚。

推迟婚礼的现象，作为特定历史时期的独特产物，是多维因素交织作用下的结果，涵盖了社会、经济、文化及个人选择等多个层面。这一现象深刻揭示了这一历史时期，个体与集体、个人利益与国家利益之间错综复杂的关系，以及个体在面对这些关系时所展现出的权衡智慧与决策能力。更重要的是，人们选择推迟婚礼以支持革命生产，这一行为并非单纯受外界强制影响的结果，而是个体自我建构与认同的深刻体现。作为社会的一员，人们既是既定社会规范与价值观的接受者，也是这些规范与价值观共同塑造与建构的参与者。在这一特殊时期，社会通过制定一系列标准和规范，构建了一个全方位的监管体系，每个个体都身处其中，受到这些标准的审视与约束，自觉地将自身行为纳入这一框架之内。正如米歇尔·福柯在《规训与惩罚》中所阐述的，这种监管并不依赖于传统的暴力手段或物质禁制，而是通过一种无形的凝视——即监督的凝视来实现。在这种凝视之下，个体无需外界强制，便能自发地进行自我审视与调整，以确保自己的行为符合社会主流价值观与

---

① 尹腊枚：《我六改婚期》，《中国妇女》1965 年第 11 期。

规范。① 在婚姻领域，这一机制同样适用，个体通过内在的自我约束，主动推迟婚礼，以响应国家"一切为了生产"的号召，成为国家秩序的积极维护者。因此，推迟婚礼的现象不仅是对特定历史时期社会现实的反映，更是个体自我认同与社会规范相互作用、共同建构的生动例证。它展示了在特定社会背景下，个体如何通过自我审视与调整，将个人行为融入国家发展大局之中，实现个人价值与社会价值的和谐统一。

这一时期，以"生产"为中心的婚礼还体现在结婚日期的选择上。在中华文化中，结婚日期的选择一直承载着丰富的文化内涵与象征意义，往往受到农历、生肖、八字等多种因素的影响，以求得吉祥如意、百年好合的寓意。因此，传统的婚期选择，多基于农历吉日、生肖相合等因素，追求婚姻的美满与长久。但在新的历史背景下，国家强调生产建设的重要性，婚期的安排不得不更多地考虑到生产活动的需要，确保不因个人喜事而影响整体生产进度。这一变化不仅体现了个人选择与社会需求的融合，也反映了国家对社会资源的统筹规划与高效利用。

随着计划经济的深入实施，社会结构发生了深刻变革，个人时间与集体时间的界限日益模糊。在集体化进程中，农民阶层的生活节奏被严格的社会组织所规范，传统节日与季节性活动逐渐被整合到集体生产活动中。婚礼，这一原本具有浓厚个人色彩的庆典，也不得不适应新的社会时间结构，为生产大局让步。小说《劳动姻缘》与《山那面人家》中的情节，虽为文学虚构，却生动地反映了当时的社会现实——婚礼当天，新婚夫妇或忙于工作，或在婚礼间隙仍不忘检查农作物，这不仅是个人责任感的体现，更是国家倡导的集体主义价值观在民间生活的深刻烙印。1957 年，《人民日报》的报道则提供了一个真实的案例：河南省原阳县胡庄农业社胡广平，再有三四个钟头就要结婚了，她还在工地上劳动，社长胡文斌三番五次地劝她赶紧回家，但"她一股劲挖到十点多钟，直到娄庄的车子快来了，她

---

① ［法］米歇尔·福柯著，刘北城、杨远婴译：《规训与惩罚》，生活·读书·新知三联书店，1999 年，第 76 页。

才离开了工地"。① 这不仅是个人牺牲精神的展现，也是当时社会普遍价值观的缩影。媒体对这些典型事迹的传播，不仅塑造了公众形象认知，更在潜移默化中强化了集体利益高于一切的观念。

对于城市中的工作者而言，虽然他们面临的情境与农民有所不同，但同样受到工作时间安排的制约。因此，选择在周末或节假日举办婚礼成为普遍现象，这既是对个人时间的尊重，也是对集体工作秩序的遵循。受访者的回忆更是直接证实了这种变化在现实生活中的普遍性。为了不影响生产，婚礼被压缩至最短时间，甚至在工作间隙匆忙举行，这种看似不合常理的做法，实则是社会结构变化下人们生活的真实写照。

> 访谈：我到沈阳部队去找他，准备 1956 年 1 月结婚。那个年代很多人选在五一、十一、元旦或者春节的时候结婚。因为部队平时工作忙得很，只有放假丈夫才有时间，所以我们也选在那年的元旦结婚。②

在访谈中，一对夫妻分享了他们在 1956 年选择元旦结婚的故事，这深刻反映了特定历史时期个人生活安排与社会环境、职业特性及国家政策之间的紧密联系。由于丈夫在沈阳部队工作繁忙，平时难以抽出时间，因此他们顺应部队的工作节奏和国家法定节假日的安排，选择在元旦这一全民共有的休息日举办婚礼。这一决策不仅体现了他们对个人幸福的追求，也展现了他们对社会环境和职业特性的高度适应。同时，选择在元旦结婚，还隐含着对家庭和谐与社会祝福的期待，以及顺应国家以生产为中心的政策导向，使得个人选择与时代特色相融合。

同时，不少民众倾向于在五一国际劳动节或十一国庆节等具有显著政治意义的节日举办婚礼，这一选择背后蕴含了多重深意。这些节日，作为家国情怀的集中体现，不仅颂扬了劳动者的辛勤付出，庆祝了国家的繁荣昌盛，更为婚礼这一人生大事赋予了更深层的政治意涵。人们选择在这些特殊的日子里步入婚姻的殿堂，不仅因为它们是全民共享的休息日，不影响正常工作

---

① 郝健：《结婚不误挖渠》，《人民日报》1958 年 3 月 13 日，第 2 版。
② 来自中华女子学院中国女性图书馆所藏妇女口述史资料，受访者：魏女士，1934 年生，1956 年结婚，随军家属。

与生产，更因为这样做无形中传递出一种与国家同呼吸、共命运的强烈情感，将个人生活的重大事件与国家的政治庆典紧密相连，展现了高度的社会责任感和政治认同。正如有学者所言，民众的这种行为巧妙地游走于制度框架之内，却又不完全受其束缚，既符合了国家以生产为中心的政策导向，确保了生产活动的顺利进行，又体现了中国人行动中的灵活性与策略性。[1] 在这些政治性节日里举办婚礼，民众得以在享受节日氛围的同时，通过这一私人领域的盛事，隐性地表达了对国家政治理念的认同和支持，实现了个体立场与国家意志的微妙融合。此外，这种选择还彰显了民众在社会环境变迁中的主动适应能力和文化再创造能力。他们根据时代特点和个人价值观，对传统婚期观念进行解构与重构，形成了既符合个人情感需求又顺应社会发展潮流的新婚期文化。这种将婚礼安排在放假期间，既不影响正常工作与生产，又赋予了婚礼特殊意义的做法，不仅是对时间的积极利用，更是个人生命价值和社会发展空间不断拓展的体现，正如马克思所言："时间实际上是人的积极存在，它不仅是人的生命的尺度，而且是人的发展的空间。"[2]

2. 婚礼仪式中承载的政治意涵

乔尔·S. 米格代尔等人的"国家在社会中"理论，深刻揭示了国家与社会之间相互作用、相互塑造的复杂关系。这一理论强调，国家在形塑社会结构的同时，也受到来自社会力量的反作用力，二者在相互牵制中不断巩固与强化。[3] 在此基础上，"国家在场"理论应运而生，进一步阐释了国家如何通过民间仪式中的符号运用，实现其在社会生活中的隐性存在与影响，同时，民间仪式也借助国家符号来增强自身的权威性与认同感。[4]

具体到婚礼仪式这一社会现象中，"国家在场"理论为我们提供了一个

① 翟学伟：《中国人行动的逻辑》，社会科学文献出版社，2011 年，第 207 页。
② 马克思：《1861—1863 年经济学手稿》，《马克思恩格斯全集》（第 49 卷），人民出版社，2016 年，第 532 页。
③ Joel S. Migdal, Atul Kohli, and Vivienne Shue, "Introduction: Developing a State-in-Society Perspective," *State Power and Social Forces: Domination and Transformation in the Third World*, Cambridge University Press, 1994, pp. 1-4.
④ 高丙中：《民间仪式与国家的在场》，郭于华主编：《仪式与社会变迁》，社会科学文献出版社，2000 年，第 310—337 页。

独特的视角来解析婚礼如何成为构建国家共同体的微观场域。婚礼仪式不仅是个人生活的重大事件，更是国家与社会互动、价值传递的重要平台。通过仪式的举行，个人与国家、个人与个人之间形成了一个"想象共同体"，这一共同体基于信息共享与情感共鸣而凝聚。婚礼仪式精心设计的物化符号（如装饰、婚纱等）、语言符号（誓词、祝福词等）以及行为符号（拜堂等仪式行为），共同构成了一个富含象征意义的符号系统。这些符号不仅美化了仪式场景，更承载着深厚的文化内涵与价值导向，引导参与者共同体验并分享这一神圣时刻。在符号的交互作用下，参与者被紧密地联结在一起，形成对婚礼仪式及其背后价值理念的共同认同与接纳。具体而言，物化符号通过视觉与触觉的双重刺激，营造出浪漫、庄严的氛围，强化了仪式的神圣性与重要性；语言符号则通过情感的抒发与价值观的传递，加深了参与者之间的情感联系与价值共鸣；行为符号则通过身体的实践，将抽象的价值观转化为具体的行动，使参与者在实际操作中体验到国家所倡导的家庭观念、婚姻伦理等社会价值。在这个场域中，国家通过符号系统的巧妙运用，实现了其在民间生活中的隐性在场与价值传递；而社会则通过参与仪式、共享符号意义的过程，增强了对国家的认同与支持。这一过程不仅丰富了"国家在社会中"的理论内涵，也为理解国家与社会关系提供了新的视角与思路。本部分将从物化符号、语言符号和行为符号三个层面，深入阐述它们是如何承载并强化这个共同体的认同感的。

一是物化符号承载的共同体认同。国家通过婚礼现场的国旗、国徽等物化元素，传递政治理念和价值观念，以此引导人们认同国家理念，加强共同体的凝聚力，这种影响在婚礼的布置和仪式中得到了具体体现。一、婚礼布置场景中体现出的国家强责任符号。符号具有隐喻的功能，在仪式中的符号也是如此，它可产生出"使人激动的东西"或"含有权力关系的心理崇拜的要素"。① 这一时期的婚礼仪式不同于传统的婚房布置方式，具有政治象征意义的信息符号被安排在婚礼现场。1953 年，河北省交河县二区倪官屯村的一

---

① 高进：《国家仪式与共同体认同》，《浙江学刊》2021 年第 1 期。

场婚礼在礼堂举办，挂上了毛主席像。① 1963 年，广西贵县相思寨的婚礼上，大厅正面挂了毛主席像。② 这些信息符号承载着革命化和政治化的意涵。如毛主席像或朱总司令像是国家的化身。这些象征性符号在婚礼仪式这一特定的场域中可以引导婚礼参与者产生一种对国家的依恋和情感，为在场成员提供了一种"共同体"意识和团结的契机。③ 二、婚礼举办场所体现出的国家强责任符号。这一时期，婚礼举办场所的选择不仅仅是一个简单的地理空间决定，而是深刻反映了当时社会、文化与国家意志的交织。有人选择"礼堂"、"学校"等公共场所作为婚礼的举办地，如海淀区萧家河的魏玉英与党员李之林就在小学内举行了新式婚礼。④ 这一行为背后蕴含着丰富的社会意义。礼堂和学校这些公共场所，被临时转变为婚礼的举办地，不仅仅是出于物理空间的利用考虑，更重要的是它们成为国家意识形态和政策的传播阵地。在这些场合，基层干部可以发表讲话，向参加婚礼的亲友和村民们传达国家的方针政策、婚姻观念和社会道德规范，从而进一步巩固和强化新中国的社会价值观。可以说，人们选择礼堂、学校等公共场所作为婚礼的举办地，不仅仅是一种物理空间的选择，更是一种文化、社会和政治的综合体现。这些场所承载了国家意识形态的传播、新式婚礼的示范、集体记忆与国家认同的构建以及社会规训与道德教化等多重功能，成为新中国初期社会变迁的重要见证。三、婚礼主婚者——"公家人"到场出席所体现的国家强责任符号。这一时期，婚礼仪式参与者除了结婚当事人、亲朋好友外，还包括基层干部。干部这个身份作为一种在场的国家符号，进一步将人们的婚姻问题与国家紧密联系在了一起。它进一步让人们感受到，婚姻是"社会国家的男女成员间公私利益统一的大事"，⑤ 反映了"人民政府对于人民的婚嫁大事

---

① 林洪：《倪官屯村的"儿女亲事"》，《人民日报》1953 年 2 月 17 日，第 2 版。
② 连云山：《战士的婚礼》，《人民日报》1963 年 4 月 14 日，第 2 版。
③ 王倩楠、何雪松：《从"回娘家"到"联谊会"：外嫁女的"报"与新宗族主义的兴起》，《妇女研究论丛》2020 年第 2 期。
④ 《第十三区婚姻法贯彻至村的情况》（1953 年），北京市海淀区档案馆，档案号：1-103-93。
⑤ 中国人民大学法律系民法教研室、资料室：《关于中华人民共和国婚姻法起草经过和起草理由的报告》，《中华人民共和国婚姻法资料选编》（校内用书），1982 年，第 37 页。

的负责态度"。① 这就预示着国家在个体婚姻中的主导作用。这种主导作用体现在婚礼中的表现之一就是由代表国家和集体的干部代替家长发言。北京市东郊区王民与王淑珍自由结婚，在举行婚礼时"党、政、团、妇联等主要干部都去参加"，"在会上党、政、团、妇联都讲了话，说明自由结婚的好处，号召青年们向他们学习"。② 北京市八角村民兵队长唐某和孙某举行新式结婚仪式，"区长亲自帮他们布置礼堂，邀请群众参观。区长在婚礼上宣传了婚姻法，并号召农民增产节约，会后群众说，看人家多光荣，区长还给讲话。真是又省钱又省事"。③ 基层干部的发言不仅代表了男女双方的婚姻得到了组织的认可，更赋予了其婚姻正当性、政治性和革命性的意义，这也体现了国家权力对家庭的进一步介入。同时，婚姻仪式的参加者与基层干部在共同的话语体系下交流，增强了他们对国家和集体的情感依恋及价值观认知。简而言之，在这种特定场合下，国家所强调的道德伦理观念会更加深入人心。由上可见，婚礼仪式中的物化符号、举办场所选择以及主婚者身份，共同构建了一个充满国家在场感的共同体认同空间。在这一空间中，国家理念通过符号的隐喻与传递、场所的规训与宣传以及干部的引导与介入，深入渗透到个体的婚姻生活中，促进了共同体成员对国家与集体的情感依恋与价值观认同。这一过程不仅强化了国家的凝聚力与影响力，也推动了社会整体价值观念的进步与发展。

二是语言符号承载的共同体认同。语言是一种特殊的媒介。人们通过语言相互交流，共享某种事物的意义，生产某种文化的价值。语言符号在婚礼仪式中扮演着至关重要的角色，它不仅传递了深情的祝福与美好的希望，更承载着对国家共同体的深刻认同。这一时期，婚礼仪式上的语言交流成为一种特殊的媒介，人们通过它共享着婚姻的价值，同时也生产着符合国家理念的文化价值。主要表现如下：一、婚礼贺词中体现出的国家强责任符号。婚

①　邓颖超：《关于中华人民共和国婚姻法的报告——1950 年 5 月 14 日在张家口扩大干部会上的讲演》，《中国妇女运动文献资料汇编》第二册（1949—1983），中国妇女出版社，1988 年，第 51 页。

②　《团东郊区东坝镇支部团结广大青年宣传婚姻法，协助青年向封建婚姻作斗争》（1952 年），北京市档案馆，档案号：100-1-46。

③　《北京市婚姻法执行委员会报告》（1951 年），北京市档案馆，档案号：84-3-15。

礼贺词不仅表达了深深的祝福，同时也寄托了对新人的美好希望。这一时期，婚礼贺词中频繁出现《婚姻法》倡导的男女平等、婚姻自由，以及夫妻互敬互爱、热爱生产、共同进步等理念。基层干部常被邀请参加婚礼并发表讲话，这些讲话不再是传统家长式的亲情伦理教诲，而是宣传国家大政方针和政策等政治观念，从而向参加婚礼的人们传递了更深层次的意义。1963年，河北省无极县马村社员邢根九和邢改月、邢根混和邢瑞在大队举办了新式婚礼。婚礼上，生产大队长向新夫妇致贺词："称赞他们是移风易俗的闯将，希望他们互敬互爱、互相帮助、热爱集体、积极劳动、争当五好社员！"妇代会委员邢淑平也讲了话，向大家介绍了夫妻互敬互爱、互相帮助、全家团结、热爱集体、搞好生产的情况。① 1964年，在回乡战士刘益琪的婚礼上，团委副书记向青年们讲了一番《婚姻法》。党委书记说："今后望你们好好地带头生产，把集体经济搞好！"② 其实，婚礼贺词实际上是一种政治宣传和教育手段，它不仅针对新人，还对所有婚礼仪式的参加者进行教育，旨在引导每个人遵循《婚姻法》所倡导的理念，树立平等、进步、革命、生产等观念。在仪式化的环境中，基层干部作为国家代言人，利用其政治地位再一次向人们传达了国家所倡导的婚姻价值观念。可以说，此时的婚礼仪式成为一个传播国家理念、强化共同体认同的重要平台。二、新郎新娘讲话中表现的国家强责任符号。新郎新娘在婚礼上的讲话也充分展示了这一时期的价值取向。他们的话语中充满了对国家的深厚依恋与责任感，体现了将国家和集体利益置于首位的价值观。这些话语不仅是个人情感的流露，更是对共同体理念的认同与践行。1951年，浙江杭县五杭乡16对青年举办的集体婚礼上，新娘代表韩杏仙说："靠了毛主席，今天才能自由结婚。"③ 随着集体婚礼等新型婚礼形式的不断推广与重复举行，这些蕴含于婚礼仪式中的思想观念与价值取向逐渐深入人心，进一步促进了人们与国家、集体的深度融合。可见，语言符号在婚礼仪式中承载了丰富的共同体认同内涵。通过婚礼贺词与新郎新娘的讲话，国家理念得以广泛传播与深入践行，共同体成员之间的情

---

① 林萧、孟华、学昭：《马村是如何推行喜事新办的》，《中国妇女》1965年第1、2期。
② 许步晨、刘再明：《龙庆村婚姻习俗的大变化》，《人民日报》1964年4月6日，第5版。
③ 吴云高：《浙江杭县翻身农民集团结婚办喜事》，《人民日报》1951年5月9日，第6版。

感联系与价值认同得以不断加强。这一过程进一步丰富了婚礼仪式的文化内涵。

三是行为符号承载的共同体认同。一般而言，在这一时期的婚礼仪式中，国家和个体通过某些具有象征性的表演行为紧密相连，这些表演行为不仅展现了其深层含义，更凸显了一种共同的文化和价值认同。以下为其主要表现：一、行礼中所体现的国家强责任符号。在新的婚礼仪式上，新人不再跪拜天地和父母，而是对着领袖像鞠躬。五常县卫国公社东安大队的团支部书记寇广有和生产队的妇女队长张静的婚礼上"胸前戴着大红花，双双向毛主席像鞠躬后，亲友道喜，夫妻还礼"。[1] 北京市第十一区西红门镇卫占有、何淑云结婚仪式上，"二人掌着手向毛主席敬礼"。[2] 婚礼中向领袖像行礼这一深具象征意义的表演，巧妙地将个体与国家紧密联系在一起。这种仪式的不断重复操演，逐渐建构并深化了人们对国家共同体的情感和信仰。二、婚礼娱乐节目中体现的国家强责任符号。婚礼仪式中的表演行为常蕴含特殊的象征意义。在这一时期，婚礼上演唱革命歌曲成为重要环节，无论是由新婚夫妇、集体成员还是专业团体演唱，这些歌曲都作为一种象征符号，在婚礼这种特殊场合深化了个体与国家的联系。如在河北省无极县马村的一场婚礼上，俱乐部的青年们演奏着《东方红》，社员们一起唱起了《社会主义好》的歌子。[3] 这样的场景不仅增添了婚礼的庄重与喜庆，更重要的是，它在每一个在场的个体心中强化了共同的价值观念和情感认同。

可见，婚礼仪式中的符号，包括物化符号、语言符号和行为符号，共同构成了一种隐喻表征。这些符号在婚礼仪式中发挥着重要作用，不仅构建了人们共同的记忆、情感和信仰，还深刻体现了婚礼仪式的深层文化内涵、社会功能和政治意义。如表4—2—2所示，这些符号在婚礼中的具体应用和象征意义都得到了详细的展示，它们共同作用于婚礼这一特殊场合，使得婚礼成为一个充满象征与意义的社会文化事件。

---

① 陶然：《小议婚礼》，《人民日报》1963年4月23日，第6版。
② 北京市第十一区人民政府：《关于检查婚姻法的报告》（1952年），北京市档案馆，档案号：37-1-30。
③ 林萧、孟华、学昭：《马村是如何推行喜事新办的》，《中国妇女》1965年第1、2期。

表 4—2—2　婚礼仪式中政治符号能指与所指关系表

符号分类	符号能指	符号所指
语言符号	主婚词、讲话词	热爱国家、搞好生产
物化符号	领袖画像、像章、国旗	国家的力量
行为符号	向领袖像鞠躬、婚礼节目	国家至上

与此同时，在婚礼仪式这个特定的场域中，参与仪式的在场者与场域中的每一个符号不断进行互动。在这个互动过程中，带有宣传和教育功能的婚礼仪式建构着每一个在场者的价值理念和行为规范。这种形式的婚礼在不断重复的演示和观看中，逐渐成为一种新的"惯习"。即人们会逐渐理解和接纳这种新式的婚礼文化。河北省沧县四区尹桥村支部书记、宣传站站长张树启，在青年尹庆瑞与崔玉珍结婚之日"邀集附近群众近千人去参观，七八十岁的老头子和壮年妇女们都觉得这种办法很好"。[①] 老农邢洛岭参加了河北省无极县马村社员邢根九和邢改月、邢根混和邢瑞的婚礼后十分感慨地说："在旧社会我为娶媳妇大摆宴席，落得倾家荡产，欠债二十多年，受人剥削不得翻身。今天，党和毛主席给我们带来了好日子，我们贫农、下中农决不再要那种旧风陋俗了，一定要带头树新风，新事新办，我儿子结婚时，一定要让他新事新办。"在五常县卫国公社东安大队团支部书记寇广有和生产队妇女队长张静的婚礼上，群众反映："这喜事办得又认真、又隆重、又热闹、又节约，主人客人皆大欢喜。"[②] 可见，在反复操演婚礼过程中，国家和民众在逐渐构建着一种新的稳定的婚礼秩序，并使之达成一种"历时性延续"状态。即在特定的情境中，引导个体反复使用新式婚礼这种特定的方式，使得国家共同体理念通过婚礼仪式不断被个体消化和吸收，进而使新式婚礼文化得以延续。[③] 新式婚礼文化的再生产是在外力和内力的共同反复互动下实现的，若没有强大的政治、经济等外力介入，这种新式婚礼文化将不会保持其既有的发展态势，持续地在社会

①　沈志民：《张树启积极贯彻婚姻法受到表扬》，《新中国妇女》1952 年 10 月号。
②　陶然：《小议婚礼》，《人民日报》1963 年 4 月 23 日，第 6 版。
③　胡安宁：《社会学视野下的文化传承：实践—认知图式导向的分析框架》，《中国社会科学》2020 年第 5 期。

实践中得以传承与演进。

可见，新式婚礼文化的形成，不仅仅是外在力量推动的结果，更是内在逻辑与外在干预相互作用的产物。在这一过程中，个体不仅是文化的接受者，更是积极的创造者。婚礼仪式上的特殊语言、声音和行为符号，经过反复的解读、阐释与实践，逐渐内化为个体的价值观念和行动准则。在这里，可以借用王铭铭在"安东尼·吉登斯现代社会论丛"译序里的一句话来进行解读。他说："当吉登斯说，在社会的结构化过程中，人具有其能动性的同时也受着客观存在场景的制约时，他的意思也许就是：我们在受制约中创造了一个制约我们的世界。"① 也正如布迪厄所认为的，"在那些没有文字、没有学校的社会里，我们能明显地发现有许多思维方式和行动类型，经常还是些至关重要的东西，是以教授者和学习者间直接的、长期稳定的接触为基础的，通过总体全面、实践可行的传递方式，从实践到实践地传递，这些技艺被传承下来（"照我的样子做！"）"。②

在此需要说明的是，本部分主要关注了婚礼中变化较为明显的现象进行阐释。然而，在日常生活中，很多人在不违反国家规定的前提下，仍然选择了更为传统的方式来举办婚礼。以一位 1957 年结婚的受访者为例，她回忆当时举办婚礼的情形时说："典礼就是先在外头给父母鞠躬，拜完了，我就上炕上坐着，等到来客人了，再下去给行礼磕头，到吃饭的时候再去给客人倒酒。"从她的婚礼内容来看，"新"的成分并不明显。实际上，很多受访者的婚礼更多的是一种新旧交汇式的婚礼，并非泾渭分明。这种婚礼"旧"中或多或少地掺杂了一些"新"的成分。因此，在这一时期，新式婚礼的"新"的程度也是因人而异、因地而异的。这种新旧交融的婚礼现象，反映了当时社会变革与传统文化之间的复杂关系。

三、新式婚礼中体现的家长弱责任

自主婚姻在近代以来就开始出现，但大都集中于工商业发达且人口聚集

---

① ［英］安东尼·吉登斯著，李康、李猛译：《社会的构成：结构化理论纲要》，生活·读书·新知三联书店，1998 年，第 9 页。

② ［法］皮埃尔·布迪厄著，李猛、李康译：《实践与反思：反思社会学导引》，中央编译出版社，1998 年，第 343—344 页。

的地方，而全国的其他大部分地区仍然是以家长主婚为主。中华人民共和国成立后，随着社会结构的变化，各主体的权力关系也发生了变化，其中最为明显的就是家长的权力被重新建构。在农村，"政社合一"体制使得土地所有权转移到集体当中，① 农产品统购统销政策的实施减弱了家庭的组织生产和经营功能，同时家长对子女的控制权也逐渐削弱。在城市，工资制的推行增强了个体自主性，进一步削弱了家长权威。这种变化在婚姻领域的体现就是，婚姻当事人开始自主操办婚礼，家长参与程度大幅降低，即家长在婚姻中的责任减弱。这一现象首先出现在离开父母在其他地方就业的婚姻当事人中，他们不仅自主选择配偶，而且婚礼的举办几乎不需要父母的资助。婚礼形式也由婚姻当事人自主决定，家长角色被弱化和边缘化，很多人甚至不邀请父母参加婚礼，即使邀请，父母也只是作为普通参加者，而不再是婚礼上的主角（表4—2—3）。

表4—2—3　部分访谈资料中记载的父母参加婚礼的情况

时间	参加者	受访者
1952 年	可能是因为我家里离城里近，我俩结完婚十来天，家人听说了。我妈妈就来了，也没让我拿东西。我说："结完婚了，叫你瞧瞧吧。"妈妈说："我瞧啥，都结完婚了，我也不瞧了。"我说："俺大（父亲）中不中啊，急了没有，我都不敢回家。"我妈说："你大也中了，他觉得反正你也工作了，有饭吃了，不管了，没有急。"……俺俩虽然是十一月份结的婚，但直到过年才上我公公婆婆家去。	李女士
1956 年	我到沈阳部队去找他，由于在沈阳结婚，所以我们的父母都没有参加。	魏女士
1957 年	都是厂里的同事，我们的父母都没来。又抽时间回了趟含山老家，也就是回各自家里一起吃个饭，没有再操办酒席了。	张女士
1959 年	正是农村忙的时候，我父母就没有来。	王女士
1965 年	我们单位去一个领导，好像是科里的主任什么的，去了两三个同事，他们单位去了几个人，就算结婚了。父母那时候年岁因为比较大了，交通工具不好，过不来……	X 女士

资料来源：来自中华女子学院中国女性图书馆所藏妇女口述史资料。

---

① 人民公社或生产队拥有土地的经营权和组织生产的权力。

在这些口述资料中，可以看到家长的角色逐渐被弱化和边缘化。他们不再主导子女的婚姻选择，也不再是婚礼上的主角。这反映了社会结构的变化和家长权力的重新建构。表4—2—4中，受访者李女士结婚前没有告诉父母，她的家人说："反正你也工作了，有饭吃了，不管了。"可以看出，在有工资收入且离开家长生活的群体中，家长参与并决定其婚姻的可能性机会微乎其微。麦道威尔（Linda McDowll）指出："移动几乎总是带来与性别有关的重新协商。"[①] 脱离乡土的个体不仅脱离了原有的地理边界，而且也脱离了原有的家庭关系和社会关系。在这种情况下，父辈对子代的控制能力极大地削弱。同时，这个群体有自己的工资收入，不仅完全可以通过自己的能力来养活自己（包括所有的结婚花费），而且不少人在参加工作后还资助父母或其他家庭成员。[②] 随着子代对家庭和生活的支配能力的加强，其权利也在提升，加上他们在外见多识广，父母的思想和经济能力已无法"控制"他们。传统家长通过动用婚姻支付权来"掌控"子代的现象都因以上这些因素而减弱了。

家长的弱责任还表现在新婚夫妇举办婚礼和婚后生活的主要场所——婚房的选择上。中华人民共和国成立以来，新婚夫妻单独居住的数量逐渐增加。据统计，上海市1946—1966年结婚的妇女38.94%住婆家。20世纪50年代后，上海妇女普遍就业，有了经济收入，再加家族观念渐趋淡薄，有条件的夫妻婚后大多独立门户。据"五城市家庭调查"，20世纪50—60年代上海妇女婚后独立门户的占半数以上（图4—2—1）。[③]

沈崇麟、杨善华主编的《当代中国城市家庭研究：七城市调查报告和资料汇编》，对北京、上海等七城区的婚姻状况进行了深入分析，特别关注了"结婚年代控制的妻子文化程度与婚居情况"以及"结婚年代控制的婚前家庭经济比较与婚居情况"。研究发现，在这一时期内，新婚夫妻选择独立门

---

① 金一虹：《流动的父权：流动农民家庭的变迁》，吴小英主编：《家庭与社会性别评论》，社会科学文献出版社，2011年，第8页。

② 在笔者的访谈中，与父母不在一起居住的受访者中约有80%以上每个月给老家的父母邮寄生活费。

③ 《上海妇女志》编纂委员会：《上海妇女志》，上海社会科学院出版社，2000年，第538页。

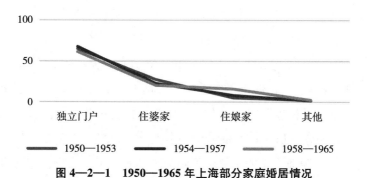

图 4—2—1 1950—1965年上海部分家庭婚居情况

户居住的比例显著高于与父母同住的比例。① 这一发现通过访谈资料得到了进一步证实，许多有职业的青年男女婚后并不与父母同住（见表 4—2—4）。这一现象与社会变迁密切相关。随着社会的发展，传统的家庭制度和观念逐渐受到挑战。新的社会结构和价值观念为个体提供了更多的自由和选择空间，使他们能够在婚姻问题上更加自主地做出决定。这种变化不仅体现在婚姻对象的选择上，也显著影响了婚居方式。新婚夫妻更倾向于选择独立居住，这一转变显著降低了父母对子女的影响力和控制力。同时，婚房地理位置的变化也重塑了"家"的概念，传统的大家庭模式逐渐转变为仅包含新婚夫妇及未来可能出生的孩子的核心家庭。这种转变在父权制结构中制造出一个缝隙，为传统的性别权力关系带来了可能的变化。正如有学者指出的，这种家庭结构的转变对性别角色和权力分配产生了深远影响。②

表 4—2—4 部分访谈资料中记载婚居情况

结婚时间	婚居情况	受访者
1953 年	那时我在幼儿园里头，撤一间房子给我。	章女士，1927 年生
1956 年	我和一个女同志合住一间，我办了结婚手续，她就搬了出去，我们结了婚就住在那里。	葛女士，1933 年生
1956 年	结婚住在部队的招待所里。	魏女士，1934 年生

① 沈崇麟、杨善华主编：《当代中国城市家庭研究：七城市调查报告和资料汇编》，中国社会科学出版社，1995 年，第 96—131 页。
② 金一虹：《流动的父权：流动农民家庭的变迁》，吴小英主编：《家庭与社会性别评论》，社会科学文献出版社，2011 年，第 8 页。

（续表）

结婚时间	婚居情况	受访者
1958 年	结婚是公家的房子。	李女士，1930 年生
1958 年	结婚当天跟同事借了两宿房子。	关女士，1933 年生
1950 年代	学校特别照顾我，给了我位于小营单人宿舍。	杜女士，1930 年生
1950 年代	军方给准备了一间婚房。	喜女士，1937 年生
1952 年	结婚之后，我们也没有跟婆家人一起生活，我们两个人在城里住。刚开始我们俩在县城住，我们的婚房是租的。	梁女士，1934 年生

资料来源：来自中华女子学院中国女性图书馆所藏妇女口述史资料。

四、婚礼当事人和参与者的主动适调

1950 年《婚姻法》颁布后，国家对传统婚礼进行了变革，民众也根据外部环境对自己的思想和行为做出积极适调。下面主要对婚礼中变化较大的内容进行阐释，并对人们在婚礼中构建的不同于以往的社会"关系网"进行说明。本节所讨论的婚礼中"变化较大"的内容可能在不同地域、不同阶层中反映程度不一，但它是一种新的社会现象和趋势。

1. 兼顾国家与个人需求的婚礼变革

为了使自己的行为符合国家的规定，至少是不违反国家规定的"最低标准"，除了前面所提到的按照体现国家价值规范且处处体现政治性的新式婚礼外，日常生活中的人们，也通过各种方式适应新式婚礼文化的规范。如受访者田乃朋结婚的时候，特别提到因为"坐轿子"在当时已被认为是封建的东西，因而结婚的时候改成了坐牛车。[1] 还有人选择集体婚礼，如一位 1953 年结婚的女工就在单位举办了集体婚礼。她说，那时候好像就是越简单越好，当时就是一种赶时髦。那几年集体婚礼就是很时髦那种的。[2] 还有的人选择了旅游结婚，被访谈的一位 1963 年结婚的女教师，她选择了旅游结婚，她是辽宁人，她爱人是北京人，她和丈夫从天津坐船回去老家一趟，回来再

---

① 来自中华女子学院中国女性图书馆所藏妇女口述史资料。
② 梁景和主编：《中国现当代社会文化访谈录》（第三辑），首都师范大学出版社，2013 年，第 20—21 页。

给同事点糖就算结婚了。① 可见，在特定时期，普通民众通过"轿子改为牛车"、"集体婚礼"、"旅游结婚"等行为，展现了传统婚姻文化机制与新的婚姻文化机制的策略性融合以及对婚姻形式的创新。这些做法既遵循了国家反对封建迷信和铺张浪费的原则，体现了民众为符合国家要求而采取的生存策略，又没有完全遵循主流媒体倡导的绝对政治化的婚礼形式。他们在避免国家反对的内容的同时，选择了自己喜欢的婚礼形式。可以说，传统婚礼的改革过程是每个人在权衡国家利益和个人利益的过程中逐步实现的。

2. 婚礼社交"关系网"的构建

人总是生活在一定的社会之中。一个人社会关系网络建立得越广，其所获得他人帮助的可能性就越大。生活在社会中的每一个个体都需要选择和维持一定的社会网络。这一时期，随着社会制度和结构的变化，人们的社会等级秩序发生了变化，随之而来的是个体所交往的社会网络也发生了变化，这种变化同样也体现在个体所构建的婚姻关系网络中。

第一，婚礼参与者的多元化。在这一时期，婚礼经历了显著的变革，不仅体现在仪式和习俗上，更体现在参与者的多元化以及社交功能的拓展。与传统婚礼相比，这一时期的婚礼更加注重邀请党团干部和单位领导等具有政治身份的人物参加，这既是对移风易俗决心的展示，也为婚礼增添了体面和尊严。同时，婚礼也成为个体展示自己社会网络大小和跟随社会风向标的重要场所。马斯洛的动机心理学理论指出，"需要"是个体活动的基本动力，而婚礼正是人们满足与他人建立联系、构建和巩固社会关系网络需求的重要场合。通过婚礼关系网的构建，人们不仅可以延续和强化原有的社会关系网络，还可以开发和拓展出新的社会关系网络。

此外，这一时期的婚礼还呈现出社交多元化的特点。除了邀请具有政治身份的人物外，婚姻当事人还会邀请同学、同事、朋友等参加婚礼。对于那些脱离地缘、血缘关系的婚姻当事人而言，他们也会主动寻求社会关系网络的支持，以在新的地理空间内实现"再地域化"。如前所述，这是由人的社

---

① 梁景和主编：《中国现当代社会文化访谈录》（第三辑），首都师范大学出版社，2013年，第283页。

会属性所决定的。婚礼社交就是如此，这种做法有可能使得个体能够获得"他人随时随地的帮助"。①虽然这是一种期待，但它切切实实是个体希望获得资源或支持的手段。由上可见，这一时期的婚礼变革与社交多元化体现了从传统到现代的转型与适应。与传统婚礼相比，这一时期的婚礼更加注重政治性、社会性和多元性，成为个体展示自己、构建社会关系网络和适应社会变迁的重要场合。

第二，礼物承载的社会交往的意涵。在这一时期，婚礼不仅是见证婚姻成立的重要仪式，更是人际关系网络构建与维护的重要场合。人们通过"随礼"或赠与"礼物"这种"给面子"的方式，去寻求"关系"，以提高自己的人际关系质量，并为日后获取社会资源打下基础。符号互动理论认为，人与人之间的互动中往往以各种符号作为中介，"语言、文字、手势、物品等"都可以作为人际交往中代表一定意义的符号。②在这一理论框架下，礼物作为一种特殊的符号，在人际关系网络的建构中扮演着举足轻重的角色。礼物的流动不仅具有互利互惠的实际效用，还承载着表达感情、维护或构建社会关系等多重意义，它融合了个人情感、社会道德以及功利因素等多个维度，对于建立、维系和巩固人际关系发挥着不可或缺的作用。正如有学者所深刻指出的："如果说朋友创造了礼物，那么礼物也创造了朋友。"③在婚礼这一特定社交场合中，"随礼"习俗深受社会、经济、文化的影响，使得婚礼收到的礼物与时代背景紧密相连。这一时期的礼物选择丰富多样，既包含镜子、布匹、暖水瓶、枕巾等反映时代经济特色的生活用品，也不乏《毛主席诗词》《毛主席语录》等富含政治意涵的物品。尽管后者在实用性上可能有所欠缺，但它们却承载着重要的政治意义，彰显了送礼人在挑选礼物时的策略性考虑。他们会根据时代背景和收礼人的特点进行精心挑选，力求使礼物

① 翟学伟：《中国人行动的逻辑》，社会科学文献出版社，2011年，第206页。
② 王细、段锦云、田晓明：《送礼何以盛行？——送礼行为影响因素和理论解释》，《心理技术与应用》2020年第1期。
③ ［美］阎云翔著，李放春、刘瑜译：《礼物的流动：一个中国村庄中的互惠原则与社会网络》，上海人民出版社，2000年，第95页。

既符合自己的心意，也能准确体现收礼人的特征。①

　　访谈：我们校长结婚，全校老师就送他一套毛主席著作、两条枕巾和一对水瓶。还有我们院子里一个人结婚，我也就送他一对枕头巾，再买点花布给人家当窗帘。②

　　访谈：结婚的时候他学校的老师送了一摞子《毛泽东选集》当作结婚礼物，一摞子4本，是那些老师自己花钱买的，过去都送那个。随份子一人就一块两块的，要是关系好，礼大的就5块钱，随10块钱的都少。③

　　访谈：战友们一人斗了点点儿钱（凑份子钱），表示个庆祝。④

　　访谈：他们送的一个镜子，大家送的一个红绫子布，上面签了名字。⑤

　　通过这些口述资料，我们可以深刻感受到那个时代人们的社会交往方式、价值观念以及物质文化生活的独特面貌。首先，这些口述资料展示了礼物在婚礼这一重要社交场合中的核心地位。无论是校长结婚时全校老师赠送的毛主席著作、枕巾和水瓶，还是普通院子里的人结婚时收到的枕头巾和花布窗帘，都体现了礼物作为社交符号在构建和维护人际关系中的重要作用。这些礼物不仅仅是物质上的交换，更是情感与关系的传递与构建。其次，这些口述资料也反映了当时社会、经济、文化的深刻影响。例如，毛主席著作作为结婚礼物，既体现了当时的政治氛围，也显示了送礼人在挑选礼物时策略性地考虑时代背景和收礼人特点的智慧。

　　综上所述，在这一时期，国家遵循增产节约的原则，通过行政手段及"先进"分子的践行与示范，积极推广简朴的婚礼文化。在"一切为了生产"的号召下，婚礼开始紧密围绕"生产"这一中心建设任务展开，体现了国家

---

　　① 丛日飞：《情侣关系中礼物形象一致性的前因及其对礼物收送体验的影响研究》，中国科学技术大学2018年博士学位论文。
　　② 来自中华女子学院中国女性图书馆所藏妇女口述史资料，受访者：解女士，1962年结婚。
　　③ 来自中华女子学院中国女性图书馆所藏妇女口述史资料，受访者：何女士，1965年结婚。
　　④ 来自中华女子学院中国女性图书馆所藏妇女口述史资料，受访者：魏女士，1956年结婚。
　　⑤ 来自中华女子学院中国女性图书馆所藏妇女口述史资料，受访者：李女士，1958年结婚。

意志对私人生活领域的渗透与影响。此时的婚礼仪式中，语言、声音和行为等符号在特定情境下被参与者积极解读、阐释、吸收、传播和传承，不仅承载着丰富的社会交往意涵，还在人际关系网络的构建与维护中发挥着关键作用。同时，婚礼仪式上的权力关系也发生了显著变化。家长与国家权力的关系被重新构建，家长的弱责任主要体现在他们在子女婚礼上的话语权削弱，以及新婚夫妻与父母共同居住的数量减少，这反映了社会结构转型和制度变化对家庭关系的深刻影响。在社会结构转型和制度变化的宏观背景下，个体也积极行动起来，通过改变传统婚礼仪式来主动适应新社会的要求。他们不仅在新式婚礼中寻求自我表达和身份认同，还通过构建社会"关系网"等方式来巩固、提供和拓展社会关系，以适应新的社会环境和生活方式。可以说，新式婚礼文化是在国家政策与民间社会的不断商榷和互动中共同构建并发展起来的。它既体现了国家意志对私人生活领域的引导和规范，也反映了民间社会在适应新社会要求过程中的积极创新与自我调适。

本章小结

本章探讨了 1950 年至 1966 年间，中国在特定历史背景下婚礼仪式的深刻变革，重点分析了国家通过政策和行政手段如何介入并引导这一变革，以及民众如何在实际生活中积极响应国家政策，进行婚礼形式的创新和实践。这一过程不仅反映了国家、社会与个体之间的复杂互动关系，也揭示了社会文化变迁的内在逻辑。

在这一时期，新中国刚刚成立，面临着经济恢复、社会重建以及意识形态整合等多重任务。婚礼仪式作为社会生活的重要组成部分，自然成为国家政策和行政手段干预的重点领域。国家通过《婚姻法》的颁布，确立了婚姻自由和平等的基本原则，为婚礼仪式的变革奠定了法律基础。同时，国家还通过一系列政策和行政措施，如宣传教育、行政干预、物资调配等，直接介入婚礼仪式的各个方面，旨在消除传统婚礼中的铺张浪费和封建残余，倡导简约、朴素的新式婚礼风尚。

面对国家政策的引导，民众并非被动接受，而是在实际生活中展现出了巨大的创造力和适应能力。一方面，民众积极响应国家号召，摒弃传统婚礼中的奢侈浪费和封建习俗，选择简约、朴素的婚礼形式。另一方面，民众也在不违反国家政策的前提下，结合自身实际情况和审美需求，进行了多种形式的婚礼创新。比如，集体婚礼的兴起、旅游结婚的出现、婚礼仪式中融入革命歌曲和领袖画像等元素，都是民众在实际生活中对婚礼形式进行创新和实践的生动体现。

在这一过程中，国家、社会与个体之间形成了紧密的互动关系。国家作为政策的制定者和执行者，通过强有力的行政手段和政策引导，为婚礼仪式的变革提供了方向和支持。社会则作为婚礼仪式的承载者和传播者，通过基层组织的动员、社会舆论的引导以及先进分子的示范作用，为婚礼仪式的变革营造了良好的社会氛围。而个体则作为婚礼仪式的参与者和实践者，在积极响应国家政策的同时，也根据自己的实际情况和需求进行创新实践，推动了新式婚礼文化的发展。

第五章　离婚自由与保守观念的博弈

在中国人的传统观念中，人们不希望婚姻关系遭到解除和破坏。俗话说："宁拆十座庙，不毁一桩婚。"足以说明毁坏他人婚姻所带来的深重罪孽。1950 年《婚姻法》颁布后，在国家的宣传和倡导下，人们逐步扭转了对离婚的看法。北京市海淀区张杨氏说："过去认为离婚丢人，破坏了门风，现在可知道了，是为了解除男女之间的痛苦。"八里庄有个妇女，年 22 岁，和 43 岁的唐昌兴结了婚，感情不和，女方怕丢人，一直不敢提出离婚，贯彻《婚姻法》后，女方坚决离了婚。① 而且，中华人民共和国成立后，女性在经济上的独立，为其争取婚姻自由创造了更有利的条件。即不再由于经济生活的依赖性决定结婚或者离婚，而是由于爱情关系决定结婚或者离婚。特别是初级社转入高级社后，妇女经济独立，在婚姻中有了更多的话语权，有的妇女"稍不如意，则要离婚"。② 这一时期，全国离婚案件迅速上升，形成了中华人民共和国成立以来的第一次离婚高潮。据各地法院统计，1950 年和

① 《海淀区三类型村的调查材料》（1953 年），北京市海淀区档案馆，档案号：1-105-23。
② 幽桐：《对于当前离婚问题的分析和意见》，《人民日报》1957 年 4 月 13 日，第 3 版。

1952 年全国的离婚案件数量分别为 186167 件和 409500 件。1952 年上半年，离婚案件数量达 398243 件。① 据湖南省郴州专区和县法院相关机构统计，1950 年和 1951 年下半年，离婚案件数量分别为 1390 件和 3506 件②。下面是一位法学工作者的回忆。

> 1950 年 3 月开始上课……三四年级的时候，我们曾两次到法院实习。一次去天津，一次在北京，每次两个来月。我实习接触的主要是民事案子，当时的婚姻家庭纠纷案子比较多。1950 年婚姻法颁布以后，形成了第一次离婚高潮，虽然人口只有四亿，离婚案子就达一百多万件，现在也是一两百万件，可人口是十三亿了，人口基数不同。那次离婚高潮主要是解除封建婚姻，是社会进步的表现。③

巫女士作为法学家，通过法院实习的亲身经历，深刻体会到了法律实施对于社会变革的直接推动作用。她的访谈印证了在 1950 年《婚姻法》颁布后，离婚案件激增的现象。在这些离婚案件中，因社会制度变化而引起的婚姻案件占多数。可以借用相关学者的观点，将其称之为社会制度和社会结构型案件，即这类案件"只有在社会变迁的特殊条件下才大量迸发"，④ 很大程度上反映了社会结构和社会制度的变化特征。本章集中探讨社会制度和社会结构型的离婚案件，而不涉及常规的、常识性的离婚案件。主要研究内容包括：社会制度和社会结构型离婚案件的主要类型及其特征，不同利益群体对待离婚的态度以及国家为应对这些问题所采取的具体方法和措施。

第一节　普通民众离婚自由观念与保守观念的交锋

新中国成立后，中国社会经历了一系列深刻的制度变革，这些变革对家

---

① 刘景范：《贯彻婚姻法是当前各级人民政府和全国人民重要的政治任务——三月十八日在中央人民广播电台的广播词》，《人民日报》1953 年 3 月 20 日，第 1 版。
② 《郴州专区两年来执行婚姻法情况的专题报告》，湖南省档案馆，档案号：155-1-64。
③ 来自中华女子学院中国女性图书馆所藏妇女口述史资料，受访者：巫女士，著名法学家。
④ 梁文生：《社会变迁中的婚姻制度——基于 1950—1954 年新会司法档案的研究》，《山东社会科学》2018 年第 7 期。

庭结构与婚姻观念产生了深远的影响。其中，1950 年颁布的《婚姻法》是这一变革中的重要里程碑。该法不仅在法律上确立了婚姻自由的原则，促使个体在婚姻选择上获得了前所未有的自主权，同时也在社会上引发了关于婚姻观念、家庭伦理的广泛讨论与反思。然而，婚姻自由的实现过程并非没有阻碍。传统文化中的保守观念根深蒂固，社会舆论对离婚等行为的偏见依然存在，加之部分干部对婚姻自由理念的理解偏差和执行不力，共同构成了婚姻自由道路上的重重挑战。本节聚焦于社会制度变革背景下，不同类型的离婚案件所展现出的自由观念与保守观念之间的激烈冲突以及《婚姻法》在贯彻落实过程中所面临的现实挑战，以更好地理解婚姻自由在新中国成立初期的实现历程以及这一历程中所蕴含的社会、文化和法律意义。

一、社会制度变革下离婚自由的表达

随着新中国的成立，中国社会经历了一系列深刻的社会制度变革，这些变革不仅重塑了国家的政治、经济格局，也对家庭结构与婚姻观念产生了深远的影响。1950 年《婚姻法》的颁布，为个体在婚姻选择上提供了自主权。然而，婚姻自由的实现并非一帆风顺，它遭遇了来自传统文化、社会舆论及部分干部思想的重重阻碍。本部分旨在探讨在社会制度变革的大背景下，不同类型的离婚案件所呈现出的多元面貌。通过分析因封建包办婚姻、政治压力、长期分居、角色冲突以及对婚姻自由误解等原因导致的离婚案件，从中不仅可以看到婚姻自由理念在现实中的艰难实践，还能深刻理解自由观念与保守观念之间的激烈冲突。

1. 陈规陋习：封建婚姻关系的解除

在新中国成立初期，因封建婚姻关系而引发的离婚案件屡见不鲜，这些案件深刻揭示了传统婚姻制度的束缚与个体对婚姻自由的渴望。其中，包办婚姻作为封建婚姻的主要形式之一，由于婚前缺乏感情基础，导致大量夫妻在婚后感情不睦。《婚姻法》的颁布，为人们摆脱封建婚姻束缚提供了法律保障。于是很多因包办婚姻而缺乏感情的夫妻通过离婚的方式来摆脱封建婚姻的束缚。在农村，约一半的离婚案件是由于包办婚姻引起的。1956 年上半年，据安徽省巢县和淮南、江西省临川、青海省民和及乐都等地的法院统计，因包办婚姻而离婚的案件均占到 50% 以上。有的地方如云南省晋宁和楚雄、陕西省铜川和醴泉、福建省闽侯县等地方，因包办婚姻而离婚的案件甚至达到 60% 以上。可见，在国家法律的支持下，很多人摆脱了封建包办婚姻的束缚。尤为值得注意的是，随着《婚姻法》的深入宣传与贯彻，不仅受包办婚姻之苦的女性开始寻求解放，那些长期处于附属地位的"妾"也纷纷觉醒，主动提出离婚。例如，某地法院受理的 400 件离婚案件中，由"妾"提出的离婚案件占 16%。① 又如，某郊区地主的前娶妻（大老婆）、一个伪警备司令部警卫处长的后娶妻（小老婆）向法院提出离婚，法院都判离了。② 济南城内锦屏街 12 号赵福勤是何少江的第三房妾，《婚姻法》公布后，赵福勤到人民法院提出离婚，法院准许其请求，赵还"获得了两个男孩儿和锦屏街 12 号的 17 间房子和家具"。③ 这不仅是女性自我意识觉醒的体现，也是对传统婚姻制度的有力挑战。

这一时期，在《婚姻法》的不断宣传和贯彻下，有多个妻子的男性也主动提出选择一位妻子共同生活而与其他妻子离婚。范绍增解放前曾娶了 40 多位姨太太。《婚姻法》颁布后，他选择和叶绍芳（姨太太之一）一起生活，并与其他姨太太离婚。④ 北京市南苑区镇国府乡郭某在《婚姻法》的宣传教育下，坦白自己原籍山东有配偶，并承认了当时欺骗女方，在双方自觉自愿的基础上，和气离婚。⑤

可见，包办婚姻与重婚纳妾的离婚案件，是国家法律与个人觉醒共同作用的结果。这一过程不仅促进了婚姻自由理念的普及，也为传统婚姻制度的变革奠定了坚实的基础。

---

① 幽桐：《对于当前离婚问题的分析和意见》，《人民日报》1957 年 4 月 13 日，第 7 版。
② 陈泓：《适用婚姻法解决婚姻案件的实例（续昨） 市人民法院清理积案工作之一斑》，《人民日报》1950 年 6 月 12 日，第 3 版。
③ 《新婚姻法解放了赵福勤》，《新中国妇女》1950 年第 13 期。
④ 《此人堪称民国史上媳妇之最，娶了 40 多个老婆，一生波澜壮阔，83 岁而终》，https：//upage.html5.qq.com/kuaibao-detail？id＝20200418A084FZ00&rowkey＝1085e9a6fa892252&nExt＝％7b％22useUG％22％3a1％2c％22reqid％22％3a：229.146.145.101_1590028168258_65768942％22％2c％22expInfo％22％3a％22｛$EX-PINFOKEY$｝％22％7d&from＝singlemessage，阅读日期：2020 年 5 月 2 日。
⑤ 《南苑区 1954 年婚姻工作报告》（1954 年），北京市档案馆，档案号：37-1-58。

2. 政治因素：个体因摆脱政治压力而离婚

在中华人民共和国成立后的政治风云中，每一次大规模政治运动的发起，都不可避免地伴随着一系列社会连锁反应，其中离婚问题尤为显著。从"三反"、"五反"到"镇反"、"反右"，这些政治运动不仅重塑了国家的政治生态，也深刻影响了人们的婚姻关系。尤其是当个体被卷入专政对象的范畴，其配偶往往面临巨大的社会和心理压力，选择离婚以划清界限成为一种普遍现象。20世纪50年代后期，随着阶级斗争的逐步升级，离婚案件的数量也随之激增。1956年，云南省高级人民法院给最高人民法院《关于处理劳动教养人员离婚问题的请示》中指出，"自肃反运动以来，机关单位的一部分反革命分子和坏分子被送往劳动教养。这些被劳动教养人员的配偶（多系女方）于是向法院申请离婚。离婚理由多为政治思想分歧，为划清敌我界限等"。[①] 这一趋势在上海等大城市尤为明显，据统计，1960年度，此类因政治分歧导致的离婚案件在上海占到了当年离婚案总数的43.9%，凸显了政治运动对个人婚姻生活的深刻影响。[②] 北京市海淀区档案馆的统计数据进一步印证了这一趋势，表5—1—1清晰展示了1957年至1966年间，因政治分歧而离婚的案件数量逐年上升，尤其是进入60年代后，增幅更为明显。这不仅反映了当时社会环境的紧张氛围，也揭示了政治因素深刻介入并重塑了个体的婚姻选择。

表 5—1—1　北京市海淀区 1957—1966 年间因政治分歧而离婚统计表

年度	合计	政治分歧
1957	150	
1958	189	
1959	264	
1960	475	17
1962	333	
1963	528	124

① 中国人民大学法律系民法教研室、资料室：《最高人民法院关于处理劳动教养人员离婚问题的复函》，《中华人民共和国婚姻法资料选编》（校内用书），1982年，第231页。

② 《上海妇女志》编纂委员会：《上海妇女志》，上海社会科学院出版社，2000年，第527页。

（续表）

年度	合计	政治分歧
1964	501	3
1965	474	8
1966	120	6

来源：《婚姻登记统计资料》（1957年缺第四季度），北京市海淀区档案馆，档案号：3-101-106。

　　面对政治运动带来的复杂局面，国家在法律层面给予了专政对象配偶必要的支持。根据《最高人民法院西北分院关于重大反革命罪犯的配偶提出要求离婚，人民法院应如何处理的批复》，对于被判处重刑的反革命罪犯，其配偶提出离婚被视为正当且进步的要求，法院在审理此类案件时，无需征求罪犯意见，即可依据申请判决离婚，并将判决书送至罪犯所在监所。该批复指出："对于反革命罪犯经判处死刑，缓期二年执行，及无期徒刑、长期徒刑者，其配偶提出离婚，一般的可认为是正当的要求和进步的表现，法院在审讯中得不征求被告的意见，可根据一方的请求，判决准许离婚，于判决后将判决书向被告现在地的监所机关送达即可。"[1] 这一规定体现了国家对当时特定历史背景下社会现实的一种回应。此外，《中央人民政府华侨事务委员会批复云南省华侨事务处关于逃亡国外的恶霸反革命分子国内配偶提出离婚问题处理意见》，进一步明确了对于逃亡国外的恶霸、地主及反革命分子，一旦国内调查证实其身份，其配偶提出离婚申请时，无需遵循一般华侨婚姻处理原则，而是依法直接判决。该意见指出："关于在与我有建交关系的国外一方……既经国内调查证实确系恶霸、地主和反革命分子，其国内配偶提出离婚者可无需再按一般华侨婚姻处理的原则，而可依法判处。"[2] 这一政策调整，旨在减轻专政对象配偶因婚姻关系而可能遭受的社会压力和心理负担。以下是《广州妇女》刊登的文章《我为什么要和反革命分子毛中凤离婚》。

---

　　[1]　中国人民大学法律系民法教研室、资料室：《最高人民法院西北分院关于重大反革命罪犯的配偶提出要求离婚，人民法院应如何处理的批复》，《中华人民共和国婚姻法资料选编》（校内用书），1982年，第225页。

　　[2]　中国人民大学法律系民法教研室、资料室：《最高人民法院中南分院关于劳改罪犯配偶提出离婚如何处理的意见》，《中华人民共和国婚姻法资料选编》（校内用书），1982年，第227页。

一九四五年十二月，由我的同学凌汉明和她的丈夫余振寰的介绍，我认识了他的"上司"毛中凤……一九四六年初，我便和毛中凤结了婚。毛中凤是蒋匪宪兵司令部派到广东的特高组长，他的工作是收集情报，杀害爱国的人士。可是他的工作很秘密，从来不许我过问。而我过去根本就没有政治认识，他既不许我知道，所以我也就不问了……解放后，由于学习，由于亲身体验，我的政治觉悟提高了，我已分清了谁是敌，谁是友。毛中凤满手鲜血，过去他所作所为，完全是反革命反人民的，我要站在人民的立场，检举他，控诉他，我要搜集他所有材料，供给人民政府，不给这个坏人逃跑或掩蔽下来。同时我要坚决提出离婚，他不是我的丈夫，不是我的女儿的父亲，他是人民的敌人，也就是我们母女的敌人。①

案例深刻地揭示了政治身份对个人生活的深远影响，特别是当这种身份与反革命活动紧密相连时，它不仅撕裂了家庭关系的和谐，还迫使个体在忠诚于人民与情感依恋之间作出痛苦的抉择。这一过程中，个体不仅是在面对法律的判决或社会舆论的压力，更是在经历一场深刻的认知重构与身份边界的重划。从米歇尔·拉蒙特的边界理论视角出发，这位与毛中凤离婚的女性，实际上是在新的社会制度和政治环境下，重新定义了自我与他人之间的界限。② 她认识到，其配偶的政治立场和行为已将其置于人民的对立面，成为了"人民的敌人"。这一认知的转变促使她采取行动，通过离婚来明确划清自己与反革命活动的界限，以此表明自己站在人民立场上的坚定决心。蓝佩嘉关于认知作为边界建构维度的观点，进一步强化了这一分析框架。女性对配偶政治身份的认知变化，不仅是对外部环境的响应，更是内心价值观与道德判断的体现。她通过离婚这一行为，实际上是在重构自己的社会身份和群体归属，将自己从与反革命相关联的群体中分离出来，向新的、符合主流价值观的社会群体靠拢。③ 因此，这类因政治压力而导致的离婚案件，不仅

---

① 《我为什么要和反革命分子毛中凤离婚》，《广州妇女》1951 年第 8 期。

② Lamont M., Pendergrass S., Pachucki M.C., *Symbolic boundaries*，International encyclopedia of the social and behavioral sciences，2001（23），pp. 15341-15347.

③ 蓝佩嘉：《跨国灰姑娘：当东南亚帮佣遇上台湾新富家庭》，吉林出版集团，2011 年，第 24 页。

是个人悲剧的体现，更是社会变迁中个体认知边界重构的生动例证。通过此案例，能够更加全面地认识到个体在特定历史条件下所面临的生存挑战与心理挣扎以及他们在复杂的社会环境中寻求自我认同与归属的举措。

在实际生活中，因政治分歧而离婚的案例虽不总是直接公诸于众，但其所占比例很可能远高于表面所见的数字。这类案件中，夫妻双方往往出于各种考量，选择以"情感不和"或其他较为模糊的理由来掩盖真实的政治分歧，以避免直接触及敏感的政治议题。以下便是一则典型的案例，它隐晦地反映了政治分歧对婚姻关系的影响。

　　离婚申请

　　清镇县人民法院裁定　　58 年民第 001 号

　　原告陈 XX，女，27 岁，汉族，现在湖南长沙 XX 科学研究所

　　被告郭 XX，男，26 岁，现在贵州 XX 农场劳动教养

　　陈 XX 申请与郭 XX 离婚一案，经本院 58 年院婚字第 69 号调解离婚

　　清镇县人民法院调解书：

　　院婚字第 69 号，本院于 1958 年 4 月 16 日，由代理审判员 XX 担任审判长和人民陪审员，王 XX、周 XX 组成审判庭，书记员罗某担任记录，在中八农场对陈 XX 诉被告郭 XX 为婚姻纠纷一案，在审理中双方同意调解。现达成协议如下：陈 XX 以婚姻是受郭 XX 欺骗，婚后郭思想落后、腐化等理由要求离婚。郭 XX 又以婚姻是自愿，没有欺骗事实存在，但同意离婚，并要求抚养孩子。

　　调解结果：

　　1. 双方同意离婚照准。

　　2. 郭、陈婚后新生一岁男孩准予由郭抚养，但不能因父母离婚而消灭父母子女之间的血缘关系。

新郑县人民法院

1958 年 4 月 25 日①

---

① http://www.997788.com/pr/dehtm，997788 网站，阅读日期：2018 年 4 月 2 日。

复婚申请

陈 XX，女，31 岁，汉族，有小孩一人，长沙

郭 XX，男，30 岁，清镇中学学习班

该两人原于 1958 年 9 月 29 日由四川省青神县申请离婚，因男方划为右派……现男方摘帽子，双方申请复婚，我们审查组织意见，同意复婚。①

在政治运动风起云涌的时代背景下，个人生活的轨迹往往难以摆脱政治因素的影响。陈 XX 与郭 XX 的婚姻便是一个典型的例子。随着郭 XX 被划为右派，这段婚姻迅速陷入了危机。陈 XX 以郭 XX 思想落后、腐化为由提出离婚，尽管郭 XX 否认欺骗并坚持婚姻是自愿的，但最终还是同意了离婚，并要求抚养孩子。这一决定，表面上看似是基于双方的情感不和，实则背后隐藏着深刻的政治原因。几年后，随着政治环境的改变，郭 XX 的政治身份得以恢复。此时，陈 XX 与郭 XX 提出了复婚申请。这一转变，再次凸显了政治因素在婚姻关系中的决定性作用。从最初的因政治压力而离婚，到后来的因政治身份恢复而复婚，两人的婚姻历程充满了戏剧性和无奈。它不仅是一段个人情感的波折史，更是一段深刻反映时代变迁与社会影响的历史。

访谈：1957 年 5 月，全国各地都开始"大鸣、大放、大字报、大辩论"……大概是 9 月到 10 月间，报社开支部大会揪"右派"……他被定为"极右派"，开除党籍，下放劳动，工资全免，月供 30 块生活费。那天下班我还不知道他们开了什么会，我从单位回来，一推门看他在屋子里头来回地走，一面走一面很痛苦地捶胸口。他看见我回来了，情绪稍稍缓和以后，对我说："咱们俩离婚吧。"我当时一愣，怎么提到离婚，我也没吱声，稍稍沉思了一下，我说："我不同意离婚，咱们还有爱情。"我当然知道他对我也是有爱情的，只是怕影响我，怕将来影响孩子。他一听我的回答就没再说什么。②

访谈中，高女士的丈夫因被定为"极右派"而遭受了开除党籍、下放劳

---

① http://www.997788.com/pr/detail_634_33048787.html，997788 网站，阅读日期：2018 年 2 月 19 日。

② 来自中华女子学院中国女性图书馆所藏妇女口述史资料，受访者：高女士，1933 年生，1954 年结婚。

动、工资全免等严厉处罚，这一系列变故无疑给整个家庭带来了沉重的打击。面对丈夫的提议离婚，高女士表现出了坚定的拒绝态度。她深知丈夫的提议是出于对自己和孩子的保护，而非出于个人情感的淡漠。这个案例不仅是一个关于婚姻的故事，更是一个政治与人性交织的复杂叙事。在政治运动的背景下，个体的命运似乎被无情地卷入时代的洪流之中。

有这样一对夫妻，他们本是彼此生命中不可或缺的伴侣，却因一方不幸被划为右派，生活轨迹被迫发生了翻天覆地的变化。照片（见图5—1—1和5—1—2）背后的文字，静静地诉说着这段不为人知的辛酸往事。"五八年一月八日吾已是右派"，简短的文字背后，隐藏着无尽的无奈与挣扎。为了应对随之而来的社会排斥和家庭危机，他们做出了一个艰难的决定——"速逼着他去区政府假离婚后，又同去颐和园，返校时同至商场摄此影"。这一刻，镜头定格的不仅是他们的身影，更是对爱情与社会现实间微妙平衡的深刻记录。随照片一同留下的，还有两首饱含深情的小诗。一首吟唱着"影中恩爱夫妻，世上难觅一对。谁能信有今日，孰是谁之过错，你我心中明了"。字里行间透露出对命运无常的感慨与对彼此深情的确认。另一首则表达了对未来的期许："老老实实地改造，争取早日回到人民队伍，在那时的'爱'才是幸福愉快的。"这不仅是对个人命运的抗争，也是对重建家庭幸福的坚定信念。个体认同的形成，在这场政治风暴中显得尤为复杂。它既是内心世界

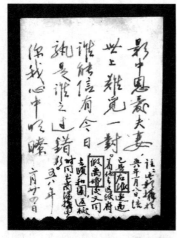 

图5—1—1　"右派"离婚感受　　　　　图5—1—2　"右派"离婚感受

的真实反映，也是外在环境深刻塑造的结果。这对夫妻，原本可以相依相守，共享生活的点滴温馨，却因政治因素导致的社会阶层变化而被迫分离。他们的选择，虽看似是对现实的妥协，实则是对家庭责任的坚守和对未来的期许。值得注意的是，这种"假离婚"并非基于真正的价值观念分歧，而是社会环境对个人施加巨大压力下的无奈之举。它揭示了个人命运与社会变迁之间的紧密联系，以及个体在面对强大外部力量时的脆弱与坚韧。

在解放战争时期，随着国民党军队的撤退，许多官兵的家属被迫留在了大陆。这种分离往往伴随着漫长的时间和音讯全无的痛苦，而配偶们在政治上又面临着种种压力。这种情况下，一些人提出离婚请求。以下是一则案例：

扬州市人民法院民事判决书 1954 年度民字第 190 号

原告：卢 XX，女，27 岁，泰州人，住南京成贤街 84 号，南京工学院宿舍

被告：张 XX（缺席）

关系人：吴 XX，女，65 岁，泰州人，住 XX 巷 2 号

事由：离婚。

事实经过及处理决定：

原告卢 XX 于 19 岁时由父母做主，与被告张 XX 结婚，感情一贯平常，张 XX 原在复旦，解放后随匪逃往台湾，迄无音讯，原告则在南京零八读书，所生子女芝妍（9 岁）、小妍（6 岁）。

今原告为摆脱封建婚姻，分清敌我界限，于今年 5 月 15 日在南京《新华日报》刊登寻人声明，逾期申请法院离婚，但仍无音讯，因而向本院提出离婚上诉，并要求被告之母及关系人，负担其本人及二女生活。

本院认为，原告提出的离婚要求，由于双方多年不通音讯，政治立场又不一致，应予照准。至于关系人吴 XX 负担原告及原告二女生活，据关系人称，目前不动产有泰州坡子街市房一所，别无所有，本人另随长子生活，按照 1948 年张 XX 与张 XX 分家协议，现卢 XX 既生活困难，愿全部暂归其收取租金，但不能确定产权，本院认为……现在系自愿将泰州坡子街市房子归原告收租是合理的，根据以上情节

1. 原告卢 XX 与被告张 XX 准予离婚。

2. 泰州坡子街市房子归原告收取租金，作为本人及二女之生活、教育费用。

公元 1954 年 6 月

院长朱 XX

扬州市人民法院①

以上关于扬州市人民法院 1954 年度民字第 190 号离婚案，不仅是一个关于个人婚姻破裂的法律裁决，更是特定历史时期社会变迁与个人命运交织的缩影。本案中，原告卢 XX 以 "摆脱封建婚姻，分清敌我界限" 为由提出离婚，体现了当时社会对婚姻的政治化解读。张 XX 因随国民党撤往台湾而长期失联，其政治立场在原告看来已与己方截然不同，这成为离婚申请中的重要理由之一。如前所述，在日常生活中，个体往往自动地将自我进行归类，认定自己属于某类能给其带来安全感的群体中的一员。通过这种方式，在特定的群体内，"获得认同，提高自尊，同时，产生对内群体的偏好和对外群体的偏见"。② 本案例中的原告卢 XX 以分清敌我界限而提出与配偶离婚就是获取群体认同和提高自尊的一种方式。这一案例反映了政治运动深刻影响个体的婚姻观念和选择。案件中涉及的关系人吴 XX（被告之母）的角色也值得关注。她虽非直接当事人，但其行为（自愿将房产租金交由原告收取）对案件结果产生了重要影响。这也揭示了家庭关系中财产分配、赡养义务等复杂问题在特定历史背景下的处理方式。

在探讨因配偶逃往台湾而引发的离婚案时，我们必须认识到当时社会环境的复杂性和特殊性。国家在处理这类案件时，并未采取一刀切的方式，而是根据具体情况进行了灵活而审慎的考量。1958 年发布的《国务院关于一方逃往台湾其配偶诉请离婚应如何处理问题的批复》明确指出，国家在处理此类离婚案件时，并非无条件支持所有申请。具体而言，若逃往台湾的一方

---

① http://www.997788.com/pr/detail_auction_637_4735301.html，997788 网站，阅读日期：2018 年 3 月 9 日。

② 邓惟佳：《迷与迷群：媒介使用中的身份认同建构》，中国传媒大学出版社，2009 年，第 118 页。

是出于解放台湾的政治目的，其配偶提出的离婚申请将受到更为严格的审查，以避免因轻率处理而影响国家统一大业。同时，对于具有争取价值的高级军政人员，国家倾向于采取更为积极的策略，鼓励其配偶通过劝解等方式，争取对方回归大陆，共同为国家的和平统一贡献力量。[①] 这体现了国家在维护国家利益与个人权益之间的微妙平衡。

3. 长期分居：华侨配偶提出的离婚案件

华侨，即旅居海外的中国公民，在这一时期以男性为主，他们为了生计常年在外奔波，导致与留在家乡的妻子聚少离多。据统计，1953 年在晋江三吴乡，高达 97% 的家庭因丈夫在南洋工作而处于两地分居的状态。[②] 随着1950 年《婚姻法》的颁布，婚姻自由的理念逐渐深入人心。在此背景下，一些华侨的配偶，为了摆脱常年分居的痛苦，选择向法院提出离婚申请。以下是一则关于华侨妻子提出离婚的案例。

台山县人民法院民事判决书

（64）台城民字第 25 号

原告：伍 XX，40 岁，本县附城公社，沙港湖大队，迎龙村人

被告：岑 XX，男，侨居小吕宋

案由：离婚

原告伍 XX 诉称，1947 年间，凭媒介绍与岑 XX 结婚，结婚后六个月岑就返回小吕宋工作，岑回到小吕宋后两年内尚有书信来往，自从解放后就一直音讯断绝，十年多来双方失去联系，故提出与岑离婚。

上述原告所述，经本院审理查明，被告岑 XX 一向在外谋生，1947 年间从小吕宋回国，凭媒介绍与伍 XX 结婚，结婚后同居仅几个月时间被告就返回小吕宋工作，被告返回小吕宋后的几年中，还与原告有通讯来往，但自 1958 年起就一直断绝联系至今。现原告为了长远利益，提出与被告脱离夫妻关系是有理由的，应予支持。据此，根据中华人民共

① 中国人民大学法律系民法教研室、资料室：《国务院关于一方逃往台湾其配偶诉请离婚应如何处理问题的批复》，《中华人民共和国婚姻法资料选编》（校内用书），1982 年，第 200 页。

② 浦永灏：《论福建侨乡人口国际迁移的社会、经济、文化意识效应》，《人口研究》1988 年第 5 期。

和国婚姻法第 17 条规定精神，审判决如下：

伍 XX 与岑 XX 脱离夫妻关系。

不服本判决，可于接到判决书次日起十天内向本院提出上诉，上诉于佛山地区中级人民法院。

审判员：XXX

1964 年 8 月 27 日①

在这则案例中，因夫妻长期分居且丈夫长时间失联，法院为保障女方利益，判决双方离婚。然而，与其他离婚判决书不同，该华侨婚姻案件的判决书并未对女方财产进行详细说明，这主要是出于对华侨利益的特殊照顾。自 1950 年《婚姻法》实施以来，虽然法律明确保障了婚姻自由与妇女权益，但在华侨群体中，随着大量离婚申请的涌现，尤其是倾向于保护妇女权益的判决，引发了一定程度的不满。考虑到新中国初建时期，国内建设任务繁重且外交关系亟待稳固，华侨作为连接国内外的重要桥梁，其支持与稳定显得尤为关键。因此，国家在执行《婚姻法》过程中，对华侨婚姻给予了特别的关注与保护。1954 年 4 月，政务院发布的《中央人民政府政务院关于处理华侨婚姻纠纷问题的指示》明确指出，在处理华侨婚姻纠纷时，应照顾国外华侨并适当照顾侨眷妇女的要求。②在实际操作中，这意味着在批准华侨配偶离婚时，往往会对财产分配做出调整，如将房屋和土地等不动产判归男方所有，以此作为对华侨利益的一种补偿和平衡。③ 这一案例不仅体现了国家在法律框架内对个体婚姻自由的尊重与保护，更展示了在特定历史时期，国家如何在维护国家利益与保障个人权益之间寻找平衡点的复杂考量。华侨配偶的婚姻自由权益，在这一时期，被置于了国家利益的大局之中加以考量与权衡。

4. 角色冲突：女方参加社会活动而引起的离婚案件

在传统社会结构中，男性占据着秩序与话语的主导地位，而女性则往往

---

① http://www.997788.com/pr/detail_637_27437325.html, 997788 网站，阅读日期：2018 年 4 月 1 日。

② 中国人民大学法律系民法教研室、资料室：《中央人民政府政务院关于处理华侨婚姻纠纷问题的指示》，《中华人民共和国婚姻法资料选编》（校内用书），1982 年，第 371 页。

③ 沈惠芬：《华侨家庭留守妇女的婚姻状况——以 20 世纪 30—50 年代福建泉州华侨婚姻为例》，《华侨华人历史研究》2011 年第 2 期。

被视为被支配的对象，其活动范围多局限于家庭私领域。然而，随着中国共产党的成立和推动，男女平等的理念逐渐深入人心，女性开始获得与男性同等的权利和义务，这一社会制度的变革极大地促进了女性角色的转变和地位的提升。越来越多的女性走出家庭，积极参与社会活动，不仅在经济上获得了独立，更开阔了眼界和思想。

尽管如此，传统性别观念的根深蒂固使得这一变革过程并非一帆风顺。尽管社会制度已经为女性提供了广阔的舞台，但在家庭内部，特别是部分男性和其家庭成员心中，女性参与社会劳动的观念仍未被广泛接受。一些男性，包括机关工作人员，仍试图限制妻子的职业发展和社交活动，这反映了传统性别角色期待的惯性力量。如北京市人民银行工作人员不许爱人担当普选的组长、妇女代表，有一次因他老婆听总路线报告回来晚，而被他打了一顿。[①] 然而，女性并未因此而退缩。她们利用《婚姻法》这一法律武器，勇敢地维护自己的权益，提出离婚，以此作为对不平等对待的回应。如河北省邯郸县北牛召村的郭秀琴，在 16 岁时被父亲以 200 元伪钞卖给邯郸县三区西大屯 43 岁的彭国祥为妻，解放以后，郭秀琴当选为村妇女会主席，彭国祥看不惯，经常打她。郭秀琴于是提出和男方离婚。[②] 山西省长治县平家村平改变被选为代表，其丈夫不让其回家吃饭，又不让其参加青年团，平改变提出离婚申请。[③] 这些离婚案例不仅是个体命运的转折，更是社会性别观念变迁的缩影。它们揭示了女性在追求男女平等道路上所付出的艰辛努力，以及男女平等从政治口号转化为个体思想意识中的坚定信念，是一个充满挑战与斗争的长期过程。但正是这些努力，逐步推动了社会性别平等的进步。

5. 对"自由"的误解与滥用：因"草率"结婚而离婚

在《婚姻法》初颁之际，由于民众对其核心精神——"婚姻自由"的理解尚显肤浅，社会上涌现了一系列因误解"自由"而导致的草率结婚与频繁离婚现象。据统计，河北省唐山市法院在 1955 年受理的离婚案件中，因草

---

① 《目前城市婚姻家庭中存在的问题》（1954 年），北京市档案馆，档案号：84-3-28。

② 南京讯：《联系过去处理案件情况来检讨　南京法院干部学习婚姻法　发现在处理婚姻案时曾违反政策》《人民日报》1950 年 5 月 29 日，第 3 版。

③ http://www.997788.com/pr/detail_637_57278033.html，997788 网站，阅读日期：2018 年 2 月 9 日。

率结婚而离婚的有 38 件，占 30.4%。① 河北区人民法院 1956 年上半年受理的离婚案件中，由于草率结婚而要求离婚的就占 12.6%。塘沽区人民法院审理的因草率结婚而要求离婚的案件占全部离婚案件的 20% 以上。② 这些离婚案件凸显了当时人们对婚姻自由概念的模糊认知以及新法实施初期面临的挑战。

这些草率婚姻的背后，原因纷繁复杂。一方面，经济因素扮演了重要角色，部分男性为吸引女性，夸大自身条件，如经济状况、职业身份等，一旦真相大白，失望之余的女性往往选择离婚。北京琉璃河水泥厂一个工人在火车站排队等火车，同站在前面的一个年轻女人聊天，发现是同乡，于是不等火车了，而是约着到近边饭馆去吃饭，"三天后两人结了婚，可是不到一月，便到法院打离婚。原来谈情说爱的时候，男的说是技工，结婚后才发现是壮工，收入不多，女的就大为不满"。石景山钢铁厂一个工人已进行婚姻登记，马上就要举办婚礼了，女方拿着钱到北京百货大楼买衣物，在回去的路上，女方听人讲到"她的未婚夫原是一个三级工，并非五级工，这一来，显然工资少了，一怒之下，又到法院打离婚"。③

另一方面，经济困境也迫使一些女性出于生计考虑而草率步入婚姻，待资金耗尽，婚姻也随之破裂。河北保定等地患涝灾后，有些妇女来到北京，托人给她们介绍对象，有些转业军人、工人及结婚较困难的农民，手里有大批转业费，或者积蓄了几个钱，急于娶老婆，草率结了婚，婚后不久，钱花完了，女方就要离婚。④ 此外，"一见钟情"式的冲动结婚同样屡见不鲜，缺乏深入了解的婚姻基础脆弱不堪，一旦面对现实生活的琐碎与挑战，便迅速瓦解。有一对青年男女在街道办事处登记结婚以后两小时就又去撤销登记。还有一对青年男女经人介绍，一起看过一次电影就结婚了，婚后女方才发现

① 熊先觉：《略谈当前离婚的原因问题》，《中国妇女》1957 年第 8 期。
② 《天津市各级人民法院受理的婚姻案件增多 有些青年男女轻率地结婚离婚》，《人民日报》1957 年 3 月 9 日，第 7 版。
③ 艾芜：《看"休丁香"的感想》，《人民日报》1957 年 4 月 25 日，第 8 版。
④ 《海淀区法院关于婚姻问题的材料》（1956 年），北京市海淀区档案馆，档案号：54-101-252。

男方耳聋，精神还不健全，并且虐待她，结果不得不请求离婚。①

　　这些案例不仅挑战了婚姻的稳定性，也对当时的社会秩序与家庭伦理构成了冲击。社会各界对此现象表达了深切关注，担忧其可能对新生婚姻制度、家庭和谐乃至社会主义建设产生不利影响。法学界也提出了更为理性的视角，认为此类草率离婚行为虽偏离了《婚姻法》的初衷，但更多是转型期特有的现象，体现了青年群体在追求真正适合自身婚姻过程中的试错与成长。法学家熊先觉进一步指出，草率离婚是特定历史背景下的产物，不应简单归咎于资产阶级或封建思想的残余，而是反映了人们在新旧婚姻制度交替之际的迷茫与探索。他强调，这是一个学习与适应的过程，需要社会通过教育引导，帮助青年树立正确的婚姻观念，培养维系婚姻的能力与责任感。最终，这些经历将成为推动社会婚姻观念进步与婚姻制度完善的宝贵财富。②

　　综上所述，新中国成立后，随着《婚姻法》的颁布与实施，婚姻制度与家庭关系经历了深刻的变革。包办婚姻与重婚、纳妾等传统陋习逐渐退出历史舞台，为婚姻自由与个人解放开辟了道路。然而，这一变革过程并非一帆风顺，它伴随着政治运动的冲击、经济压力的考验以及传统观念的束缚。个体在追求婚姻自由的过程中，不得不面对来自社会、家庭乃至个人内心的多重挑战。从因政治压力而离婚的无奈抉择，到华侨配偶因长期分居而寻求解脱的困境，再到女性因追求社会角色转变而引发的家庭冲突以及因对婚姻自由误解而导致的草率离婚现象，这些案例共同勾勒出一幅复杂而生动的社会变迁图景。在这一过程中，国家通过法律手段积极介入，努力平衡国家利益与个人权益。同时，社会各界也开始关注并反思婚姻与家庭的新变化，探索更加和谐、平等的家庭关系模式。尽管挑战重重，但正是这些努力与探索，逐步推动了社会婚姻观念的进步与婚姻制度的完善。

二、自由观念与保守观念的冲突

　　《婚姻法》的颁布与实施，不仅标志着国家在法律层面对婚姻自由的确

---

　　①　《天津市各级人民法院受理的婚姻案件增多 有些青年男女轻率地结婚离婚》，《人民日报》1957 年 3 月 9 日，第 7 版。

　　②　熊先觉：《略谈当前离婚的原因问题》，《中国妇女》1957 年第 8 期。

认，更在社会层面引发了一场关于婚姻观念与家庭伦理的广泛讨论与深刻反思。然而，婚姻自由的实现并非一帆风顺，它遭遇了来自传统文化、社会舆论乃至部分干部思想的重重阻碍。本部分旨在深入探讨这一时期离婚现象的多重面向，通过分析普通民众与干部对离婚自由的阻挠，揭示社会变革中婚姻观念的冲突与融合。

1. 普通民众对离婚自由的阻挡

1950年《婚姻法》的颁布，标志着中国婚姻制度的一次重大变革，其中关于离婚自由及离婚后财产分割的规定，均鲜明地体现了对女方利益的照顾。这一法律精神在促进女性权益的同时，也意外地为部分片面追求物质利益的女性提供了机会。她们利用法律赋予的权利，选择通过离婚来结束不满意的婚姻关系，并寄望于通过再婚来改善生活条件。这一现象直接导致当时女性主动提出离婚案件的激增，据沈阳、黑龙江、热河、辽西等地的统计数据显示，自《婚姻法》公布至1950年底，共处理了22726件的离婚案，群众中的离婚案80%以上是妇女所提出。① 然而，这一社会现象并非全然正面。虽然并非所有女性都出于物质追求而离婚，但"嫌贫爱富"的个别案例无疑加剧了家庭矛盾，引发了广泛的社会争议。尤其是在农村地区，传统观念根深蒂固，许多人视离婚为家庭的不幸与耻辱，甚至有农民将推广《婚姻法》的工作队戏称为"离婚队"。② 这种社会氛围下，男方及其家庭往往对女性的离婚请求持强烈反对态度，他们担心人财两空，更害怕面子上过不去，因此不惜采取各种手段极力阻止女性离婚。以下是一则典型案例的生动写照：

> 李桂金是江西省广昌县新安乡人……桂金十一岁的时候，许配给回辛乡中农吴和升做老婆，爹娘得了吴家的三百多块伪法币。一九五〇年，桂金才十五岁就出嫁，嫁后遭丈夫和婆婆打骂。桂金实在受不下去，就说："我们到人民政府去讲理吧！"这一下更惹恼了吴家的人……几个民兵一哄而上，把桂金推进牛栏锁了起来……晚上，来"审问"的人更多了，大部分是民兵，说什么"贫雇农老婆没有离婚的"，"买来的

---

① 《关于继续贯彻婚姻法的指示》，《东北妇女》1951年第13期。

② 陕西分社二十九日讯：《陕西咸阳农村中关于贯彻婚姻法的谣言》，《新华社内参》1953年2月4日。

老婆怎么不能打"！直到深夜才罢休。以后，白天监禁，晚上斗争……区干部调解不下这件事，就把他们介绍到人民法院去处理……到一九五一年五月间终于判决离婚。桂金拿到判决书……

　　吴和升拿到离婚判决书，可气坏了。他一把把判决书撕掉，又带着民兵来捉桂金。桂金见他们来了，躲到山上去。吴和升还不甘心，几天后又带着六七个民兵来了……原来桂金逃上山躲在荆棘丛中，等民兵回去后，才爬出荆棘，顺着小路到了法院。法院的同志安慰了她一番，将吴和升关了起来……婆婆来找李桂金……老婆子见桂金仍不肯回去，又哭闹起来，最后跑出门投了塘。桂金的爹妈吓坏了，一边急救一边骂："叫你回去不肯回去，现在可要抵人家的命了！"①

从法律层面来看，李桂金勇于站出来反抗封建婚姻束缚，利用《婚姻法》赋予的权利寻求解脱。她的行动不仅是对个人幸福的追求，也是对封建陋习的挑战。法院的最终判决，不仅是对李桂金个人诉求的回应，也是对封建婚姻制度的有力打击，体现了法律面前人人平等的原则。然而，从社会层面来看，这一案例也暴露了许多问题。男方家庭对离婚的极力阻挠，甚至不惜采取暴力手段，反映了封建残余思想在农村地区的根深蒂固。他们认为"买来的老婆不能离婚"，这种观念无疑是对女性人格尊严的极大践踏。此外，婆婆的自杀威胁和家人的责骂，也凸显了当时社会对离婚女性的偏见和歧视。值得注意的是，尽管李桂金最终通过法律手段获得了自由，但她在争取这一权利的过程中承受了巨大的心理压力和社会压力。这再次说明，婚姻制度的变革并非一蹴而就。李桂金的离婚案例不仅见证了女性在法律保障下争取婚姻自由的艰难历程，也揭示了传统观念与现代法律之间的深刻矛盾。

　　2. 干部对民众离婚自由的阻挠

　　1950 年《婚姻法》颁布后，虽然从法律层面确立了婚姻自由的原则，但在实际执行过程中，干部阻挠离婚自由的现象却普遍存在，成为新法贯彻实施的一大障碍。这一现象不仅涉及司法干部，还广泛波及各级行政干部，他

---

① 黄韵琴：《李桂金反对封建婚姻的斗争取得了胜利》，《人民日报》1953 年 4 月 16 日，第 3 版。

们对离婚持有根深蒂固的偏见和误解。许多干部将离婚视为"影响不好"的丑事，认为它是不名誉、不道德的。① 这种观念在一定程度上反映了当时社会对离婚问题的保守态度，尤其是在农村地区更为突出。安徽省湖东县横埠区的一项调查便揭示了这种心态的普遍性：一些区乡干部明确表示，他们担心离婚会对群众产生不利影响，甚至可能引发社会动荡，因此在实际操作中，他们往往设置重重障碍，阻碍离婚进程。具体表现包括但不限于：拒绝为要求离婚的妇女开具介绍信，限制她们带走应得的土地等财产。这些做法不仅违反了《婚姻法》的精神，也严重侵犯了妇女的合法权益。② 因此，民间流传着离婚需要"过三关"的说法，即除了面对丈夫和婆婆的阻挠外，还必须跨越干部这一难关，而"干部关"往往被认为是最难以逾越的。③《人民日报》等权威媒体多次报道了此类事件，揭示了干部阻碍《婚姻法》正常执行的严重程度和广泛性（见表5—2—1、5—2—2）。

表5—2—1　区、县、乡、村干部对《婚姻法》的阻挠和漠视

序号	标题	日期	版次
1	联系过去处理案件情况来检讨　南京法院干部学习婚姻法　发现在处理婚姻案时曾违反政策	1950年5月29日	3
2	村干部阻挠婚姻自由　协助家长毒打儿媳妇	1950年6月4日	4
3	武安县八区区委赵锡亚非法阻挠离婚拷打妇女	1950年6月10日	4
4	彭国祥非法毒打妻子　邯郸县、区干部压制妇女婚姻自由　请邯郸专署迅速调查处理	1950年5月21日	4
5	彻底摧毁野蛮的封建婚姻制度！	1951年8月29日	6
6	加强区乡干部对婚姻法的学习	1951年10月9日	3
7	给要离婚的妇女以安全保障	1951年10月23日	2
8	山东齐河八区人民政府关于错误处理贾象菊婚姻问题的检讨	1951年10月18日	2
9	坚决贯彻婚姻法，保障妇女权利！青年团支部不应该干涉团员的婚姻自由	1951年11月30日	3

① 许德珩：《正确执行婚姻法　消灭封建的婚姻制度》，《人民日报》1951年4月30日，第1版。
② 王球、马怀楼、吴才贵、胡天成：《安徽省湖东县横埠区干部　扭转了对婚姻法的错误认识》，《人民日报》1952年12月21日，第2版。
③《一年来执行婚姻法的初步检查和今后进一步贯彻执行的意见》，《新华月报》1951第4卷第6期。

（续表）

序号	标题	日期	版次
10	皖北颍上县杨场子区人民政府对待婚姻问题的态度是错误的	1952 年 5 月 21 日	2
11	怀来县杨庄子村干部包办婚姻虐待妇女应受处分	1952 年 5 月 21 日	2
12	王福芝吊打妇女强迫离婚事件　石家庄军分区已重新处理	1952 年 12 月 29 日	2
13	归绥市很多机关干部在婚姻问题上有封建思想	1953 年 2 月 17 日	2

表 5—2—2　司法干部对自由离婚的阻挠和漠视

序号	标题	日期	版次
1	部分司法工作干部漠视妇女利益　处理婚姻案件极不负责　高级司法机关应追究责任予以处理	1951 年 10 月 11 日	3
2	华县人民法院拖延离婚案件　造成刘胡娃被迫自杀事件　失职人员须受适当处分	1951 年 10 月 11 日	3
3	内黄县司法科庄科员　处理晁增娥离婚案一拖再拖	1951 年 11 月 14 日	6
4	竹溪县司法科轻判违犯婚姻法的案犯　郧阳人民法院分院提出改判意见	1951 年 10 月 15 日	3
5	昌平县人民法院为什么不按婚姻法办事	1951 年 11 月 26 日	3
6	临汾法院和当地铁路检车段不认真处理婚姻问题酿成伤人事件	1951 年 11 月 27 日	2
7	一桩冒名顶替的婚姻案件	1952 年 6 月 14 日	2
8	对魏守谦违犯婚姻法的事件　迪化法院不应轻率判决离婚	1957 年 2 月 20 日	4

当社会结构经历深刻变革之际，民众的思想观念虽逐渐转变，但文化观念的滞后性使得新旧观念之间的冲突尤为显著。《婚姻法》所倡导的婚姻自由与男女平等原则，与长期根植于人们心中的父权制思想发生了激烈碰撞。这一背景下，部分干部，尤其是男性干部，在初期往往难以迅速接受并适应这一新的法律框架，从而在执行过程中出现了偏差。具体表现为，一些干部对离婚案件持保守态度，视之为不名誉之事，甚至采取强制措施干预妇女的

离婚意愿。例如，有妇女因提出离婚而遭受身体惩罚或被强迫调解，如山西盂县西南沟某村妇女因提出离婚竟被该村支部书记打了40大板。① 河北省宛平县军庄村妇女黄芝荣和察哈尔省怀来县杨庄子村许金荣结婚，后来许金荣去世，黄芝荣要求回娘家，但杨庄子村干部不让她走，并强迫她和该村村民杨敏结婚。黄芝荣曾经几次提出离婚，都被村干部制止了。黄芝荣没奈何，就到区政府要求解决。她走到半路，就被村长和杨敏赶上，在路上毒打一顿之后，又把她弄回家去，吊在房梁上毒打。她受伤后，三个多月都不能起床。有的村干部对她说："宁叫你死了出村，决不叫你活着出村。"一个叫杨广才的村干部对她说："如杨敏养活不了你，我再给你找一个姘头合伙养活你。"② 这不仅侵犯了个人权利，也违背了法律精神。

同时，部分干部在处理离婚案件时表现出消极、敷衍的态度，对妇女利益缺乏应有关注，导致案件处理不公，加剧了社会不公现象。如河北省邯郸县北牛召村郭秀琴提出和男方离婚。她早上到区里，一直等到半下午才拿到传票，传票上写着女方回村传唤男方。秀琴把传票给了村长，村长私自将传票压下，没有告诉男方。之后，秀琴又到区上去控诉，区上不加询问，又给女方一张传票，要她再去传唤。秀琴又把传票给了村长，村长还是不按传票去传男方。③ 陕西省华县刘胡娃与丈夫感情不和，于是向法院起诉请求离婚。该院代理审判员只给乡长写了封信，让其"予以调解"，便不再询问了。而乡长王暐见信后又置之不理。刘胡娃到法院催案，仍未引起重视。刘的丈夫和其父亲、村长等四人到刘胡娃娘家，强迫她回婆家。乡长对这种行为不但不加制止，反命令该村村长派民兵将刘胡娃强制送回婆家，导致刘胡娃觉得再无生路，当晚自缢而死。④

值得注意的是，一些干部在处理离婚案件时，往往受到同情男性、保护

---

① 《老解放区的劳动妇女迫切要求婚姻自由　亟应改革残存的封建婚姻制度安定生产情绪》，《人民日报》1950年3月8日第1版。
② 杨玉昆：《怀来县杨庄子村村干部　包办婚姻虐待妇女应受处分》，《人民日报》1952年5月21日，第2版。
③ 南京讯：《联系过去处理案件情况来检讨　南京法院干部学习婚姻法　发现在处理婚姻案时曾违反政策》，《人民日报》1950年5月29日，第3版。
④ 《华县人民法院拖延离婚案件　造成刘胡娃被迫自杀事件　失职人员须受适当处分》，《人民日报》1951年10月11日，第3版。

贫雇农利益等传统观念的影响，对提出离婚的妇女设置重重障碍。他们可能出于维护社会稳定或顾及个人政绩的考虑，而倾向于劝和不劝离，甚至在判决中忽视妇女的实际需求和权益。在处理妇女离婚带产问题时，有的干部主张"多带不如少带，少带不如不带"。如山西省榆次县的几个区政府擅自规定带产的原则是：女的提出离婚者不带，男的提出离婚者可以带。以致有些妇女离婚后因生活无着而不得不又和原来的丈夫复婚，恢复了原来的痛苦生活。有的地方，干部为了保护贫雇农利益，提出了"凡是贫雇农的老婆提出离婚，不分青红皂白，一律不准离婚"。①

基层干部在这一过程中扮演着双重角色：既是国家政策的执行者，又是深植于地方文化的成员。这种双重身份使得他们在面对复杂多变的离婚案件时，往往需要在国家利益与地方传统、个人情感与法律原则之间寻求平衡。一方面，他们是国家科层制中的干部；另一方面，他们又是普通民众中一员。前者决定了其言行要与国家的政策号召保持一致；后者决定了其言行要与其成长环境中的多数人思想和行为保持一致。因此，我们不难理解，为什么有时候干部在处理案件时尽量劝和不劝离，为什么对离婚案件中残害妇女的当事人尽量减轻处罚。换句话说，干部在离婚事件中的这种判断抉择与其身处的文化环境密切相关。因此，干部的个人素质、性别观念、对法律的理解深度以及面临的现实压力，都成为影响《婚姻法》有效执行的重要因素。此外，新中国成立初期，国家工作重心多样，干部资源有限，导致《婚姻法》的贯彻在与其他重要任务（如土地改革、粮食征收等）的竞争中处于劣势。干部往往倾向于将更多精力投入到那些更直接关联国家建设大局的工作上，而对《婚姻法》的宣传和执行力度相对不足。总而言之，干部阻挠离婚自由的现象是多重因素交织的结果，既有文化观念滞后的深层次原因，也有现实工作重心偏移、干部个人素质差异等具体因素的作用。

三、国家对离婚问题的教育与引导

面对离婚现象在社会中引发的恐慌与误解，国家迅速采取行动，通过报

① 李正：《加强区乡干部对婚姻法的学习》，《人民日报》1951年10月9日，第3版。

刊等主流媒体广泛宣传离婚自由的合理性与必要性，旨在引导公众正确理解和接受这一社会变革。1953 年，《人民日报》发表的《贯彻婚姻法宣传提纲》明确指出，对于深陷婚姻痛苦的人们而言，解除不合理的婚姻实际上是一种解脱，是对个人幸福的尊重与保护。该提纲强调了感情变化是人之常情，当夫妻感情确已破裂、无法挽回时，离婚便成为解除双方痛苦的合理选择。①

同时，妇女运动的先驱人物左诵芬也在《新中国妇女》上发声，她不仅从个人福祉出发，更从国家建设和社会发展的高度论述了解除不合理婚姻的重要性。② 她认为，这样的举措有助于家庭和谐，促进生产力发展，使家庭成为推动社会主义革命与建设的积极力量。左诵芬的观点与《邓颖超同志关于婚姻法的报告》相呼应，共同传达了一个信息：尽管当时离婚事件频发，但这只是社会进步过程中的暂时现象，符合历史发展的必然规律。③

此外，一些著名作家如马铁丁等，也积极参与到了对婚姻观念的讨论中。他们指出，婚姻生活已超越个人私事的范畴，成为无产阶级思想与资产阶级思想斗争的一部分。任何违背共产主义道德原则的行为，如喜新厌旧、爱慕虚荣导致的离婚，都被视为资产阶级思想的体现，是对社会进步的阻碍。④ 对于男性在离婚中的报复行为，更是被批判为封建思想的残余，是与社会进步背道而驰的。⑤

本节探讨了 1950 年《婚姻法》颁布后，普通民众在离婚自由观念与保守观念之间的激烈交锋。一方面，随着社会的进步和个体意识的觉醒，越来越多的人开始接受并倡导离婚自由，认为每个人都有权追求幸福的婚姻生活。另一方面，传统的婚姻观念和道德伦理仍然根深蒂固，许多人对于离婚持保守态度，认为离婚是对家庭和社会的背叛。这种观念上的交锋，反映了当时中国社会在转型期所面临的复杂矛盾。这不仅是中国社会转型期的缩影，也是婚姻观念现代化进程中的重要内容。同时，国家通对离婚自由进行

① 中央贯彻婚姻法运动委员会：《贯彻婚姻法宣传提纲》，《人民日报》1953 年 2 月 25 日，第 1 版。
② 左诵芬：《婚姻问题讲话二：怎样认识离婚问题》，《新中国妇女》1950 年第 17 期。
③ 《邓颖超同志关于婚姻法的报告》，《人民日报》1950 年 5 月 26 日，第 1 版。
④ 马铁丁：《是什么样的安慰?》，《中国妇女》1956 年第 2 号。
⑤ 勉三：《读者来信：我明白了在旧社会里为什么妇女得不到婚姻自由》，《新中国妇女》1951 年第 24 期。

了全面而深入的宣传与引导，不仅从法理、情理上阐述了其合理性，更将其上升到政治高度，强调个人婚姻生活与国家建设、社会进步的紧密联系。这一系列举措有效缓解了社会对离婚现象的恐慌情绪，促进了婚姻观念的逐步转变。

第二节　合法却不"合理"的干部离婚

　　1950 年《婚姻法》的颁布与实施，标志着中国婚姻制度的重大变革，对当时的社会风气与家庭结构产生了深远影响。该法律的推行，不仅确立了新的婚姻法律框架，还促进了婚姻观念的逐步现代化。然而，在这一过程中，一系列社会现象也随之显现，其中，干部离婚现象的激增尤为突出。一位 1940 年出生的受访者张女士回忆道：上个世纪 50 年代左右，很多人一进城就发生了一些变化，跟原来的"糟糠之妻"就离婚了，娶了很年轻的小妈。像我这样有亲爸亲妈的人不是很多，所以同学们那时候都挺羡慕我的。他们的妈都很年轻，有的就比自己大个十来岁，有的还不到十岁。这一现象并非孤例，如 1954 年北京市法院的数据所示，半年内受理的 380 件上诉案件中，涉及干部的离婚问题就高达 136 件，且多为男性干部主动提出。[①] 这一数据不仅反映了干部离婚现象的普遍性，也揭示了其背后复杂的社会因素。干部离婚现象的激增，一方面体现了法律制度与传统文化之间的张力。在传统观念中，婚姻被视为神圣且稳定的家庭纽带，而《婚姻法》的实施则赋予了公民更多的婚姻自主权。然而，对于干部这一特殊群体而言，其行为往往被赋予了更多的社会意义，被视为社会风气的风向标。因此，他们的婚姻选择不仅关乎个人，也影响着社会的整体氛围。另一方面，干部离婚现象也映射出社会转型期个体情感与家庭责任之间的冲突。在追求个人幸福与承担社会责任之间，干部群体面临着更为复杂的抉择。这种冲突不仅体现在个人层面，也反映了当时社会结构与价值观念的变化。本节旨在通过深入剖析干部离婚

---

① 北京市妇联：《目前城市婚姻家庭中存在的问题》（1954 年），北京市档案馆，档案号：84-3-28。

现象，揭示其背后的社会、文化及心理因素，探讨这一现象如何反映了法律制度、社会变迁与个体选择的交织影响。同时，本节也将分析国家、社会及个体在面对这一问题时所采取的应对措施及其效果。

一、社会制度变革下的干部离婚

《婚姻法》颁布后，干部离婚现象可大致归为两类。首先，是那些基于包办婚姻的干部家庭。此类婚姻往往缺乏爱情基础，夫妻双方情感淡漠，加之战争时期的长期分离，导致双方在价值观、思维方式及生活习惯上差异显著，几乎无共同语言。随着革命的胜利与工作的稳定，一些男干部以"对方文化低、不进步、性格不合"或"包办婚姻无感情"为由，向妻子提出离婚，甚至不乏结婚二三十年后仍选择分手的案例。[1] 另一类则是自由恋爱结合的夫妻，他们在战争年代共同奋斗，却在革命胜利、事业有成后，因感情破裂而提出离婚。[2] 值得注意的是，少数干部利用《婚姻法》赋予的婚姻自由权利，打着"追求真爱"的旗号，行"喜新厌旧"之实。他们往往被年轻、有文化的女大学生所吸引，不惜与原配妻子决裂，甚至采用极端手段迫使对方同意离婚。如辽东省一些已婚男干部为了离婚，对妻子实行"晒干"政策。[3] 某书店经理"在药水中掺上盐酸，陷害老婆"。[4] 这些行为不仅伤害了原配妻子的感情与利益，也引发了广泛的社会舆论谴责。舆论普遍认为，这种行为是"资产阶级思想"的体现，是对婚姻神圣性的亵渎，更是对党纪国法的公然挑衅。[5] 面对这一复杂现象，离婚当事人的态度如何？国家对这种行为的处理办法又是如何？这些问题需要进一步去挖掘和解读。

1. 因包办婚姻感情淡漠的干部离婚

在干部离婚现象中，一个尤为突出的原因是干部对包办婚姻的深刻不满以及夫妻双方之间思想上的巨大差距。这类婚姻模式往往基于传统习俗而非

---

① 北京市妇联：《目前城市婚姻家庭中存在的问题》（1954年），北京市档案馆，档案号：84-3-28。

② 幽桐：《对于当前离婚问题的分析和意见》，《人民日报》1957年4月13日，第3版。

③ 东北总分社讯：《安东县干部多数领导干部违犯婚姻法的情况严重》，《新华社内参》1953年3月25日。

④ 北京市妇联：《目前城市婚姻家庭中存在的问题》（1954年），北京市档案馆，档案号：84-3-28。

⑤ 熊先觉：《略谈当前离婚的原因问题》，《中国妇女》1957年第8期。

个人情感，男方因工作需求常年在外奔波，而女方则受限于社会环境，长期留守农村，缺乏与外界的广泛接触，导致思想相对保守，眼界不够开阔。随着时代的变迁，特别是进入和平建设时期，干部们的工作环境由乡村转向了繁华的城市，这一转变不仅改变了他们的生活空间，也深刻影响了他们的价值观与情感需求。城市中丰富多元的文化氛围吸引了大量女性知识分子，相比之下，那些未能跟上时代步伐、难以融入城市生活的农村妻子，与干部丈夫之间的差距日益凸显。她们不仅无法参与丈夫的工作、生活，甚至在情感交流上也显得力不从心，这种隔阂逐渐侵蚀着原本就脆弱的婚姻基础。因此，当干部们意识到自己在婚姻中难以找到共鸣与理解时，便倾向于提出离婚，寻求新的情感归宿。然而，面对突如其来的离婚请求，许多农村出身的妻子并未轻易接受。她们中的一些人选择拖延时间，试图以这种方式挽留婚姻；[1] 而另一些人则展现出强烈的反抗精神，如北京市前门区某茶叶公司的干部程记甫与其爱人甄玉萍的案例所示，即便法院已判决离婚，甄玉萍仍情绪激动，不仅到办公室质问丈夫，甚至采取了极端行为，试图以此表达自己的不满与无奈。[2] 这一系列事件深刻揭示了包办婚姻在时代变迁中的脆弱性以及个体在面对婚姻破裂时的复杂情感与行为反应。

在处理干部离婚案件时，法院及当事人所属组织倾向于首先采取说服与调解的方式，力求在尊重双方意愿的基础上寻求和平解决方案。这一做法在《中央人民政府司法部关于干部离婚案件处理办法的批复》（1951 年 11 月 10 日）中得到了明确体现。该《批复》指出，尽管《婚姻法》已对干部婚姻问题的处理原则和方法作出了具体规定，但在实际操作中，还需从双方的长远利益出发进行细致调解。尤其是当一方不在当地时，应避免强制判决，而是鼓励双方通过沟通协商达成共识。若协商不成，再由法院介入进行调解或作出最终判决，以最大限度地减少矛盾与冲突。[3] 遵循《婚姻法》促进婚姻自

---

① 北京市妇联：《七月份婚姻问题的总结》（1951 年），北京市档案馆，档案号：84-3-15。

② 中共前门区委宣传部：《关于机关企业存在的婚姻问题的调查报告》（1953 年），北京市档案馆，档案号：38-2-387。

③ 中国人民大学法律系民法教研室、资料室：《中央人民政府司法部关于干部离婚案件处理办法的批复》，《中华人民共和国婚姻法资料选编》（校内用书），1982 年，第 190 页。

由与幸福的基本原则，对于已名存实亡的婚姻，国家倾向于认为勉强维持只会加剧双方的痛苦。因此，在处理过程中，国家会特别关注并照顾到女方的权益，确保她们在离婚后的生活得到妥善安排。以中国人民大学柴某与郭某的案例为例，这段由父母包办的婚姻因缺乏感情基础而长期困扰着双方。柴某因不堪忍受无爱的婚姻生活，选择离家出走多年，最终决定提出离婚。尽管郭某因传统观念束缚而坚决反对，认为离婚"不名誉"，但面对无可挽回的事实，法院在充分调解无效后，从保护双方长远利益出发，依法判决了离婚，从而结束了这段早已失去生命力的婚姻。① 以下是一则典型的干部离婚判决书示例，它体现了上述处理原则与人文关怀的结合：

> 江华县人民法院民事判，公元 1952 年度，民诉字第 633 号
>
> 原告蒋 XX，男，26 岁，江华人，现任广西平乐地委会干部秘书
>
> 被告唐 XX，女，36 岁，江华市区杰口乡杰口村人
>
> ……蒋 XX 与唐 XX 已结婚 12 年，生了三个小孩，双方的婚姻是父母包办的，婚后蒋 XX 在学校念书，双方感情不甚好，解放后蒋 XX 参加革命，在平乐地委工作。对不合理的包办婚姻不满，提出离婚，唐 XX 同意离婚，但要求蒋 XX 离婚后仍住蒋 XX 家，三个小孩自己带……
>
> 本庭经本院巡回就审小组就地调查双方的实际情况，据婚姻法第 17 条，有如下判决：
>
> 1. 蒋 XX 与唐 XX 准予离婚；
>
> 2. 唐 XX 离婚后女方居住蒋 XX 家，三个小孩由唐 XX 带养，小孩财产及蒋 XX 个人占有全部财产由唐 XX 管理；
>
> 3. 蒋 XX 有二十四亩田八亩地，十间房子，本照顾女方及小孩利益，由当地人民政府酌情分配。
>
> 1952 年 11 月 8 日
>
> 江华县人民法院兼院长 X 某，副院长白某，审判员戴某②

这则案例依据婚姻自由原则，准予双方离婚，这体现了法律对个体婚姻

---

① 柏生：《北京一年来的婚姻案件》，《人民日报》1950 年 4 月 28 日，第 3 版。

② http://www.997788.com/pr/detail_583_23896983.html，997788 网站，阅读日期：2018 年 4 月 7 日。

选择权的尊重与保护。判决过程中，法院不仅遵循了法律条文，更兼顾了人文关怀。法院通过就地调查，深入了解双方实际情况，特别是在处理女方唐某及子女未来的生活保障问题时，采取了细致周到的措施。允许唐某及子女继续居住在蒋某家中，并由唐某管理部分财产，同时指令当地政府协助分配田产、房产，以确保她们的基本生活需求得到满足。这是一起"离婚不离家"的案例，它一般被认为是特殊时代的特殊问题，不按照重婚论罪。这一系列安排，展现了司法实践中的灵活性与对弱势群体的关怀。此案例的公开处理，不仅解决了蒋某与唐某之间的婚姻纠纷，更在社会层面产生了积极影响。它促进了人们对包办婚姻问题的重新审视与反思，推动了婚姻观念的现代化进程。

2. 有爱情基础但感情逐渐淡漠的干部离婚

在干部离婚案件中，那些基于自由恋爱步入婚姻殿堂，却在革命胜利、工作稳定后因感情淡漠而走向离婚的案例，也为我们提供了一个窥探社会变迁、个体选择与道德评判之间复杂关系的独特视角。本部分旨在通过深入剖析三个具有代表性的干部离婚案例，展现这一特定历史时期下，个人情感、社会责任、法律规范与道德评判之间错综复杂的交互作用。这些案例不仅反映了干部群体在面对婚姻困境时的真实选择，也揭示了国家、社会及个体在面对此类问题时所采取的应对措施及其背后的深层动因。通过详细分析这些案例，本部分将进一步探讨婚姻自由原则在实践中的具体体现，以及婚姻作为个人生活重要组成部分与共产主义道德、社会责任之间的微妙平衡。同时，本部分也关注组织干预在挽救濒临破裂婚姻中的作用，以及这种干预方式如何强化了婚姻作为一种社会"公事"的认知，进而影响了当时社会的整体婚姻观念与家庭伦理。

案例一：周希贤和王聚兰都是河北宛平县人，周现年三十岁，王现年二十岁。周希贤在一九三七年参加革命工作。一九四八年他在农村工作时，看到王聚兰很可爱，自己就隐瞒了三岁，托朋友介绍结婚……进城以后，周希贤调到中国石油公司北京市公司工作，后升为科长。这时他便感到聚兰既"无文化"，又"很落后"，实在不能与他相配，就向组织提出要求和她离婚⋯⋯石油公司领导方面认为婚姻法上既有着"第三者不得干涉"的规定，同时也觉得周已做了科长，王聚兰没有文化，是不能满足他的要求的，因此为了"照顾干部情绪"，也就同意了他们离婚。周希贤拿了公司的介绍信，同王聚兰到北京市东单区（原一区）区政府民政科登记离婚，民政科李惠敏同志接受这个案件后，也没有深入调查了解，就发给了离婚证。

王聚兰被迫办完离婚手续回到宿舍后，想起自己既有病，又拖了两个孩子，感到今后生活无路，就大哭起来，要自杀⋯⋯她已到东单区（原中城区）法院起诉，区法院将此案转到北京市法院，但市法院当时将周希贤所持的离婚证收回，宣布他在东单区（原一区）民政科所办的离婚手续无效⋯⋯因此不准离婚；由于周希贤母亲虐待王聚兰而判处周母六个月徒刑。但周希贤对市法院的判决表示不服，又向最高人民法院华北分院提出上诉。现经华北分院调查，认为他们的感情不融洽主要的是由于周另与别人恋爱，爱情转移，并无原则的迁就他的母亲的落后意识，所以周的离婚要求是不正确的，仍判决维持北京市法院原判。判决后，周对王更不照顾了，并冷酷地刺激她，致使王生了病，精神有些错乱，时常想自杀，同住的邻居对她都很关心、照顾，曾多次给周打电话，他都不理。周希贤的这种恶劣行为，已引起许多人的激愤⋯⋯①

周希贤与王聚兰的离婚案例，不仅是一段个人婚姻悲剧的缩影，更折射出特定历史时期社会价值观、法律意识与道德评判的复杂交织。该案例从多个维度引发了广泛的社会关注与深刻反思。这段婚姻从一开始就因缺乏深入了解而显得脆弱。周希贤的冲动选择以及双方在教育背景、价值观念上的巨大差异，为日后的矛盾埋下了伏笔。随着周希贤个人成长与社会地位的提升，他与王聚兰之间的差距逐渐扩大，导致感情淡漠，最终走向离婚。这一过程不仅反映了个人在成长过程中可能面临的价值观变化，也揭示了婚姻关系中夫妻同步成长的重要性。周希贤在离婚后的冷漠态度以及对家庭责任的

---

① 高育英、石磊、臧俊英：《读者来信：应严肃处理周希贤对妻子、儿女不负责任的事件》，《新中国妇女》1953年第5号。

逃避，不仅伤害了无辜的王聚兰及其子女，也违背了社会公德与职业道德。对此，《新中国妇女》等媒体的报道引发了广泛的社会舆论，众多读者来信表达了对周希贤行为的谴责，认为他没有履行共产党员应有的道德品质和社会责任，甚至滋长了特权思想，不再是人民的公仆。[①] 在舆论的压力下，北京市委、市政府与有关部门迅速介入，组成检查小组对此事件进行深入调查处理，并最终给予周希贤纪律处分。这一处理结果不仅体现了法律与道德的双重约束，也彰显了社会对婚姻问题中弱势方权益保护的重视。

案例二：我是一九四五年日寇投降前跑到解放区参加了革命的。一九四六年我在张家口经人介绍认识了罗抱一……在解放区缺少知识分子的情况下，我是他最理想的人物了……一九五二年，他在华北行政委员会时，认识了一个能玩善舞的王XX。她是辅大毕业生……他当我怀着第三个孩子的时候，不顾法律上的规定，他竟就向我提出离婚。在一九五二年五月到六月初，三次向我要求离婚。他一天逼紧一天地催……组织上为了挽救即将坠入资产阶级深渊的罗抱一，为了我们的革命家庭，曾在一九五三年把王XX调赴天津，他也调至外贸部出口局任副局长，同志们都以为罗会转变过来，谁也没想到他竟又变本加厉起来……组织上为了教育他，给他适当的处分……他屡次犯法，我一再容忍也是为了我们的三个孩子，但现在我无法忍受了，我要控告他凌辱受孕的妻子，并在未离婚前和另一个女人通奸。[②]

案例三：中央农业部调查设计局局长张继光，共产党员，年43岁，朱伟茹，共产党员，现43岁，在中央林业部本是局长的机要秘书，他们结婚已20多年，有3个孩子……张、朱结婚后俩人感情一直很好，在抗日战争时，张、朱有9年多时间没在一起，但张对朱仍很好……1951年张到农业厅调查工作，有一次在跳舞会上张认识了一青年女干部陈宝民，现在农业部农场局工作，现年26岁，以后俩人就常有来往，1952年张和朱调动北京工作，张曾对朱说，你老了你不需要夫妇生活，

---

① 孙君兰：《周希贤处理婚姻、家庭问题失掉了共产党员应有的道德品质》，《新中国妇女》1953年第7号。
② 刘乐群：《问题讨论：我们夫妇关系为什么破裂？》，《新中国妇女》1955年第11号。

我们离婚后我可以当做亲戚一样来看你，对子女说，我并不是不喜欢你们，而是因为我个人需要一个年轻的伴侣，又对别人说只有离婚找个漂亮的爱人，精神上才有寄托，我的工作才能做好，为了达到此目的，受处分也不怕，如果降成科员还可以少做工作。现在张仍与陈来往，逼着朱与他离婚。组织对他再三进行教育，仍没有认识到自己的错误。①

以上三个案例可以发现几个显著的共性特征，这些特征不仅揭示了离婚背后的深层次原因，也反映了当事人及社会在处理此类问题上的态度与方式。首先，离婚原因的共性在于夫妻双方价值观与生活方式的差异逐渐扩大，以及外界诱惑对婚姻稳定性的冲击。这些案例表明，随着个人成长和社会地位的变化，原本建立在自由恋爱基础上的婚姻关系也可能因双方步调不一和外部因素的介入而走向破裂。同时，有效沟通的缺失也是导致矛盾积累、感情淡漠的重要原因。其次，男性当事人态度的共性体现在冷漠与逃避家庭责任上。离婚后，这些男性干部普遍对前妻及子女表现出不关心甚至冷漠的态度，这不仅加剧了家庭矛盾，也凸显了他们在面对婚姻问题时的逃避心理。再者，三个案件均涉及具有社会影响力的干部群体，因此引发了广泛的社会关注和多方干预。从组织到法律，再到社会舆论，多方力量共同参与到了这些离婚案件的处理过程中。

二、干部离婚现象的社会文化透视

由于文化的滞后性，尽管现代法律制度如《婚姻法》已经建立，但人们的婚姻观念并未与法律制度的变革保持同步。这种现象导致婚姻法律制度内容相对超前，而人们的传统婚姻观念却相对滞后。因此，很多人对当时的干部离婚问题持强烈谴责态度，认为在女方无"过错"的情况下，男方向女方提出离婚是违背伦理道德的。受"痴情女子负心郎"的传统悲剧②的影响，人们对被丈夫"遗弃"的妇女格外同情，同时对提出离婚的干部更加憎恨。

① （北京）市妇联群众接待科：《资产阶级思想在干部婚姻问题上的反映》（1954年），北京市档案馆，档案号：84-3-28。

② 张志永：《建国初期干部群体婚姻问题辨正》，《复旦学报（社会科学版）》2009年第6期。

访谈：妈妈曾跟我们讲……远亲也是从山东调到北京。一次，去云南接毕业大学生，看中了其中一个酷似混血儿的姑娘。回京后，远亲执意要跟乡下比我妈还贤惠、能干的媳妇离婚……妈妈恨极了远亲，恨极了那位酷似混血儿的女人，不许他们登我家门。①

在这则访谈中，我们看到受访者一家人对待与原配离婚的远亲的态度。人们往往会将个体人性中的某一点进行放大，如将私生活与道德品质相关联，认为"私生活不纯洁的人，政治上一定不纯洁"，② 甚至会认为整个人都不纯洁。由此，我们也就不难理解受访者家庭选择与远亲及其后娶的女子断绝来往的原因了。在当时特殊政治环境下，像受访者一家人一样对离婚干部的道德谴责应该不在少数。然而，从客观数据来看，干部离婚的比例在整体干部队伍中并不高。邓颖超曾指出："干部队伍只有几百万，在几亿人口中只占很小比例。几百万干部中，有意抛弃妻子的男干部只占极少数，在几亿人口中所占比例就更小了。"③ 张志永分析了河北省相关地区法院干部离婚案件的数据，发现干部提出离婚的案件所占的比例还不到 10%。④ 然而，这一现象之所以在社会上引起巨大反响，主要源于干部身份的特殊性及其所承载的社会期望。干部作为社会的精英阶层，不仅承担着重要的行政职责，还被公众视为先进理念和道德典范的代表。因此，他们的言行举止，尤其是涉及婚姻这样高度个人化的选择时，自然会受到更为严格的审视。当干部在女方无明显过错的情况下提出离婚，这种行为往往被视为对伦理道德的违背，与公众对干部形象的期待形成鲜明反差。此外，个别干部如罗抱一等在离婚事件中展现出的不负责任行为，进一步加剧了社会对干部群体的负面印象。这些事件通过媒体的报道和舆论的传播，被不断放大和渲染，使得干部离婚成为公众关注的焦点。在这种背景下，"负心薄幸"的标签逐渐被贴在了那些提出离婚的干部身上，形成了一种对干部群体的刻板印象。

在探讨干部离婚问题的过程中，社会舆论不仅聚焦于提出离婚的干部，

① 来自中华女子学院中国女性图书馆所藏妇女口述史资料，受访者：X 女士，1956 年结婚。
② 张志永：《建国初期干部群体婚姻问题辨正》，《复旦学报（社会科学版）》2009 年第 6 期。
③ 晓何：《新中国第一部法律〈婚姻法〉诞生始末》，《党史纵览》2010 年第 4 期。
④ 张志永：《建国初期干部群体婚姻问题辨正》，《复旦学报（社会科学版）》2009 年第 6 期。

还对与有妇之夫谈恋爱的"第三者"群体给予了广泛而严厉的批评。这一标签本身便承载了深厚的伦理道德审判意味，使得被贴上"第三者"标签的女性往往面临着社会的偏见与误解，被轻易地打上轻佻、虚荣、依赖、享受以及政治觉悟不高的烙印。公众舆论中，这些女性常被看作是导致某些干部行为失范的"元凶"，认为她们的存在为那些本应坚守道德底线的干部提供了背离婚姻承诺的"市场"。[①] 以罗抱一离婚案为例，舆论普遍指责"第三者"王某为了个人幸福而破坏了刘乐群母子的家庭，将其行为视为缺乏良心与道德底线的体现，甚至将其上升到罪恶的高度，强调任何以图地位或享受为目的的爱情都是不负责任的。[②] 北京市妇联的一份调查资料指出，有一些青年女干部，由于受资产阶级爱虚荣、爱享受的思想影响，常与一些有领导责任的男同志搞所谓的谈情说爱。她们只看到对方地位高，有小汽车，就很羡慕，愿意与比她大 20 多岁的老头结婚。有的明知对方有爱人有孩子，但仍要破坏人家的家庭，把自己的幸福建立在别人的痛苦之上。如新华书店女职员李某，明知李志国有孩子，但她一直和李志国搞不正当的关系，直至李志国犯了罪，她也被判了通奸，才结束了这种不正当的关系。被指责为是一种"卑鄙的资产阶级行为"。[③]

然而，深入剖析这些案例，我们发现"第三者"现象并非如表面那般简单。事实上，部分女性之所以陷入这一身份困境，并非出于自愿或主动追求不正当关系，而是由于男方权势的压迫与诱惑。在周希贤离婚案中，便有这样一位无辜卷入的女性，她因周希贤的职权和手段而被迫与其交往，最终背负上了"第三者"的骂名。[④] 这些女性在婚后往往还要承受来自社会、家庭以及自我内心的巨大压力，有的甚至不得不选择离婚以求解脱。[⑤]

此外，通过查阅相关资料，我们还发现有些女性与离异干部结婚时，并

---

① （北京）市妇联群众接待科：《资产阶级思想在干部婚姻问题上的反映》（1954 年），北京市档案馆，档案号：84-3-28。

② 长虹：《不应该和有妻子的男人谈恋爱》，《新中国妇女》1955 年第 12 号。

③ （北京）市妇联群众接待科：《资产阶级思想在干部婚姻问题上的反映》（1954 年），北京市档案馆，档案号：84-3-28。

④ 高育英、石磊、臧俊英：《读者来信：应严肃处理周希贤对妻子、儿女不负责任的事件》，《新中国妇女》1953 年第 5 号。

⑤ 中南总分社讯：《中南干部学习婚姻法中暴露的思想》，《新华社内参》1953 年 3 月 25 日。

无破坏干部原有家庭的意图或行为。她们的自述揭示了这些关系的复杂性，其中一位女性便明确表示自己当初并不愿意与对方结婚，但最终还是因对方的执着与周围人的劝说而步入婚姻。可见，"第三者"现象并非表面看起来那么简单，它涉及伦理、道德、权力、社会压力等多重因素。下面通过"第三者"的自述，可以更深入地了解到这些女性与离异老干部结婚的真实状况和内心想法。

1. 婚前不知情的"受害者"

在探讨"第三者"现象时，一个不容忽视的群体是那些在婚前对男性干部真实婚姻状况毫不知情的女性。通过一些口述资料，我们得以窥见这一群体的真实面貌与内心挣扎。

> 访谈一：他没跟我说过他第一个前妻，我结婚前不知道。知道后我很懊丧，这不成重婚了，那我怎么办？……我二十出头的年轻女孩子，面对这复杂的家庭环境，心里头难。[1]

> 访谈二：结婚以后，他告诉我："我有一个孩子。"我骂他："你骗我！"但木已成舟，也不要多说了，又不好跟他离婚，承认这个事情，怎么对待才是应该做的。我后来跟他讲："你开始就讲你有小孩，我们肯定不得成功。"因为我很忌讳做"后娘"。他说，是党校的老师告诉他："不能讲有孩子，要绝对隐瞒。"[2]

访谈一的 X 和访谈二中的 Y 女士，分别代表了两种不同但同样令人唏嘘的经历。X 女士在婚后才发现自己竟然"重婚"，面对这一突如其来的打击，她的无助与迷茫溢于言表。而 Y 女士则在婚后得知丈夫隐瞒了有孩子的事实，尽管愤怒与失望交织，但她却陷入了进退两难的境地。这两位女性的共同之处在于，她们都是在毫不知情的情况下被卷入了复杂的情感漩涡，成为社会舆论中的"第三者"。"不知者不怪"或"不知者不为错"，这句俗语在此情境下显得尤为贴切。这些女性在婚前并无过错，她们被男性干部的欺骗所蒙蔽，最终却承受了社会舆论的谴责与家庭关系的重压。她们的故事揭

---

① 来自中华女子学院中国女性图书馆所藏妇女口述史资料，受访者：X 女士，1956 年结婚。

② 来自中华女子学院中国女性图书馆所藏妇女口述史资料，受访者：Y 女士，1955 年结婚。

示了"第三者"现象背后的复杂性与多样性。

2. 舆论和压力的承受者

有的"第三者"并不是社会所认为的那种道德沦丧或者唯利是图之人。本尼迪克特在《菊花与刀》中说，真正的耻辱感来自外部，这种耻辱感是一种对他人批评的反应。一个人可能会因为受到他人的公开嘲笑与摈斥而感到耻辱，也可能是自我感受，即感受到他人的嘲笑而感到耻辱。[①] 在"第三者"的婚姻中，她们深切感受到他人对其婚姻的看法，以及这种看法对其带来的压力。这种看法和压力使其面临着带有"耻辱感"的道德困境。

> 访谈：我和 A 的婚姻非常曲折，领导和许多同志都反对我们结合。我那时候受到很大阻力。我的朋友们到家里去问我父亲的意见，我父亲坚决反对，我兄弟姐妹也坚决反对，他们说我攀高枝。当时老干部进城以后，很多人都找年轻学生，我也被他们视为异类。我一个年轻女孩受不了舆论的压力。他们反对我，批判我，说我家庭出身不好……当时班里头还有人说我走骡马路线、上层路线，难听极了。骡马路线就是因为这些首长们都骑马；上层路线就是与领导高干、领导干部接触。他们给了很大的压力，我心里头很懊丧！当时抓党的纪律就批判这一点，好多报上也批判那种进城以后跟原配夫人离婚再找个比自己小很多的年轻女孩子的老干部。这个成了风气。不止我们家一个，好多人都有。A 也受到很大压力，我受到的压力更大了！[②]

本访谈中，受访者尽管与离异干部 A 有着很深的感情，其自由恋爱行为也符合法律规定，但受访者与干部 A 的婚姻遭到周围人包括其家人的一致反对。首先，从社会舆论的角度来看，人们往往以传统的眼光审视和评判他人的婚姻选择，尤其是对于与老干部结合的年轻女性，更容易被视为"攀高枝"或"走上层路线"。其次，家庭压力在婚姻选择中也扮演了重要角色。在这个案例中，受访者的父亲、兄弟姐妹等家庭成员都坚决反对她与 A 的结合，这种来自亲人的反对无疑加重了她的心理负担。虽然受访者仍然坚持了

---

① 翟学伟：《中国人行动的逻辑》，社会科学文献出版社，2011 年，第 218 页。
② 来自中华女子学院中国女性图书馆所藏口述史资料，受访者：M 女士，1956 年结婚。

自己的婚姻选择，但她所表现出的懊丧和无奈也反映了当时社会环境下个体在面对外部压力时的脆弱与无助。

通过对"第三者"现象的多维度探讨，我们发现这一现象远比表面复杂得多，它不仅仅关乎道德评判，更涉及伦理、权力、社会压力及个体情感等多重因素。当然，我们不能忽视的一点是，这些被人认为是"第三者"的女性所表达的"婚姻合理性"内容中含有自我道德认同的成分，是其婚姻选择合理性的重要说词，也是其力争摆脱"第三者"这种污名化称谓的一种努力。

由上可见，干部离婚现象在1950年至1966年间引发广泛关注，反映了法律现代化与传统婚姻观念滞后性的矛盾。尽管《婚姻法》保障婚姻自由，但公众对干部离婚，特别是无过错女方的离异，持强烈道德谴责，放大了负面印象。同时，"第三者"现象复杂多样，揭示了社会文化、法律与权力对个体行为的塑造。

三、国家对干部离婚问题的引导

面对干部离婚问题及其引发的社会舆论，国家采取了多维度的综合引导策略，旨在平衡个人自由与社会责任，促进家庭和谐与社会稳定。

1. 强化干部婚姻管理制度

在探讨干部离婚问题的多维度成因时，除了公众普遍指责的"第三者"女性群体被贴上了"依赖、虚荣、享受思想，政治觉悟不高"的标签外，国家层面亦深刻认识到干部所在单位和机构在处理此类问题上的不足是加剧这一现象的重要因素，指出部分单位将干部的婚姻问题视为个人生活小节，因干部对革命的贡献而给予过多谅解，忽视了必要的干预与管理。特别是在1953年贯彻《婚姻法》运动期间，对干部在婚姻中的不当行为缺乏有效批判，进一步纵容了不良风气的蔓延。① 因此，国家在通过法律手段确保干部离婚案件的公正处理的同时，加强了对干部婚姻问题的监督与管理。1954年，刘少奇同志针对干部离婚问题提出了具体指导原则，不仅要求对党员干

---

① 《目前城市婚姻家庭中存在的问题》（1954年），北京市档案馆，档案号：84-3-28。

部的违法乱纪行为进行严厉惩处，还强调了党组织在支持或反对法院判决中的积极作用，从根本上改变了以往将干部婚姻问题简单视为私事的做法。在实际生活中，这些指导原则得到了有效执行。以罗抱一与刘乐群的离婚案为例，罗所在的党组织积极响应国家号召，根据法院判决对罗进行了深刻的批评教育，并在其坚持离婚的情况下给予了严厉处分，同时"第三者"也受到了法律的制裁。这一系列举措彰显了国家维护婚姻制度和社会公序良俗的坚定决心。

2. 加强对违背道德伦理婚姻当事人的宣传教育

国家利用媒体平台，刊登反思文章和正面案例，引导公众树立正确的婚姻观和家庭观。《中国妇女》杂志作为重要舆论阵地，通过刊登反思文章和正面案例，积极引导公众树立正确的婚姻观和家庭观。《中国妇女》1956 年第 5 期刊登了一篇文章，该文章署名为恕帆，题目是《我的教训》。在这篇文章中，她提到在 17 岁的时候被一位参加革命十多年的老干部看中，在他的狂热追求下，这位女性答应了他的求婚并发生了性关系。后来在组织的帮助下，她认识到此行为"不仅给自己精神上带来了痛苦，并在事实上给他善良的妻子和三个孩子在精神上带来了不应有的痛苦"，"为了追求个人幸福而不惜去拆散别人家庭，这是没落的资产阶级损人利己的可耻行为，它与共产主义道德是不能相容的"。[①] 该杂志还在 1956 年第 1 号中刊登了署名为华南的《我们夫妇和好了》一文。华南于 1952 年结婚，并"认为自己所找的爱人是合乎理想的"。但结婚后，渐渐认为她土里土气。在她生了个孩子后，面色更黄更瘦。在华南被提拔为科长后，想和她离婚。后来在党组织和同志们的帮助下，华南认识到自己的行为是"极端自私自利的"，认为在祖国正在迈开大步向社会主义前进的时候，自己"却在这种喜新厌旧、损人利己思想的支配下，追求个人享受，这是多么可耻啊"。[②] 恕帆和华南的文章不仅深刻反思了个人的错误选择，也警示了广大青年女性要珍惜家庭、尊重婚姻，同时鼓励那些在婚姻中遇到困难的夫妻通过组织帮助和自我反省来重建和谐

---

① 恕帆：《我的教训》，《中国妇女》1956 年第 3 号。
② 华南：《我们夫妇和好了》，《中国妇女》1956 年第 1 号。

关系。

同时，《中国妇女》刊登的一篇文章进一步指出，"第三者"的介入往往成为加速夫妻情感裂痕的催化剂，原本有望修复的婚姻关系，因第三方的插足而彻底崩溃，酿成一幕幕家庭悲剧。[①] 一些时评家更是直截了当地将这种行为定义为"罪恶"，指出它不仅违背了社会新道德的要求，更是对个人伦理底线的公然挑战。[②] 这样的批评，既是对"第三者"现象的严厉警告，也是对全社会道德观念的再次重申。在谴责之余，国家更不忘对青年女性进行正面的引导与劝勉。倡导青年女性应成为具有共产主义道德品质的高尚之人，鼓励她们在享受个人自由的同时，也要承担起维护家庭稳定与社会秩序的责任。[③] 可见，在审视"第三者"现象时，国家不仅表达了鲜明的立场，更从道德层面出发，对涉事青年女性给予了严肃的批评与深刻的警示。

3. 告知人们持有理性审视与包容态度

在探讨干部离婚现象时，国家明确强调，这一现象作为特定历史时期的产物，与《婚姻法》所倡导的精神实则是并行不悖的。面对公众舆论的广泛关注与质疑，国家从更深层次剖析了问题的根源，指出干部婚姻问题实际上是社会婚姻问题的一个缩影，其背后隐藏着不合理的封建婚姻制度遗留下的阴影。指出许多不幸的婚姻案件，正是封建制度强迫结合下的必然结果。[④] 随着新中国的成立和《婚姻法》的实施，人们终于获得了婚姻自主权，那些长期在封建枷锁下挣扎的夫妻，一旦条件成熟，便选择结束那些早已名存实亡的婚姻关系，这无疑是社会进步的一种体现。随着时代的变迁和个体意识的觉醒，离婚率的暂时上升，实际上是社会婚姻问题逐步走向合理化的必经之路。因此，将少数干部的离婚事件简单归结为对女性的不公，显然有失偏

---

① 汪志馨：《问题讨论："我们夫妇关系为什么破裂?""第三者"有幸福吗?》，《中国妇女》1956 年第 3 号。

② 长虹：《不应该和有妻子的男人谈恋爱》，《新中国妇女》1955 年第 12 号；朴敬石：《"离婚完全自由"问题上的矛盾与妥协——以 1950 年〈中华人民共和国婚姻法〉的制定过程为中心》，《徐州工程学院学报（社会科学版）》2017 年第 1 期。

③ 《克服家庭生活中的利己主义思想——对"我们夫妇关系为什么破裂?"讨论的总结》，《中国妇女》1956 第 6 号。

④ 柏生：《北京一年来的婚姻案件》，《人民日报》1950 年 4 月 28 日，第 3 版。

颜。① 国家正是基于这样的历史与现实考量，给出了解释，旨在引导公众以更加理性和包容的态度看待这一现象，避免情绪化的过度解读和不必要的误解。

4. 倡导被离异的女性培养独立人格与家国情怀

国家鼓励女性在婚姻中追求人格独立，将个人命运与国家命运紧密相连。倡导女性在享受个人自由的同时，承担起维护家庭稳定与社会秩序的责任，积极参与社会生产，实现经济、政治和人格的全面独立。

在面对不幸婚姻的挑战时，国家从人格独立与家国情怀的双重维度出发，对那些渴望维持现状的女性给予了深切的劝导与鼓励。指出随着妇女广泛参与社会生产，她们不仅在经济上实现了独立，更在政治、思想和人格上获得了前所未有的自主。因此，国家呼吁这些女性在婚姻中摒弃"含悲忍辱"的消极态度，强调这种委曲求全的做法非但无益于问题的解决，反而可能加剧双方的痛苦。② 国家鼓励这些女性勇敢地站出来，向旧社会的不公控诉，向束缚她们的封建婚姻制度发起挑战，展现出新时代女性的坚韧与力量。同时，国家也通过多种渠道传递出一个信息：伟大的集体、革命的大家庭永远是她们最坚实的后盾，无论遭遇何种困境，都不会被遗弃。③ 这种来自国家和社会的支持，无疑为那些身处婚姻困境中的女性注入了强大的精神力量。更重要的是，国家引导女性将个人的生活追求与宏大的革命事业紧密相连。它告诉女性，作为有工作、有觉悟的新时代女性，她们的思想感情不应仅仅局限于家庭的小天地，而应放眼于更广阔的国家和社会舞台。④ 国家期待女性能够自强自立，不为个人的小利所束缚，而是将个人的奋斗融入到推动社会进步、实现人民幸福的伟大事业中去。这种将个人命运与国家命运紧密相连的理念，旨在激发女性的集体责任感和使命感，为她们在婚姻与生活中找到了新的方向和动力。

---

① 邓颖超：《关于中华人民共和国婚姻法的报告——1950年5月14日在张家口扩大干部会上的讲演》，《中国妇女运动文献资料汇编》第二册（1949—1983），中国妇女出版社，1988年，第51页。

② 勉三：《读者来信：我明白了在旧社会里为什么妇女得不到婚姻自由》，《新中国妇女》1951年第24期。

③ 马铁丁：《是什么样的安慰？》，《中国妇女》1956年第2号。

④ 晓何：《新中国第一部法律〈婚姻法〉诞生始末》，《党史纵览》2010年第4期。

5. 发出家庭和睦共同进步的号召

国家号召所有夫妻朝着"政治上相互关怀，生活上相互照顾"的方向努力，改善并重建健康的家庭关系。强调夫妻间应开展批评与自我批评，共同进步，将家庭和谐视为社会稳定的重要基石。在维护家庭和谐与社会稳定的共同愿景下，国家积极号召所有夫妻携手并进，朝着"政治上相互关怀，生活上相互照顾"的美好方向努力。针对当时社会中广泛存在的旧家庭关系问题，国家不仅倡导个体自由选择的权利，更致力于通过教育与引导，帮助夫妻双方改善并重建健康的家庭关系。新中国司法制度的奠基者谢觉哉，就干部离婚问题发表了见解。他明确指出，尽管国家尊重并保障离婚自由，但这并不意味着鼓励随意拆散基于旧婚姻制度的家庭。相反，他呼吁社会各界应关注并促进夫妻间的共同努力，旨在建立或恢复健康、和谐的新型家庭关系。谢觉哉强调，对于婚姻问题，我们不仅要探讨破裂的原因，更应积极探讨如何重建与维系婚姻的稳定。[①] 这一观点为当时的婚姻指导提供了重要的思想基础。同时，社会各界也纷纷响应国家的号召，积极参与家庭关系的改善工作。左诵芬等学者从女性发展的角度出发，强调了妇女在提升自身文化与政治素养方面的重要性，并呼吁丈夫们应给予更多的支持与帮助。[②] 这一观点不仅体现了对女性地位的关注与尊重，也为夫妻间的共同进步提供了有力支持。

面对婚姻中的矛盾与冲突，《人民日报》《中国妇女》等媒体还提出了具体可行的建议。他们鼓励夫妻双方在遇到问题时不要回避，而应通过开展批评与自我批评来寻求解决之道。[③] 同时，他们还强调了夫妻间在政治上相互帮助、共同进步的重要性，认为这才是真正从政治上帮助爱人的表现。[④] 这些观点不仅体现了当时国家所倡导的婚姻道德理念，也为现代家庭关系的建设提供了有益的借鉴。

[①] 谢觉哉：《看了"我们夫妇关系为什么破裂"的讨论以后》，《中国妇女》1956 年第 2 号。

[②] 左诵芬：《婚姻问题讲话二：怎样认识离婚问题》，《新中国妇女》1950 年第 17 期。

[③] 小璟、宋慧敏：《问题讨论：谈谈刘、罗夫妇的婚姻基础》，《中国妇女》1956 年第 1 号。

[④] 《克服家庭生活中的利己主义思想——对"我们夫妇关系为什么破裂？"讨论的总结》，《中国妇女》1956 年第 6 号。

由上可见，国家对干部离婚问题的引导，展现了多维度、多层次的策略与决心。面对干部离婚现象及其引发的社会舆论，国家不仅通过法律手段确保公正处理每一起案件，还强化了对干部的教育与管理，明确了党组织在其中的责任。同时，国家深刻剖析了问题根源，倡导理性审视干部离婚现象，避免简单归责，维护了社会和谐稳定。对于"第三者"现象，国家从道德层面进行了严厉批评与警示，并通过正面引导提升青年女性的道德责任感。此外，国家还从人格独立和家国情怀的角度，鼓励女性在婚姻与革命中成长，强调个人命运与国家命运的紧密相连。最终，国家号召所有夫妻共同努力，改善家庭关系，朝着政治上相互关怀、生活上相互照顾的方向迈进。

第三节　离婚自由与保护军婚

在革命战争的特殊环境下，军人长期离家执行任务，其婚姻家庭生活面临着前所未有的挑战。为了稳定军心、激发民众对革命的支持，并维护军人的合法权益，中国共产党自苏维埃时期起便高度重视对军人婚姻的特殊保护，并制定了一系列法规政策。[①]因此，对军人婚姻的特别保护成为我党的一项重要制度。《关于中华人民共和国婚姻法起草经过和起草理由的报告》指出："多年的实际经验证明：过去各解放区实行的婚姻条例中关于这类的规定，都收到了安定前方军心、保证后方动员以争取解放战争胜利的重大成果。"[②] 随着新中国的成立，面对复杂的国内外形势，国家继续深化和完善对

---

① 如《婚姻问题决议案》（1931年）、《湘赣省婚姻条例》（1931年）、《关于中国工农红军优待条例决议》（1931年）、《关于中央执行委员会和人民委员会报告的结论》（1934年）、《中华苏维埃共和国婚姻法》（1934年）、《陕甘宁边区婚姻条例》（1939年）、《修正陕甘宁边区婚姻暂行条例》、《陕甘宁边区政府抗日军人优待条例》、《陕甘宁边区抚恤暂行办法》、《晋察冀边区婚姻条例（草案）》（1941年）、《晋察冀边区婚姻条例》（1943年）、《晋冀鲁豫边区婚姻暂行条例》（1942年）、《晋冀鲁豫边区婚姻暂行条例施行细则》（1942年）、《陕甘宁边区抗属婚姻处理办法》（1943年）、《修正陕甘宁边区优待抗日军属条例》、《晋西北婚姻暂行条例》（1941年）、《山东修正婚姻暂行条例》（1942年）、《山东省保护抗日军人婚姻暂行条例》（1943年）、《修正淮海区抗日军人配偶及婚约保障条例》、《晋绥边区关于保障革命军人婚姻问题的命令》（1946年）、《修正山东省婚姻暂行条例》（1949年）、《辽北省关于婚姻问题暂行处理办法（草案）》、《华中行政办事处、苏北支部司令部关于切实保障革命军人婚姻的通令》（1949年）、《华北人民政府司令部关于婚姻问题的解答》（1949年）等。
② 中国人民大学法律系民法教研室、资料室：《关于中华人民共和国婚姻法起草经过和起草理由的报告》，《中华人民共和国婚姻法资料选编》（校内用书），1982年，第54页。

革命军人婚姻的保护机制，以确保军人在前线的安心服役，无后顾之忧。本节提及的"革命军人的婚姻"指的是取得军籍者、退役的残废军人、转业军人的离婚案件或取消婚约的相关纠纷。本节主要探讨的问题包括：国家采取了哪些严厉措施来打击破坏军婚的行为，以维护军人婚姻的稳定和尊严？在处理军人离婚和解除婚约问题时，如何在军人的特殊职业需求和婚姻自由原则之间找到平衡？进一步而言，国家如何通过广泛的动员和实践活动来引导全社会尊重并维护革命军人的婚姻？

一、自由与"特殊保护"纠葛下的军属离婚和解约

《婚姻法》颁布后，全国各地涌现离婚潮，其中也涉及一些军人的配偶和未婚妻提出离婚或解除婚约的情况。例如，四野特种炮兵一师四十七团一营就收到了许多来自东北解放区的军人配偶或未婚妻改嫁或退婚的信件。[①]在这一时期，军人的离婚案件既包括因长期无音讯而导致的离婚，也有未婚妻取消婚约的情况。由于无法顺利取消婚约或未获准离婚，部分人甚至采取了破坏军婚的行为。

1. 男方参军后长年无音讯，女方提出离婚

中华人民共和国成立之后，虽然一些军人因为战争关系和配偶暂时不能居住在一起，但基本上可以互通音讯。因此《婚姻法》规定，在现役革命军人与家庭有通讯关系的情况下，其配偶若提出离婚，须征得革命军人的同意。在《婚姻法》公布之后，如果革命军人与家庭两年无通讯关系，其配偶提出离婚，得准予离婚。在《婚姻法》公布之前，如革命军人与家庭已有两年以上无通讯关系，而在《婚姻法》公布之后，又与家庭有一年无通讯关系，其配偶提出离婚请求，可准予离婚。[②]鉴于军人婚姻问题的特殊性，最高人民法院又专门颁发了《对于现役革命军人与退役革命残废军人离婚案件的处理办法及开展爱国拥军教育的指示》，该《指示》对军人配偶提出离婚

---

① 《东北日报》讯：《辽西妇女误解婚姻法影响生产　部队家属改嫁引起情绪波动》，《新华社内参》1950年6月2日。

② 中国人民大学法律系民法教研室、资料室：《中华人民共和国婚姻法》，《中华人民共和国婚姻法资料选编》（校内用书），1982年，第17页。

的情况进行了更为详细的说明和更为严格的规定。该《指示》指出：现役革命军人配偶若提出离婚，须在《婚姻法》公布前军人与家庭两年无通讯关系，《婚姻法》公布后又有一年无通讯关系为理由提出离婚的基础上，由法院向军人家属、亲友、当地群众、县、区、村机关和群众团体进行调查。甚至要向军人所在的政治机关调查。当调查结果不成立时，军人配偶的离婚请求应被驳回。[①] 整个法律框架和最高人民法院的指示都体现了对军人权益的特殊保护。这既是对军人职业特殊性的认可，也是对他们为国家做出的牺牲的一种补偿。以下是一则军人配偶提出离婚的案例。

昔阳县人民政府批示　法字第四十三号

声明人：XX，女，年 25 岁，现住本县

韩 XX 在 1944 年 7 月参加朱德警卫团部队后，与家庭通信一次，至今毫无通信关系，现在要求与男人韩 XX 脱离夫妇关系，现根据其军人家属郭 XX、韩 XX、韩满堂，亲友马 XX，邻居刘 XX、刘 XX、王 XX等，其他人王 XX 及所住地村区政府之证明，属实无异。本府依婚姻法第 19 条之规定，准予离婚。根据婚姻法第 23 条之规定及声明人之要求，与其家属协议，除本人衣物、本人用品外，所有家庭财产之内抽出黑羊一个及女方的衣服、被褥与她娘家的东西，归申请人所有，做离婚后的生活费用，为了子女福利出发，如有未成年之子女，申请人应负教育抚养责任，子女长大成人后自由跟随。

1951 年 5 月 2 日
副县长尹某[②]

该案例是新中国成立初期处理军人婚姻问题的一个典型例证，它充分体现了法律对军人的特殊保护和对军人家庭的特别考虑。女方提出了离婚请求后，在军人的家属、亲友、邻居及村政府等相关人士提供证明和确认之下，

---

① 中国人民大学法律系民法教研室、资料室：《中央人民政府最高人民法院、司法部联合发布对于现役革命军人与退役革命残废军人离婚案件的处理办法及开展爱国拥军教育的指示（一九五一年四月二十四日）》，《中华人民共和国婚姻法资料选编》（校内用书），1982 年，第 291 页。

② http://www.997788.com/pr/detail＿583＿57379686.html，997788 网站，阅读日期：2018 年 5 月 1 日。

女方的离婚请求才得到批准，体现了国家在处理此类案件时的慎重态度以及法律对军人婚姻问题的特殊规定和保护，这也是基于对军人职业的尊重。同时，案例中也考虑到了军人家属的利益和申请人的需求，在处理财产分割时做出了合理的安排。这体现了法律在保护军人权益的同时，也兼顾了家属的合法权益。然而，不可否认的是，在这个案例中，女方利益的考虑并不占太多的比重，这也在一定程度上反映了当时社会对军人家庭的特殊要求和期望。进一步而言，针对当时军人家属普遍存在的"因军人无音讯要求查询下落与军人配偶要求离婚"的情况，1953 年国家颁布了《关于多年无音讯之现役革命军人家属待遇及婚姻问题处理办法》。该办法对军人无音讯的情况进行了具体分类，并规定了相应的处理措施。这些措施的出台，进一步细化了军人婚姻问题的处理办法，体现了国家对军人离婚案件的复杂性的深刻认识，也反映了各级法院在处理此类案件时的慎重态度。

2. 军人未婚妻提出取消婚约

《婚姻法》明确规定，对于男女双方基于感情的自愿订婚行为及其解除婚约，法律均不加以干涉。时任司法部长史良在《对婚姻法中一些问题的解答》中也进一步明确指出："订婚并非结婚，因此不发生重婚问题。"[1] 这一说法体现了法律对个体情感的尊重与保护。然而，对于军人这一特殊群体，国家在婚约解除问题上采取了更为严格的限制措施。政务院政治法律委员会和军事委员会总政治部联合发出通知，强调在现役革命军人与家庭保持通讯关系的情况下，其订婚对象若欲取消婚约，必须首先得到军人的同意。[2] 相关文件还进一步阐释了军人婚约的特殊性，并明确强调维护现役革命军人的利益是首要前提。这一特殊规定旨在从国家利益角度出发，保护现役革命军人的权益，从而间接维护国家的战争和国防能力。

此外，国家对军人童养媳提出的解除童养关系也实施了严格的限制。《中央人民政府司法部对现役革命军人童养媳提出解除童养关系如何处理等问题的批复》明确指出，军人的童养媳不同于一般的童养媳，她们在提出解

① 史良：《对婚姻法中一些问题的解答》，《新中国妇女》1950 年第 11 期。
② 中国人民大学法律系民法教研室、资料室：《最高人民法院对西北分院关于处理现役革命军人的包办代订婚约问题的复函（1951 年 12 月 27 日）》，《中华人民共和国婚姻法资料选编》（校内用书），1982 年，第 286 页。

除童养关系时，必须得到军人的同意；若军人不同意，则童养关系应维持不变。① 这一规定进一步体现了国家对军人特殊身份的认可，以及对战争和国防利益的深切关注。

可见，在处理与军人相关的婚约或童养关系解除问题时，国家采取了更为审慎和保守的态度。这既体现了法律对个体情感的尊重与保护，也体现了在特定情况下对国家利益与个体权益的权衡与取舍。

3. 破坏军婚行为

在处理军人离婚案件时，国家始终保持着严肃谨慎的态度，这既体现了对军人特殊身份的尊重，也是维护国家利益和军队稳定的重要举措。然而，在这种背景下，一些因不符合规定而无法与军人离婚或解除婚姻关系的人，却选择了通过私下"交往"的方式与他人结婚或订婚，这无疑给社会秩序和军人家庭带来了极大的冲击。以北京市的军人邢国栋为例，他在参军前与张翠花订婚。然而，张翠花的哥哥张奎子却未经军人同意，私下里用两石莜麦和 17 块白洋布作为交换，将张翠花许给了刘生源并结了婚。再比如军人黄玉张的情况，他的岳父为了得到大批彩礼，竟然唆使女儿与其离婚，并强迫她与另外一个人结婚。② 然而，这些私密行为一旦被发现，当事人或相关人员将会面临着极大的风险，他们将因破坏军婚罪而受到严厉的制裁。这一时期，法律对此类行为的打击力度之大，充分显示了国家对军人婚姻家庭的重视和保护程度之深。不少人因此受到了严厉的惩罚，这也进一步凸显了国家在维护军人婚姻家庭稳定方面的坚定立场。这一时期的破坏军婚行为主要表现如下：

一是军人未婚妻或配偶未取消婚约或未离婚而与他人结婚的行为。对于军人未婚妻或配偶未取消婚约或未离婚而与他人结婚的情况，国家采取了严厉的制裁措施，以维护军人的婚姻家庭稳定和国家的安全稳定。1952 年 7 月，《革命军人婚姻问题座谈会纪要》明确指出，如果在《婚姻法》公布后，

---

① 中国人民大学法律系民法教研室、资料室：《中央人民政府司法部对现役革命军人童养媳提出解除童养关系如何处理等问题的批复》，中国人民大《中华人民共和国婚姻法资料选编》（校内用书），1982 年，第 294 页。

② 《关于破坏革命军人婚姻家庭遗弃堕胎溺婴问题的资料说明》（1953 年），北京市档案馆，档案号：14-2-79。

军人配偶私自与他人结婚的，须按重婚问题处理，军人配偶及与军属结婚方均将受到处分。同时，如果有人恶意破坏军人的婚姻，将受到更严厉的惩处。① 这一规定体现了国家对军人婚姻的特殊保护。

1954 年，北京市民政局和区政府对军人的婚姻情况进行了一次了解，据 9 个区不完全的统计，发现"军人爱人或未婚妻与人通奸的 23 件，生小孩的 8 件，怀孕的 6 件"。② 考虑到国家的安全稳定和革命军人的利益，国家要求各级法院一定要认真处理此类案件，使军人的婚姻得到法律的有力保障。无论是自诉、代诉的破坏军婚案件还是公诉的破坏军婚案件，法院均应认真对待，并规定了案件的处理时间一般不得超过一个半月。如果无法如期结案，需要向相关部门报告。③ 这些规定和措施的实施，表明了国家对破坏军人婚姻行为的严厉打击态度。仅在 1963 年上半年，"全国判处了破坏军婚犯罪分子七千五百九十名"。④ 这一数字充分显示了国家在维护军人婚姻家庭稳定方面的坚定决心和强大力度。以下是一则案例。

> 被告人宁 XX，系被告宁某之女，由小即与现役军人亢 XX 订婚，而后，宁 XX 未曾与亢 XX 进行过退婚手续，为了借婚姻关系索取更多财物，加之被告郝某严重封建残余思想的作怪，宁 XX 即在其父母的包办下，便于本年 7 月 2 日非法向白村乡政府骗取了结婚证书，有些唯利是图者也趁机从中索取便宜，均取得不同程度之报酬，大吃二喝。
>
> 查宁 XX 与郝 XX 之婚姻关系确系是买卖行为，郝 XX 为了达到结婚的目的，不管宁 XX 之地位如何，就盲目地以本币 362.57 元之代价使宁 XX 结婚，宁某使用洋 200 元，贾 XX 使用洋 8 元，邵 XX 使用洋 8 元，任 XX 使用洋 5 元，请客洋 28.8 元，衣服洋 112.77 元，凡有关人均受到郝 XX 酒饭款待。本庭受理此案后，为了对此问题处理慎重，曾

---

① 中国人民大学法律系民法教研室、资料室：《中央人民政府最高人民法院、司法部、内务部、人民革命军事委员会总政治部联合通知：关于〈革命军人婚姻问题座谈会纪要〉请参照办理》，《中华人民共和国婚姻法资料选编》（校内用书），1982 年，第 279 页。
② 北京市民政局：《本市革命军人婚姻情况》（1954 年），北京市档案馆，档案号：2-6-87。
③ 中国人民大学法律系民法教研室、资料室：《最高人民法院党组关于处理破坏军人婚姻案件的意见的报告》，《中华人民共和国婚姻法资料选编》（校内用书），1982 年，第 332 页。
④ 中国人民大学法律系民法教研室、资料室：《最高人民法院党组关于处理破坏军人婚姻案件的意见的报告》，《中华人民共和国婚姻法资料选编》（校内用书），1982 年，第 331 页。

致函争取了现役军人亢 XX 同志之意见，在该同志回复愿意同宁 XX 解除婚约的情况下，特根据中华人民共和国婚姻法第二条、第十九条之规定判决如下：

一、准予宁与郝退婚；

二、特将本年 7 月 2 日白春乡给予郝与宁领取的结婚证作废，虽然双方曾表示同意再结婚（但亦应在双方自愿情况下重新领取结婚证书）；

三、对贾 XX 借婚姻关系索取本币 200 元整，折情没收本币 160 元，限本年 11 月底交清；

四、对贾 XX 借婚姻关系索取本币 8 元，刘 XX 借婚姻关系索取本币 8 元，任 XX 借婚姻关系索取之本币 5 元，全部没收，接到判决后交清；

五、准予宁退交亢当年之婚礼洋 40 元。①

以上案例是军人配偶在没有征得军人同意的情况下，或者说是没有与军人取消婚约的情况下而另行结婚的情况。从以上案例的判决结果可以明显看出法律对军婚的特殊保护和重视。法院在处理涉及军人亢 XX 的婚约问题时，特别谨慎，并主动致函征求其意见，这体现了对军婚的特别关注和保护，确保军人的婚姻权益不受侵犯。同时，法院对宁 XX 与郝 XX 之间基于买卖行为的婚姻关系进行了严厉打击，对其后来成立的婚姻关系不予承认，也对涉及买卖婚姻的其他人员进行了处罚。体现了法律对军婚的特殊保护和重视，通过谨慎处理涉及军人的婚约问题，打击破坏军婚的行为，以维护军人家庭的稳定。

二是军人未婚妻或配偶与他人发生性关系的行为。由于军人长期在外，这一时期，有的军人未婚妻或配偶与他人发生了性行为。河北省涿鹿县一区马俊村副村长张启文与军人配偶通奸，并把军人从朝鲜寄回的信进行改写，说军人在朝鲜战场上已牺牲，企图挑拨军人配偶与军人离婚，法院处该犯徒刑 1 年。江苏省丹徒县军人张新仁，1949 年参军，与其妻孙桂英结婚后感情

---

① http：//www.997788.com/pr/detail _ 637 _ 16371307.html，997788 网站，阅读日期：2018 年 4 月 7 日。

尚好，并生一女孩，由于张家生活困难，孙桂英需给人缝补以换取补贴，她常到村里积极分子贾六顺家去缝补，贾无妻室，便与孙通奸，后两人公开同居，法院判孙徒刑 1 年，缓刑 2 年，判贾徒刑 1 年。浙江省衢县邵谢妹 1 岁时由父母包办给王玉宝作童养媳，1951 年王参军后，邵在民校读书，与民校教师于连开发生性关系 2 次，并怀孕，1952 年生一女孩。后来，邵与另一男子陈民和发生性关系后结婚。经该县人民法院判决，于连开徒刑半年，缓刑一年。陈民和徒刑一年，强迫劳动改造。邵谢妹受到了严厉的批评教育并被责令回到革命军人家中。[①] 通过上述案例，可以看到国家对于军人未婚妻或配偶与他人发生性关系的行为持有极为严厉的态度。由于军人长期在外执行任务，这一时期，部分军人的未婚妻或配偶出现了与他人发生性关系的行为。这种行为不仅被视为违背了日常的道德规范，挑战了社会的伦理底线，更被看作是对国家尊严的直接挑战。因此，国家依据相关规定，将此类行为定性为破坏革命的行为，并予以严厉的惩办。通过具体案例来看，无论是河北省涿鹿县一区马俊村副村长张启文与军人配偶通奸并企图挑拨其离婚的行为，还是江苏省丹徒县军人张新仁的妻子孙桂英与他人通奸并公开同居的案例，或是浙江省衢县邵谢妹在未婚夫参军后与多人发生性关系并怀孕生子的案例，都受到了法律的严惩。法院对这些破坏军婚的行为作出了明确的判决，对涉案人员进行了徒刑、缓刑以及强迫劳动改造等不同程度的处罚。通过这些案例，我们可以深刻感受到国家对于军婚的特殊保护和对破坏军婚行为的严厉打击态度。

为了防止影响到前方军人的情绪和后方青年的参军热情，同时保证转业建设工作的正常进行，国家对非现役军人，特别是退役的残废军人、转业军人的婚姻问题进行了特殊保护。这一系列措施不仅体现了国家对军人及其家庭的深切关怀和高度重视，也彰显了国家维护军人婚姻稳定、保障军人权益的坚定决心和强大力度。针对退伍的残废军人，他们因早年带头参军、冲锋陷阵、转战数省而光荣负伤；国家规定，如女方提出离婚，应对

[①] 《关于破坏革命军人婚姻家庭遗弃堕胎溺婴问题的资料说明》（1953 年），北京市档案馆，档案号：14-2-79。

其进行批评教育，使她们认识到弃抛为国为民光荣负伤的丈夫是可耻的行为，以貌取人、不顾本质是错误的。根据个人利益服从整体利益、暂时利益服从长远利益的原则，对于这类案子，是不应该判准离婚的。[①] 1951年，相关文件进一步指出，退役革命残废军人的配偶若提出与其离婚，则应对其离婚原因进行严格审查。如配偶以对方残废为由提出离婚，则不予批准，并对其配偶加以说服。[②] 1953年又规定，如果退役的残废军人、转业军人的配偶或未婚妻提出离婚，相关部门应严格审查其离婚理由。如果理由不正当，不予离婚并加以说服。只有在退役残废军人或转业军人对其配偶有虐待行为，说服后未加改正，甚至这种虐待行为可能发生严重危险时，才准予离婚。[③] 这些规定体现了国家对非现役军人婚姻的特殊保护，这种保护不仅体现了国家对军人及其家庭的尊重和重视，也彰显了国家维护军人婚姻稳定、保障军人权益的决心和力度。通过这些措施，国家旨在营造一个尊重军人、支持军人的社会环境，进一步激发广大青年的参军热情。

同时，国家对转业军人的离婚问题亦予以高度重视。为确保转业建设工作的顺畅进行，并避免对前方军人造成不良影响，当转业军人的配偶提出离婚时，相关部门应采取特别慎重的态度。通常只有在女方确实遭受虐待的情况下，才会批准其离婚请求。同时，当地妇联、民政等部门需对女方进行爱国主义教育，并通过动员其亲友或舆论的方式，努力说服双方恢复感情。在长期说服无效的情况下，有关部门才会进一步劝说转业军人协议离婚。若协议未能达成，最终将由法院作出判决。[④] 有学者认为，这种对军人婚姻的保护是一种"公允的"合情合理的行为，如果不这样做，"则属于罔顾事实"，

① 孙敬毅：《婚姻法不容许滥用离婚自由》，《北京妇女》1950年第7期。
② 中国人民大学法律系民法教研室、资料室：《中央人民政府最高人民法院、司法部联合发布对于现役革命军人与退役革命残废军人离婚案件的处理办法及开展爱国拥军教育的指示》，《中华人民共和国婚姻法资料选编》（校内用书），1982年，第292页。
③ 中央贯彻婚姻法运动委员会：《贯彻婚姻法宣传提纲》，《人民日报》1953年2月25日，第1版。
④ 中国人民大学法律系民法教研室、资料室：《中央人民政府最高人民法院、司法部、内务部、人民革命军事委员会总政治部联合通知：关于〈革命军人婚姻问题座谈会纪要〉请参照办理》，《中华人民共和国婚姻法资料选编》（校内用书），1982年，第276—277页。

而保护军婚的这种做法是一种有利于家庭安宁和睦的实事求是的做法。①总体而言，国家对于军婚问题的处理一直持有一种严格谨慎的态度，主要是从维持军队稳定和保护国家利益的角度来进行的。

二、国家保护军人婚姻的法律政策与动员实践

为了巩固国防，国家在新中国成立后继续对革命军人的婚姻进行全方位的保护，涵盖了取得军籍者、退役的残废军人以及转业军人等群体，在面临离婚或取消婚约的纠纷时给予特别关注。除了严格遵循《婚姻法》中明确规定的保护军婚原则外，国家有关部门还进一步细化措施，制定了一系列专门规定（详见表5—3—1），这些规定不仅深化了对军婚的特殊保护，还确保了在实际操作中能够有据可依、有章可循。这一系列举措不仅彰显了国家对军人及其家庭的深切关怀，更体现了在维护国家安全与稳定大局中，军人婚姻稳定所占据的重要地位。通过这些努力，国家为军人创造了一个更加安心服役的环境，同时也为国家的长治久安奠定了基础。

表 5—3—1　1950—1966 年期间关于军人离婚的部分文件

发布日期	文件名称
1950 年 11 月 16 日	中央人民政府革命军事委员会总政治部关于目前全军统一执行中华人民共和国婚姻法的暂行规定
1951 年 4 月 24 日	中央人民政府最高人民法院、司法部联合发布对于现役革命军人与退役革命残废军人离婚案件的处理办法及开展爱国拥军教育的指示
1951 年 6 月 16 日	最高人民法院关于在离婚诉讼进行中一方参军应如何处理问题的意见
1951 年 6 月 26 日	中央人民政府司法部对现役革命军人童养媳提出解除童养关系如何处理等问题的批复
1951 年 6 月 30 日	政务院政治法律委员会、人民革命军事委员会总政治部关于处理现役革命军人取消婚约暂行规定的联合通知

---

① 伊卫风：《通过法律对女性的社会动员——中国共产党与1949年之前婚姻家庭法律在农村的实践》，《法学家》2021年第5期。

（续表）

发布日期	文件名称
1951 年 12 月 27 日	最高人民法院对西北分院关于处理现役革命军人的包办代订婚约问题的复函
1952 年 7 月	中央人民政府最高人民法院、司法部、内务部、人民革命军事委员会总政治部联合通知：关于《革命军人婚姻问题座谈会纪要》请参照办理
1952 年 9 月 8 日	中央军委总政治部关于双方均为现役革命军人的离婚及取消婚约问题应按一般离婚及取消婚约问题处理的函
1952 年 10 月 17 日	中央司法部、最高人民法院、人民革命军事委员会总政治部关于处理在朝鲜战争中被俘或失踪之革命军人婚姻案件的联合通报
1953 年 1 月 22 日	中央人民政府司法部关于判准革命军人配偶与在朝鲜战争中被俘、失踪或下落不明之革命军人离婚或解除婚约案件应一律改判的批复
1953 年 6 月 15 日	中央人民政府内务部、司法部、最高人民法院、人民革命军事委员会总政治部关于多年无音讯之现役革命军人家属待遇及婚姻问题处理办法
1953 年 6 月 30 日	中央人民政府最高人民法院关于防止革命军人配偶伪造证件骗请离婚及向军委总政治部查询革命军人下落行文问题的通报
1953 年 7 月 9 日	最高人民法院中南分院关于被判徒刑停止军籍的军人配偶提出离婚如何处理的批复
1953 年 7 月 18 日	中央人民政府司法部关于革命军人婚姻问题的批复
1953 年 11 月	中南军政委员会关于认真处理转业建设军人婚姻问题的指示
1954 年 9 月 14 日	军委总政治部、中央人民政府最高人民法院、司法部关于被俘失踪军人婚姻处理问题的联合通知
1954 年 10 月 12 日	最高人民法院关于复员军人婚姻处理问题的批复
1954 年 10 月 16 日	中央人民政府内务部关于处理复员转业军人的婚姻问题的批复
1955 年 1 月 5 日	最高人民法院、内务部、司法部、中国人民解放军总政治部关于处理革命军人两年以上与家庭无通讯关系的离婚问题的通知
1955 年 4 月 4 日	最高人民法院关于住东北之朝鲜人民军军人配偶提出离婚或解除婚约的处理等问题的批复

（续表）

发布日期	文件名称
1955 年 6 月 25 日	最高人民法院、内务部、中国人民解放军总政治部关于处理军属寻找革命军人问题的规定的联合通知
1955 年 11 月 9 日	中华人民共和国司法部批复青海、江西省司法厅关于专区、县公安部改编为人民武装警察后其婚姻问题是否仍按现役革命军人婚姻问题处理
1956 年 4 月 17 日	最高人民法院关于兵役法颁布后军人婚姻如何处理问题的批复
1956 年 6 月 2 日	最高人民法院关于处理现役革命军人婚约的三个问题
1956 年 6 月 9 日	中国人民解放军总政治部组织部函
1956 年 6 月 25 日	最高人民法院、司法部关于转发中国人民解放军总政治部组织部《关于现役军官婚姻问题的规定》的函
1956 年 8 月 25 日	最高人民法院、司法部关于处理失踪军人离婚案件应取得当地县（市）人民委员会失踪军人通知书作为证明的联合通知
1956 年 10 月 25 日	司法部关于处理现役军官离婚案件是否应与部队政治机关联系问题的批复
1956 年 12 月 11 日	司法部关于已经发给服役证但未实行征集入伍的青年的婚约问题的复函
1958 年 4 月 22 日	内务部关于义务兵婚姻问题的处理的复函
1962 年 6 月 21 日	最高人民法院关于检查和总结军人婚姻案件的通知
1962 年 12 月 4 日	最高人民法院关于认真处理破坏军人婚姻案件的通知
1962 年 12 月 17 日	最高人民法院关于现役革命军人婚约问题的批复
1963 年 10 月 12 日	最高人民法院党组关于处理破坏军人婚姻案件的意见的报告
1963 年 11 月 29 日	中央批转最高人民法院党组关于处理破坏军人婚姻案件的意见报告
1964 年 7 月 24 日	最高人民法院关于处理破坏军婚案件两个问题的批复
1964 年 9 月 6 日	内务部关于进一步做好保护军人婚姻工作的通知
1964 年 10 月	中央政法小组会议纪要

资料来源：中国人民大学法律系民法教研室、资料室：《中华人民共和国婚姻法资料选编》（校内用书），1982 年。

　　为保证军人安心从事革命，国家除了颁布军婚保护的相关法律法规外，还通过广泛的动员和实践活动，引导军人配偶、未婚妻以及全社会尊重并维护革命军人的婚姻。这一动员与实践主要体现在以下几个方面：

　　第一，大力宣传革命军人的功绩以得到整个社会舆论的支持。舆论强调，无论是已经结婚、订婚的还是未婚的战士，他们毅然决然地上前线，与自己的亲属暂时分开，是为了保卫祖国和革命胜利果实。他们的功绩和精神值得全国人民永记不忘。① 同时，也有著名人物专门撰文指出，现役革命军人站在人民解放战争和巩固国防的光荣工作岗位上，他们的奋斗是为着全体人民的利益，因此应该得到照顾。② 可见，国家从多个角度阐述了保护军婚的重要性和必要性，不仅有助于提升军人的社会地位和自尊心，也有助于维护军人家庭的稳定和幸福，进而促进国家的稳定和发展。

　　第二，制定优军优属条例并组织大规模的荣军活动和优军优属活动。为了稳定军人的婚姻和家庭，国家努力提高军属的政治地位，发布了《革命烈士家属革命军人家属优待暂行条例》《革命残废军人优待抚恤条例》等一系列文件，努力提高军属的政治地位并积极解决军属的生活困难。各地的司法、民政、妇联等机构被要求认真研究军人婚姻问题，并与抗美援朝等爱国运动相结合，深入开展爱护革命军人及军属光荣的教育。③ 在此基础上，各地纷纷做出爱国拥军的行动，如拨款帮助军属生产、修房子，成立军属工厂，给军属挂"光荣人家"的牌匾等。如 1951 年，天津市人民政府拨了 80 万斤小米，帮助军属生产；苏北淮阴专署拨款 27 亿元，给军属修房子；沈阳、汉口、重庆等市先后成立了军属工厂；北京和各个城市与乡村中，家家军属门口挂上了"光荣人家"的牌匾；各地农村中到处优先代耕军属土地，并出现了诸如山东博兴县卢家庄、河北深泽县北赵八庄、山西武乡县窑上沟村等"优抚模范村"。④ 可见，国家在稳定军人婚姻和家庭方面所做出的多方

---

　　① 李贞：《拥护贯彻婚姻法》，《人民日报》1953 年 3 月 25 日，第 3 版。
　　② 熊天荆：《关于军属婚姻问题的我见》，《新中国妇女》1950 年第 11 期。
　　③ 中国人民大学法律系民法教研室、资料室：《中央人民政府最高人民法院、司法部联合发布对于现役革命军人与退役革命残废军人离婚案件的处理办法及开展爱国拥军教育的指示》，《中华人民共和国婚姻法资料选编》（校内用书），1982 年，第 292 页。
　　④ 李贞：《拥护贯彻婚姻法》，《人民日报》1953 年 3 月 25 日，第 3 版。

面努力和具体措施。通过制定优军优属条例、组织荣军和优军优属活动，国家不仅从法律层面保障了军人的权益，还通过实际行动提升了军人的社会地位和自尊心。特别是在提高军属政治地位、解决军属生活困难方面，国家发布了相关文件，不仅体现了国家对军人及其家庭的深切关怀，也有效促进了社会的和谐与稳定。同时，各地纷纷响应号召，采取实际行动支持军属，进一步营造了全社会尊重、关爱军人的良好氛围。这些举措不仅有助于维护军人家庭的稳定和幸福，也激发了广大军民的爱国热情和拥军优属的积极性，对于巩固国防、促进国家发展具有重要意义。

第三，对军人配偶和未婚妻进行宣传教育。国家认为，解决军人婚姻问题应重在宣传教育，要提高妇女群众的思想认识。[①] 因此，各级政府被要求在军属中做工作，教育革命军人家属多与军人通讯，从政治上去鼓励自己的丈夫。[②] 同时，地方党委、政府和群众团体也被要求以恳切、温暖的态度教育军属，提高她们的爱国热情和思想水平，并尽力帮助与鼓励她们获得很好的生产成绩和学习成绩。[③] 可见，国家认为，通过提高妇女群众的思想认识，可以有效稳定军人的婚姻和家庭。宣传教育的内容不仅包括鼓励军属与军人保持通讯，从政治上鼓励自己的丈夫，还包括通过各种方式提高军属的社会地位和政治荣誉感，使她们受到切实的尊重和优待。这种宣传教育不仅有助于军属自身的发展和成长，也有助于增强她们对军人职业的认同感和自豪感，从而进一步稳定军人的婚姻和家庭。总的来说，国家希望通过对军人配偶和未婚妻的宣传教育来提高她们的思想认识和政治觉悟，进而稳定军人的婚姻和家庭。

第四，树立典型并通过其所昭示的道德品质来引导更多的人朝着模范革命夫妻方向努力。在当时，男性参军在前线，女性持家促生产成为当时国家宣传模范军人婚姻的主要方式。《人民日报》等媒体也积极报道模范军人婚

---

① 中国人民大学法律系民法教研室、资料室：《中央人民政府最高人民法院、司法部、内务部、人民革命军事委员会总政治部联合通知：关于〈革命军人婚姻问题座谈会纪要〉请参照办理》，《中华人民共和国婚姻法资料选编》（校内用书），1982年，第278页。

② 熊天荆：《关于军属婚姻问题的我见》，《新中国妇女》1950年第11期。

③ 李贞：《拥护贯彻婚姻法》，《人民日报》1953年3月25日，第3版。

姻典型。如山西武乡县韩江河参军前与徐腊梅在一个互助组里生产，携手前进，互敬互爱。参军后，双方发动了杀敌、生产的革命竞赛。徐腊梅担负了全家的生产责任，韩江河一心一意去杀敌。抗美援朝刚一年，韩江河成了战斗英雄，徐腊梅被选为武乡县的劳动模范。又如河北省顺义县的高桂珍、黑龙江省李家屯的丁宝兰，她们都是志愿军战士的未婚妻。她们主动去未婚夫家里帮助料理家务、代耕田地。《人民日报》评论说："她们已成为全国人民所称赞的楷模。这样一些无限动人的事迹，不知激励了多少的战士们提高了他们的战斗精神，也可以想像，对于密切前后方的感情联系会有多大的力量。"①可见，国家通过树立和宣传模范军人婚姻典型，来强化社会道德观念，激励军民士气以及促进前后方的情感联系。这种做法在当时具有多重积极意义：国家对模范军人婚姻的宣传，不仅是道德建设的有效手段，也是提升国家凝聚力、促进社会发展的重要策略，体现了国家意志与民众情感的有机结合。

综上所述，国家在保护军人婚姻方面所采取的一系列法律法规、动员措施及实践活动，不仅深刻体现了对军人及其家庭的深切关怀和高度重视，更彰显了维护国家稳定、促进社会发展的坚定决心。然而，在维护军人婚姻稳定的过程中，国家也面临着平衡婚姻自由与军婚特殊性的挑战。国家既尊重《婚姻法》倡导的婚姻自由原则，又充分考虑到军人职业的特殊性及其对国家安全的重要性，因此采取了一系列特殊限制措施。此外，国家通过广泛的宣传教育和动员活动，提升了军人的社会地位，激发了全民的爱国热情和拥军优属意识。同时，树立和宣传模范军人婚姻典型，不仅强化了社会道德观念，也极大地鼓舞了军民的士气，促进了前后方的紧密联系。国家在处理军婚问题上的平衡艺术，不仅为革命战争的胜利奠定了坚实的基础，也为新中国的建设和发展提供了有力的保障。

---

① 李贞：《拥护贯彻婚姻法》，《人民日报》1953 年 3 月 25 日，第 3 版。

本章小结

本章通过分析社会制度和社会结构型离婚案件的主要类型及其特征，揭示了不同利益群体对待离婚的态度差异，并探讨了国家为应对这些问题所采取的具体方法和措施。

这一时期社会制度和社会结构型离婚案件的主要类型，包括因封建包办婚姻、政治压力、长期分居、角色冲突以及对婚姻自由误解等原因导致的离婚。这些案件不仅反映了婚姻自由理念在现实中的实践困境，也揭示了社会结构变革对个体婚姻生活的深远影响。

在利益群体对待离婚的态度方面，本章揭示了普通民众、干部以及"第三者"等不同群体在离婚问题上的复杂心态和行为选择。普通民众往往受到传统婚姻观念的束缚，对离婚持保守态度，甚至对提出离婚的女性施加压力。干部群体则因其特殊的社会地位和责任，其离婚行为常引发广泛关注和争议，而"第三者"则往往被贴上道德标签，承受社会舆论的谴责。这些态度反映了不同群体在婚姻自由观念上的分歧和冲突，也体现了社会变革中价值观的转变过程。

面对复杂多变的离婚现象，国家采取了一系列具体方法和措施来应对。一方面，国家通过法律手段确保离婚案件的公正处理，保障妇女的合法权益，同时加强对干部婚姻问题的监督与管理，防止特权思想和不良风气的蔓延。另一方面，国家还利用媒体平台加强宣传教育，引导公众树立正确的婚姻观和家庭观，倡导理性审视离婚现象，避免情绪化的过度解读。此外，国家还积极倡导被离异的女性培养独立人格与家国情怀，鼓励她们在追求个人幸福的同时承担起社会责任。

在应对干部离婚问题时，国家特别强调党组织的积极作用，要求各级党组织加强对干部的教育和管理，防止干部因个人情感问题影响工作。同时，国家还通过制定和执行一系列相关政策文件，如《革命军人婚姻问题座谈会纪要》等，对涉及军人等特殊群体的离婚案件给予特殊关注和保护。这些措施不仅体现了国家对军人及其家庭的深切关怀，也彰显了国家在处理复杂婚姻问题时的智慧和决心。

综上所述，本章通过剖析社会制度和社会结构型离婚案件的类型、特征及其成因，揭示了不同利益群体在离婚问题上的态度分歧和行为选择，并展示了国家为应对这些问题所采取的一系列具体方法和措施。这些探讨有助于我们深入理解中国婚姻制度的变革历程及其社会影响。

结　语

在人类社会的发展历程中，婚姻作为社会结构的基本单元，不仅是家庭生活的基石，更是社会变迁与文化传承的重要载体。特别是在 20 世纪中期的中国，随着新中国的成立和社会制度的深刻变革，婚姻观念与家庭结构经历了前所未有的重塑。这一时期，婚姻从传统的家庭主义束缚中逐渐解放出来，与国家主义、集体主义紧密相连，形成了独特的婚姻文化景观。本书通过对这一历史时期婚姻文化的全面审视，为理解当代中国婚姻制度的形成与发展提供了历史镜鉴。

一、人的自由和解放视域下婚姻的主要特征

从 20 世纪的历史长河中审视，1950 年至 1966 年间的婚姻文化展现出了"迂回曲折"的特征。这一时期，婚姻价值观念经历了从传统社会强调的"为他人而活"的家庭主义，到注重国家主义的转变。随后，改革开放的推进又使得"为自己而活"的婚姻价值观逐渐盛行。这一系列转变深刻揭示了人类对"婚姻自由"的不懈追求和艰辛探索的历程，也深刻反映了婚姻制度

与文化在社会结构转型中的复杂互动。

1. 婚姻文化"迂回曲折"的特征

时代变迁与社会演进的过程中，婚姻观念与形式也随之发生改变。纵观20 世纪婚姻的发展历程，可以清晰地看到人类对公平、正义及有尊严的婚姻生活的不懈追求。自西方思潮涌入中国以来，一些先进人士积极倡导摒弃传统的"为他人而活"的家庭主义观念，他们主张个体应享有婚姻自由，并将其与国家的强盛和民族的繁衍紧密相连。在中国共产党的领导下，人们逐渐挣脱了传统家庭主义对婚姻的束缚，但此时的婚姻观念又与国家主义产生了深刻的联系，展现了婚姻观念在特定历史时期内的独特演变。

在 1950 年至 1966 年期间，随着国家观念和阶级斗争的日益激烈，婚姻逐渐演变成与国家利益紧密相连的"公共事务"。这一时期，"为他人而活"的国家主义传统限制了个体的婚姻自由。在这种体制下，个体往往需要在某种程度上舍弃自我，表现出对权威的顺从和依赖。例如，在择偶过程中，优质资源的缺失者往往缺乏自主性，而军人等特殊群体的择偶选择则受到组织伦理的严格约束。此外，婚礼也呈现出对国家主体的服从，同时政治因素也在一定程度上影响了婚姻关系的稳定性，甚至可能导致婚姻关系的破裂。值得注意的是，这一时期的婚姻文化还催生了一种"机械趋同"的现象，即个体按照国家提供的婚姻"模板"来塑造自己，以期符合国家期望，从而舍弃了个人的独特性和自主性。然而，随着这种趋同机制的加强，个体反而更加渴望挣脱这种束缚，寻求真正的自我和婚姻自由。通过对 1950 年至 1966 年间婚姻历史进程的剖析，可以观察到这一时期人们的婚姻状态主要处于个体在一定程度上摆脱了传统的家庭主义文化枷锁，从而获得了个人的相对自由。但这一时期的婚姻并未直接摆脱自身的束缚，"为他人而活"的国家主义传统依然对人们的婚姻观念与行为产生着深远的影响。

改革开放以来的"为自己而活"的婚姻价值观念，在一定程度上被指责将个人与集体或他人的利益进行了割裂，背离了社会主义的价值体系，导致人们的认知出现异化，因此受到了质疑。无论是 1950 年至 1966 年间强调"为他人而活"的国家主义婚姻价值观，还是改革开放时期盛行的"为自己而活"的婚姻价值观，都存在着自身的问题与挑战。而今，人们仍然面临着婚姻领域的各种挑战，并继续探索适合当今社会发展的婚姻价值理念。这一过程恰恰反映了婚姻文化"迂回曲折"的特征，新旧观念与文化之间此消彼长，难以轻易消解。

2. 婚姻制度和文化由外在社会结构和个体内在倾向不断互构而成

1973 年，美国心理学家 McClelland 提出了"冰山模型"。① 基于这一模型，可以认为"冰山之上"的可见部分可与国家对重婚、纳妾、童养媳等婚姻陋俗的改革相提并论。在国家的严格管控下，这些陋俗在特定时期内被基本消除，体现了形式与内容的双重变革。而介于"冰山之上"和"冰山之下"的模糊地带，则类似于国家对彩礼、寡妇再嫁、包办婚姻和传统婚礼等婚俗的改革。这些改革在时间上呈现循环往复的特点，个体虽表面接受但内心可能并不真正认同，显示出个体与国家在冲突与碰撞中逐渐调适的趋势。值得注意的是，半自主婚姻保留了"包办"的成分，成为民众对改革的一种调适方式。进一步探讨发现，不同婚姻习俗在特定历史时期的保留或消除，既受外部情境因素如制度性措施的影响，也与主体意识的强弱有关。人们面对婚姻领域的变革，会采取不同的态度：接纳、舍弃或改造后接纳。半自主婚姻就是民众对婚姻变革进行改造后接纳的一个例证，它既符合民间习俗也不违反国家法律，反映了民众应对外部环境的调适性和民间惯习对制度改革的影响。特定的历史时期被消除的婚姻习俗在一定条件下还可能会出现。如20 世纪 50 年代初期已经被消除的童养媳、买卖婚姻等习俗在三年困难时期又开始出现。这种情况的出现不是偶然的，与当时的社会环境有一定的关系，或者说周围环境的变化为这些婚姻习俗的滋生提供了条件。鉴于当时男女性别失调，家庭生活水平严重下降，为了完成"续香火"的家庭再生产任

---

① 该理论指出，个体的能力应该是由个人胜任力来决定的，而不是单纯以传统的智力水平来决定的。只以智力水平对个体能力进行鉴定是不准确、具有偏见性的，真正地甄别个体是否能为岗位带来高回报、高绩效的，其实是员工所表现出的一定个体特性，而这种特性就是"胜任力"。胜任力模型可以划分为两大部分："冰山之上"的部分和"冰山之下"的部分。露在表面能够看到的是"冰山之上"的部分，基本上体现出"人"的外在特征，不需要深入接触，通过简单观察分析就能识别，例如"人"的知识水平、从业经验、技能水平等。这部分属于外显性部分，可看得见，也容易改变。另一部分是深藏起来看不到的"冰山之下"的部分，必须深入接触，通过系统分析才能识别，例如"人"的态度、价值观、自我形象、特质、动机等。这部分属于内隐性部分，不易触及，也最难改变。

图 6—1—1 婚姻改革成效冰山模型图

务，老百姓不得不通过想办法来完成这个艰巨的使命。即使它是一种陋俗，但人们在权衡各种利弊之后仍然选择这种"陋俗文化"并将其引入日常生活之中。可见，婚姻制度和文化的形成是外部社会与个体内在思想不断互动的结果。个体的内在婚姻思想是一个受外部社会影响的开放决策系统，即生存心态。这种心态受社会结构的影响，且个体也会对社会结构产生影响，促使其不断改变和调适。正是在这样的互动过程中，婚姻制度和文化得以共同构建，新的婚姻制度和文化在互动中不断再现。

3. 真正的婚姻自由是一种"积极"的自由

婚姻制度和文化是由外在的社会关系结构与个体的内在倾向共同塑造的。从传统的家庭主义婚姻价值观念，强调"为他人而活"，到 1950 年至 1966 年间的国家主义婚姻价值观念，这一转变体现了婚姻观念随社会变迁而演变的过程。然而，即便经历了这些变革，人们至今仍在追求真正意义上的婚姻自由。在对 1950 年至 1966 年间的婚姻特点、变化历程及其影响因素进行分析之后，有必要进一步探讨并展望真正意义上的婚姻自由的可能形态。

弗洛姆提出"积极的自由"概念，[①] 这种"积极"可表现为三个方面。一是在婚姻状态中，个人既是独立的存在，也与社会相互关联。这种婚姻自由不仅靠社会发展来实现还要靠自我的努力来实现。二是在这种婚姻状态中，爱情是核心，类似马克思对燕妮说的那样，所谓爱情，"是对亲爱的即

---

① 积极自由是克服逃避自由，自主地去做某事，通过自我决定，自主行动，通过爱、劳动与创造，发展人作为个体的个性，积极地与他人、与社会、与世界发生联系，发挥潜能。自由也就意味着责任，当人面对新的自由时会产生茫然的情绪，这也是人不清楚在拥有自由的同时会被赋予哪些新的责任。参见［美］艾里希·弗洛姆著，刘林海译：《逃避自由》，上海译文出版社，2015 年。

对你的爱，使一个人变成真正意义上的人"。① 而且，这种自发性的爱不是将自己完全消解，而是在保存自我的基础上与他人融为一体。三是这种婚姻状态还表现为个体要具有对婚姻自由和幸福的"愿景"和"抱负"，这种"愿景"和"抱负"不是高高在上难以企及的目标，而是合乎个体对婚姻自由的渴望，而且它与个体追求婚姻自由和幸福相互促进，共同发展。

由此可见，真正意义上的婚姻自由的可能形态是一种既注重个体独立性又强调与社会相互关联的积极状态。在这种婚姻形态中，个人不仅享有自我决定和自主行动的权利，同时也承担着对家庭、社会和世界的责任。爱情作为婚姻的核心，不是简单的自我消解，而是在保持个体独立性的基础上，实现与伴侣之间的深刻情感联结和心灵契合。此外，个体对婚姻自由和幸福的"愿景"和"抱负"是推动婚姻不断发展和完善的内在动力，它们与个体追求婚姻自由和幸福的实践相互促进，共同塑造了一个既充满个人色彩又富含社会意义的婚姻自由形态。

二、婚姻生活领域不同"权力主体"产生的影响

萧凤霞在其著作中提出了"共谋"的概念，这一概念被用于分析华南地区的经验。② 随后，张小军在其研究基础上进一步提出了"共主体性"概念，用于探讨从宋元到明清时期士大夫、国家与庶民政治文化的关系。③ 尽管两者的研究背景和内容有所不同，但他们都打破了传统的国家与社会、政府与民众之间的二元对立关系，强调从多个维度来分析事件发生的过程。在这一理论框架下，特定的时空场域被视为一个复杂的"结构"，人们的婚姻观念和行为在受到这一社会结构制约的同时，也受到国家、社会和个体作为不同主体的影响。这些主体在时空场域中发挥着各自的"主体性"，即他们利用所处的行动情境、规则与资源来塑造和影响婚姻生活。在 1950 年至 1966 年

---

① 《马克思致燕妮·马克思》，《马克思恩格斯全集》（第 33 卷），人民出版社，2004 年，第 515 页。

② Helen Siu, *Agents and Victims in South China*：*Accomplices in Rural Revolution*，New York：Yale University Press，1989，pp. 1-402.

③ 张小军：《"文治复兴"与礼制变革——祠堂之制与祖先之礼的个案研究》，《清华大学学报（哲学社会科学版）》2012 年第 2 期；张小军：《让历史有"实践"：历史人类学思想之旅》，清华大学出版社，2019 年版，第 159—180 页。

间，国家、社会和个体三类不同主体在婚姻生活领域中均发挥了重要的"权力主体"作用。

1. 国家权力主体：规训、调动与引导

在日常生活中，国家权力主体为实现特定目的，会依据特定的权力分配关系构建各种制度，这些制度涵盖政治、经济、文化、军事、法律等多个方面。在这一时期，国家不仅通过《婚姻法》等法律制度来治理社会，还建立了一套自上而下的经济、政治、文化等制度体系。这套制度体系的显著特征在于两类基层组织：城市的单位制、街居制以及农村的村一级政权组织。这些组织将每个人纳入其中，使人们依赖国家的统一调控来获取资源。在这样的环境下，遵守组织制度成为个体生存和获取利益的前提。新的婚姻制度的实施也遵循这一逻辑，遵守该制度可能为个体带来发展机会或至少保障生存安全，反之则可能面临被挤压、被批判的风险。由于国家权力主体拥有结构性的刚性权力，这成为新的婚姻制度得以有效贯彻的基础。

新的制度若要被民众接纳，不仅依赖于结构性的刚性权力，还需要国家通过实施带来整体利益的工作来调动民众的积极性。在这一时期，国家采取了改善公共设施、提供公共服务等措施，旨在让民众真切感受到中国共产党破除旧制度的意义和价值，从而增强对各项法律制度的认可。龙须沟的巨变成为典型例证，展现了中国共产党为人民谋幸福的实践。同时，土地改革等惠及民众的政策也促进了人们对国家制度的理解和支持。梁漱溟的观点指出，社会主义的创造力在于激发"人心"与"群众"，即安顿民众生活并鼓舞其精神。[①] 当民众建立起对国家制度的正面认知后，制度的施行就会产生显著效果。在《婚姻法》施行期间，正值国家百废待兴之际，国家通过各种方式谋取民众利益、改善民众生活。因此，在认可国家惠民政策的基础上，民众自然认同包括《婚姻法》在内的各项制度。

制度的落实离不开各级组织的动员和引导。在《婚姻法》的贯彻过程中，中国共产党的各级组织采取了多种方式引导人们的婚姻生活。为了使广

---

① 潘家恩、张振、温铁军：《"铁钩"与"豆腐"的辩证——对梁漱溟 20 世纪 50 年代思想张力的一个考察视角》，《开放时代》2018 年第 2 期。

大民众在短时间内接受《婚姻法》，各级组织将婚姻改革定性为人民内部矛盾，并通过一系列与日常生活相关的"国家话语"将个人、集体、国家进行链接。这一策略不仅减少了《婚姻法》宣传贯彻过程中的矛盾和冲突，还保证了《婚姻法》执行过程中的成效。

2. 个体权力主体：变通、观察与选择

在 1950 年至 1966 年间《婚姻法》贯彻实行期间，面对社会制度和结构的变化，人们展现出各种"变通"的能力。在婚姻自主方面，尤其是在农村地区，当自主婚姻遭遇强大阻力时，民众能够根据实际情况进行调整，创造出介于"包办"和"自主"之间的半自主婚姻，以此在诸多"规约"中寻找平衡。在择偶过程中，即使个体处于劣势地位，他们也能积极利用自身资源，与拥有权威性优质资源的人联姻，以此寻求政治庇护并提升社会地位。这种行为是劣势个体在权力不对等的情况下，不通过正面对抗，而是运用自身相对弱小的"无权者生产出权力"的办法来达到目的。对大多人而言，他们面对社会制度和结构变化时所体现出的主观能动性主要表现如下：

一是对周围人的观察和模仿。在婚姻领域，个体的行为常受到对周围人的观察和模仿的影响。当个体观察到他人的婚姻行为受到社会的赞赏或鼓励时，他们往往会模仿这种行为。面对新的婚姻制度，个体可能会感到迷茫，此时他们会观察他人的态度和行为作为判断依据。如果他人的婚姻行为得到肯定或认可，个体便会模仿。因此，当先进人物率先示范新婚姻观念时，其他人的趋同行为也就不难理解了。随时间推移，这种行为会成为个体头脑中的记忆符号。当越来越多个体拥有这种符号记忆时，该行为便转化为集体的行动和时尚。这种模仿虽看似个体的主动选择，实则受到社会结构的制约。戈夫曼将人类日常生活中的这种相互模仿的行为称作是一种"表演"，认为："一种常规程序的表演能够通过它的前台向观众提出某些相当抽象的要求，而这样的要求在表演其他常规程序期间也会向观众提出。这种构成使得一种表演能够被'社会化'。"① 新的婚姻秩序和文化在相互模仿的表演中不断被"社会化"和普及。例如，自由恋爱、新式婚礼等新现象，最初是在党团员、

---

① ［美］欧文·戈夫曼著，冯钢译：《日常生活中的自我呈现》，北京大学出版社，2008 年，第 29 页。

干部、进步青年的引领下，引发其他人的观察和积极效仿，并逐渐得到"发扬光大"。然而，在这个过程中，个体表现出不同的分化。一些人，如党团员、干部、进步青年，可能发自内心地拥护和支持新制度；而另一些人虽然表面顺应，但内心可能并不认同该制度，只是在无力改变现状的情况下做出表面上的顺应。正如戈夫曼所指出，个体在他人面前呈现自己时，其表演往往倾向于迎合并体现社会正式承认的价值，而实际上他们的全部行为并不完全具备这种价值。或者说，表演者往往会隐藏那些与理想化表演不一致的活动、事实和动机。① 这也解释了为什么在《婚姻法》运动中，一些已经改正的行为在短暂的《婚姻法》运动过去后又开始出现。

二是个体反思下的自我选择。在特定环境和领域中，个体不仅与周围环境互动，也与内心进行对话和反思。婚姻领域同样如此，随着原有家族为核心的婚姻价值观念逐渐瓦解，新型基于国家和集体利益的婚姻观念兴起。在这一转变中，个体积极适应新环境，寻求更符合自身生存和发展的条件。他们可能选择与政治地位较高的人结婚以提升社会地位，接受自由恋爱观念寻求真爱，响应国家号召取消彩礼习俗，采用新式婚礼等。个体的婚姻行为既受外部社会环境影响，也受内心需求和价值观引导。当个体感知和经验与国家倡导的思想观念相契合时，意味着国家对婚姻的改造达到预期目标。

当然，个体在接受国家婚姻制度时，并非完全放弃自我。每个人都会基于自身利益进行深思熟虑的权衡和考量，而在这个过程中，冲突是难以避免的。这种冲突的一个明显例证是，国家在面对《婚姻法》执行过程中民众展现出的各种形式的"反抗"以及暴露出的问题时，不得不进行相应的调整。例如，在《婚姻法》的推广实施过程中，国家的重点也从单纯地强调婚姻自主，逐渐转变为强调建立和谐的家庭关系等方面。在这些不同利益主体的相互冲突与权衡中，各方达成了一种"有限度的需求"的共识。其中，"半自主婚姻"这种独特的婚姻结合方式就是一个非常典型的例子。它不仅在一定程度上满足了民众的传统需求和期望，同时也符合了国家制度的基本要求和框架，使得国家和民众在冲突中寻找到了一种共生的平衡状态，在不断的冲

① ［美］欧文·戈夫曼著，冯钢译：《日常生活中的自我呈现》，北京大学出版社，2008 年，第 39 页。

突与调和中寻找共存之道。

3. 社会习俗"权力主体": 抗拒、包容与共处

费孝通指出:"影响法治秩序建立的因素,除了社会结构就是与社会习俗息息相关的思想观念。"[1] 在风俗民情根深蒂固的社会环境中,要颠覆传统的婚姻习俗观念,使民众接纳全新的婚姻文化思想,需积极寻求与新旧风俗的和谐共处。这一时期的婚姻变革特别值得关注,其中新旧风俗之间的共处现象尤为突出。婚姻观念和行为在国家制度与风俗观念的交织影响下,呈现出"常中有变,变中有常"的发展状态。以婚姻缔结为例,"半包办"方式既接纳新观念回应现实需求,又适度遵循"旧俗"使新思想更易于被大众接受,这种方式更具实际性和包容性。国家在推进家庭关系改革时,也巧妙利用了尊婆爱媳、家庭和睦的传统习俗。同时,国家推行的婚礼仪式既表达了共同的价值观念,又保留了传统婚礼的特点,体现了"入乡随俗"与"移风易俗"的辩证统一,即新旧婚姻理念和习俗的包容和共处。

自 1950 年《婚姻法》颁布以来,国家在推广婚姻制度及新式婚姻观念的过程中,采取了多元化策略。通过刚性制度的规范与训导、组织力量的积极引领以及利民措施的广泛推广,国家不断将新的婚姻理念深植于民众的思想观念之中。与此同时,民众作为另一权力主体,也在积极观察、吸收并同化这些新式婚姻理念,从而在不同程度上接纳了这些新观念。在这一过程中,传统婚姻习俗与新式婚姻观念在交融与碰撞中达成了一种独特的平衡,即"入乡随俗"(这里的"乡"指的是具体情境)与"移风易俗"的辩证统一。国家、民众以及传统与现代婚姻观念三者之间相互交融、多方互动,共同影响和塑造了这一历史时期婚姻制度和文化观念的演变。

三、各"权力主体"的通约与婚姻良性机制的构建

在婚姻领域中,各权力主体并非孤立存在,而是相互交织、相互作用的。每个主体都会在自己的能力范围内积极行动,面对周围环境的变化进行调适,并在新构建的社会网络中努力寻求平衡。为了构建婚姻生活领域的良

---

[1] 费孝通:《乡土中国》,生活·读书·新知三联书店,1985 年,第 59 页。

性互动机制，需要全面考量各权力主体的利益和冲突关系，力求实现各主体利益的最大通约化。这里的"通约"原是一个数学概念，用以描述存在公约数的几个数之间的关系，也可用来描述事物和文化之间的互通性。在婚姻领域，我们可以借用这一概念来阐述良性互动机制的构建。以图 6—1—2 为例，图中 A 的面积代表各主体间的可通约性强度。面积越大，通约性越强，表明人们的婚姻处于一个较为理想和稳定的状态；反之，面积越小，通约性越弱，意味着婚姻状态更易于变动。值得注意的是，这里所指的婚姻状态并非针对个人，而是反映整个社会婚姻的稳定程度。图中 A1、A2、A3 分别代表国家制度与民众的交集、国家制度与社会风俗的交集，以及民众与社会风俗的交集，这三者之间是"逻辑与"① 的关系，共同影响着婚姻领域的稳定与发展。

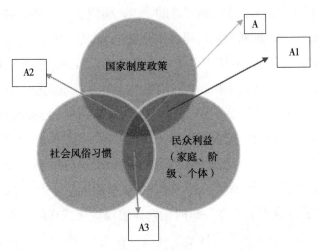

图 6—1—2　婚姻生活领域各权力主体关系图

　　A 的通约性强弱受到 A1、A2、A3 三者通约性的共同影响。只有当 A1、A2、A3 的通约性都相对较高时，A 的通约性才会越强。换言之，如果 A1、A2、A3 中的任何一个通约性较弱，都会直接影响到 A 的整体通约性效果。下面我们逐一对此进行阐述。

---

　　① 逻辑与，也称为"逻辑与运算"，是数学和计算机科学领域的一个基本概念。在逻辑学中，"逻辑与"是一种二元运算，用于判断两个语句的真假关系。

1. 国家权力主体和个体权力主体的通约（A1）

在《婚姻法》的贯彻过程中，国家并非简单地发布政令就能得到民众的立即响应。相反，这是一个需要不断进行宣传、教育、说服和贯彻的复杂过程。为了提升群众的政治认同度，国家结合具体实践采取了多种有效措施。这些举措对于确立中国共产党在群众心中的地位以及推动政策的实施具有重要意义。例如，土地改革帮助农民实现了"耕者有其田"的梦想，提高了农民的社会地位，从而赢得了他们对国家推行政策的支持。另外，中华人民共和国成立初期的禁娼运动不仅解放了妇女，还净化了社会风气，增强了人们对国家的认同感。此外，国家开展的公共服务建设工作也大大改善了贫穷落后的状况，使旧貌换新颜。这些行动都极大地增强了人们对党和国家的情感认同和心理归属感，而这种认同感又反过来促进了国家各项制度的顺利执行。以下是一位妇联干部回忆当时宣传《婚姻法》的场景，生动地展现了这一过程。

> 访谈：所有老百姓都特别好发动，因为刚解放不久，老百姓都响应号召，积极参与政府的各项活动，对于组织活动没有厌烦的。直到现在，我们有些老同志还记得那个时期的热闹场景，如果我要召集妇女开会，我也不用麻烦街长就直接到街道找妇代会，妇代会找好场地，我站凳子上就开始讲，不一会儿妇女就都凑过来了，就像看耍猴似的围着我，我把任务活动直接讲给妇女听，然后妇代会组织行动，妇女群众配合得非常好。[①]

老百姓之所以能够容易被发动，这与他们对国家的认同紧密相连。这种现象从某种程度上可以理解为个体在利用制度和结构的同时，也在再生产这个社会制度和社会结构。因此，增强 A1 的通约性，关键在于提升民众群体对国家的认同度。当民众的政治认同度提高，并能够将这种政治认同转化为更深层的文化认同和情感认同时，政策的执行将会更加顺利，效果也会事半功倍。

---

① 来自中华女子学院中国女性图书馆所藏妇女口述史资料，受访者：梁女士，1934 年生，妇联干部。

然而，在提升认同度的同时，我们也必须考虑国家政策对不同群体利益的影响。例如，自由离婚的规定可能会在女性与丈夫、公婆之间引发分歧，而自由结婚的规定则可能在子女与父母之间造成摩擦。这些分歧和摩擦背后，反映的是不同主体在经济利益和伦理道德方面的考量。女性与丈夫、公婆的纠纷可能更多围绕利益分配，而父母与子女的冲突则可能更多涉及伦理观念。因此，国家权力主体在面对这些现实生活中的多元挑战时，可能会"开发"出多种解决问题的途径，以更好地平衡各方利益，促进社会的和谐稳定。或者说，"制度必须应对多变的、流动的现实"。① 因此，婚姻制度与婚姻生活理想的互动关系应当是：婚姻制度在持续运转的过程中，能够随时根据具体情境做出适当的调整，同时，婚姻制度也应在接受符合时代发展和民众需求的新理念、新做法的过程中，积极地改变自身，以适应不断变化的社会环境和民众期望。

2. 国家权力主体和社会习俗"权力主体"的通约（A2）

民间社会的习俗和惯例，虽无法律之名，却在日常生活中"真实有效地存在并发挥着作用"。② 这显示了制度执行的成效与社会习俗和惯例之间的紧密联系。在婚姻领域，这种关系尤为明显。新的婚姻制度在执行过程中，总会受到传统婚姻习俗的深刻影响。例如，《婚姻法》在推行过程中，遇到了传统包办婚姻的阻力，这与《婚姻法》所倡导的婚姻自主观念存在显著冲突。然而，二者在冲突中寻求调适，通过"半自主婚姻"这一创新形式，有效地解决了这一难题。再比如，《婚姻法》所倡导的男女平等、婆媳平等的观念与传统的夫为妻纲、长幼尊卑的观念相悖。但国家巧妙地结合了法律制度和风俗习惯，倡导"尊婆爱媳"、"夫妻和睦"等传统孝亲观念，使《婚姻法》的理念和原则更易为民众所接受，从而实现了有效的社会治理。

提升 A2 通约性的关键在于构建一个"理"与"法"共存的合理规范。因此，在制定和实施国家制度时，必须充分考虑其对民众风俗习惯的影响，努力发挥其正面引导作用，同时消除可能的负面影响。在这个过程中，不仅

① 邓小南：《再谈走向"活"的制度史》，《史学月刊》2022年第1期。
② 许耀桐、刘昌雄：《政治文明建设与民主政治发展》，中国经济出版社，2006年，第50页。

仅是法律制度在推行过程中应如何利用风俗习惯，更重要的是法律制度的制定本身就必须充分考虑到民众的风俗习惯和接受程度。这种考虑并非一成不变，而是具有相对性的。对于那些阻碍社会进步、陈旧落后的陋俗，如买卖婚姻、童养媳等，应坚决地予以破除。对于一些因文化观念束缚而暂时难以被民众接受的观念，我们则需要更加谨慎地处理。值得注意的是，除了传统思维习惯外，阻碍《婚姻法》执行的一个更为重要的因素是生活中真实存在的"现实性利害关系"。例如，在《婚姻法》的实施过程中，自由离婚常常遭到男方及其家庭的反对，而自由恋爱在乡村社会也面临诸多阻力。这些情况都反映了现实利益对法律制度执行的影响。正如马克思、恩格斯所言："思想一旦离开'利益'，就一定会使自己出丑。"① 因此，从某种意义上说，国家在制定相关制度时，与其说是要考虑到民众的风俗习惯，不如说是要考虑不同群体的利益。

3. 个体权力主体与社会习俗"权力主体"的通约（A3）

社会风俗和内生文化信仰是在不同权力主体的共同作用下不断生产与再生产的，并会随社会环境变化而调整。一般而言，只有当这些风俗或信仰为先进的社会制度服务时，它们才可能被更广泛的人群接受并逐渐普及。以1950年至1966年间婚姻观念的变迁为例，男女平等、一夫一妻、婚姻自由等观念当时尚属新颖，但如今已深入人心，成为习惯。这背后的原因在于这些婚姻文化理念与先进的经济制度相契合，能引导人们追求更美好的生活。首先，这些婚姻观念强调的男女平等、一夫一妻制以及婚姻自由，与新中国成立后致力于打破旧有社会结构、推动社会平等的目标高度一致，为新的社会制度提供了强有力的文化支撑。其次，随着社会主义经济建设的推进，人们开始追求更加独立、自主的生活方式，这些婚姻观念恰好契合了这一社会趋势，鼓励个体在婚姻关系中寻求自我实现与价值认同。正是这些深层次的契合，使得这些原本新颖的婚姻观念得以深入人心，成为现代社会不可或缺的文化基石。

因此，增强通约性的有效途径是构建积极向善的婚姻风俗或文化信仰体

---

① 《马克思恩格斯全集》（第2卷），人民出版社，2016年，第103页。

系，这一体系应服务于先进的社会制度，有助于提升全社会的婚姻质量与幸福感。通过倡导平等、尊重、理解、包容的婚姻价值观，鼓励夫妻双方共同承担家庭责任、追求个人成长与相互成就，可以有效减少婚姻矛盾与冲突的发生，促进家庭和谐与社会稳定。

在婚姻领域，国家制度、社会风俗和个体利益之间的通约性至关重要。当这三者的通约性提高时，各主体之间的合作优势将更加凸显，进而能够增强各主体对高质量婚姻的推动作用。当然，这只是对构建良性婚姻机制中的几个关键因素的初步探讨。在现实生活中，婚姻改革涉及多方面的势力，是一个复杂多维的变革过程。新的婚姻理念在实践中会相互影响、相互改造。因此，我们需要深入关注婚姻领域的每一个环节，不仅要看到权力是如何如毛细血管般渗透到社会的每一个角落，还要深入理解其中的渗透机制。

总之，不论法律是否存在，人们始终拥有选择婚姻"为"或"不为"的自由。然而，这种自由并非绝对，因为它深受人类社会化和体制化的影响。尽管如此，这并不能削减人类对美好自由婚姻的渴望与追求。事实上，人类一直在为实现美好自由的婚姻而努力。对于不同时代的人而言，他们对美好自由婚姻的定义可能有所不同。那么，如何去衡量美好自由的婚姻呢？罗尔斯的"作为公平的正义"理论为我们提供了有益的视角。罗尔斯主张，在维持社会整体福利不变的前提下，正义必须满足最小受惠者的最大利益，即正义的实现不应以牺牲少数人的利益为代价，而应充分尊重和保护这些少数人的最大利益诉求。同时，他认为在社会公平的环境下，每个社会成员都应享有均等的机会。[①] 因此，美好自由的婚姻应建立在确保所有社会成员机会均等，并满足最小受惠者最大利益的公平正义的社会基础之上。当然，这只是从社会宏观层面的一个总体概括，如何使每个人都能享有有尊严的美好自由婚姻，仍有待我们的进一步探索。

---

① ［美］约翰·罗尔斯著，何怀宏等译：《正义论（修订版）》，中国社会科学出版社，2009年。

参 考 文 献

一、文集

中共中央党史和文献研究院：《建国以来刘少奇文稿》，中央文献出版社，
　2018 年。

中共中央马克思恩格斯列宁斯大林著作编译局：《马克思恩格斯全集》，人民
　出版社，1956—1965 年。

中共中央马克思恩格斯列宁斯大林著作编译局：《马克思恩格斯选集》，人民
　出版社，1972—1995 年。

毛泽东：《毛泽东选集》，人民出版社，2003 年。

二、档案、方志

北京市档案馆、朝阳区档案馆、东城区档案馆、丰台区档案馆、海淀区档案
　馆、门头沟区档案馆、石景山区档案馆、西城区档案馆、湖南省档案馆、
　成都市档案馆、http：//www.997788.com/网站中的相关档案。

北京市地方志编纂委员会：《北京志·人民团体卷·妇女组织志》，北京出版
　社，2007 年。

广东省地方志编纂委员会：《广东省志》，广东人民出版社，2007 年。

哈尔滨市妇联史志编纂委员会：《哈尔滨市妇联志》，哈尔滨市妇联办公室，
　1996 年。

河北省地方志编纂委员会：《河北省志·妇女运动志》，中国档案出版社，
　1997 年。

《江西省地方志》编纂委员会：《江西省志·江西省妇女组织志》，方志出版
　社，2002 年。

《上海妇女志》编纂委员会：　《上海妇女志》，上海社会科学院出版社，
　2000 年。

陕西省地方志编纂委员会：　《陕西省志·妇女志》，陕西人民出版社，

2001 年。

三、报纸、杂志

报纸：

《北京日报》

《解放日报》

《人民日报》

《人民画报》

《陕西日报》

《中国青年报》

杂志：

《北京妇女》

《东北妇女》

《河北妇女》

《内蒙古妇女》

《四川妇女》

《西南妇女》

《中国妇女》

四、口述史料

李慧波主编：《探寻她们的人生：妇女口述历史丛书》第 8—9 卷，中国妇女出版社，2021 年。

张李玺主编：《倾听与发现：妇女口述历史丛书》第 1—10 卷，中国妇女出版社，2014—2016 年。

中华女子学院中国女性图书馆所藏妇女口述史资料。

梁景和主编：《中国现当代社会文化访谈录》（第一——四辑），首都师范大学出版社，出版日期为：2010—2014 年。

五、著作

1. 国内著作

A

长沙市妇女联合会编：《长沙妇女工作五十年》，长沙市印刷厂，2000 年。

B

李慧波：《北京市婚姻文化嬗变研究（1949—1966）》，社会科学文献出版社，2014 年。

D

郭卫编：《大理院判决例全书》，（台北）成文出版社有限公司印行，1972 年。

杨立新点校：《大清民律草案》，吉林人民出版社，2002 年。

F

赵刘洋：《妇女、家庭与法律实践》，广西师范大学出版社，2021 年。

G

《贯彻婚姻法工作指南》，人民出版社，1953 年。

H

湖南省妇女联合会：《湖南妇女工作五十年（1953 年 2 月—2003 年 2 月）》，
    湖南省妇女工作五十年编委会，2003 年。

中华人民共和国民政部民政司：《婚姻工作手册》，群众出版社，1989 年。

吉国秀：《婚姻仪礼变迁与社会网络重建：以辽宁省东部山区清原镇为个
    案》，中国社会科学出版社，2005 年。

刘彩清：《婚姻、家庭、生育与妇女地位：对一个侗族村寨的人类学研究》，
    知识产权出版社，2016 年。

《婚姻案件处理经验》，人民出版社，1953 年。

《婚姻法通俗讲解材料》，人民出版社，1953 年。

徐静莉、王坤：《婚姻法前沿问题研究》，知识产权出版社，2016 年。

J

晋察冀北岳区妇女抗日斗争史料编辑组编：《晋察冀北岳区妇女抗日斗争史
    料》，中国老年历史研究会，1985 年。

李春玲：《境遇、态度与社会转型——80 后青年的社会学研究》，社会科学文
    献出版社，2013 年。

唐灿主编：《家庭与性别评论》第 1 辑，社会科学文献出版社，2008 年。

张文霞、朱冬亮：《家庭社会工作》，社会科学文献出版社，2005 年。

K

蓝佩嘉：《跨国灰姑娘：当东南亚帮佣遇上台湾新富家庭》，吉林出版集团，
    2011 年。

L

金一虹：《流动的父权：流动农民家庭的变迁》，吴小英主编：《家庭与社会性别评论》，社会科学文献出版社，2011 年。

朱文通等编：《李大钊全集》第 4 卷，河北教育出版社，1999 年。

M

邓惟佳：《迷与迷群：媒介使用中的身份认同建构》，中国传媒大学出版社，2009 年。

杨立新点校：《民国民律草案》，吉林人民出版社，2002 年。

P

彭聃龄：《普通心理学》，北京师范大学出版社，2004 年。

《破旧俗，立新风——杂谈反对旧习惯势力》，天津人民出版社，1965 年。

R

肖爱树：《20 世纪中国婚姻制度研究》，知识产权出版社，2005 年。

张小军：《让历史有"实践"：历史人类学思想之旅》，清华大学出版社，2019 年。

S

顾颉刚：《史林杂识初编》，中华书局，1963 年。

苏力：《送法下乡——中国基层司法制度研究》，中国政法大学出版社，2000 年。

X

费孝通：《乡土中国　生育制度》，北京大学出版社，1998 年。

新疆生产建设兵团妇女联合会编：《新疆兵团妇女（1949—2009）》，新疆人民出版社，2010 年。

Y

郭于华主编：《仪式与社会变迁》，社会科学文献出版社，2000 年。

佟新：《异化与抗争——中国女工工作研究》，中国社会科学出版社，2003 年。

张献坤、卢祥、曹华丽主编：《延庆妇女五十年》，延庆妇女联合会，2008 年。

Z

刘维芳:《中华人民共和国史小丛书:新中国第一部婚姻法》,人民出版社,
　　2020 年。

马起:《中国革命和婚姻家庭》,辽宁人民出版社,1959 年。

马起:《中华人民共和国婚姻法概论》,湖北人民出版社,1957 年。

王歌雅:《中国婚姻伦理嬗变研究》,中国社会科学出版社,2008 年。

王歌雅:《中国现代婚姻家庭立法研究》,黑龙江人民出版社,2004 年。

向仍旦:《中国古代婚俗文化》,中国书籍出版社,2014 年。

徐百齐编:《中华民国法规大全》,商务印书馆,1936 年。

许耀桐、刘昌雄:《政治文明建设与民主政治发展》,中国经济出版社,2006 年。

翟学伟:《中国人行动的逻辑》,社会科学文献出版社,2011 年。

张希坡:《中国婚姻立法史》,人民出版社,2004 年。

中国妇女管理干部学院编:《中国妇女运动文献资料汇编》第二册 (1949—
　　1983),中国妇女出版社,1988 年。

中华全国妇女联合会:《中国妇女运动重要文献》,人民出版社,1979 年。

《中国统计年鉴 (1985)》,中国统计出版社,1985 年。

中国人民大学法律系民法教研室、资料室:《中华人民共和国婚姻法资料选
　　编》(校内用书),1982 年。

2. 国外著作

A

Jacques Guillermaz, Anne Destenay, (2019), *Social Changes*:*The Mar-
　　riage Law of May* 1, 1950.

B

[德] 罗梅君著,王燕生等译:《北京的生育、婚姻和丧葬》,中华书局,
　　2001 年。

C

[法] 米歇尔·福柯著,莫伟民译:《词与物》,上海三联书店,2001 年。

D

[英] Tim Cresswell 著,徐苔玲、王志弘译:《地方:记忆、想象与认同》,

群学出版有限公司，2006 年。

E

Attias D.，Sara A.，Equity and Solidarity across the Generations，In Sara A.，*Myth of Generational Conflict*，Rutledge，2000.

G

［法］米歇尔·福柯著，刘北成、杨远婴译：《规训与惩罚》，生活·读书·新知三联书店，1999 年。

［美］乔尔·S. 米格代尔、阿图尔·柯里、维维恩·苏著，郭为桂等译：《国家权力与社会势力：第三世界的统治与变革》，江苏人民出版社，2017 年。

I

Joel S. Migdal，Atul Kohli，and Vivienne Shue："*Introduction-Developing a State-in-Society Perspective*，" in *State Power and Social Forces：Domination and Transformation in the Third World*，Cambridge University Press，1994.

J

［美］J. 罗斯. 埃什尔曼著，潘允康等译：《家庭导论》，中国社会科学出版社，1991 年。

［美］W. 古德著，魏章玲译：《家庭》，社会科学文献出版社，1987 年。

L

［美］阎云翔著，李放春、刘瑜译：《礼物的流动：一个中国村庄中的互惠原则与社会网络》，上海人民出版社，2000 年。

［法］马塞尔·莫斯著，汲喆译：《礼物》，商务印书馆，2019 年。

M

Kuo，Margaret，*Intolerable Cruelty：Marriage，Law，and Society in Early Twentieth-Century China*，Rowman & Littlefield Publishers，Inc.，2014.

Q

[法] 米歇尔·福柯著，严锋译：《权力的眼睛》，上海人民出版社，1997 年。

R

Neil J. Diamant，*Revolutionizing the Family：Politics，Love，and Divorce in Urban and Rural China*，*1949-1968*，University of California Press，2000.

[美] 欧文·戈夫曼著，冯钢译：《日常生活中的自我呈现》，北京大学出版社，2008 年。

[美] 约翰·罗尔斯著，何怀宏等译：《正义论（修订版）》，中国社会科学出版社，2009 年。

S

Shih C. K.，*The Yongning Moso ：Sexual Union，Household Organization，Gender and Ethnicity in a Matrilineal Duolocal Society in Southwest China*，Stanford University Press，1993.

[英] 安东尼·吉登斯著，李康、李猛译：《社会的构成：结构化理论纲要》，生活·读书·新知三联书店，1998 年。

[英] 安东尼·吉登斯著，郭忠华、徐法寅译：《社会理论的核心问题》，上海译文出版社，2015 年。

[法] 皮埃尔·布迪厄著，李猛、李康译：《实践与反思：反思社会学导引》，中央编译出版社，1998 年。

[美] 阎云翔著，龚小夏译：《私人生活的变革：一个中国村庄里的爱情、家庭与亲密关系：（1949—1999）》，上海书店出版社，2006 年。

Shue，eds.，*State Power and Social Forces：Domination and Transformation in the Third World*，Cambridge University Press，1994.

T

Phyllis Andors：*The Unfinished Liberation of Chinese Women*，*1949-1980*，Indiana University Press，1983.

Kay Ann Johnson：*Women，the Family，and Peasant Revolution in*

China，University of Chicago Press，1983.

［美］艾里希·弗洛姆著，刘林海译：《逃避自由》，上海译文出版社，2015年。

W

Margery Wolf：*Revolution Postponed*：*Women in Contemporary China*，Stanford University Press，1985.

［法］布尔迪厄著，包亚明译：《文化资本与社会炼金术——布尔迪厄访谈录》，上海人民出版社，1997年。

［英］安东尼·吉登斯著，田禾译：《现代性的后果》，译林出版社，2016年。

［英］吉登斯著，赵旭东等译：《现代性与自我认同：现代晚期的自我与社会》，生活·读书·新知三联出版社，1998年。

［美］乔治·赫伯特·米德著，霍桂桓译：《心灵、自我与社会》，上海译文出版社，2012年。

［美］彼得·L.伯格、托马斯·卢克曼著，吴肃然译：《现实的社会建构：知识社会学论纲》，北京大学出版社，2019年。

［美］玛莎·C·纳斯鲍姆著，田雷译：《寻求有尊严的生活：正义的能力理论》，中国人民大学出版社，2016年。

Z

［美］汤尼·白露著，沈齐齐译，李小江审校：《中国女性主义思想史中的妇女问题》，上海人民出版社，2012年。

丛小平：《自主：中国革命中的婚姻、法律与女性身份（1940—1960）》，社会科学文献出版社，2022年。

詹姆斯·W·凯瑞著，丁未译：《作为文化的传播》，华夏出版社，2005年。

六、论文

1. 期刊论文

B

成晓光：《班杜拉的社会学习理论中的认知因素》，《辽宁师范大学学报》2003年第6期。

廖青、黄绮妮：《布尔迪厄实践理论中的惯习及其在高等教育研究中的应用》，《清华大学教育研究》2018 年第 2 期。

林碧英：《班杜拉的"社会学习理论"与榜样教育》，《福建师大福清分校学报》1992 年第 2 期。

C

孔海娥：《从沉默到有限自主：新中国 60 年农村女性择偶自主权研究——以湖北省浠水县两个村庄为例》，《湖北社会科学》2010 年第 4 期。

李飞龙：《从"门当户对"谈起：论中国农村社会的择偶观（1950—1980年）》，《晋阳学刊》2011 年第 4 期。

李飞龙：《传统与现代之间：中国农村婚姻结识方式的路径分析（1950—1980 年代）》，《古今农业》2013 年第 1 期。

李志花：《从彝族的祭祖仪式看彝族的祖灵信仰》，《智富时代》2018 年第7 期。

朱丽娟、钱大军：《从传统到现代的嬗变———新中国离婚自由规定的变迁》，《法制与社会发展》2011 年第 2 期。

王铭铭、杨清媚：《从〈生育制度〉到〈乡土中国〉》，《读书》2020 年第 11 期。

王倩楠、何雪松：《从"回娘家"到"联谊会"：外嫁女的"报"与新宗族主义的兴起》，《妇女研究论丛》2020 年第 2 期。

肖瑛：《从"国家与社会"到"制度与生活"：中国社会变迁研究的视角转换》，《中国社会科学》2014 年第 9 期。

谢燕红：《传统与现代的合谋——1950 年代婚恋题材小说研究》，《温州大学学报（社会科学版）》2009 年第 1 期。

许加明：《从互补到互斥："凤凰男"和"孔雀女"爱情与婚姻的异化》，《青年探索》2019 年第 6 期。

D

陈英俊：《当代中国社会变迁与都市女性择偶观嬗变》，《山东青年管理学院学报》2008 年第 4 期。

郭人菡：《多元社会治理视域下罗尔斯"重叠共识"逻辑起点重释》，《浙江学刊》2021 年第 2 期。

李银河：《当代中国人的择偶标准》，《中国社会科学》1989 年第 4 期。

莫细细：《邓颖超与新中国第一部〈婚姻法〉》，《党史纪事》2003 年第 1 期。

甄忆蓉：《对离婚案件调解程序的一些意见》，《法学》1958 年第 4 期。

汤兆云：《邓颖超与新中国第一部〈婚姻法〉的起草》，《世纪》2010 年第 1 期。

徐晓兵、徐忠：《邓颖超与新中国首部〈婚姻法〉》，《党史博采（纪实）》
  2010 年第 3 期。

E

李飞龙：《20 世纪 50—80 年代农村婚姻礼仪的社会功能》，《重庆社会科学》
  2011 年第 10 期。

刘晓红：《20 世纪初中国农村包办择偶存在的原因》，《广西社会科学》2006
  年第 5 期。

汤水清：《20 世纪 50 年代初期中国乡村贯彻〈婚姻法〉过程中的死亡现象探
  析》，《社会科学》2010 年第 2 期。

张海荣：《二十世纪五十年代初期〈婚姻法〉乡村执行问题再审视——以冀
  北赤城县若干村庄为中心的考察》，《中共党史研究》2012 年第 12 期。

姚勇：《20 世纪 50 年代初西进新疆的山东女兵人数考证》，《山西档案》2015
  年第 3 期。

F

陈寒非：《法权身体：1950 年婚姻法的表达与实践》，《妇女研究论丛》2014
  年年第 5 期。

G

白若楠：《观念冲突与价值碰撞———陕西乡村民众对 1950 年〈婚姻法〉的
  误解透视》，《历史教学问题》2018 年第 5 期。

杜靖、李娟：《国家的具身与搬取——对闵氏宗族祭祖活动中"仪式国家"
  的考察》，《湖北民族大学学报》2020 年第 6 期。

高进：《国家仪式与共同体认同》，《浙江学刊》2021 年第 1 期。

刘汶蓉、李冰洁：《"过家人难"：农村青年的婚姻风险化与个体策略困

境——基于豫西南 D 县的调查研究》，《妇女研究论丛》2021 年第
2 期。

苏宝俊、高海萍：《观念的博弈——对 1950—1953 年我国〈婚姻法〉贯彻活
动的历史考察》，《社会科学家》2007 年第 2 期。

肖进：《革命年代的情爱及其限度——以 1950 年代婚外恋小说为中心的考
察》，《小说评论》2012 年第 2 期。

谢燕红、李刚：《"规训"与爱情——五十年代婚恋题材小说研究》，《南京师
范大学文学院学报》2006 年第 4 期。

H

焦长权：《换亲：一种婚姻形式及其运作——来自田野与地方志的分析》，黄
宗智主编：《中国乡村研究（第 9 辑）》，福建教育出版社，2012 年。

李飞龙：《婚姻习俗与国家在场：新中国成立初期民族地区婚姻纠纷调解机
制研究》，《思想战线》2016 年第 4 期。

林明鲜、申顺芬：《婚姻中的"私事"与社会干预的变迁——以〈人民日报〉
（1950—1997）的婚姻报道为例》，《西北师大学报（社会科学版）》2007
年第 6 期。

任耀星：《〈婚姻法〉实践中男性的情感与行为：以河南省为例（1950—
1953）》，《二十一世纪》2019 年 8 月号 174 期。

沈惠芬：《华侨家庭留守妇女的婚姻状况——以 20 世纪 30—50 年代福建泉
州华侨婚姻为例》，《华侨华人历史研究》2011 年第 2 期。

J

习统菊：《嫁妆与聘礼：一个学术史的简单回顾》，《山东大学学报（哲学社
会科学版）》2007 年第 2 期。

胡全柱、陆小聪：《集体主义工作伦理的社会建构——一位女劳模的口述史
研究》，《华中科技大学学报（社会科学版）》2008 年第 5 期。

胡现岭：《接纳、曲解与抵制：建国初新区基层干部与婚姻法的推行——以
豫东周口地区为中心》，《周口师范学院学报》2016 年第 1 期。

黄桂琴、张志永：《建国初期婚姻制度改革研究》，《政法论坛》2004 年第 2 期。

刘亚：《"解放"的历程——20 世纪 50 年代华南农村妇女的生产与社会再生产》，《开放时代》2018 年第 4 期。

李洪河：《建国初期的妇女离婚问题探论》，《求索》2008 年 1 月。

张志永：《建国初期干部群体婚姻问题辨正》，《复旦学报（社会科学版）》2009 年第 6 期。

张永：《家庭伦理与革命伦理：中国共产党早期党员的伦理归属抉择》，《东南学术》2020 年第 3 期。

萨其荣桂：《旧俗、革命与感情——20 世纪 50 年代中国婚姻纠纷解决的话语实践》，《湖北民族学院学报（哲学社会科学版）》2019 年第 5 期。

汪炜伟：《建国初妇女解放中的自杀现象——以福建省惠安县妇女集体自杀为考察对象》，《南方人口》2012 年第 3 期。

K

周晓虹：《口述史作为方法：何以可能与何以可为——以新中国工业建设口述史研究为例》，《社会科学研究》2021 年第 5 期。

L

李银河：《论村落文化》，《中国社会科学》1993 年第 5 期。

浦永灏：《论福建侨乡人口国际迁移的社会、经济、文化意识效应》，《人口研究》1988 年第 5 期。

朴敬石：《"离婚完全自由"问题上的矛盾与妥协——以 1950 年〈中华人民共和国婚姻法〉的制定过程为中心》，《徐州工程学院学报（社会科学版）》2017 年第 1 期。

汤水清：《"离婚法"与"妇女法"：20 世纪 50 年代初期乡村民众对婚姻法的误读》，《复旦学报（社会科学版）》2011 年第 6 期。

汤水清：《论新中国城乡二元社会制度的形成》，《历史教学（中学版）》2007 年第 7 期。

王为衡：《刘少奇与新中国第一部婚姻法》，《党的文献》2010 年第 3 期。

钟宇慧：《零零后的"长大"：教化与内化互构的典型媒介形象呈现》，《中国青年研究》2021 年第 3 期。

杨菊华、张钊、罗玉英：《流动时代中的流动世代：近 30 年中国青年流动人口特征的变动趋势》，《中国青年研究》2016 年第 4 期。

杨华：《"领导交办的事"：任务性质与政治激励——对基层单位人事激励机制的一项理解》，《广西师范大学学报（哲学社会科学版）》2021 年第 1 期。

杨嵘均：《论正式制度与非正式制度在乡村治理中的互动关系》，《江海学刊》2014 年第 1 期。

M

尹振宇、刘冠军：《美貌能带来美满的婚姻吗 ——长相和身材对青年人群婚姻满意度的影响》，《中国青年研究》2019 年第 9 期。

张华：《"民主和睦"：1950 年〈婚姻法〉的宣传实施与新家庭建设》，《开放时代》2018 年第 4 期。

N

秦惠民、李娜：《农村背景大学生文化资本的弱势地位——大学场域中文化作为资本影响力的视角》，《北京大学教育评论》2014 年第 4 期。

张世平：《年龄分层理论与青年研究》，《青年研究》1988 年第 3 期。

P

蔡翩飞、余秀兰、刘小瑜：《贫穷限制了想象？寒门大学生社会认知特征分析》，《中国青年研究》2020 年第 4 期。

项飚：《普通人的"国家"理论》，《开放时代》2010 年第 10 期。

S

常利兵：《塑造婚姻与农民国家观念的形成———以贯彻 1950 年〈婚姻法〉为考察对象》，《晋阳学刊》2013 年第 3 期。

成伯清：《社会建设的情感维度——从社群主义的观点看》，《南京社会科学》2011 年第 1 期。

胡安宁：《社会学视野下的文化传承：实践—认知图式导向的分析框架》，《中国社会科学》2020 年第 5 期。

李飞龙：《社会变迁的折射：20 世纪 50 年代到 80 年代的乡村婚龄》，《古今农业》2010 年第 4 期。

李飞龙：《社会变革与婚姻支付：20 世纪 50—80 年代中国农村的彩礼和嫁妆》，《古今农业》2017 年第 3 期。

崔一楠、徐黎：《她身之意：贯彻婚姻法运动中的女性与政治——以川西北农村地区为例》，《中国农业大学学报（社会科学版）》2020 年第 4 期。

李建新、骆为祥：《生育意愿的代际差异分析——以江苏省为例》，《中国农业大学学报（社会科学版）》2009 年第 3 期。

梁文生：《社会变迁中的婚姻制度——基于 1950—1954 年新会司法档案的研究》，《山东社会科学》2018 年第 7 期。

刘维芳：《试论〈中华人民共和国婚姻法〉的历史演进》，《当代中国史研究》2014 年第 1 期。

陆春萍、邓伟志：《社会实践：能动与结构的中介——吉登斯结构化理论阐释》，《学习与实践》2006 年第 2 期。

唐德华：《四十年审理婚姻家庭关系案件的回顾——纪念新中国第一部婚姻法诞生四十周年》，《人民司法》1990 年第 4 期。

王细、段锦云、田晓明：《送礼何以盛行？——送礼行为影响因素和理论解释》，《心理技术与应用》2020 年第 1 期。

翟学伟：《社会心理承受力与社会价值选择——理论探讨与经验研究》，《社会学研究》2000 年第 2 期。

T

潘家恩、张振、温铁军：《"铁钩"与"豆腐"的辩证——对梁漱溟 20 世纪 50 年代思想张力的一个考察视角》，《开放时代》2018 年第 2 期。

伊卫风：《通过法律对女性的社会动员——中国共产党与 1949 年之前婚姻家庭法律在农村的实践》，《法学家》2021 年第 5 期。

W

敖成兵：《"伪精致"青年的视觉包装、伪饰缘由及隐形焦虑》，《中国青年研究》2020 年第 6 期。

江海波:《王明与新中国第一部〈婚姻法〉》,《党史天地》2001 年第 5 期。

吴跃农:《王明在起草新中国第一部〈婚姻法〉前后》,《文史精华》2014 年
第 16 期。

谢俊美:《五十年来中国大陆婚姻状况的嬗变》,《太原理工大学学报》(社会
科学版) 2005 年第 4 期。

张小军:《"文治复兴"与礼制变革——祠堂之制与祖先之礼的个案研究》,
《清华大学学报 (哲学社会科学版)》2012 年第 2 期。

许莉:《我国近代亲属法比较研究》,《学术交流》2009 年第 9 期。

应芳舟:《五十年前的结婚登记书与离婚证》,《档案春秋》2007 年第 6 期。

X

敖天颖、龚秀勇:《新中国成立前后工人群体的婚姻变迁——以成都裕华纱
厂为样本的考察》,《四川师范大学学报 (社会科学版)》2016 年第 4 期。

常江潇、周晓虹:《新中国工人阶级劳动传统的形成——以洛阳矿山机器厂
为例》,《社会学研究》2021 年第 4 期。

邓智旺:《新中国成立初期中国共产党在婚姻法运动中的社会动员》,《中共
浙江省委党校学报》2012 年第 4 期。

郭凯、薛长刚:《新中国成立初期华北地区婚姻家庭变迁诸问题》,《历史教
学》2011 年第 6 期。

郭凯:《新中国成立初期婚姻司法实践的挑战与应对》,《中州学刊》2013 第
10 期。

何立波:《新中国第一部〈婚姻法〉诞生始末》,《检察风云》2011 年第 1 期。

贺军平:《新中国农村的婚姻与家庭考察》,《唐都学刊》1989 年第 4 期。

黄传会:《新中国第一部婚姻法的诞生 (上)》,《中国人大》2007 年第 3 期。

黄传会:《新中国第一部婚姻法的诞生 (下)》,《中国人大》2007 年第 4 期。

李洪河、王淑姣:《新中国成立初期农村妇女婚姻自由问题探微——以湖南
省为中心》,《中国浦东干部学院学报》2012 年第 2 期。

李金铮:《向"新革命史"转型:中共革命史研究方法的反思与突破》,《中
共党史研究》2010 年第 1 期。

李洪河、王颖颖：《新中国成立初期的婚姻家庭冲突和妇女权益保障》，《河北师范大学学报（哲学社会科学版）》2011 年第 3 期。

李鹏：《新中国留苏学生的"洋"婚》，《档案春秋》2016 年第 11 期。

李巧宁：《新中国对新女性形象的塑造：1949—1965》，《山西师大学报（社会科学版）》2006 年第 6 期。

李秀清：《新中国婚姻法的成长与苏联模式的影响》，《法律科学》2002 年第 4 期。

廖熹晨：《新中国重塑婚姻道德——以 1955—1956 年一场读者大讨论为例》，《中国国家博物馆馆刊》2019 年第 10 期。

马宗保、高永久：《乡村回族婚姻中的聘礼与通婚圈——以宁夏南部单家集村为例》，《民族研究》2005 年第 2 期。

王冬梅：《新中国成立初期贯彻〈婚姻法〉过程中妇女自杀或被杀的性别视角探析》，《山东女子学院学报》2016 第 1 期。

王冬梅：《新中国成立初期〈婚姻法〉的宣传和贯彻实施——以福建省惠安县惠东地区为例》，《妇女研究论丛》2017 年第 1 期。

刘倩：《新中国成立后我国裁判离婚理由的价值分析》，《贵阳学院学报（社会科学版）》2011 年第 1 期。

汤兆云：《新中国第一部〈婚姻法〉是由王明领衔起草吗》，《百年潮》2010 年第 2 期。

张成洁、莫宏伟：《新中国第一部〈婚姻法〉宣传与贯彻运动述论》，《河南师范大学学报（哲学社会科学版）》2008 年第 1 期。

张福运、岑怡坤：《新中国初期中央—地方关系的张力与弹性——婚姻制度变革的视角》，《东南学术》2019 年第 5 期。

张海：《新中国成立初期湖南省贯彻婚姻法运动考察》，《湖南师范大学社会科学学报》2019 年第 3 期。

张浩：《新中国建立初期北京市婚姻制度改革研究》，《社科纵横》2009 年第 11 期。

杨丽萍：《新中国成立初期上海贯彻婚姻法运动》，《中共党史研究》2006 年第 1 期。

王彦红、周艳芝、刘志兰：《新中国第一部〈婚姻法〉起草始末》，《党史文苑：纪实版》2008 年第 2 期。

武雁萍：《新中国第一部〈婚姻法〉出台前后》，《党史文汇》2010 年第 7 期。

晓何：《新中国第一部法律〈婚姻法〉诞生始末》，《党史纵览》2010 年第 4 期。

徐安琪：《新中国首部婚姻法的历史价值再评价》，《中国研究》2010 年 Z1 期。

王余意、周晓虹：《"新人"的塑造：社会表征与个体认同——以青年学生舒文秉的日记（1951—1955）为例》，《社会学评论》2021 年第 4 期。

徐勇：《"宣传下乡"：中国共产党对乡土社会的动员与整合》，《中共党史研究》2010 年第 10 期。

赵海全：《新中国建国初期法制实践的特征——以 20 世纪 50 年代〈婚姻法〉贯彻运动为例》，《北京理工大学学报（社会科学版）》2017 年第 1 期。

马冀：《新中国成立初期贯彻婚姻法运动述论》，《江西社会科学》2010 年第 4 期。

石磊：《新中国成立以来教育婚姻匹配的变迁》，《人口研究》2019 年第 6 期。

王申红：《新中国成立初期皖北农村妇女因婚死亡现象探析》，《历史教学》2014 年第 20 期。

王思梅：《新中国第一部〈婚姻法〉的颁布与实施》，《党的文献》2010 年第 3 期。

Y

李斌：《1950 年代农村婚恋模式嬗变的再思考》，《史学月刊》2013 年第 7 期。

陈文平、段锦云、田晓明：《员工为什么不建言：基于中国文化视角的解析》，《心理科学进展》2013 年第 5 期。

邓红、王利娟：《1950 年新〈婚姻法〉的推行及其影响———基于天津市的考察》，《河北大学学报（哲学社会科学版）》2019 年第 4 期。

郭建斌：《“在场”：一个基于中国经验的媒体人类学概念》，《新闻与传播研究》2019 年第 11 期。

李刚、谢燕红：《1950 年代小说的离婚叙事研究》，《北方论丛》2010 年第 5 期。

廖熹晨、梁景和：《1949—1966 年新中国贞操观的变革——以北京地区为例》，《辽宁大学学报（哲学社会科学版）》2014 年第 3 期。

庄秋菊：《1950 年〈婚姻法〉的颁布与北京工人婚姻观念的变化》，《党史研究与教学》2013 年第 2 期。

唐士梅：《1950 年〈婚姻法〉对汉中婚俗文化的影响》，《文化遗产》2015 年第 3 期。

田心：《1950 年〈婚姻法〉的颁布与实施》，《中国妇运》2010 年第 5 期。

张志永、李月玺：《1950 年〈婚姻法〉与华北农村婚姻制度的鼎革》，《当代中国史研究》2015 年第 3 期。

Z

邓小南：《再谈走向“活”的制度史》，《史学月刊》2022 年第 1 期。

黄珞、李明德：《再现、互构、生产：中国都市电影中的女性主义理论与实践》，《现代传播》2021 年第 2 期。

李可：《在自由与秩序之间：新中国对待“无血缘不伦婚姻”的态度——以最高人民法院及其分院的批复为样本的分析》，《政法论丛》2018 年第 1 期。

李巧宁、陈海儒：《中国西部农村婚姻家庭观念与实践变迁——以 1950—1953 年陕西农村女性离婚潮为例》，《甘肃社会科学》2013 年第 3 期。

马荟：《刍议邓颖超妇女解放思想及其在 1950 年〈婚姻法〉中的部分体现》《法制与经济》2015 年第 9 期。

庄玉乙、刘硕：《组织权威下的讨价还价何以可能？——机构垂直管理改革中的上下级博弈》，《公共行政评论》2021 年第 6 期。

周宇香：《中国“90 后”人口特征及其形成原因解析》，《中国青年研究》2020 年第 11 期。

郑长兴、上官绪智：《中华苏维埃共和国婚姻法对我国婚姻家庭制度的影响》，《黄河科技大学学报》2000 年第 3 期。

章望英：《中国共产党与西方政党差异性的多维分析》，《法制与社会》第 2008 年 32 期。

王英侠、徐晓军：《择偶标准变迁与阶层间的封闭性——以 1949 年以来择偶标准变迁为例》，《青年探索》2011 年第 1 期。

王颖、石彤：《组织动员下新疆支边妇女的婚恋研究》，《妇女研究论丛》2016 年第 5 期。

容志、秦浩：《再组织化与社会治理现代化：重大公共卫生事件中社区"整体网格"的运行逻辑及其启示》，《上海行政学院学报》2020 年第 6 期。

宋学勤：《制度变迁与社会生活新范式的生成———以 1949—1956 年婚姻与家庭变化为视点的考察》，《江海学刊》2009 年第 6 期。

孙银光：《制造群众：爱国主义教育的实践逻辑》，《中国教育学刊》2015 年第 1 期。

张文军：《知变又知常：观念是如何转型的？——基于浙东屿村婚育观念的考察》，《社会》2021 年第 2 期。

2. 硕博论文

D

马荟：《当代中国婚姻法与婚姻家庭研究》，山东大学 2013 年博士学位论文。

闫玉：《当代中国婚姻伦理的演变与合理导向研究》，吉林大学 2008 年博士学位论文。

朱丽娟：《当代中国婚姻家庭制度演变的观念基础》，吉林大学 2010 年博士学位论文。

F

李乾坤：《妇联参与社会治理的历史进程及经验研究》，东北师范大学 2019 年博士学位论文。

曹建慧：《法律变革与社会——以新中国第一部婚姻法为例》，北方工业大学 2008 年硕士学位论文。

宁英子：《妇女在社会主义建设初期的作用研究——以〈中国妇女〉（1949—1966）为例》，山西师范大学 2017 年硕士学位论文。

J

孙明：《家庭背景与干部地位获得（1950—2003）》，复旦大学 2010 年博士学位论文。

张志永：《建国初期河北省婚姻制度改革研究（1950—1956）》，复旦大学 2003 年博士学位论文。

方砚：《近代以来中国婚姻立法的移植与本土化》，华东政法大学 2014 年博士学位论文。

郭宇奇：《建国初期湘女入疆问题初探》，湖南科技大学 2016 年硕士学位论文。

郭志远：《建国初期长沙市宣传贯彻〈婚姻法〉运动研究》，湘潭大学 2018 年硕士学位论文。

韩颀：《建国初期新型婚姻家庭关系下的妇女解放研究（1949—1956）》，广西师范大学 2014 年硕士学位论文。

李娟：《建国初期山西省贯彻婚姻法运动研究》，山西师范大学 2014 年硕士学位论文。

李亚娟：《建国以来的婚姻法律与婚姻家庭变迁——从 1950 年婚姻法到 2001 年婚姻法修正案》，西北工业大学 2003 年硕士学位论文。

朱颖：《解放初期的婚姻诉讼研究——以永修县人民法院的判决为例》，江西财经大学 2010 年硕士学位论文。

孙婷：《"进城之后"的家庭问题——以 50 年代几个"家庭危机"文本为中心的考察》，华东师范大学 2017 年硕士学位论文。

M

方莉琳：《毛泽东时代的工人婚姻——基于洛阳工厂的研究（1949—1976）》，南京大学 2014 年硕士学位论文。

Q

丛日飞：《情侣关系中礼物形象一致性的前因及其对礼物收送体验的影响研

究》，中国科学技术大学 2018 年博士学位论文。

刘超：《青年婚恋观历史演变与发展趋势研究》，天津商业大学 2011 年硕士
　学位论文。

S

李飞龙：《社会变迁中的中国农村婚姻家庭研究（1950—1985）》，中共中央
　党校 2010 年博士学位论文。

穆红琴：《山西省永济县家事审判实践变迁及启示——以永济县家事诉讼档
　案为基础（1949—1999）》，华东政法大学 2012 年博士学位论文。

芇娟：《实施〈婚姻法〉对农民婚姻的政治影响——基于河南省开封市郊区
　当事人的口述历史》，华中师范大学 2018 年硕士学位论文。

T

杨彦旭：《通过法律的秩序建构——以 1950 年〈婚姻法〉为例》，西南政法
　大学 2013 年硕士学位论文。

W

钟溢：《我国近现代婚恋伦理的历史研究——以〈围城〉、〈小二黑结婚〉、
　〈蜗居〉为例》，南京林业大学 2018 年硕士学位论文。

王宗燕：《50 年代小说中的婚恋书写》，西南大学 2010 年硕士学位论文。

X

王梦奇：《新中国禁止重婚制度研究》，华东政法大学 2020 年博士学位论文。

曾庆利：《生活世界的动员和改造——以 1950—1960 年代上海文艺中的妇女
　形象为中心兼及其它》，上海大学 2017 年博士学位论文。

张海：《新中国成立初期湖南省宣传贯彻婚姻法运动研究》，中共中央党校博
　士学位论文，2017 年。

陈明强：《新中国结婚证书的图像研究》，中央美术学院 2013 年硕士学位
　论文。

董丹丹：《新中国初期重庆地区重婚案件司法裁判分析（1950—1953）》，西
　南政法大学 2017 年硕士学位论文。

刘应佳：《新中国成立后大学生婚恋价值观的研究》，贵州财经大学 2013 年

　　硕士学位论文。

王桂华：《新中国首部〈婚姻法〉的制定与实施问题研究》，华侨大学 2014
　　年硕士学位论文。

姚立迎：《新中国婚姻文化嬗变研究（1949—1966）》，首都师范大学 2007
　　年硕士学位论文。

敖天颖：《新中国成立初期中国共产党婚姻理论及其实践研究》华东师范大
　　学 2016 年博士学位论文。

白若楠：《新中国成立初期贯彻婚姻法运动研究——以陕西省为中心》，陕西
　　师范大学 2018 年博士学位论文。

王跃鹏：《新中国成立初期天津离婚问题研究》，天津商业大学 2018 年硕士
　　学位论文。

　　Y

丁汀：《1950 年代侨区的"妇女解放"——以晋江婚姻法宣传运动为中心的
　　历史考察》，华东师范大学 2016 年硕士学位论文。

杜梦迪：《1950—1957 年重庆地区惩处通奸行为司法判例析》，西南政法大学
　　2017 年硕士学位论文。

郭梅芬：《1950 年代婚恋题材短篇小说叙事研究》，扬州大学 2017 年硕士学
　　位论文。

王伟利：《1950 年婚姻法诞生的语境分析》，烟台大学 2019 年硕士学位论文。

赵婷婷：《1950 年代回乡复员军人问题研究——以麻城县为例》，华东师范大
　　学 2016 年硕士学位论文。

　　Z

黄灵：《中共党人婚姻自由思想实践研究——以 1950 婚姻法为中心的讨论》，
　　电子科技大学 2013 年硕士学位论文。

3. 会议论文

张志永：《建国初期干部婚姻问题辨析：以 1950—1956 年河北省干部群体为
　　例》，《中国现代史学会会议论文集》，2006 年。

师吉金：《试析新中国成立初期家庭状况的变迁》，《当代中国研究所第三届

国史学术年会论文集》，2003 年。

张多：《作为意识形态的风俗观——以中国共产党"移风易俗"的历史实践为中心（1920—1978）》，民间文化青年论坛 2014 年年会，2014 年。

4. 国外论文

Huang, P. (2005), *Divorce law practices and the origins, myths, and realities of judicial 'mediation' in China*, Modern China, 31 (2).

Attias-Donfut, C., & Arber, S. (2000), Equity and solidarity across the generations, In S. Arber (Ed.), *The Myth of Generational Conflict*. Rutledge.

Wang, J. (2020), *It's not just about the divorce: Law, politics, and mediation in communist China*, JCL, 15 (2).

Engel, J. W. (1984), *Marriage in the People's Republic of China: Analysis of a new law*, Family, 46 (4).

Chambers, C. (2005), Masculine domination, radical feminism, and change, *Feminist Theory*, 6 (3).

Diamant, N. (2000), *Re-examining the impact of the 1950 marriage law: State improvisation, local initiative, and rural family change*, The China Quarterly, 161.

Gibbs, L. S. (2021), *Retelling the tale of Lan Huahua: Desire, stigma, and social change in modern China*, Chinoperl Journal of Chinese Oral & Performing Literature, 40 (1).

Zheng, W. (2005), *State feminism? Gender and socialist formation in Maoist China*, Feminist Studies, 31 (3).

Ng, R. (1975), *The marriage law and family change in China with special reference to Kwangtung Province 1950-1953*, Vniversity of British Columbia.

Sui, Y., & Guo, C. (2022), *Women as a pathway: Dilemmas of the marriage law in Northeast China in the early 1950s*. Critical Asian

Studies，54（2）．

七、网站

《此人堪称民国史上媳妇之最，娶了 40 多个老婆，一生波澜壮阔，83 岁而终》，https：//upage. html5. qq. com/kuaibao-detail？ id ＝ 20200418A084FZ00＆rowkey＝ 1085e9a6fa892252＆nExt＝％7b％22useUG％22％3a1％2c％22 reqid％22％3a％229. 146. 145. 101＿1590028168258＿65768942％22％2c％22expInfo％22％3a％22〔＄EXPINFOKEY＄〕％22％7d＆from ＝singlemessage。

《贯彻婚姻法》，潇湘女性网，http：//www. hnwomen. org. cn/2004/09/06/20315. html。

《抗战胜利六十年：解放区妇女首获选举权》，http：//news. sohu. com/20050822/n226751970. shtml。

《婚姻法宣传》，上海市地方志办公室，http：//www. shtong. gov. cn/dfz＿web/DFZ/Info？ idnode＝130305＆tableName＝userobject1a＆id＝182676。

《南方都市报》，http：//www. sina. com. cn。

《青岛市志·民政志》，山东省情网，http：//lib. sdsqw. cn/bin/mse. exe？seachword＝＆K＝b2＆A＝61＆rec＝62＆run＝13。

《土地改革与妇女工作的新任务》，人民网，http：//cpc. people. com. cn/GB/69112/86369/87105/87208/5952369. html。

《宣传纪实》，海南史志网，http：//www. hnszw. org. cn/xiangqing. php？ID＝44837＆Deep＝4＆Class＝2222。

《新疆军区政治部关于国防部队婚姻条例暂行规定》，新疆生产建设兵团，http：//www. xjbt. gov. cn/c/2014-12-18/2032418. shtml。

谢博淳：《以兵团精神为尺　重整行装再出发》，广东省委党校，http：//www. gddx. gov. cn/gdswdx/132124/132439/341065/index. html。

《最高人民法院关于陪审婚姻案件办法的通令》，法律教育网，http：//www. chinalawedu. com/falvfagui/fg23079/3184. shtml。

《中华人民共和国人民法院暂行组织条例》，http：//www. pkulaw. cn/
fulltext ＿ form. aspx？ Gid ＝ 2bb790b40d19e8f0＆Search ＿ IsTitle ＝
0＆Search ＿ Mode＝accurate，北大法宝数据库。

《左传·成公十三年》，http：//www. shiciwang. org/16022. html。

巫昌祯：《中国改革开放 30 年婚恋观变化：婚姻法两度修改》，中国网，ht-
tp：//www. china. com. cn/news/txt/2008-12/16/content ＿ 16953957 ＿
3. html。

后　记

　　感谢命运的垂青，十多年前我有幸成为梁景和老师的弟子。虽然已于2012 年毕业，但一直跟随恩师进行"20 世纪中国婚姻史研究"。在我年过不惑之际，仍能得到恩师的悉心指导和鼓励，这实在是我人生中的一大幸事。这样的幸运并非每位学生都能拥有，我对此深感感激并倍加珍惜。课题组的每次会议都令我难以忘怀，因为在这些会议上，我不仅能获得恩师和同门的学术指导，还能与大家相聚闲谈，这在快节奏的现代生活中显得尤为珍贵。在课题推进过程中，我们五位负责不同阶段书稿的"钢铁战友"相互扶持、鼓励，建立了深厚的情谊。在书稿写作期间，我还得到了张志永老师和王歌雅老师的悉心指导和帮助，这让我获益良多。

　　"1950—1966 年"这个与我时空相隔的特殊时代，却深深吸引着我，这份兴趣与我的成长经历紧密相连。我成长在山西省左权县，这片以抗日名将左权命名的革命圣地。左权将军，湖南醴陵人，早在 1925 年便加入中国共产党，成为中国工农红军和八路军的高级将领。他在抗日战争中英勇奋战，1942 年 5 月，在掩护中共中央北方局和八路军总部等机关突围转移时壮烈牺牲，年仅 37 岁。"左权将军家住湖南醴陵县，他是中国共产党的优秀党员……"每一个在左权县长大的孩子都会唱这首《左权将军》歌曲。这片充满红色历史的土地，不仅让我深感骄傲与自豪，更激发了我对中国共产党历史的浓厚兴趣与特别关注。在成长的过程中，还有一系列问题在困扰着我。比如老一代人在闲聊时经常讲传统的婆婆、儿媳之间的伦理规范，"媳妇必须俯首听命于婆母"，"多年的媳妇熬成婆"，甚至还听说有婆婆打骂媳妇的事情。而现实生活中，我看到多数家庭却是"强势的儿媳妇，柔弱的婆婆"。由此，我产生了这样的问题：这种差异是何时发生的？如何发生的？

　　除了个人成长中遇到的困惑，我的家庭历史也引发了我对那个时代的浓厚兴趣。我的曾祖父是位文化人，解放前他经营着自己的生意，家境殷实，还雇有长工，如今那座历经沧桑的四合院和院中的青色石板，都是昔日繁荣的见证。更为独特的是，抗日战争时期，"左权独立营"的官兵们曾在我家驻扎，包括营长左奎元和开国少将欧致富。叔叔回忆起童年，常常提及家中后院的防空洞，那里曾是他的探险乐园。这个成立于1941年的"左权独立营"，是个民间抗日组织，他们在左权县城周边积极活动，与八路军紧密配合，肩负着监视敌军、保卫家园的重任。敌军的一举一动都在他们的严密监视之下，同时他们还负责在和辽公路沿线侦察敌情，并通过破坏交通、割断电线等方式，有效地骚扰和阻击了敌军。2019年，在庆祝中华人民共和国70华诞阅兵场上，一面印有"左权独立营"的旗帜赫然在列，让我自豪不已。这面旗帜勾起了我儿时的回忆，那时曾祖母经常讲述"左权独立营"官兵和开国少将欧致富带领的队伍在我们家居住的故事，但当时我并未想到用口述历史的方式记录这些珍贵记忆。2023年暑假，我特地回到左权县，寻访了93岁的老姑奶（祖父的妹妹），从她口中听到了更多生动的历史细节。她回忆了当年只有八九岁时所见官兵的生活，还讲述了曾祖父李希贤如何在日寇扫荡中英勇保护首长交付的重要文件的事迹。此外，我还得知营长左奎元曾在我们家东房迎娶妻子。后来土改时期，曾祖父带领全家搬至后院，而他在邻村柏管寺村供销社工作。据说，他一个月的工资可以抵得上一个农民大半年的收入。一次，因为家中漏雨，曾祖父去土改时分给别人的院子附近取了几片他曾用于盖房的瓦片，这些瓦片是曾祖父以前盖房时剩下的。然而，这个看似微小的举动在"反右"运动中被揭发，被指控为"反攻倒算"，结果曾祖父被送入监狱。尽管他在狱中表现良好并获得了提前释放的机会，但村委会并未给他开具回家的证明。曾祖父在服刑期满后不久便离世了。他的同事回忆说，曾祖父是个非常胆小的人，"树叶掉下来都怕砸到头"。这样一个在生活中谨小慎微的人，在历史的大潮中却显得如此脆弱。我从小就对"反右"、"反攻倒算"、"群运"、"成分"等词汇感到好奇。这个问题一直伴随着我成长，推动我不断学习、探索。如今，在博士阶段，我终于有机会深入研究这段历史，虽然过程充满挑战，但我满怀热情和动力。

学术研究通常包含三个层次。首先，是了解表面现象，即努力还原和深入理解历史事实，这是学术研究的基础阶段。在我个人的学术探索中，我曾长时间致力于此，通过广泛搜集档案、口述资料和各类报刊文献，以期能更全面地掌握历史真相。其次，是发现、分析和解决问题，这是一个更具挑战性的阶段，也是我长期以来一直寻求突破的领域。最后，学术研究的最高层次是用学术的视角去审视世界，这既是一种学术境界，也是一种思维习惯，是我追求的一个目标。

我在参与"20 世纪中国婚姻史研究"课题期间，长时间在"1950—1966 婚姻史"领域内徘徊，未能明确具体的研究问题或维度，我深知这样的研究无法达到国家重大课题的结题标准。在团队同仁的讨论与启发下，我通过阅读和思考，逐渐明确了自己研究的主旨和问题，对本书的撰写也逐渐有了信心。最终，我决定以过程为导向，研究 1950—1966 年婚姻的制度化过程，探讨国家政权和制度变革后，国家在婚姻领域的权力地位以及民众与国家、民众内部不同角色、不同阶层/阶级间的权力关系。尽管书稿尚未完全解决这些问题，但已有了初步的成效。

步入中年后，我发现自己已无法如学生时代那般心无旁骛地专攻一个问题。我常常需要同时处理多个课题，还要应对工作、家庭和职称晋升等重重压力。在学术圈中，我虽被归为"青椒"一类，但年龄其实已超标。有一段时间，我焦虑到夜不能寐，甚至怒火中烧，身体也出现了预警信号。幸运的是，2020 年我加入了学校新成立的全球女性发展研究院。在新冠肺炎疫情肆虐期间，我一边准备着"女性能力建设和素质提升"的课程，一边阅读一些心理学书籍。随着工作环境和自我认知的变化，我逐渐平复了情绪，开始接纳自己的不完美，并学习从不同角度看待世界，以此来提升自己的"幸福力"。这一转变对我意义重大，它帮助我在家庭、工作和写作之间尽可能找到平衡，也让我逐渐走出迷茫和彷徨。

书稿的撰写是一个需要不断雕琢和完善的过程，其间我经历了许多焦虑和不安，但同时也因为解决了某个难题而欢欣鼓舞。在这个过程中，我在学术上获得了成长，在收获中取得了进步。这段撰写书稿的经历，将成为我学术生涯中一段美好而难忘的记忆。